Aveyron

Ci-dessus : Troupeau de moutons © Iconotec.com
Photos couverture : Château et Pont Vieux à Espalion © elodie.pauvel@picturefrom.com
Le château de Najac dans la brume © alain felix/ agence Masaï

Invitation au voyage

De lieux en lieux

Sommaire

Le département pratique

Cantal
Lot
Tarn-et-Garonne
Tarn
Vers Montsalvy
Vers Figeac
Vers Figeac
Vers Cajarc
Vers Cahors
Vers Montauban
Vers Cordes-sur-Ciel
Vers Albi
Vers Valence-d'Albigeois
Vers Alban
Entraygues-sur-Truyère
Conques
Decazeville
Capdenac-Gare
Aubin
Peyrusse-le-Roc
Montbazens
Marcillac-Vallon
Villeneuve
Bournazel
Onet-le-Château
Causse du Comtal
Rignac
Sébazac-Concourès
Villefranche-de-Rouergue
Belcastel
RODEZ
Rieupeyroux
Gorges de l'Aveyron
Baraqueville
Sauveterre-du-Rouergue
Najac
la Salvetat-Peyralès
Naucelle
Cassagnes-Begonhès
Réquista
Brousse-le-Château
St Sernin-sur-Rance
Lot
Aveyron
Viaur
D904
D963
D994
D901
D22
D920
D24
D922
D1
D904
D911
D994
N140
D926
D911
D911
N88
D922
D905
N88
D25
D902
D44
D25
D33
N
O
E
S
0
30 km
Reproduction interdite
Jean-Baptiste Nény
Mai 2006

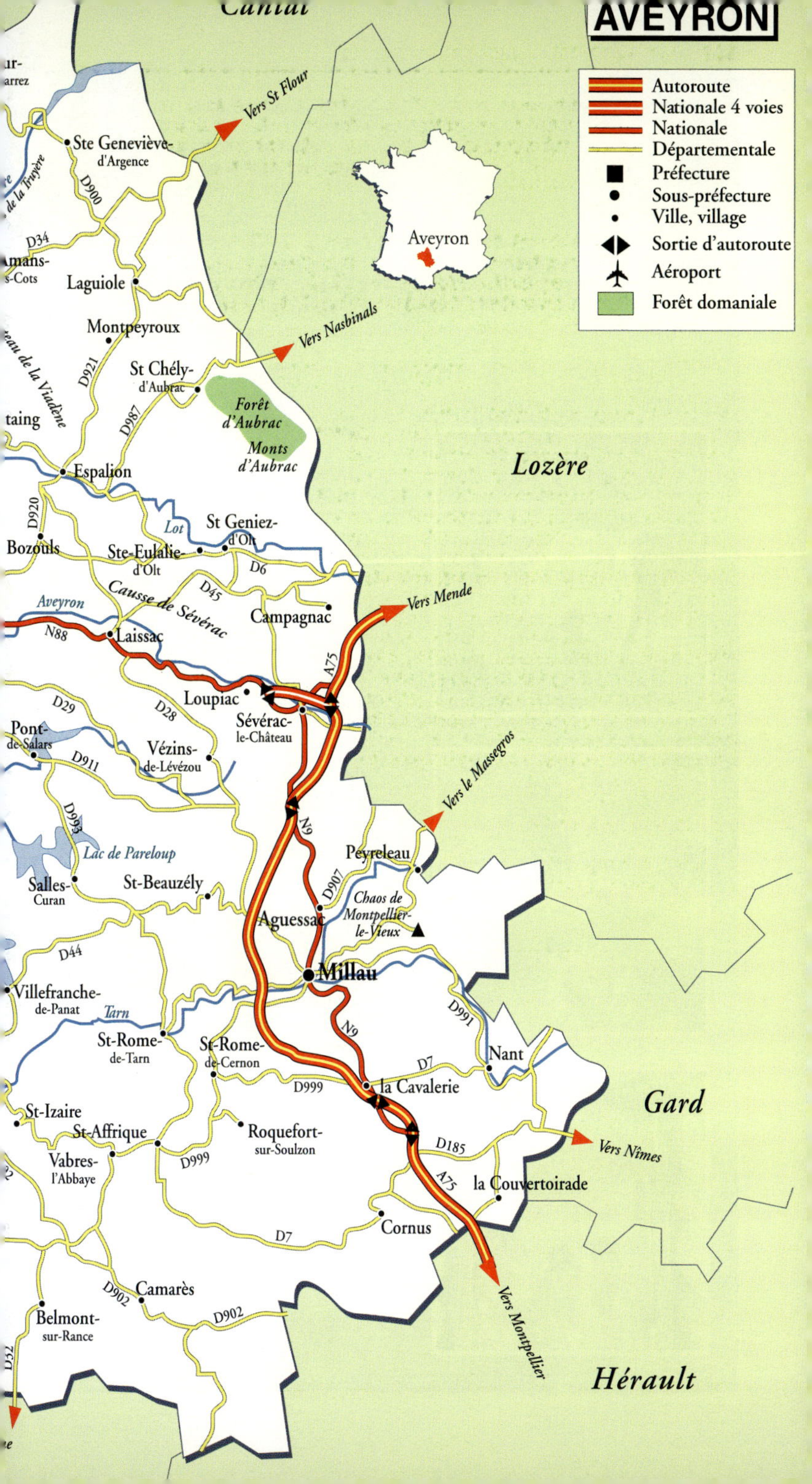
AVEYRON
Autoroute
Nationale 4 voies
Nationale
Départementale
Préfecture
Sous-préfecture
Ville, village
Sortie d'autoroute
Aéroport
Forêt domaniale
Aveyron
Cantal
Lozère
Gard
Hérault
Vers St Flour
Vers Nasbinals
Vers Mende
Vers le Massegros
Vers Nîmes
Vers Montpellier
Ste Geneviève-d'Argence
Laguiole
Montpeyroux
St Chély-d'Aubrac
Forêt d'Aubrac
Monts d'Aubrac
Espalion
Bozouls
Ste-Eulalie-d'Olt
St Geniez-d'Olt
Lot
Causse de Sévérac
Campagnac
Aveyron
Laissac
Loupiac
Sévérac-le-Château
Pont-de-Salars
Vézins-de-Lévézou
Lac de Pareloup
Salles-Curan
St-Beauzély
Peyreleau
Chaos de Montpellier-le-Vieux
Aguessac
Millau
Villefranche-de-Panat
Tarn
St-Rome-de-Tarn
St-Rome-de-Cernon
Nant
la Cavalerie
St-Izaire
St-Affrique
Roquefort-sur-Soulzon
Vabres-l'Abbaye
la Couvertoirade
Cornus
Camarès
Belmont-sur-Rance
D900
D34
D921
D987
D920
D6
D45
N88
A75
D29
D28
D911
D993
N9
D907
D44
D991
D7
D999
D185
D902
D32

Invitation
au voyage

© Alain Felix - Agence Masaï

Château de Najac

Nouveau
petit futé mag
2,90€
LE MAGAZINE PRATIQUE DE VOS WEEK-ENDS & VACANCES
IDÉES VACANCES
DÉCOUVREZ L'ATLAS MAROCAIN
LES DOSSIERS
THALASSO
TENDANCE ET NOUVEAUTÉS 2006
LOCATIONS D'ÉTÉ MODE D'EMPLOI
IDÉES WEEK-ENDS
CÔTE D'AZUR FÊTEZ LE PRINTEMPS
LE REPORTAGE
JAPON
AU TEMPS DES CERISIERS
DROITS DU VOYAGEUR
Le surbooking
LE MEILLEUR DE L'OFFRE DES VOYAGISTES
SUPPLÉMENT GRATUIT : 32 PAGES DE LOCATION VACANCES

petit futé
Guide offert
Week-ends en Europe

Les immanquables

Le Château de Séverac

Les vestiges appartiennent principalement à l'édifice que le duc Louis d'Arpajon fit reconstruire sur les ruines de la motte féodale en 1633. On aperçoit en premier le portail de style corinthien, qui était fermé par un pont-levis. Vous accédez à la cour par ce portail, ce qui permet de se rendre aux tables d'orientation et d'admirer le panorama du haut des 817 mètres du château. Celui-ci était constitué d'un grand bâtiment de plus de 85 mètres de long, sur trois étages. Il ne reste que les murs et la galerie composée d'une série d'arceaux reposant sur des pilastres richement décorés. La cuisine et la chapelle sont les seules parties du château qui soient encore en état, bien que ce dernier fasse l'objet de fréquentes campagnes de restauration. Cependant, la qualité des vestiges permet facilement d'appréhender la splendeur de cet édifice, d'autant que les textes font état d'un riche mobilier et de nombreuses toiles de maîtres. Un grand spectacle son et lumières retrace tous les étés, début août, l'histoire du château et de la région. *Fax : 05 65 47 65 94. Visite guidée et accès aux animations : 7 €/ adulte, 3,50 €/11 à 16 ans, 2,50 €/6 à 10 ans, groupe (minimum 15 personnes) : 5 €/personne. Place forte depuis l'Antiquité : visite de la cité médiévale (portes fortifiées, maison des Consuls, maison de Jeanne, marché aux grains, fontaine romane, musée archéologique) et du château qui domine la plaine de l'Aveyron. Des visites guidées et costumées, et de nombreuses animations sont organisées en été. Animations l'été, site en accès libre le reste de l'année. Hors saison, visite possible pour les groupes (à partir de 15 personnes) sur rendez-vous au 05 65 47 67 31.*

Le village de Séverac-le-Château

Les Bastides

Cinq villes et villages du Rouergue présentent des critères qui les font qualifier de bastide. Au premier abord, on reconnaît ces lieux à leur plan régulier, plus ou moins orthogonal (un plan qui semble issu du modèle des villes antiques et qui contraste avec l'amoncellement de maisons que furent souvent les villages du haut Moyen Age bâtis près du château ou de l'église) ; les bastides ont le plus souvent été construites sur un site vierge. A une époque calme de l'histoire politique du royaume, au début du XIIIe siècle, les puissants mirent en œuvre une véritable politique d'aménagement du territoire ; leur but premier était de mettre en valeur les terres. Dans une période de forte croissance démographique, le roi, les évêques, les seigneurs espèrent assurer le peuplement en accordant des privilèges à ceux qui viendront construire dans leur ville nouvelle (d'où les noms de « ville franche », « ville neuve ») ; les chartes de coutume passées alors entre le seigneur de la ville et ses habitants leur garantissent des libertés économiques (possibilité de commercer, d'organiser des foires et marchés à leur profit...) et politiques (règlement d'une sorte de « police urbaine », institution de consuls...). Le deuxième but est d'assurer la sécurité publique en regroupant la population dans des centres fortifiés. Au cours d'une période d'un siècle et demi environ, à partir des années 1220, 315 bastides sont bâties de toutes pièces ou constituées à partir de villages existants dans le Sud-ouest de la France. Les bastides rouergates : Villefranche-de-Rouergue, Sauveterre-de-Rouergue, Najac, Villeuneuve-de-Rouergue et la Bastide l'Evêque. Le modèle type de bastide est constitué autour d'une place centrale, carrée, voulue comme un lieu d'échange ; elle est d'emblée ou sera ensuite bordée de couverts, ces avancées soutenues par des arcades sur lesquelles repose le premier étage des maisons. Des quatre angles partent quatre rues vers l'extérieur, d'autres sont tracés à angle droit et constituent des quartiers de lotissement ; à l'origine, les maisons sont souvent de même superficie, les regroupements dus à la fortune se faisant plus tard. L'ensemble de la bastide est entouré d'un mur, parfois d'un fossé. Ces bastides n'ont pas toujours conservé leurs fortifications ; certaines, qui s'étaient opposées au roi lors de leur rattachement au domaine royal, ont été obligées de les abattre. Villefranche-de-Rouergue et Sauveterre-de-Rouergue sont les modèles parfaits de cet urbanisme géométrique et planifié : une grande place centrale où se concentre l'activité économique, politique et judiciaire ; une enceinte fermée, dont les portes se trouvent au débouché des quatre rues principales ; un fossé, par la suite comblé et souvent transformé en boulevard périphérique. A Villeneuve d'Aveyron et à Najac, la bastide s'est superposée à un habitat déjà existant. La place du Marché de Villeneuve, toute en longueur, fait pendant à l'ancien prieuré roman ; les maisons des XIIIe et XVe siècles se sont construites à l'autre bout de celle-ci. Au XIIe siècle le château de Najac avait été construit sur un site gallo-romain ; quelques maisons se blottirent au pied du piton rocheux qu'il occupait. Le nouveau peuplement n'a pu prendre place que sur la bande rocheuse étroite qui y menait, ce qui donna naissance à un « barry », un faubourg, tout en longueur de part et d'autre de la place du Marché. Enfin, La Bastide l'Evêque, fondée en 1280 par l'évêque de Rodez, se distingue par la petitesse de son plan dont le centre est occupé par une église des XIVe et XVe siècles. La Bastide s'étend sur un plateau qui domine les gorges de l'Aveyron. La visite de ces sites, très bien préservés, est une véritable leçon d'histoire.

La Bastide de Villefranche-sur-Rouergue

Dolmen

Le Circuit des Dolmens

Pour se plonger dans les méandres de notre mémoire, celle qui a forgé notre présent, le circuit des dolmens est une source inépuisable d'histoires. Ils sont la trace encore vivante d'un passé lointain. N'hésitez pas à prendre le temps de découvrir ces vestiges qui vous raconteront l'histoire du Rouergue. Les dolmens marquent l'emplacement d'un monument funéraire comprenant une chambre souvent ouverte à l'est où étaient placés les dépôts sépulcraux. Le terme vient du breton et signifie littéralement table en pierre. « Pèiras plantadas o pèiras levadas » disent les Occitans en parlant de ces monuments, « pierre plantée, pierre levée ». En Aveyron, on compte plus de 800 dolmens, ce qui fait du département le premier en France en concentration de dalles funéraires mégalithiques. Un circuit de 40 kilomètres permet de faire un petit tour d'horizon de ces vestiges en partant de Séverac-le-Château. Pour faciliter la balade, tous les dolmens sont signalés d'un panneau. Compter environ quatre heures de route en tout. **Renseignements à l'Office de tourisme de Séverac au 05 65 47 67 31.**

Le Viaduc de Millau

Avec le viaduc de Millau, l'autoroute A75 représente actuellement l'axe de circulation le plus court et le moins cher pour rejoindre, non seulement le nord et le sud de la France, mais également de l'Europe. Il représente l'aboutissement d'une formidable histoire. Dès 1989, l'autoroute A75, destinée à relier Clermont-Ferrand et au-delà, la région parisienne, à Béziers et à la Méditerranée, avançant, la décision est prise de traverser le Tarn au niveau de Millau en solution haute, c'est-à-dire en construisant un pont à hauteur des causses. Mais il faudra attendre plus de 10 ans pour que les choses s'accélèrent, et de quelle manière ! Qu'on en juge : 1996 choix du projet de l'architecte britannique Norman Foster, janvier 2000 lancement de l'appel d'offres pour la construction et la concession, octobre 2001 choix de la société Eiffage, décembre 2001 pose de la première pierre, juin 2003 record du monde de la plus haute pile, novembre 2003 achèvement des sept piles, mai 2004 jonction du tablier, décembre 2004 ouverture à la circulation. Controversé au début (impact sur l'environnement et le paysage, effet négatif sur l'économie locale par perte du trafic-passage), toutes les critiques ont disparu face à cet ouvrage d'art exceptionnel, discrètement inscrit dans le paysage et d'une beauté à couper le souffle. Malgré sa légèreté, l'exploit technique est aussi là : 7 piles entre 77 mètres et 244 mètres, espacées de 342 mètres, ayant nécessité 85 000 m^3 de béton, un pylone-porte hauban culminant à 340 mètres (plus haut que la Tour Eiffel et record mondial de hauteur), un tablier large de 32 mètres et long de 2 460 mètres (soit 550 mètres de plus que les Champs-Elysées). Le profil de l'ouvrage est lui aussi original puisque l'on monte en pente très douce (3 %) du nord vers le sud, en décrivant une légère courbe. Le viaduc multi-haubané de Millau - à 2 fois 2 voies - effleure la vallée du Tarn en 9 points seulement. De sa conception à sa réalisation, plusieurs centaines d'hommes ont participé à cette œuvre unique. Au plus fort des travaux, près de 600 compagnons ont travaillé sur le chantier. Ils ont maîtrisé toutes les technologies de pointe (laser, GPS…) pour piloter au millimètre près la construction de ce géant d'acier et de béton. Son inscription très discrète dans le paysage a imposé le recours à des solutions techniques avancées : un tablier métallique au dessin très fin, supporté par des haubans et reposant sur 7 piles, très élancées et réalisées en béton à haute performance. Situés à 4 kilomètres du viaduc de Millau, sur le Causse rouge, les bâtiments d'exploitation constituent le cœur de l'ouvrage. C'est une véritable tour de contrôle qui permet de surveiller en permanence la circulation sur le pont. Les informations fournies par les dizaines de capteurs situés dans les piles, le tablier, les pylônes et les haubans, y sont toutes centralisées. Cette technologie de pointe permet de gérer une circulation en toute sécurité et par tous les temps.

La Commanderie de Belcastel

© Office de Tourisme de Belcastel

Les Commanderies Templiers et Hospitaliers

Le causse du Larzac compta pendant plusieurs siècles quelques-uns des sites Templiers et Hospitaliers les plus importants du royaume. C'est la position stratégique du Larzac qui lui a valu cette place. A peu de distance de la Méditerranée, ouvrant sur les terres du nord, le Larzac est un point stratégique. L'ordre des Hospitaliers de Saint-Jean-de-Jérusalem et celui des Templiers avaient été créés, au début du XIIe siècle, à la suite de la première croisade, dans le but d'accueillir les pèlerins en Terre sainte et de défendre le tombeau du Christ. La mission sacrée de ces ordres militaires et religieux les fit bénéficier en Occident de nombreuses donations qui leur assuraient les ressources nécessaires à l'entretien de leur ordre en Orient. Les comtes de Rodez et de petits seigneurs locaux firent don aux Templiers de vastes terres et de domaines sur le Larzac ; les moines-soldats les organisèrent en seigneuries rurales ou urbaines appelées commanderies. Sainte-Eulalie-de-Cernon fut la plus importante, d'elle dépendront les membres de la Couvertoirade, la Cavalerie, le Viala-du-Pas-de-Jaux ; celle de Saint-Félix-de-Sorgues, moins importante, n'a laissé que peu de traces. Les chevaliers ont regroupé autour de ces lieux la population du causse et les commanderies s'étendirent ; les moines étaient de bons gestionnaires. Mais il semble que l'opulence des Chevaliers du Temple et leur relative indépendance dans le royaume, aient déplu au roi de France ; en 1307, alors que le royaume de Jérusalem n'existait déjà plus, Philippe le Bel fit arrêter les Templiers et, après un procès en hérésie, notamment, l'ordre a été aboli en 1312. Ses biens matériels, et donc les possessions du Larzac, ont été transmis aux Hospitaliers (qui se sont réfugiés à Rhodes après la chute de Jérusalem, puis passeront en 1530 à Malte, dont ils ont gardé le nom). Elles prospérèrent. Devant l'insécurité engendrée par la guerre de Cent Ans, les commanderies sont peu à peu fortifiées. Plus tard, ces domaines et possessions eurent à souffrir des attaques des Huguenots furieux de la richesse de l'ordre de Malte (au XVIe siècle). Mais les commanderies du Larzac et surtout celle de Sainte-Eulalie avaient les moyens de se relever et ont continué à fructifier jusqu'au XVIIe siècle. De cette époque témoignent encore les hôtels particuliers et quelques belles constructions. Cette partie de l'Aveyron a de tout temps connu une activité militaire. Un village comme la Cavalerie, dont une partie des fortifications restantes a été rénovée, connaît encore aujourd'hui la présence de l'armée grâce au camp du Larzac tout proche. Une partie du causse entre Millau et la Cavalerie ainsi que de la Cavalerie vers Nant sont encore propriétés de l'armée.

L'opulence de ces commanderies, basée sur leurs activités agropastorales, leur bonne conduite par les ordres religieux, l'absence de grandes destructions au cours des siècles expliquent l'importance de l'héritage actuel. Depuis de nombreuses années, le conseil général s'efforce de conserver et de mettre en valeur ce patrimoine ; il a créé à cet effet le Conservatoire du Larzac - Templier et Hospitalier, constitué de scientifiques et d'acteurs de la vie politique ; ainsi a été mis en place un centre d'information (pour le moment accessible seulement par courrier ou par téléphone, il aura bientôt son siège à la Cavalerie, qui sera aussi un centre d'interprétation). De lui dépendent différents lieux d'information mis en place dans les commanderies elles-mêmes ; il a enfin organisé des circuits de découverte du Larzac Templier et Hospitalier. Ces sites sont remarquables par leur architecture : ils ont conservé les murailles et fortifications érigées entre le XIVe et le XVe siècle, les constructions médiévales et les maisons opulentes des XVIIe et XVIIIe siècles. On retrouve dans leurs rues une ambiance médiévale, comme si le temps s'était arrêté. Ils ont bénéficié de programme de restauration et sont le cadre d'animations médiévales au cours de l'été. Voir description des sites dans « Les lieux qui méritent la visite ».

CONSERVATOIRE LARZAC TEMPLIER ET HOSPITALIER Place Bion-Marlavagne - MILLAU ✆ 05 64 59 12 22. Le Conservatoire Larzac Templier et Hospitalier rassemble le Département de l'Aveyron, les communes de La Cavalerie, de La Couvertoirade, de Sainte-Eulalie de Cernon, de Saint-Jean et Saint-Paul et du Viala du Pas de Jaux. Son objectif : mettre en valeur et animer le patrimoine exceptionnel que constitue les Commanderies. Le programme des animations s'étale sur toute l'année. Le Conservatoire organise notamment des rencontres qui se déroulent au cours de l'arrière saison de Novembre à Avril. Les thématiques abordées : l'histoire, l'économie, l'environnement… Il est également l'organisateur de la Marche du Commandeur, qui permet de découvrir les différents sites lors d'une randonnée et des Estivales du Larzac (reconstitutions historiques).

LA CAVALERIE Point accueil Le Pourtalou ✆ 05 65 62 78 73. *Ouvert toute l'année, visites guidées.*

LA COUVERTOIRADE Point accueil ✆ 05 65 58 55 59. *Ouvert toute l'année, visites guidées des remparts et du village.*

SAINTE-EULALIE-DE-CERNON Point accueil - Place de la Mairie ✆ 05 65 62 79 98. *Ouvert toute l'année, visites guidées.*

VIALA DU PAS DE JAUX Point accueil ✆ 05 65 49 09 74. *Ouvert toute l'année, visites guidées de la tour.*

SAINT-JEAN-D'ALCAS Point accueil ✆ 05 65 49 09 74. *Ouvert toute l'année, visites guidées.*

Site archéologique de La Graufesenque

La Graufesenque est le nom de ce lieu, jouxtant la ville de Millau, où durant deux siècles au début de notre ère étaient fabriquées les célèbres poteries de terre sigillée. Sa situation au confluent du Tarn et de la Dourbie a permis à Condatomagus (future Millau), ville gallo-romaine, d'exploiter l'argile de cette plaine alluviale au premier siècle de notre ère. Les fouilles, entreprises dès 1860, ont mis à jour une partie du site d'exploitation dont on voit aujourd'hui une partie du plan, tracé par des murets qui déterminent l'emplacement des ateliers, des zones d'habitation, des temples. Les fouilles archéologiques ont permis de se faire une idée très précise de cette industrie car de nombreuses tablettes mentionnant le nom des potiers, le nombre de pièces ainsi qu'une foule d'éléments assurent une analyse très précise de l'intensité de production. En pleine activité, plus de 600 ateliers donnèrent des millions de pièces qui cuisaient plusieurs jours, par fournées de 10 à 40 000 dans d'immenses fours à bois. Environ 2 500 m^2 ont été dégagés et donnent une idée précise de l'activité de ce site estimé à une quinzaine d'hectares.

Le site archéologique de La Graufesenque

© Musée de Millau

Nature

© Alain Félix - Agence Masaï

GEOGRAPHIE

L'un des 8 départements de la région Midi-Pyrénées, et aussi le moins peuplé d'entre eux (30 habitants au km^2), l'Aveyron a un relief très diversifié au sud du Massif central. Malgré un poids de moins en moins lourd de l'agriculture, le département garde une vocation essentiellement agricole, relayé par un niveau tertiaire grandissant et l'exploitation du tourisme qui s'affirme d'année en année. De par son étendue, l'Aveyron est le plus vaste département de Midi-Pyrénées et le cinquième au rang national. A l'est, s'étalent des massifs montagneux où se rencontrent les plus hautes altitudes : l'Aubrac (culminant à 1 463 mètres), le Lévézou (culminant à 1 155 mètres) et les Grands Causses pouvant avoisiner les 1 000 mètres. Les cours d'eau se dirigeant tous vers la côte Atlantique, ont creusé de profondes vallées. D'est en ouest, le relief s'étage en paliers successifs formant des plateaux, cristallins comme le Ségala, ou calcaires. Les contrastes sont parfois saisissants entre les hauts plateaux et les profondes vallées, tant par le style de vie, que par l'architecture, les cultures ou le climat.

Le département de l'Aveyron est à la fois uni et diversifié. Cela peut paraître paradoxal, mais il n'existe pas un département mais des départements de l'Aveyron. Celui du sud avec Millau pour capitale. L'Aveyron calcaire, celui des Grands Causses (Larzac, Causse noir) où coulent au fond des gorges les rivières de la Dourbie, du Tarn. Le département du Rougier de Camarès, aux confins du département. Terre rouge, élevage ovin, paysages doux. Il y a l'Aveyron du centre avec l'immense plateau du Lévézou, le pays des grands lacs. Essentiellement agricole il se double d'une économie touristique non négligeable en été grâce aux immenses étendues d'eau qui le recouvrent. L'Ouest-Aveyron, contrefort de l'Aubrac avec des villages magnifiques comme Sainte-Eulalie d'Olt. L'Aveyron du bassin houiller avec pour capitale Decazeville. Pays de culture ouvrière liée à la mine et au charbon. Le pays villefranchois parsemé de bastides sur le causse calcaire du Quercy. L'Aubrac, le pays de montagne. Les troupeaux de vaches de race Aubrac, la neige en hiver, des paysages à couper le souffle. Et même s'il faut près de quatre heures de voiture pour parcourir la distance qui sépare Thérondels au nord du département au Clapier ou à Brusques, pointes sud de l'Aveyron, on peut parler véritablement d'unité départementale. L'Aveyronnais est attaché à son département et revendique haut et fort son appartenance rouergate. La communauté aveyronnaise dans la capitale est une des plus importantes. La diaspora aveyronnaise du début du siècle dernier a renforcé cet esprit communautaire.

L'eau

L'eau est partout présente en Aveyron et alimente 4 000 hectares de lacs et 7 000 kilomètres de cours d'eau. On voit d'abord les grands lacs du Lévézou, résultat des barrages EDF qui ont créé cinq grands lacs d'une superficie totale de 1 800 hectares. Les joies de l'eau sont aussi à rechercher dans des vallées et des gorges profondes. Quatre grandes rivières ont creusé leur lit d'est en ouest : l'Aveyron, qui donne son nom au département, le Tarn qui baigne Millau, le Lot dont les gorges délimitent les monts d'Aubrac du Causse Comtal, le Viaur, ruisseau puis rivière qui parcourt de part en part le Lévézou et le Ségala. A ces cours d'eau majeurs, il faudrait encore ajouter les rivières de montagne que sont la Truyère, l'Argence, la Selves et le Selvet, sans oublier les boraldes, ces torrents qui dévalent les pentes de l'Aubrac pour se jeter dans le Lot. Même le sud du département, la région des causses et des vallons, est terre d'eau. Plus secrète, elle s'enfonce dans les terres calcaires pour former les gorges de la Dourbie, du Tarn ou du Cernon. Elle est à la fois source de vie et de plaisirs, maintenant comme jadis. Les hommes ont utilisé ses cours d'eau à leur profit, elle les a fait vivre (les potiers gallo-romains, l'industrie gantière, la draperie, le commerce…). Ceci explique la présence de nombreux moulins dans le département. Aujourd'hui on en maîtrise la force (les barrages hydroélectriques ont modifié le paysage) et on en fait un plaisir touristique de grande valeur (la pêche et les activités d'eau sont à l'honneur dans le département).

Les pays géographiques

L'Aveyron ruthénois et le Vallon de Marcillac

La ville de Rodez est construite sur une butte et se trouve à la limite du causse (au nord-est) et du Ségala (au sud-ouest). Carrefour naturel, elle est depuis toujours un centre de commerce important, des Romains jusqu'à la ville médiévale que se partageaient l'évêque, détenteur de la cité, et les comtes, possesseurs du bourg. Au nord de Rodez, le Causse Comtal qui doit son nom aux comtes de Rodez, servit très longtemps de grenier à blé pour la ville. Les comtes exercèrent leur domination à partir de châteaux à la fois forteresses, résidences d'été et même maisons de chasse : Bozouls, Rodelle (le petit Rodez), Muret-le-Château, Salles-la-Source, Montrozier et Gages. Il suffit de se promener dans les environs immédiats de la ville pour voir de nombreuses maisons de maîtres et châteaux. Mais les comtes ne furent pas les seuls à apprécier le causse. Plusieurs abbayes rouergates, attirées par les qualités agricoles de cette région y constituèrent, dès le XIIIe siècle, de vastes domaines, associant la culture du blé à l'élevage ovin et bovin. Un siècle plus tard, la guerre de Cent Ans, les pillages et exactions des routiers, ces bandes de mercenaires, obligèrent les moines à transformer leurs bâtiments agricoles en forteresses. Ce fut le cas de Galinières, de Séverac, de La Vayssière, de la grange de Lioujas et de la ferme-château des Bourines. De la même façon, tout autour de Rodez, les habitants fortifièrent les églises qui leur servaient de refuge ; elles dressent encore leur silhouette impressionnante et montent toujours la garde à Boussac, Inières, Sainte-Radegonde, Souyri. Au-delà du Causse Comtal, Marcillac est un pays de rougier, cette belle terre rouge où aime s'enfoncer la vigne. C'est cette même couleur rouge qui teinte les pierres des maisons et leur donne un aspect particulier. Celle-ci est par ailleurs sillonnée par de nombreuses vallées luxuriantes où serpentent des ruisseaux freinés par les digues des moulins. Au pied des causses qui viennent de Sébazac, Marcillac jouit d'un climat doux en toutes saisons. Alors que quelques kilomètres séparent Marcillac de Rodez, en plein hiver l'écart des températures est facilement perceptible. C'est ce microclimat qui a permis aux moines de Conques d'introduire la vigne dans le vallon. Elle fut longtemps la grande richesse du vallon et a retrouvé dans la deuxième moitié du XXe siècle ses lettres de noblesse. La vigne du vallon, en terrasses, vient mourir dans le cirque de Salles-la-Source aux falaises calcaires creusées de manière surprenante en bordure des causses. A Marcillac, on fête la vigne et le vin, lors de la Saint-Bourou, le week-end de Pentecôte. A quelques kilomètres de Marcillac, Conques est assurément l'un des plus beaux villages de l'Aveyron, en tout cas le plus connu puisque chaque année il attire des milliers de visiteurs. C'est du monde entier que l'on vient admirer le trésor de sainte Foy, vierge et martyre qui eut la tête tranchée à Agen, et dont les reliques furent volées par un moine de Conques. Ce trésor est l'un des plus riches de l'orfèvrerie religieuse du XIe au XVIe siècle. L'église romane et de belles maisons se nichent au creux d'une gorge sauvage comme dans un écrin.

Barrage de Sarrans - Sainte-Geneviève-sur-Argence

Le plateau du Larzac

L'Aubrac et le pays d'Olt

Au nord du Rouergue, c'est là que s'arrête l'Auvergne et que commence le Languedoc. Le calcaire fait place au granit, le climat méditerranéen au climat continental. Des départements du Cantal et de la Lozère, à la vallée du Lot, toute cette région de tradition, dévorée en grande partie par le plateau de l'Aubrac, a su fort bien conserver son histoire et sa culture qui s'expriment à travers son architecture, ses traditions et son savoir-faire. Au cœur des hautes terres, déroulant ses impressionnantes immensités, le légendaire et attirant plateau de l'Aubrac profile ses horizons à l'infini. Forêts et pâturages se partagent l'espace où paissent à la belle saison des troupeaux roux, autour des burons, ces chalets dont les toits touchent presque le sol, pour mieux se défendre de la neige en tourmente et où l'on fabriquait, il n'y a pas si longtemps, le fromage et la tomme de Laguiole qui sert à la préparation du fameux aligot. Quand le printemps éclate brusquement, il recouvre le sol d'un tapis multicolore de jonquilles et de narcisses. La flore est ici d'une grande richesse et fit, au XVIIIe siècle, l'objet d'un commerce ; on prisait notamment la réglisse, l'ellébore et la gentiane. Laguiole est la capitale de ce pays tout près du ciel dont les nuages, comme de grands vaisseaux font autant de taches d'ombres mouvantes. Les chemins s'appellent des draihes, les rivières qui coulent de l'Aubrac vers la vallée portent le nom de boraldes. Tout ici est différent et l'on peut vraiment parler d'identité de terroir. Un peu plus à l'ouest, à l'ombre du plomb du Cantal, le Carladez est un vaste plateau basaltique qui est souvent confondu avec celui de l'Aubrac. Il se serait formé à la fin de l'ère tertiaire à partir de laves déversées par l'énorme volcan du Cantal qui dépassait alors 3 000 mètres d'altitude. Entre les profondes vallées de la Truyère et du Goul, c'est une région harmonieuse et préservée, aux paysages verdoyants. La nature à l'état sauvage est omniprésente et il ne faut pas hésiter à quitter les routes et emprunter les chemins. Ne dites surtout pas aux habitants du Carladez qu'ils habitent l'Aubrac. Les plateaux sont marqués aussi bien naturellement que dans la culture de leurs habitants. Il faut y visiter Mur-de-Barrez sa capitale, une place forte du Comté du Carladez, ancien fief des Princes de Monaco, après la démolition du château de Carlat en Auvergne, sur ordre d'Henri IV. La Truyère, interrompue par des barrages électriques, forme autant de plans d'eau sauvages et profonds ; les amateurs d'étoiles affirment qu'il y a là les plus belles nuits noires de France. Un peu plus bas, juste avant de plonger dans les vallées, sur un socle granitique s'étend la Viadène. Son paysage quelque peu austère appartient à la montagne. Les églises reconstruites pour la plupart après la guerre de Cent Ans, forment un groupe assez homogène d'édifices à clocher-peigne typiques. Un peu plus bas, au fil de la vallée du Lot coule la rivière, (autrefois l'Olt) qui à l'ouest, donne son nom à deux départements voisins. Au fil de son cours se succèdent villes et villages de caractère, vieux ponts gothiques, châteaux, hôtels particuliers à la riche architecture, églises bien conservées. Si la rivière s'ouvre du côté de Saint-Geniez-d'Olt et d'Espalion, elle s'encaisse entre Estaing et Entraygues. Par la route, il faut prendre son temps pour visiter Saint-Geniez-d'Olt, Sainte-Eulalie-d'Olt, Saint-Côme-d'Olt, Espalion, Estaing, Entraygues.

Le Villefranchois

Couvrant une vaste zone à l'ouest du département, cette région est constituée de trois ensembles de paysages distincts : la vallée du Lot, dominée par des falaises calcaires, est bien différente de celle du haut Rouergue ; la vallée et les gorges de l'Aveyron, aux versants abrupts, boisés et sauvages ; les causses, plateaux secs et pierreux couverts d'une maigre végétation. Au cœur de ces paysages contrastés, on trouve des joyaux d'architecture : Villefranche-de-Rouergue, bastide royale au confluent de deux rivières, Villeneuve-d'Aveyron sa voisine, Najac et sa forteresse royale du XIIe siècle avec une vue imprenable sur la vallée de l'Aveyron. Comme autant de témoignages de l'occupation ancienne de ces lieux, il faut visiter sur ce territoire les grottes préhistoriques de Foissac, le site de Belcastel et son château fort, la mine découverte à ciel ouvert de Decazeville et le musée de la Mine à Aubin, le château de Bournazel, le site surprenant de Peyrusse-le-Roc, le parc animalier de Pradinas, le parc aux oiseaux des Bastidols… Villeneuve, surnommée « la perle du Rouergue », a donné son nom à ce causse, dont on pense qu'il fut le théâtre d'une immense activité il y a plusieurs milliers d'années. Dolmens, tumuli, alignements, menhirs… de nombreux vestiges de cette époque parlent à nos imaginations, mais pour aller les découvrir, il ne faut pas hésiter parfois à quitter les sentiers battus. De Villeneuve à Montsales en passant par Sainte-Croix, la Capelle-Balaguier, Ols et Rinhodes et Ambeyrac, une route jalonnée de charmantes petites églises romanes vous conduit jusqu'à la vallée du Lot et au célèbre saut de la Mounine, surplombant la rivière de plusieurs centaines de mètres. Les amateurs de nature sauvage pénétreront, eux, dans ce causse encore vierge, pays où les légendes sont encore vivantes… Au nord, Capdenac est le chef-lieu d'un canton difficile à caractériser car constitué par un prolongement du Ségala à l'est, par la partie nord du causse de Villeneuve à l'ouest, et par la vallée du Lot au nord. La ville, ancienne place forte du Moyen Age a dû son expansion, dans le passé, au trafic de son port sur le Lot et à son activité ferroviaire ; aujourd'hui, elle vit surtout de l'industrie.

Ségala, Lagast et Lévézou

Entre les vallées du Tarn et de l'Aveyron, le plateau du Lévézou est bordé par la vallée de La Muze à l'est et celles, moins profondes, de l'Alrance et du Lagast à l'ouest. Le paysage a été profondément modifié lorsque EDF a implanté un aménagement hydraulique tel que cinq lacs, d'une superficie totale de 1 800 hectares, se sont formés. Le plus vaste, le Pareloup, est une petite mer intérieure et le cinquième lac de France de par sa superficie Toutes les activités nautiques y sont praticables et les pêcheurs, ou tout simplement les promeneurs, apprécieront ce décor paisible de lacs, de pâturages et de forêts telles celles des environs de Saint-Léons. Au-delà du sommet du Lagast, cette région qui s'étend des lacs du Lévézou aux vallées de l'Aveyron est surnommée « le pays des cent vallées ». Comment peut-on croire aujourd'hui que cette campagne, fleuron de l'agriculture aveyronnaise, tire son nom de maigres récoltes de seigles ? Longtemps recouverte de landes et de forêts, cette terre froide de plateaux n'attira guère les habitants qui préféraient vivre et cultiver les vallées, à l'ombre des églises et des châteaux, au plus près des voies de communication. Ce sont les moines de Bonnecombe qui au XIIIe siècle commencèrent à cultiver les plateaux autour de leur monastère dans la vallée du Viaur et autour de leurs granges fortifiées. Le Ségala resta longtemps une terre de misère et les Ségalis surnommés les ventres noirs, mangeurs de pain noir et de châtaignes souvent considérés comme des miséreux par les habitants des causses et les citadins. Il faut attendre la première moitié du XIXe siècle pour voir apparaître la culture de la pomme de terre et la fin de ce même siècle pour assister aux prémices de la grande révolution agricole. Avec le chemin de fer et la construction du viaduc du Viaur (travaux de 1897 à 1902) l'apport massif de la chaux de Carmaux et d'engrais a fait du Sud-ouest du département un riche plateau agricole. Naucelle (Nova-Cella) accueille en Rouergue les visiteurs venant de Toulouse ou du Tarn. A sa vocation agricole désormais bien enracinée, elle a ajouté depuis quelques années une ambition touristique dont elle a les moyens. Depuis les routes de crête, on plonge vers des ruisseaux qui serpentent entre les pentes boisées. Presque tous sont des affluents du Viaur et offrent un champ d'activité fructueux aux pêcheurs. Abritant des petites villes actives et accueillantes le Ségala est aussi connu par Sauveterre-du-Rouergue, magnifique bastide aux maisons à colombages, entourant la typique place aux arcades.

L'Aubrac

La face cachée des lacs du Lévézou

Le promeneur qui admire les lacs du Lévézou est sûrement loin de se douter que ces immenses plans d'eau qui parsèment la région sont en fait des éléments d'un vaste puzzle, dont l'œil ne voit qu'une toute petite partie. En effet, ces retenues, destinées avant tout à produire de l'électricité, sont reliées entre elles par un vaste réseau souterrain de conduites forcées. Schématiquement pour bien comprendre l'interaction des lacs entre eux, il suffirait de placer un colorant à l'entrée de la rivière Viaur dans le lac de Pont-de-Salars, pour retrouver plusieurs jours après le colorant sur la rivière Tarn, à l'usine du Pouget. Dans les années cinquante, le plateau du Lévézou est apparu comme un site particulièrement intéressant pour installer une succession de barrages destinés à produire de l'électricité. La pièce majeure de cette installation en est le réservoir de Pareloup avec ses 1 200 hectares de superficie et une capacité de stockage d'eau de 169 millions de m^3. Mais pour bien comprendre le parcours effectué par l'eau, il faut se rendre en premier lieu à Pont-de-Salars. Le lac est formé par la rivière Viaur qui s'y jette en amont du village du Vibal. Un ouvrage de retenue de 23 mètres de haut retient l'eau qui voit sa côte maximale se placer à 718 mètres d'altitude. Une galerie souterraine conduit sur 2 700 mètres de long, l'eau de Pont-de-Salars au réservoir de Bage. Ce petit lac est formé par une retenue de 28 mètres de hauteur. Sa capacité de stockage est de 4 400 000 m^3. Grâce à de puissantes pompes, l'eau contenue dans le lac de Bage va être envoyée à 815 mètres d'altitude (côte maximale de Pareloup) dans le lac maître de ce système : Pareloup. Ce dernier va recevoir en outre les eaux de la rivière Vioulou. A Notre-Dame d'Aures, la retenue affiche une hauteur de 42 mètres. C'est dans ce lac qu'une partie de l'eau qui alimente Rodez est pompée. Avec près de 120 kilomètres de berges, Pareloup est une vraie mer intérieure. Les nombreuses anses qui le forment, empêchent l'œil d'observer le lac dans sa totalité. Mais la course de l'eau ne s'arrête pas là. Sous terre, dix-neuf kilomètres de galeries conduisent l'eau vers le lac de Villefranche-de-Panat, via l'usine d'Alrance qui bénéficie d'une chute d'eau de 78 mètres arrivant à l'usine par une énorme conduite forcée. Tout en longueur, surplombé par la tour de Peyrebrune, le lac de Villefranche-de-Panat, est doté d'une retenue haute de 17 mètres. Sa côte maximale est de 727 mètres. Particulièrement venté, ce plan d'eau est apprécié fortement par les véliplanchistes. Une conduite emporte maintenant l'eau sur 4 690 mètres vers le petit lac de Saint-Amans. Le plus petit lac de ce réseau avec seulement 814 000 m^3 de stockage. Une dernière galerie de près de 600 mètres va conduire l'eau de Saint-Amans vers la vertigineuse chute de 1 097 mètres en conduite forcée vers l'usine du Pouget. Une conduite de plus de 2,50 mètres de diamètre dévale les pentes du Lévézou pour arriver dans la vallée du Tarn. Sous terre l'eau aura parcouru près de trente kilomètres entre Pont-de-Salars et Le Pouget. Nul ne se doute de la présence de cette énorme infrastructure mise en place, il y a cinquante ans de cela, dans le sous-sol de cette riche terre agricole du centre de l'Aveyron. Communicants entre eux tous, ses lacs sont intimement interdépendants. En surface cela ne se voit guère tant les paysages différents qui les entourent sont variés et donnent à chacun des plans d'eau une entité particulière. La course de l'eau sur le Lévézou ne laisse entrevoir que ces vastes lacs, le génie humain est, lui hors de vue, profondément enfoui dans le sol. Ce mélange des eaux du Lévézou et du Tarn continuera sa course dans la vallée avec là aussi une multitude de barrages qui conduiront la rivière Tarn vers le département auquel elle a donné son nom.

Grands Causses et pays de Roquefort

A la convergence des Grands Causses cévenols et des gorges du Tarn, de la Jonte et de la Dourbie, Millau, la cité de la peau et du gant, capitale des canyons et cavernes, est le grand centre de tourisme régional, point de départ de nombreux circuits de randonnée dans la région. Elle est la porte du Larzac et des gorges du Tarn, vers le nord, la dernière étape vers la Méditerranée au sud. A proximité, les gorges se prêtent aux activités d'air et d'eau (vol libre, canoë, raft…), les plateaux infinis se parcourent à la découverte de villages typiques, Montpellier-le-Vieux sur le Causse noir, le causse du Larzac où l'on visite Cornus, Peyreleau, Nant, La Couvertoirade, Saint-Jean-du-Bruel, Cantobre, Saint-Véran, La-Roque-Sainte-Marguerite… A l'ouest, entre l'Albigeois et les gorges du Tarn, les pays de Roquefort recèlent de vieux villages à l'architecture médiévale, témoins de la puissance des Templiers, tels Sainte-Eulalie-de-Cernon et Le Viala-du-Pas-de-Jaux. L'art roman y est également fort bien représenté grâce à l'abbaye de Sylvanès, devenue Centre International d'Art et de Musique. Célèbre dans le monde entier avec son fromage, Roquefort mérite une visite spéciale de ses caves d'affinage. Avec Conques, c'est l'endroit où est enregistré le plus grand nombre de visites dans le département de l'Aveyron. Causse noir, causse du Larzac, rougier de Camarès, Sud-Aveyron, cette succession de plateaux dans lesquels le Tarn, le Rance, la Dourbie, le Dourdou, la Sorgues et bien d'autres ont creusé de pittoresques vallées, fait partie intégrante du Rouergue. C'est sur le Larzac que vivent la grande majorité des troupeaux de brebis dont le lait est récolté pour la fabrication du roquefort. Le Larzac, terre de pacages, est aussi région où l'histoire est partout présente avec les anciennes places fortes des Templiers et des Hospitaliers, les fermes fortifiées et les dolmens. Ce plateau constitue en quelque sorte une zone de transition entre l'Aveyron et l'Hérault. La balade se poursuit ensuite jusqu'à Saint-Sernin-sur-Rance, entre Rance et vallons rouges…

De par sa taille et sa situation géographique, le département de l'Aveyron possède non pas un climat mais une multitude de climats. Au nord, l'Aubrac, le Carladez, la Viadène, sont des contreforts du Massif central. L'hiver la neige couvre régulièrement le paysage. On y pratique de ce fait le ski alpin, de fond et la balade en raquette. En été le climat y est frais et des plus agréables. Sur le centre Aveyron (Lévézou, Ségala) les hivers sont humides les étés chauds et secs. Le soir, même en période estivale, un pull n'est pas de reste lorsque l'on séjourne près des lacs. Le sud du département est quant à lui méditerranéen. L'expression favorite des Aveyronnais du sud, pour présenter la douceur de vivre ambiante est « ici, c'est le midi moins le quart ». Cela se traduit effectivement par des étés chauds, même très chauds, à plus forte raison dans les gorges du Tarn ou de la Dourbie où le soleil chauffe les falaises de calcaire qui agissent comme des réflecteurs et renvoient dans la vallée les degrés accumulés. Sur les Grands Causses du sud (Larzac et Noir) l'hiver est généralement aussi rigoureux qu'intense la chaleur en été. Il existe aussi dans l'Aveyron des zones privilégiées comme celle du vallon de Marcillac. Un microclimat y rend les températures hivernales bien plus douces et les étés dignes de l'arrière-pays méditerranéen. Ceci explique aussi pourquoi dans le vallon la vigne y pousse avec bonheur.

Larzac

Il semble que le causse du Larzac, soit destiné à être le lieu de résistance par excellence ; après avoir été le symbole de l'opposition aux militaires, il est celui qui fait barrière à la « malbouffe ». Il est vrai que ce causse se mérite ; cette immensité de 100 000 hectares plats et désertiques est un plateau de hauteur, cerné de toutes parts par les rivières. Au sud, il faut franchir le pas de l'Escalette pour s'y hisser, au nord, il tombe brutalement dans la vallée du Tarn. Il est le domaine des brebis et des bergers et, si l'on se souvient bien, il fut celui des ordres militaires, Templiers et Hospitaliers ; mais ils étaient là pour exploiter la terre. Le premier affrontement autour du Larzac eut lieu en 1971, quand l'Etat voulut faire passer le camp militaire qui existait déjà là de 3 000 à 14 000 hectares. 103 exploitants refusèrent de vendre leur terre et organisèrent une manifestation au retentissement national. « Gardaren lo Larzac », criait-on partout, et c'est ce qu'il advint. Mais pendant plus de dix ans, le Larzac fut le théâtre de rassemblements, manifestations et actions d'opposition ; il semble avoir fédéré tous les contestataires et ses steppes virent des manifestations de non-violents, d'antinucléaires, d'opposants au barrage de Naussac, d'Occitans, de Palestiniens, d'Irlandais… Les tracteurs se sont opposés aux chars dans le but premier de préserver un espace intact. Aujourd'hui, après l'abandon du projet d'extension du camp, en 1981, militaires et troupeaux de brebis cohabitent sans peine, mais ce beau Larzac trouve encore le moyen d'être au centre des débats. En représailles aux surtaxes imposées au roquefort aux Etats-Unis, José Bové a choisi Millau la tranquille pour manifester son opposition à la mondialisation et à la « malbouffe ».

Troupeau de brebis

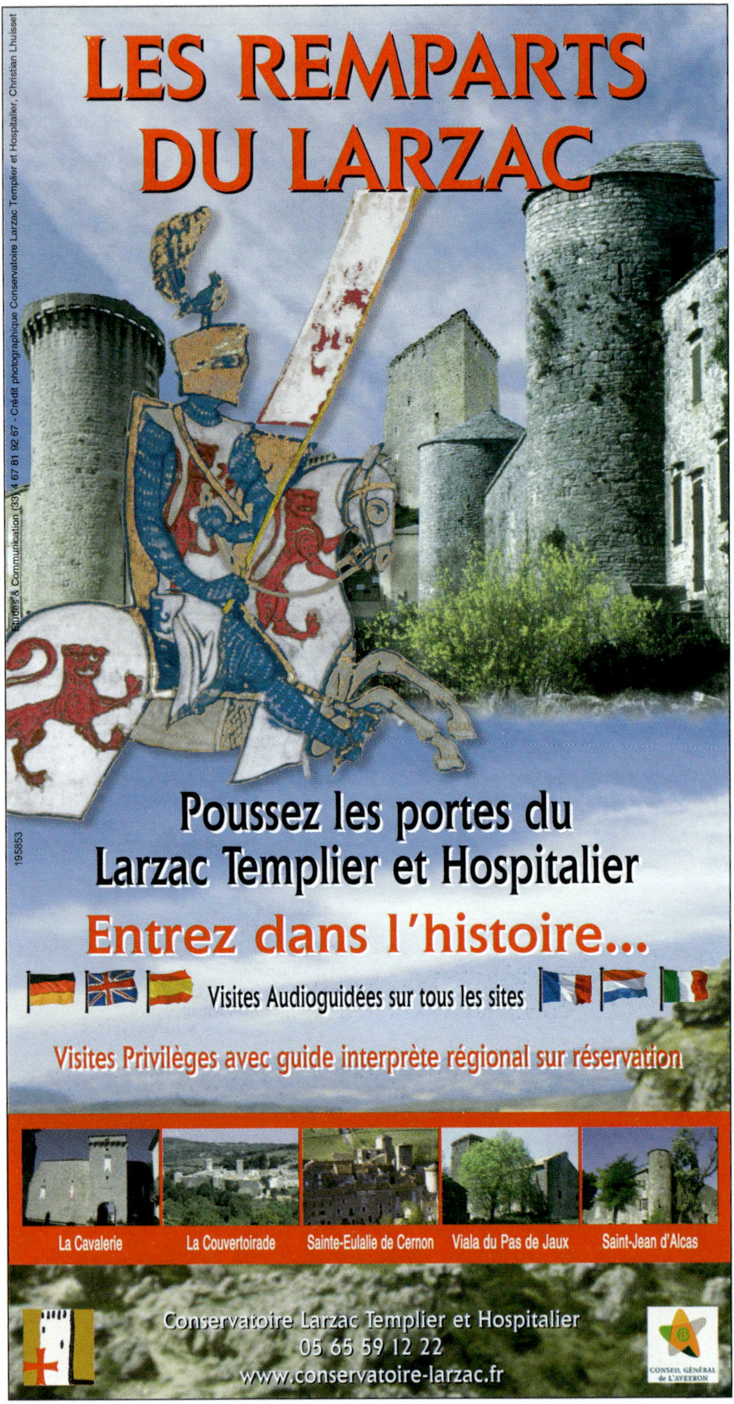

LES REMPARTS
DU LARZAC
Poussez les portes du
Larzac Templier et Hospitalier
Entrez dans l'histoire...
Visites Audioguidées sur tous les sites
Visites Privilèges avec guide interprète régional sur réservation
La Cavalerie
La Couvertoirade
Sainte-Eulalie de Cernon
Viala du Pas de Jaux
Saint-Jean d'Alcas
Conservatoire Larzac Templier et Hospitalier
05 65 59 12 22
www.conservatoire-larzac.fr
CONSEIL GÉNÉRAL de L'AVEYRON
Études & Communication (33) 4 67 81 92 67 - Crédit photographique Conservatoire Larzac Templier et Hospitalier, Christian Lhuisset
195853

FAUNE ET FLORE

La flore

Si les hommes sont si peu nombreux, la nature est, elle, omniprésente. Le plus étonnant est sans doute la diversité de sa flore, reflet de celle de ses terres. Loin de vouloir en dresser un catalogue exhaustif, nous avons préféré en choisir les plus gracieuses représentantes, les fleurs. Et parmi elles, certains spécimens rares ou étonnants. La meilleure période d'observation est bien sûr le printemps, quand la nature se réveille et que le soleil fait naître ses couleurs. Le spectacle commence au sud du département. Le causse du Larzac, sous l'influence des climats méditerranéen et océanique, porte un mélange de végétations de types garrigue et montagne tout à la fois. On remarque d'abord les étendues mouvantes de stipe pennée, une graminée légère que les anciens baptisent « cheveux d'ange » ; elle est facile à reconnaître et symbolise le causse ; elle partage les terres steppiques avec les corolles jaunes d'or de l'adonis de printemps. On se penche ensuite sur le cas des orchidées : elles sont au nombre de 45 espèces et sous-espèces (sur un total de 150 en France), dont le rare et magnifique ophrys de l'Aveyron, que l'on admire et protège en ne la cueillant jamais. L'iris nain se rencontre dès le mois d'avril, juste après la floraison de l'hellébore. On lui préfère sans hésitation le parfum de jasmin des petites fleurs rose fuchsia du daphné des Alpes. Parmi les buissons, le cornouiller mâle se signale par de petites fleurs jaunes en grappe (alors que son fruit est rouge rubis) et la busserole, aussi appelée « raisin d'ours » porte des fleurs rosées en forme de grelot... A ces quelques exemplaires, l'Aubrac répond avec la même exubérance, comme si la nature jaillissait du sol après des mois de neige. Des prés entiers se couvrent de crocus, les jonquilles forment des tapis jaunes qui tentent la gourmandise des vaches et forment de bien jolis bouquets. On peut cueillir ces jonquilles, mais absolument pas le lis martagon, qui affectionne les clairières, ni la fritillaire pintade, sorte de clochette rose mouchetée suspendue à une tige frêle. On connaît la silhouette de la grande gentiane, dont on apprécie la valeur apéritive, mais beaucoup moins la drosera, une plante carnivore devenue hélas très rare. Le thé de l'Aubrac (sarriette à grandes fleurs - satureja grandiflora ou calament à grandes fleurs - thymus grandiflora -) parfume infusions et alcools. Les narcisses, abondants, sont toujours utilisés dans les parfumeries de Grasse. Un promeneur bucolique ne pourra manquer de rencontrer l'une des 2 000 espèces végétales de l'Aubrac et aura peut-être la chance d'admirer une belle et rare tulipe sauvage.

La faune

L'Aveyron est le département français où l'élevage des ovins est le plus important. Le pastoralisme, essentiellement dans le sud du département, est le fil conducteur de toute une économie. Il y a bien sûr le roquefort qui est réalisé à base de lait de brebis, mais il y a aussi des spécialités comme la brousse, la flaune (gâteau à base de lait de brebis), le pérail. Sur le causse du Larzac, de grands troupeaux de brebis de plusieurs centaines de têtes se nourrissent de l'herbe rase du causse. Ce sont essentiellement des brebis de race Lacaune qui sont élevées. La filière ovine viande est elle aussi importante et l'on trouve dans le département de très bonnes viandes d'agneaux « élevés sous la mère ». Sur le causse du Larzac, le pastoralisme a influencé l'architecture et la façon de vivre des Caussenards. Les fermes disposent d'immenses bergeries, les mares (lavognes) recueillant l'eau de pluie sont souvent pavées et témoignent de l'importance accordée aux ressources en eaux sur des terres arides. Les cazelles, cabanes en pierres des bergers, sont nombreuses et il suffit de parcourir les causses pour trouver ses bâtisses de calcaire. Aujourd'hui les bergers gardent les troupeaux exactement comme il y a des siècles, si ce n'est l'apport de véhicules tout-terrain comme les quads qui permettent des déplacements rapides sur ces terrains accidentés.

Histoire et patrimoine

Croix de l'Aubrac

© OT de Condom et Saint- Chely- d'Aubrac / G. Diaz

HISTOIRE

Préhistoire

Terre accueillante dans le sud, le département de l'Aveyron a été visité, puis occupé dès la préhistoire, à l'ère postglaciaire, par des bergers. Auparavant les terres des Causses ont été occupées épisodiquement par des tribus de chasseurs. On retrouve sur quelques sites du Larzac des pointes de flèches en silex. Plus tard les hommes ont laissé diverses traces de leur passage, par des édifices funéraires ou des statues-menhirs, qui font du département un des plus riches de France en mégalithes. Si le Morbihan est le premier département de France en matière de menhirs, celui de l'Aveyron arrive en tête en nombre de dolmens. Certains sont parfaitement conservés et les études les concernant sont nombreuses.

Histoire antique

Vers 700 avant Jésus-Christ, les Rutènes, une tribu celte, vinrent s'installer au centre de cet espace qui deviendra le Rouergue. Au sommet d'une colline, ils établissent ce qui deviendra leur capitale Segodonum, Rodez. En 54 avant Jésus-Christ, la Gaule subit l'invasion des Romains ; les Rutènes combattent aux côtés de Vercingétorix, en vain. L'administration romaine quadrille leur ancien territoire et l'exploite. Au sud, la ville de Condatomagus, profitant de l'argile et de l'eau du Tarn, développe la production de céramiques sigillées, créant l'un des premiers gros complexes dédiés à la production de masse. Ce site de la Graufesenque est toujours visible à Millau. De nos jours, on parle encore de l'Aveyron du nord et de l'Aveyron du sud. Cette différence était déjà présente à l'époque gauloise où les Rutènes du nord possédaient leur chef Tatinos et ceux du sud Atalos. Chacun frappant leur monnaie. A la fin du IVe siècle et au début du Ve, à l'instar du reste de l'empire, les villes placées sous l'influence de Rome déclinent. C'est aussi l'époque des invasions barbares et sarrasines.

Aveyron un nom, une histoire

C'est après la Révolution que le Rouergue est devenu Aveyron. Le Rouergue est toujours aussi vivace dans le vocabulaire quotidien, c'est un nom rugueux qui évoque la pierraille. Celle qui roule sous vos pas dans les chemins des Causses, ou dans les drailles qui dégringolent des pentes de l'Aubrac. Un nom sec, qui l'hiver, quand les tourdes abandonnent les genévriers des causses pour monter dans le soleil blanc, fait éclater les pierres gelées. Un nom secret, qui fait penser à l'eau qui dort au fond des gouffres. Un nom aux sonorités sourdes, qui a l'accent guttural que l'on entend toujours dans la voix des Rouergats. Un nom qui épouse silencieusement un pays rude et l'aime éternellement, aux quatre saisons de la Terre… Ce nom, justement, lui vient d'une tribu gauloise, les Rutènes, installée sur un vaste territoire allant de l'Aubrac au Larzac, de la Montagne noire aux Cévennes et au Gévaudan. Au IIe siècle avant Jésus-Christ, les Romains leur arrachèrent la partie méridionale de la zone occupée, l'actuel Albigeois, pour l'inclure dans leur province narbonnaise. Depuis, les limites de ce territoire n'ont guère fluctué. Le Rouergat est un dur au mal et à la peine, un dur à cuire, un dur au travail qui se méfie des modes et ne croit qu'à l'authentique et à sa terre aussi… Il a un caractère bien trempé. Plus qu'une lame de Laguiole, vous diront même certains, avec un petit sourire dans les yeux.

Ferme fortifiée - Vezins-du-Lévézou

Histoire médiévale

La période du haut Moyen Age est celle de l'évangélisation ; moines ou ermites se lancent à la conquête de cette terre, située sur le chemin des pèlerins se rendant à Saint-Jacques-de-Compostelle. La terre du Rouergue semble renaître. De nombreuses abbayes sont fondées, Conques, Aubrac, Sylvanès, Loc-Dieu. Rodez, qui a été évangélisé en premier par saint Amans, étend son influence sur de nombreuses paroisses et se constitue en comté. Le XIIe voit également l'arrivée des ordres militaires qui prennent possession de nombreux domaines dans le Larzac et le Lévézou. Le sud du département est placé sous l'influence du comte de Toulouse, Raymond VII, qui mourut à Millau. Des fastes de cette époque subsistent quelque 300 églises ou chapelles romanes. Le Moyen Age voit aussi se développer plusieurs petits fiefs implantés dans des bastides ou des sauvetés. De nombreux châteaux, plus de 500, sont érigés sur les moindres points hauts du département. Les luttes d'influence locales, les mariages et les alliances font et défont les limites des domaines. Les grands tourments de ces siècles n'ont que peu influencé ce territoire, un peu à l'abri des grands échanges. Durant la guerre de Cent Ans, après le traité de Brétigny, le Rouergue est passé entre les mains des Anglais sans grand bouleversement pour la population qui s'accommoda assez bien de cette occupation.

Histoire moderne

A l'époque moderne, les guerres de Religion eurent plus d'impact et divisèrent à nouveau le pays en deux blocs opposés : le nord et Rodez, catholiques sans faille, et le sud, influencé par la doctrine protestante ; Millau, Saint-Affrique et Camarès eurent à subir les dragonnades. Mais il semble que l'opposition au pouvoir central ait été plus forte que ces oppositions religieuses et les deux ensembles gardèrent une certaine unité. La Révolution n'eut que de légers retentissements dans le département, hormis un épisode tardif, l'assassinat à Rodez, en 1817 d'un procureur du roi. Ce qui donna lieu à la fameuse affaire Fualdés. Certaines villes se lancent dans l'industrialisation ou l'exploitation des richesses du sous-sol. C'est ainsi que sont créées les villes de Decazeville, et plus tard Capdenac.

Aveyronnais d'ici et d'ailleurs

Le paradoxe de l'Aveyron est de compter plus d'Aveyronnais hors du département que sur son sol même. Les Aveyronnais sont donc divisés en deux communautés, celle du « dedans », soit 264 000 individus, et celle du « dehors », qui pourrait bien se monter au double. A Paris seulement, ils sont 350 000 et constituent la diaspora la mieux organisée avec des amicales, des boutiques et une maison, l'Oustal de Bercy. Les raisons de cette émigration sont à chercher dans les conditions de travail. Dès les XVIe et XVIIe siècles, on a vu des hommes et des femmes partir vers Paris pour les uns, vers les villes du Midi et même l'étranger (notamment l'Amérique du Sud et en particulier l'Argentine où l'un d'eux fonda même la ville de la pampa Piguë) pour les autres. Le phénomène s'est accentué avec les débuts de l'industrialisation. Aujourd'hui, l'expatriation n'est plus aussi massive qu'au XIXe siècle et les jeunes ont la volonté de vivre là. Car la particularité de cette diaspora est de toujours manifester un attachement profond à son pays, d'y venir et d'y revenir sans cesse.

Histoire contemporaine

Après avoir connu son maximum de population vers 1886, le département va inexorablement subir l'érosion de sa population. Son enclavement contribuera à gêner son développement, sa population prend l'habitude, dès la moitié du XIXe siècle de devoir s'expatrier à la recherche de travail. C'est l'époque où les Aveyronnais « montent » à la capitale. A Paris, ils constituent une communauté forte qui va prendre en grande partie le marché des débits de boissons où ils écoulent le vin de Marcillac et font le commerce du bois et du charbon, à l'instar des bougnats auvergnats. C'est aussi le moment où l'identité rouergate se revendique ; de là naît l'amicalisme des Aveyronnais de Paris. Les Rouergats possèdent leurs salles de réunions, leur paroisse. De cette époque naîtra aussi toute une génération de musiciens mettant en avant des instruments comme la cabrette. Rina Kety, la célèbre chanteuse du début du siècle dernier, choisira pour accordéoniste un Aveyronnais de l'Aubrac. Aujourd'hui, les choses sont en train de changer, grâce à l'A75 et à l'effort constant des responsables départementaux, qui ont su profiter des nombreux atouts de leur département. La nature, le patrimoine et l'enracinement des traditions sont autant d'attraits touristiques que de nombreux Aveyronnais s'attachent à promouvoir.

PATRIMOINE CULTUREL

Plusieurs musées à visiter pour bien comprendre l'histoire du Rouergue et puis de l'Aveyron. Celui de Roquefort qui possède une collection importante de pièces archéologiques. A Millau à ne surtout pas rater le musée de la Graufesenque, où l'on découvre l'industrie potière de terre sigillée qui a connu son heure de gloire de moins 100 avant Jésus-Christ à la fin du premier siècle. La production de poterie de la Graufesenque (sur les bords du Tarn à Millau) était exportée dans l'ensemble du monde romain. A Rodez, ne pas oublier de visiter le tout nouveau musée Fenaille avec une collection unique de statues menhirs. A Espalion c'est la technique sous-marine qui occupe le musée du scaphandre. A ces musées, il faut ajouter le musée du Rouergue des arts et techniques de Salles-la-Source. Côté art pictural ou sculptural est incontournable le musée Denys Puech à Rodez.

De nombreux châteaux ont mis en place des animations afin de sensibiliser les plus jeunes à l'histoire du Moyen Age.

- **Au château de Calmont d'Olt,** les enfants doivent affronter un parcours de douze épreuves, sous l'œil d'un chevalier.

A l'issue de ces épreuves ils sont adoubés et reçoivent un diplôme.

- **Au château de Séverac,** en période estivale, un circuit jeu a été mis en place. Il passe sur tous les sites du château et conduit à une récompense. A la belle saison, l'ambiance est assurée par des fauconniers et le cuisinier du château fait goûter quelques recettes oubliées. Des animations sont régulièrement organisées autour des savoir-faire du Moyen Age.

- **Au château du Colombier,** ce sont surtout les jeux qui font recette auprès des enfants : des damoiseaux et damoiselles conduisent les impatients vers un jeu d'échec ou de dames version géante, vers des marelles et ils sont les bienvenus pour rappeler aux parents oublieux les règles du croquet, du jeu de quilles ou des palets. Jardin médiéval, bestiaire, musiques et sonorité, les terrains de découverte sont suffisamment variés pour retenir l'attention des enfants et des adolescents.

- **En pays de Roquefort, les cinq châteaux (Coupiac, Saint-Izaire, Brousse-le-Château, Montaigut et Latour-sur-Sorgues)** forment le domaine d'Hugues, chevalier du Larzac. Chacun est le cadre d'une étape d'un jeu de découverte où il faudra répondre tour à tour aux questions d'un petit dragon, trouver l'objet insolite dans les vitrines d'exposition, dessiner le château, reconnaître les parties du château prises en photo, et se déguiser en chevalier ou en princesse pour finalement découvrir les indices cachés dans le château. Cette opération a été mise en place par le Conservatoire Larzac Templier et Hospitalier auprès duquel on se procure un petit livret où les enfants retrouvent ces « défis » ; il est également disponible dans les points accueil du circuit Larzac.

Se plonger dans la cité médiévale du XIXe siècle et devenir écuyer ou chevalier… Pendant 7, 10 ou 20 jours, les 8-12 ans revivent une vieille histoire au village de Moulès, celle des Templiers. L'époque où l'on se déplaçait à cheval, où l'on fabriquait son épée, sa cotte de mailles… L'époque où les marchés étaient animés par des jongleurs et des acrobates. Après cette expérience, les petits ne voudront plus revenir au XXIe siècle !

Renseignements au Club Aveyron junior au 05 65 75 55 50.

Les burons

Ces constructions traditionnelles, appelées « buron » sont le signe de l'Aubrac, d'un mode de vie et d'une époque. On appelle ainsi les maisons rustiques dans lesquelles les bergers venaient passer l'estive. Construits en basalte et en granit, les burons sont à demi enfoncés dans le sol pour se protéger du froid et du vent ; leur toit de lauzes rejoint souvent le sol. L'intérieur est austère, on y entre par une porte basse. Une ou deux pièces le composent : une salle commune au sol en terre battue ou dallé de pierre, éclairée d'une petite fenêtre au sud et une cheminée ; une salle de travail dans laquelle les buronniers pressent le lait caillé et fabriquent les fourmes de fromage. S'y ajoute une cave d'affinage. Bien que la fabrication de fromage ait été effective depuis l'époque romaine, elle n'a pris de véritable ampleur qu'au XIXe siècle. Le nombre de burons a alors considérablement augmenté sur l'Aubrac, atteignant les trois cent, et mille deux cents saisonniers y travaillaient au début du XIXe siècle. Dans les plus grands, les hommes formaient des équipes hiérarchisées de quatre ; au sommet, le cantalès fabriquait les fourmes ; son travail, le plus important, lui donnait autorité sur le pastre, chargé de la traite, le bédelier, qui prenait soin des veaux, et le roul, le garçon à tout faire.

TRADITIONS ET MODES DE VIE

Il existe de nombreuses de fêtes traditionnelles dans le département, preuve d'une forte identité. On retrouve un peu partout des fêtes à caractère religieux, des processions, des pèlerinages... Mais on se réjouit aussi beaucoup autour de la gastronomie, part importante du quotidien aveyronnais, et de tout ce que représente le travail de la terre : démonstration de chiens de berger, de labours... Enfin se dégage un ensemble plus récent de fêtes folkloriques qui mettent en valeur un passé historique, dont le plus important du département reste le festival international folklorique du Rouergue qui a lieu chaque été à Pont-de-Salars et rassemble plusieurs centaines de personnes. A ne pas manquer le premier dimanche de juillet, la fête d'Estaing avec son défilé costumé retraçant l'histoire du village.

Quilles

Les quilles de huit sont à l'Aveyron ce que la pétanque est à Marseille : une institution. Pourtant l'invention est récente. Longtemps ce ne fut qu'un jeu banal, neuf quilles de bois disposées en quinconce et une boule lancée pour les faire tomber. Sans que l'on en connaisse la raison, peut-être pour corser les choses, au début du XXe siècle un joueur décida d'enlever une quille et de s'en servir pour « déquiller » les autres en la propulsant au moyen de la boule. Et là, c'est franchement moins évident ! Le nouveau jeu, à huit quilles donc, a été codifié vers 1912 par les Aveyronnais de Paris et des championnats sont depuis organisés. Les tirs se font à plusieurs distances imposées (de 1 à 20 mètres), avec une boule à poignée pesant de 3,5 à 6 kg et une quille « joueuse » (de 1 à 2,5 kg). Le jeu demande à la fois force et adresse, il est de plus en plus populaire. Il n'est pas rare de pouvoir assister à une de ces parties impressionnantes et d'en profiter pour s'essayer au geste. En Aveyron, on compte plus de 3 000 licenciés avec une forte poussée des jeunes et des femmes. Depuis des années les dirigeants du sport quilles ont développé des écoles de quilles dans chacun des districts qui émaillent le département. Les résultats ne se sont pas fait attendre. Le nombre des licenciés n'a de cesse de croître. De plus en plus de villages et bien sûr de villes possèdent leur quillodrome. Le sport quille dépend aujourd'hui de la Fédération française de bowling et de sports de quilles. En été a lieu chaque année, la finale des championnats de France de quilles en équipe et en individuel. Un véritable spectacle à ne pas rater.

Tonte des brebis

© Iconotec.com / Tom Pepeiraw

La langue d'Oc

L'Aveyron défend ses traditions, son histoire et sa langue : l'occitan. De nombreuses villes, bourgs et villages possèdent une double signalisation française et occitane de nom de lieu. De nombreux patronymes de lieu sont directement tirés de l'occitan. Il existe dans le département plusieurs écoles où les enfants reçoivent un enseignement bilingue français-occitan.

Lexique occitan

additionner : addicionar
adresse : adreça
allumette : luquet
anneau : anèl
après-midi : vèspre ; après-dinnada
avoir besoin : far mestièr
baignoire : banhadoira
berger : pastre
boulangerie : fornariá
brebis : feda ; oelha
celui-là : aquel
celui-ci : aqueste ; aiceste
chapeau : capèl
coin : canton
dedans : dedins
dehors : defòra
dindon : piòt
dîner : sopar (lo)
école : escòla

faire nuit : faire nuèch
fromage : formatge
gâteau : pastisson
huile : òli
lit : lièch
maison : ostal ; casa
noël : nadal
oiseau : aucèl
oui : òc
perdre (se) : escavartar (s')
père : paire
savon : sabon
soleil : solèlh
vache : vaca
vacher : boièr
vieux : vièlh
village : vilatge

Ces Espalionnais du Bout du Monde

Les gens du pays vous l'expliqueront simplement : en Aveyron (et en particulier dans le nord Aveyron), la mondialisation, les délocalisations de main-d'œuvre, on connaît ça depuis plus d'un siècle... Du Second Empire à la veille de la guerre de 1914-1918, plus de 100 000 Aveyronnais ont quitté leur « pays » pour chercher fortune et travail ailleurs. A Paris, bien sûr, où ils se firent porteurs d'eau ou garçons de café, avant d'ouvrir parfois, pour les plus chanceux, leur propre établissement et de prospérer. Mais aussi bien plus loin, en Espagne par exemple, où leur expérience de scieurs de long était recherchée. C'est d'ailleurs de Catalogne que Calmels rapportera l'inspiration du couteau de Laguiole. D'autres choisirent même le Nouveau-Monde, où des colonies aveyronnaises s'établiront, en Californie (dans l'hôtellerie et la restauration) et dans la pampa argentine. C'est là que le sous-lieutenant Cabanettes de Saint-Côme d'Olt créera en 1884 la colonie agricole de Pigüe. Recrutant ses compatriotes entre Espalion et Rodez, à qui il proposera à chacun une parcelle de 125 hectares et un capital de 3 000 francs, il fera ainsi venir près de 400 Aveyronnais, qui vendront tous leurs biens pour s'installer à l'autre bout du monde.

La musique

La musique joue un rôle majeur dans la culture aveyronnaise. La plupart des villes possèdent une fanfare et ou une harmonie, une antenne de l'école nationale de musique et de nombreuses formations musicales. Des temps forts comme Villefranchement Rock à Villefranche-de-Rouergue, l'Estivade à Rodez, le festival de Caplongue pour n'en citer que quelques-uns émaillent la vie musicale du département. Ces manifestations sont de véritables scènes où les meilleurs groupes se retrouvent. Certains lieux ont même acquis leurs lettres de noblesse comme Sylvanès qui est connu européennement comme le centre majeur de musique sacrée. On y dispense de l'enseignement mais c'est aussi un lieu où l'acoustique de l'abbaye permet l'enregistrement de nombreux cd. Musique et production avec des structures indépendantes, comme les studios de La Nauze où le studio où officie Fabien Salabert, qui enregistrent et produisent plusieurs labels. Le département possède aussi un chœur départemental de très haut niveau. De la musique traditionnelle au rock, du répertoire folklorique à la musique classique, tous les styles de musique sont présents dans le département et force est de constater qu'il se dégage une nouvelle génération de musiciens de très haut niveau, tels Luc Aussibal, Michel Vivoux, pour n'en citer que quelques-uns qui participent activement à la vie culturelle du département.

LES ENFANTS DE LA REGION

Ils sont nombreux à s'être fait connaître dans des temps plus ou moins proches ; la liste suivante n'est qu'une petite sélection.

Jean-Louis Alibert :
inhumé près de Villefranche-de-Rouergue, il a été le premier médecin des rois Louis XIII et Charles X.

© DR

Antonin Artaud (1896-1948) : le poète n'est pas un Aveyronnais, mais il a séjourné à l'asile de Rodez de 1943 à 1946. Il semble que les terribles traitements à l'électrochoc prodigués par le docteur Gaston Ferdières lui aient permis de se remettre à écrire. En son souvenir, Rodez décerne chaque année depuis 1951 un prix littéraire à son nom.

Maurice Astruc (qui porte un nom prédestiné puisqu'il signifie « la bonne étoile ») : L'effigie du Roquefort aux célèbres moustaches, originaire de Saint-Geniez d'Olt, a passé sa vie au sein des caves du même nom en tant que maître affineur. Aujourd'hui à la retraite, son image est toujours associée au fromage.

Didier Auriol (18 août 1958) : Sportif aveyronnais vivant à Millau. Seul Français champion du monde des rallyes (1994). Vingt victoires en championnat du monde.

Caricatures de Raoul Cabrol
(à gauche Edith Piaf, à droite Colette)

© DR

Cardinal François Marty (1904-1994) : cardinal-archevêque de Paris durant de nombreuses années, il parcourait les routes de « son » Aveyron au volant de sa 2 CV ; il avait pris sa retraite au couvent des Dominicaines à Monteils.

Alain Peyrefitte : ancien ministre du général de Gaulle, le célèbre académicien est né en Aveyron.

Emile Pouget : né à Pont-de-Salars en 1860, mort en 1929. Fonda à l'âge de 19 ans le syndicat des employés du textile. Ami de Louise Michel, exilé à Londres. Fondateur du journal satirique « Le Père Peinard » fut l'un des plus célèbres anarchistes et syndicalistes de la fin du XIXe siècle.

Jean Boudou (1920-1975) : l'un des plus grands écrivains de l'Occitanie (Joan Bodon), originaire de Naucelle.

© DR

Emma Calvé (1858-1942) : chanteuse lyrique, née à Decazeville, elle fit un triomphe par son interprétation de Carmen. Elle se produisit à Londres et aux Etats-Unis mais n'en oublia pas pour autant son pays. Elle a fini sa vie au château de Cabrières, près de Millau. Elle fut liée au fameux abbé Saunières de Rennes-le-Château.

Raoul Cabrol : caricaturiste originaire de Bozouls, il est mort en 1956 après avoir « croqué » tous les grands de ce début de siècle, en particulier Hitler ce qui lui valut d'avoir eu sa tête mise à prix durant l'occupation.

Urbain Cancelier : Le fabuleux épicier antipathique d'Amélie, le bien nommé Collignon, est originaire de Sainte-Geneviève- sur-Argence. Il aime revenir régulièrement au pays pour apprécier la gastronomie aveyronnaise.

© DR

Hippolyte Costes (1858-1924) : ce botaniste réputé a présidé la Société de géographie botanique à Paris ; curé de campagne, il était originaire de Balaguier-sur-Rance. Son encyclopédie en trois volumes intitulée « Flore descriptive et illustrée de la France, de la Corse et des contrées limitrophes » est toujours une référence.

Alain Guiraudie : Cinéaste villefranchois, prix Jean Vigo 2001, présenté à la Quinzaine des réalisateurs à Cannes, prix du public et prix du jury à Côté Court de Pantin.

Jean Puech : l'ancien ministre de la Fonction publique, puis de l'Agriculture (entre 1993 et 1997) est maire de Rignac et président du conseil général.

Sainte Emilie de Rodat : la religieuse originaire de Rodez fut cano-nisée par le pape en 1950 ; elle a fondé la congrégation de la Sainte Famille à Villefranche-de-Rouergue.

Richard Sainct : originaire de Saint-Affrique, il a remporté à 28 ans le Dakar 99, catégorie moto. Décédé dans un accident en 2004.

Le scaphandre est aveyronnais

Rendre le scaphandre plus léger et plus autonome, telle était la volonté de départ de ces ingénieurs aveyronnais qui ont fait évoluer les techniques de plongée sous-marine. Benoît Rouquayrol, né en 1826 à Espalion, invente en 1860 le détendeur qui permet aux plongeurs de respirer un air à la même pression qu'à l'extérieur. L'Aveyronnais Auguste Denayrouse, lieutenant de vaisseau, s'associe avec lui pour la mise au point de l'appareil plongeur permettant de se déplacer sous l'eau sans lien avec la surface. Enfin, en 1872, son frère, Louis Denayrouse, invente la lampe d'éclairage. Et ce sont encore les deux frères qui mettent au point un système de communication entre le plongeur et le monde extérieur. Quand invention rime avec innovation…

Bal au Moulin-Rouge, tableau de Toulouse-Lautrec

© DR

Henri de Toulouse-Lautrec (1864-1901) : c'est au château du Bosc à Camjac d'où sa famille est originaire que le peintre a passé une grande partie de son enfance.

Lisette : Lisette a choisi, à Saint-Amans-des-Côts, l'ancienne ferme de ses grands-parents, une forge du XVIe siècle, pour installer son atelier, profitant du calme du hameau de Monnès, près de la cascade du Saut du Chien. Là, en collaboration avec Walter, elle réalise des bijoux en métaux précieux d'inspiration celtique caractérisés par leurs lignes et leurs courbes. Spirales, entrelacs et nœuds donnent naissance à des « courbes de l'infini » dans lesquelles jaillissent parfois les chaudes couleurs de l'ambre. Ces joailliers partagent leur belle salle d'exposition avec des artistes régionaux travaillant la céramique et la peinture. En saison, Lisette ouvre également une boutique à Entraygues, 19 rue de l'Horloge.

Raymond Capoulade : Au milieu de ses vaches, ses ânes et ses chevaux, la famille Capoulade aime à faire partager son bonheur de vivre. Il y a trente ans, Raymond Capoulade, dit Capou, 61 ans, un peu éleveur, un peu accordéoniste, un peu conteur, mais également président de l'Office du tourisme de Laguiole, a entrepris de lutter contre la désertification à sa manière. Il a ouvert un camping en ferme d'accueil de 25 places (ouvert d'avril à octobre), puis deux gîtes ruraux (ouverts toute l'année, de 3 à 7 personnes). Le grenier de la grange a quant à lui été transformé en un musée des Traditions rurales, où Capou a rassemblé plus de 4 000 objets provenant des greniers de maisons de village ou de fermes du plateau de l'Aubrac. De son côté, son fils Xavier s'est lancé dans la collection de vieux tacots, que l'on peut apercevoir lors de sorties organisées ou de mariages. La ferme familiale est restée une vraie ferme, et son troupeau de vaches laitières bénéficie d'installations tout à fait modernes. Au milieu de tout cela, Capou fait le lien entre le passé et le présent, explique, commente et fait partager avec humour et amour son enthousiasme pour son pays. La ferme découverte reçoit des classes vertes (dont s'occupe Guillaume, l'autre fils de la maison) et des particuliers, sur réservation.

© DR

Boyne et Robin Cook : C'est non loin du village de Boyne, au bourg, que dans les années quatre-vingt, le célèbre Robin Cook, auteur réputé de romans policiers, est venu poser ses valises et sa machine à écrire. Parmi les ouvrages qui ont fait sa réputation certains ont fait l'objet de film comme « Les soirs d'avril sont meurtriers » avec Michel Serrault. Robin Cook avait vite adopté le rythme de la vallée. Le béret coiffait son crâne et le rosé frais servi au café de Provence à Boyne avait bien aidé son intégration. Plus d'une dizaine d'années durant il vécut et travailla dans sa maison du bourg avant de quitter la France et rejoindrwe l'Angleterre, son pays d'origine où il mourut. Fin d'esprit, observateur subtil des habitudes de ses concitoyens, il a dans de nombreux livres, décrit des traits de caractère des habitants de la vallée.

L'Aveyron gourmand

Cave d'affinage à Roquefort

SPÉCIALITES DU TERROIR

Les papilles vous guident en Aveyron. La France est le pays du « bien manger », et cela est encore plus vrai en Aveyron. La raison est simple : le positionnement géographique du département constitue un véritable creuset où toutes les saveurs se côtoient. Au nord, on va trouver essentiellement de la cuisine de montagne (aligot, charcuterie, tripoux, fromages au lait de vache). L'Aubrac est aussi synonyme de gastronomie, il suffit d'évoquer Michel Bras pour confirmer ces propos. Laguiole, capitale du nord du département fut même sacrée « Ville Gourmande ». Au sud, on va rencontrer une cuisine plus méditerranéenne. Il faut dire que la Grande Bleue est à peine à une soixantaine de kilomètres, à vol d'oiseau, de la sous-préfecture Millau. On va retrouver sur la table des viandes d'agneau, des pâtisseries à base de lait de brebis (la flaune), le roquefort, des sauces riches en plantes aromatiques (le thym pousse à profusion), le genièvre, dont les baies sont récoltées sur les causses. A l'ouest, dans le Villefranchois, l'influence du Quercy et au-delà du bassin aquitain, est évidente. Fromages de chèvre et même la morue salée cuisinée façon aveyronnaise (le stockfisch). Il existe bien sûr des produits communs à l'ensemble du département, mais ces derniers sont travaillés différemment en fonction de leur lieu de fabrication. Un des exemples le plus flagrant est celui de la fouace. Une pâtisserie à pâte briochée. Ce seul gâteau connaît des variantes au sein même du département. Inutile de chercher par exemple le goût de la fouace de Laguiole ailleurs dans le département. Même chose avec celle qui est fabriquée dans le sud ou même dans le vallon de Marcillac où elle devient plus compacte et porte le nom de soleil. La proximité de la mer permet aussi de trouver de bonnes tables offrant une carte de poissons intéressante. Les Aveyronnais aiment la bonne nourriture et sont intransigeants sur la qualité des produits. Les petits marchés de producteurs sont nombreux et ici, nul ne va sacrifier à la qualité. Ce sont sur ces mêmes marchés que vous pouvez rencontrer les grands chefs de réputation nationale et internationale. Ils viennent sélectionner leurs produits auprès des producteurs eux-mêmes. Michel Bras, bien sûr, qui est considéré selon une enquête d'un célèbre magazine américain, comme faisant parti en 2006 des 6 meilleurs cuisiniers mondiaux. Mais l'Aveyron gourmand c'est aussi les sœurs Fage-Galtier de Belcastel, Truchon à Sauveterre-de-Rouergue, Jean-Luc Fau à Rodez, pour n'en citer que quelques-uns. Sur ces marchés, on trouve des légumes de pays dont beaucoup proviennent de l'agriculture bio, des spécialités comme les échaudés (pâte à l'anis de forme triangulaire passée dans l'eau bouillante), le gâteau à la broche, les farçous. Dans le sud en début d'été les producteurs de cerises envahissent les marchés. De nombreux fermiers ouvrent désormais des tables d'hôtes. C'est une occasion rêvée pour découvrir une cuisine rurale, familiale. La seule façon peut-être de goûter la pascade (crêpe épaisse de farine et d'œufs dans laquelle on ajoute une bonne quantité de persil), le coufidou de sanglier, la saucisse à l'huile, le pain fabriqué par des artisans boulangers particulièrement attentifs au produit. Pour les amateurs des produits de la vigne, il faut noter la production des vins de la vallée du Tarn, ceux de la région de Marcillac et ceux du Fel. Côté alcool, à déguster les apéritifs à base de gentiane, les liqueurs de châtaigne, de coing. Autant de microrégions, autant de variantes culinaires, qu'il faut savoir aller dénicher en oubliant de façon systématique, le classique steak frites. Quoique la fleur d'Aubrac, viande issue de la race Aubrac, peut faire de ce classique un plat de gourmet. L'accueil en ferme auberge : les exploitants agricoles partagent avec simplicité et enthousiasme, le temps d'un repas, leurs recettes familiales. Les gourmands désireux de manger des produits 100 % terroir seront plus que ravis de trouver sur la table des spécialités régionales confectionnées essentiellement à partir des produits de la ferme. Pour assurer le meilleur accueil aux hôtes de passage, les agriculteurs ne reçoivent que sur réservation.

Le tripou

Plat traditionnel du Rouergue. A la fin du XIXe siècle, il était confectionné par les ménagères agricoles pour le dimanche avant le départ des « pages » (propriétaires des domaines) et de leurs domestiques pour la messe. Il deviendra ensuite une tradition, servi lors de rencontres entre agriculteurs ou amis de divers horizons. Ce plat très local fut essentiellement conservé par des traditionalistes et on ne le trouvait plus que dans quelques maisons, où la recette était jalousement conservée. A l'occasion de la Foire-exposition de Rodez, en 1966, le tripou prit véritablement l'envol de sa renommée. Le naucellois Charles Savy obtint le premier grand prix national du meilleur tripou, décerné par la Tripière d'Or de Normandie. Un tripou mijoté dans une sauce dont il a gardé le secret. Elaboré à partir de la panse de veau, le tripou a conquis ses lettres de noblesse sur les marchés de l'Aveyron. Proposés au petit déjeuner à la fourchette (comme à Réquista), certains maquignons peuvent en avaler plusieurs dès le matin pour sceller de bonnes affaires. Depuis toujours en Aveyron, les fêtes de villages commencent le matin par un déjeuner au tripou. Tradition oblige. A noter que dans le sud du département, on préférera les trénels. Même si l'apparence semble quasi identique, le tripou et les trénels sont deux plats bien différents. Ces derniers sont préparés à base de tripes et de panse d'agneau. Une pointe de safran relève le tout et en fait un plat plus raffiné que l'on peut déguster avec un côte-de-millau.

L'aligot

Spécialité de l'Aubrac (Auvergnats et Aveyronnais se partagent cette spécialité !), l'aligot était à l'origine le plat traditionnel des vachers. Cette grosse purée de pommes de terre (attention aux susceptibilités !) mélangée à la tomme d'Aubrac et parfumée à l'ail est très copieuse. Tout l'art de l'aligot est de savoir le faire filer sans le rompre. Se mange en été comme en hiver. On le trouve sur nombre de tables, mais il faut rester vigilant pour ne pas s'éloigner de l'authentique.

L'estofinado

Plat délicieux que l'on mange essentiellement le long des berges du Lot. A base de morue, de pommes de terre, d'huile de noix, d'ail et de persil. Etrange quand on sait que la morue ne se pêche pas dans les rivières du cru ? Non, si l'on précise que ce sont les échanges économiques entre le Bordelais et la vallée du Lot qui ont conduit à faire connaître ce poisson. En effet, les navigateurs qui descendaient le Lot jusqu'à Bordeaux, accrochaient la morue à la remorque de leurs gabares en rentrant, et la laisser traîner ainsi jusqu'à ce qu'elle arrive dessalée au pays. La légende veut que l'ancien Président du Conseil et député- maire de Decazeville Paul Ramadier faisait dessaler ses morues en les plaçant dans la chasse à eau de ses wc.

Le gâteau à la broche

Sa préparation est longue et minutieuse. C'est pour cela que l'on en mangeait seulement lors de fêtes et de grandes occasions. La pâte elle-même est assez proche de celle de la madeleine. La particularité du gâteau réside dans son mode de cuisson : il consiste à verser peu à peu de la pâte sur un cône de bois plein, fixé sur une broche, que l'on tourne doucement devant un feu. Il faut attendre que chaque « couche » cuise avant de verser à nouveau de la pâte et l'on obtient ainsi un gâteau en cône, d'aspect irrégulier mais qui rappelle des souvenirs d'enfance à chaque Aveyronnais.

L'échaudé

L'échaudé est le plus ancien de tous les gâteaux encore connus en Aveyron. Cité dans une charte datant de 1202, cette très ancienne spécialité biscuitière était également nommée « panis qui disunher eschandatis » (pains appelés échaudés). Ce n'est que plus tard qu'un artisan eut l'idée d'ajouter des grains d'anis à la pâte. Ces pains échaudés d'un goût nouveau sont proposés dans de nombreuses boulangeries de l'Aveyron. La recette n'a guère évolué depuis le Moyen Age. La base est un bâton parfumé à l'anis ; la forme triangulaire est donnée en rabattant les bords et un pochage à l'eau bouillante modifie la texture et l'aspect de la préparation. Cette opération rend le biscuit plus digeste, car il perd une partie de son amidon. Une fois égoutté, l'échaudé est cuit au four très chaud (à bois de préférence). Les goûts changent et s'affinent, aussi élabore-t-on aujourd'hui aussi des pâtes plus fines, plus riches, dans lesquelles sont incorporés du sucre, des œufs, ou du miel. C'est ainsi que sont apparus les « janots » et autres échaudés fantaisie.

La fouace

Elle est cousine de la fougasse. Il existe d'innombrables fouaces selon le lieu où l'on se trouve dans le département. Chaque boulanger conserve jalousement sa recette et la transmet uniquement à l'aîné de la famille. Un secret que les plus chanceux gardent précieusement. Cette gourmandise à base de pâte à brioche existe donc sous diverses formes : rondes, ovales, en forme de soleil (région de Marcillac) ou encore fouace coque... Elle est parfois agrémentée de fruits confits sur le dessus. Pour ceux qui voudraient percer le secret, sachez que les ingrédients de base sont de la farine de froment, du beurre, du sucre, des œufs, de la fleur d'oranger, du levain, de l'eau, du sel... Mais peu importe les recettes, ce dessert peut être consommé aussi bien au petit déjeuner qu'au goûter.

La pompe à l'huile

Derrière ce nom original se cache en fait une pâtisserie en pâte de pain. Préparée sous la forme de grande plaque plate, elle se fait avec des œufs, de l'huile et des amandes effilées qu'on passe au four. Le résultat est excellent et il est conseillé de la manger chaude ou pour le moins tiède. Conseil gourmand : froid au petit déjeuner, c'est aussi excellent.

Le roquefort

La légende raconte que ce fromage serait né par hasard : un jeune berger aurait laissé son sac, contenant son repas de pain de seigle et de caillé de lait de brebis dans une grotte. Courait-il après ses brebis ou une jeune bergère ? L'histoire a ses variantes. Il n'aurait retrouvé son casse-croûte que quelques jours après ; il fut dépité de constater que le pain et le fromage avaient moisi, goûta cependant ce dernier et le trouva fort bon. Ainsi naquit la destinée de ces caves de roches aérées par les fleurines, ces fissures naturelles qui conduisent l'air du Combalou jusqu'aux fromages ; sa circulation se fait grâce aux différences de températures entre l'intérieur et l'extérieur, mais de façon si fine que la température se maintient toujours entre 10 °C et 11 °C avec une humidité de 90 à 95 %. Telles sont les conditions d'élaboration du roquefort, dont l'AOC décernée en 1925 fixe les critères et la zone de fabrication (une bande de deux kilomètres de long sur laquelle se trouve le village).

Visites de ferme en pays de Roquefort : cinq éleveurs de brebis de Lacaune, producteurs de lait pour les caves roquefort, reçoivent les visiteurs sur leur exploitation. Le temps d'une ou deux tartines de roquefort, ils expliquent leur métier, montrent les troupeaux et parfois même la traite ou les soins. Ils ouvrent très volontiers leurs portes, sur réservation impérative (visite et prestation entre 4 € et 7 € pour un adulte).

ANNIE BERNAT Campalviès - CAMARES ✆ 05 65 99 51 33. *Visite guidée, tartine et vin de pays.*

GENEVIEVE SOULIE Le Sahut - CASTELNAU-PEGAYROLS ✆ 05 65 62 02 26.

Gastronomie aveyronnaise

Spécialités aveyronnaises

© OT Saint-Geniez-d'Olt

ALICE RICARD Hermlix - Versols - SAINT-AFFRIQUE ✆ 05 65 99 06 46. *Visite guidée et initiation à la dégustation de roquefort et de spécialités au lait de brebis.*

MARTINE FABREGUES Le Frayssinet - SAINTE-EULALIE-DE-CERNON ✆ 05 65 62 76 19.

Ces trois producteurs proposent, en plus de la visite, un goûter complet autour du roquefort.

ISABELLE ANGLARS Le Bousquet - SEVERAC-LE-CHATEAU ✆ 05 65 47 69 40.

Le pain

On peut dire qu'il y a en Aveyron autant de pains différents que de boulangers. Chaque artisan possède sa propre recette de pain de campagne. Cette dernière année, est né le « régalou ». Un pain 100 % aveyronnais. Issu de blé produit dans le département, moulu en Aveyron et préparé selon une recette mise au point par les boulangers aveyronnais.

Les chefs

Leur présence est la meilleure illustration de ce dont l'Aveyron est capable. Ils sont, chacun à leur manière, de magnifiques ambassadeurs de ce terroir. Le plus connu est Michel Bras, dont le restaurant à Laguiole se pare de trois étoiles Michelin, sans oublier dans le village le Grand Hôtel Auguy, une étoile. Non loin de Rodez, dans le bourg de Belcastel, Nicole Fagegaltier et sa sœur réinventent la cuisine de l'auberge familiale, dans un cadre superbe (une étoile Michelin). A Rodez, Jean-Luc Fau explore les saveurs d'ici et d'ailleurs dans son établissement Goûts et Couleurs (une étoile). La Bastide de Sauveterre-de-Rouergue est le fief de Michel Truchon qui déploie tous ses talents au Sénéchal (une étoile Michelin). Soit sept étoiles pour un département, auprès desquelles de nombreux restaurateurs font bonne figure ; pas mal, non ? Les plats cuisinés

Stage de cuisine

Le grand chef Michel Truchon invite tous les gourmets et les gourmands à venir s'initier à la gastronomie. Le thème de ce stage, rien moins que le foie gras. Du 25 mars au 20 décembre sauf août. **Renseignements à Loisirs Accueil Aveyron au 05 65 75 55 50.**

Goûter à la ferme

Le goûter à la ferme : pour retrouver le plaisir du goûter, le plaisir d'une tartine de miel, d'un morceau de gâteau fait maison, d'un verre de lait frais, rien de plus simple. Pour apaiser un petit creux ainsi que sa curiosité, une halte à la ferme vers 16h permet de goûter aux produits et parfois même de visiter l'exploitation pour mieux en comprendre le fonctionnement. **Renseignements à l'Apatar au 05 65 75 55 60.**

VIGNOBLE

Vins de la vallée du Fel et d'Entraygues

Ils sont six courageux vignerons à s'être accrochés aux pentes de la vallée du Lot et de la Truyère. Sur de minuscules parcelles, ils cultivent avec passion du cabernet franc, du gamay, du negret, du jurançon noir et le cépage local, le fer servadou. Ils produisent, chacun selon sa sensibilité, des rosés d'été, des blancs parfumés, des rouges parfaits pour accompagner la cuisine du terroir. L'exploitation totale, en VDQS, compte près de 25 hectares de vignes et produit chaque année entre 800 et 1 000 hectolitres. Entre granites et schistes, ces six jeunes vignerons travaillent à l'élaboration d'un vin de qualité, qu'ils définissent eux-mêmes comme le plus auvergnat des vins aveyronnais. Ils reçoivent sur leur domaine, de préférence sur rendez-vous. (Renseignements à l'Office de tourisme d'Entraygues).

JEAN-MARC VIGUIER Les Buis - D107 ✆ 05 65 44 50 45. Ce vigneron nouveau assure avec dynamisme depuis plusieurs années la présidence du Syndicat. Il a reconverti, voilà une quinzaine d'années, une exploitation de vaches et de chèvres en un vignoble de 6,5 hectares, répartis entre Entraygues et Le Fel. Il décline désormais sa production en trois grandes tendances, toutes à goûter : les « fruités », les « corsés » (cuvée spéciale) et les « charpentés », vieillis en fûts et de millésimes plus anciens, aussi goûteux en rouge qu'en blanc.

FRANÇOIS AVALLON Coteaux de Saint-Georges ✆ 05 65 48 61 65. Il exploite des coteaux au-dessus du village d'Entraygues et a pris le parti d'élever une partie de sa production en fûts de chêne américain. Une curiosité.

VERONIQUE FORVIELLE Domaine de Méjanassère ✆ 05 65 44 54 76. La patronne de la ferme auberge Méjanassère travaille chaque année à affûter son vignoble en terrasses douces, sur quatre hectares. Elle propose désormais un vin typique de l'appellation, franc et vif, à déguster sur ses viandes rôties.

AUGUSTE ABEIL Terrasses du Haut-Mindic - LE FEL ✆ 05 65 44 58 35. Cet ancien industriel fait figure de mécène du vin. Il s'est accroché au vignoble du Fel qui lui doit son renouveau.

OLIVIER ET LAURENT MOUSSET Cassos - LE FEL ✆ 05 65 44 52 35/05 65 44 50 51. Les deux frères exploitent l'un des deux domaines du Fel, le seul entièrement en terrasses. Celles-ci, rudes et escarpées, conviennent aussi bien au vin qu'aux chèvres. Aux 5 hectares de rouge et de rosé viendra bientôt, à force de travail, s'ajouter un hectare planté en cépages blancs. Se déclarant « peu partisans » des vieillissements en fûts, les frères Mousset proposent pourtant un vin rouge charpenté et aux tanins puissants, qui annonce les vignobles plus ensoleillés du Sud. Attention, leurs rosés s'arrachent à la belle saison…

ISABELLE BROHA Les Terrasses de la Vidalie - VIEILLEVIE ✆ 04 71 49 96 98. Isabelle Broha a repris à son père un petit vignoble d'1,5 hectare aux limites du Cantal. Elle y cultive du cabernet, du fer servadou et du chenin, entièrement vendangés à la main : les rosés sont fruités, les rouges épicés peuvent se garder quatre ou cinq ans pour une belle dégustation.

VIGNOBLE D'ESTAING. A deux pas de l'Aubrac, dont on redoute la froidure, Estaing est le plus petit terroir de France : tout juste 15 hectares pour une production annuelle de 450 hectolitres de rouges, blancs et rosés. Treize producteurs travaillent à l'amélioration de ces vins classés en AOVDQS depuis 1965. Le gamay noir représente 60 % des cépages, le reste se compose de pinot noir, negret et mansois (fer servadou).

CAVE DES VIGNERONS DU VALLON Valady ✆ 05 65 72 70 21. Cinquante vignerons réunissent leurs efforts et les fruits de leur travail au sein de la coopérative. Dirigée par André Metge, cette structure aux méthodes modernes met en avant la recherche de qualité, à tous les stades du travail, du travail du sol à la vinification. Des efforts constants qui sont maintenant couronnés de réussite : les quelque 450 000 bouteilles trouvent un débouché naturel entre particuliers, marchands de vin et grande distribution et l'augmentation de la production va de pair avec une qualité accrue.

Vins de Marcillac

Des archives relatent la présence de cépages dès le IIIe siècle. Le cépage « mansois » aurait été implanté ici par les moines de Conques. Depuis ce temps, il continue à faire la richesse et la renommée de la vallée.

JEAN-LUC MATHA Bruéjouls ✆ 05 65 72 63 29. Ce viticulteur est un personnage. La passion de son père l'a mené en 1975 à reprendre un petit domaine, défricher et planter en terrasses quatorze hectares de servadou. Heureux dans ces vignes, Jean-Luc Matha donne à la terre pour qu'elle lui donne en retour ; le secret est là, dans une terre respectée. Le travail est alors aussi « naturel » que possible. Peu de traitements mais des soins constants pour un résultat à la hauteur de cet enthousiasme. Premier viticulteur du vallon à avoir pratiqué l'égrappage total, il produit chaque année deux cuvées différentes et un vin rosé. Dans son caveau voûté, il présente ses vins et trois apéritifs traditionnels à base de vin.

DOMAINE LAURENS Clairvaux ✆ 05 65 72 69 37. *Vente directe au caveau, du* *lundi au samedi.* La famille Laurens exploite sur la commune de Clairvaux un domaine d'une vingtaine d'hectares pour une production de vins rouges et rosés, dignes représentants de l'AOC Marcillac. Le domaine est aussi connu comme distillerie ; il produit depuis de nombreuses années des alcools de fruits réputés à base, entre autres, de poire William, de prunes sauvage... Le plus typique est un ratafia authentique, cet apéritif rosé composé d'eau-de-vie et de moût de raisin, à déguster bien frais.

DOMAINE DU CROS Goutrens ✆ 05 65 72 71 77. L'histoire de Philippe Teulier est celle d'un viticulteur qui s'est forgé un domaine à la mesure de sa passion. En 1984, il a repris l'exploitation agricole familiale et a décidé de son orientation viticole. Des études, un travail acharné, et voilà le résultat : le maigre hectare de vigne du départ s'est maintenant étoffé de vingt-quatre autres, aménagés en terrasses prises sur la terre rouge des coteaux au-dessus de Goutrens. Sa production passe à juste titre pour remarquable.

Vins de Millau

VIGNOBLE DES COTES-DE-MILLAU. Comme le rappellent les villages des caves de la vallée du Tarn, les environs de Millau ont toujours été propices à la culture viticole ; ces vins eurent jadis les faveurs de la table des papes d'Avignon. Les sols de grès et de schistes sont soumis à l'influence méditerranéenne et à de fortes amplitudes thermiques. Les nouveaux vignerons ont su restaurer ce vignoble de 40 hectares, répartis sur dix-sept communes, y planter des cépages adaptés : le gamay noir est présent à 30 % dans les vins rouges, à 50 % dans les blancs, et associé au syrah, au cabernet sauvignon et au fer servadou. Le passage en AOVDQS, en 1994, est venu récompenser les efforts constants des vingt-huit producteurs de la zone. Les côtes-de-millau représentent aujourd'hui environ 2 000 hectolitres, produits aux trois-quarts par la cave coopérative.

LA MAISON DE LA VIGNE ET DU VIN Compeyre ✆ 05 65 59 03 06. *Ouvert d'avril à octobre.* Elle a été aménagée pour témoigner de l'activité agricole de ces terrains pentus. Propices aux vergers, ils le sont aussi à la culture de la vigne qui a longtemps fait vivre le village et donne aujourd'hui lieu à des réjouissances gustatives. Cette ancienne cave à vin dépend aujourd'hui du Parc régional des Grands Causses. Belle boutique de présentation des vins ainsi que d'autres produits du terroir.

CAVE DES VIGNERONS DES GORGES DU TARN Rue du Colombier - AGUESSAC ✆ 05 65 59 84 11. *Vente directe du lundi au samedi. Dégustations sur place.* Elle est la vitrine de la Coopérative des Vignerons des Gorges du Tarn. Ses 18 coopérateurs produisent sur 40 hectares environ 2 000 hectolitres (soit 150 000 bouteilles) de « côtes-de-millau » en 4 cuvées. « Les Seigneurs de Peyrevel » rosé est à dominante gamay, le rouge lui est un mariage de gamay, cabernet, syrah et fer servadou, les cépages typiques. Le « Peysir » blanc est composé de chenin et de mauzac ; le « Maître des Sempettes » rouge est un vin généreux, issu d'une sélection de vieilles parcelles, élevé en fûts de chêne. La coopérative produit du vin de pays, ainsi qu'un apéritif à base de gamay, d'extraits de plantes et de noix, le « Cerno », et une cartagène, « Félicie ». 3 vignerons indépendants (La Tour Saint-Martin, le Domaine Montrozier, le Domaine des 1 000 Pierres) profitent des services et du matériel de vinification très moderne de la coopérative.

En association avec les autres producteurs, elle convie à la découverte d'un « chemin des vignes » et à des visites de chais.

DOMAINE & CHATEAU
AUZIAS
Appellation d'Origine Contrôlée : CABARDÈS
11610 PENNAUTIER - LANGUEDOC - FRANCE
Rêve de vin, vin de rêve... A consommer avec modération...
Château
AUZIAS
Casino
supermarchés
Retrouvez ces vins
dans vos supermarchés
Casino

© Pierre Soissons

La diversité des paysages, une nature prédominante, l'eau, l'air, la terre, tous les ingrédients du cocktail sont là : l'Aveyron est un immense terrain de sport. On s'en donne à cœur joie, que l'on soit cycliste du dimanche ou marathonien confirmé avec des épreuves aussi célèbre que les 100 kilomètres de Millau. Epreuve qui se déroule chaque année en septembre. Le sport en Aveyron est une enrichissante combinaison entre le défoulement et la contemplation, un savant équilibre entre le parcours balisé et la nature intacte. Dévaler les gorges de la Dourbie en kayak ou planer au-dessus des causses, c'est quand même autre chose que de ramer dans une salle de sport ! Les possibilités sportives sont un atout majeur de la région. L'Aveyron est aussi un haut lieu national et international du jeu de pétanque. De nombreux concours nationaux se déroulent chaque année. En août, à Millau le Mondial de Pétanque réuni les meilleures équipes internationales. 2006 verra, le 10 août, à Millau se dérouler l'épreuve reine du sport bouliste les « Master ». Le département accueille aussi de nombreux rallyes automobiles dont l'épreuve phare est le rallye du Rouergue.

Delta-plane et parapente

Mais que sont donc tous ces points multicolores dans le ciel de Millau ? Une foule de privilégiés qui ont décidé de visiter la région autrement, vue du ciel. Millau est en effet un site renommé de vol libre. Toutes les conditions sont réunies pour que l'on y pratique ce sport une bonne partie de l'année : un ciel clément, trois sites de décollage, la possibilité de voler en local ou de partir en « cross », trois écoles de vol et… les innombrables ressources de la région (notamment sportives), histoire de se distraire les jours où l'on ne peut pas voler. Alors il ne faut pas s'étonner de voir passer dans les rues de Millau des échelles sur le toit de voiture (si le delta n'est pas posé dessus, il faut le chercher dans le ciel !), de voir soudain les terrasses de café se vider à l'heure H, l'idéale pour l'envol des parapentistes qui empoignent alors leur gros sac à dos et foncent au décollage. Millau favorise ce secteur autant que possible ; les décollages et leur accès ont été aménagés et la ville, qui a déjà été le cadre de plusieurs compétitions nationales et de rassemblements de grande envergure, travaille à l'organisation d'une grande classique annuelle. Pour la petite histoire, le record de distance delta parcourue vers le sud depuis Millau est de 200 kilomètres et le Monsieur vol libre d'Aveyron (le président du comité départemental), Richard Walbec, détient un record d'Europe de distance avec 300 kilomètres ! Voici un rapide descriptif des trois sites et de leurs caractéristiques, pour essayer de rivaliser…

- **Brunas, au sud de la ville :** c'est un peu le site chouchou des deltistes et parapentistes parce que le décollage est aussi un excellent atterrissage ; les conditions sont telles qu'il n'est pas rare de pouvoir y revenir en fin de vol (fini les galères de la récup' !). Le décollage se fait en condition de vent nord à nord-ouest. Le but : rejoindre la mer, à Sète, soit 90 kilomètres à couvrir. On peut donc partir en cross sur le Larzac ou voler en local.

- **La Pouncho d'Agast :** c'est le bout du Causse noir, qui devient terrain de vol par vent sud, sud-ouest et ouest. Les trois décollages ont été aménagés, de là on part à l'est vers l'Aigoual ou au nord vers le Puy ; un pilote a même atteint Saint-Etienne. Le plus : voler avec les vautours sur le Causse noir et dans les gorges de la Jonte.

- **Le Puech d'Andan :** la solution de secours, au nord de Millau. Les pilotes se rabattent sur ce décollage par vent sud-est ; mais il est moins fréquent que les deux autres.

Renseignements auprès du comité départemental ou des écoles de vol de Millau.

Pour ceux qui ne sentiraient pas le courage de voler de leurs propres ailes, il leur est toujours possible de découvrir l'Aubrac… en montgolfière. L'Aveyron vu du ciel, c'est désormais possible pour tout le monde ! **Renseignements à Loisirs Accueil Aveyron au 05 65 75 55 50.**

Hippisme

Plus de mille kilomètres de piste sont praticables en Aveyron pour les amoureux de la nature et des chevaux. Certains agriculteurs aveyronnais sont d'ailleurs prêts à partager cette passion. Sept fermes équestres sont réparties sur le département et permettent, au choix, de s'initier à l'équitation, de faire des promenades ou des activités d'attelage… Divers itinéraires de randonnées sont proposés pour sillonner le département. Là encore, petits et grands peuvent en profiter à leur aise. De l'aventure liberté à l'aventure sportive, tous les goûts seront satisfaits lors de ces grandes chevauchées sauvages. Car l'Aveyron est une terre d'aventure. **Renseignements à Tourisme et Cheval en Aveyron au 05 65 75 55 85.**

Pour les plus jeunes

Des randonnées en poney sont organisées par l'Adalpa, permettant aux plus jeunes (8-13 ans) de découvrir la faune et la flore du département tranquillement, à leur rythme. Le petit plus : les enfants apprennent également à constituer un herbier et repartent avec la photo de « leur » poney à la fin du séjour. De même la Fédération des Œuvres Laïques de l'Aveyron au 05 65 77 36 05 qui dispose de plusieurs centres de vacances, organise des séjours à thème pour les enfants de 6 à 18 ans.

Nautisme

Bien qu'au cœur des terres, le département est un lieu particulièrement prisé pour les activités nautiques, la baignade. De nombreux Aveyronnais pratiquent la voile grâce à la présence de plusieurs lacs. La planche à voile n'est pas en reste que ce soit à Pareloup ou à Villefranche-de-Panat qui présente l'avantage d'être un véritable couloir d'air assurant des conditions maximales pour tirer des bords. Sur les rivières d'eau vive, Lot sur certains secteurs (Vieillevie, la rivière Tarn ou Dourbie) les possibilités de pratiquer le canoë ou le kayak sont nombreuses. On trouve en période estivale de nombreux loueurs d'embarcations. Sur ces rivières, les niveaux de difficultés vont de la classe I (facile) à la classe III (difficile). Sur la rivière Aveyron de Compolibat à Villefranche-de-Rouergue 20 kilomètres de classe III s'offrent aux plus sportifs. Le label « Point Canoë Nature » permet d'identifier les loueurs de qualité affiliés à la FFCK. Le motonautisme est possible sur tous les grands lacs (Pareloup, Sarrans, Pont-de-Salars).

Il est possible de louer des bateaux avec ou sans permis. Un lac comme Pareloup est véritablement le lieu idéal pour pratiquer le ski nautique. Sur les lacs du Sud-Aveyron (la Jourdanie, Pinet) c'est plutôt la promenade qui est prédominante. Les paysages sont somptueux et peu propices aux balades sportives motonautiques. A noter qu'il est aussi possible de pratiquer l'aviron sur le Lot ou à Pareloup où il existe des structures d'accueil et d'initiation. De nombreux autres lacs de plus petite dimension offrent des possibilités de baignade, de pratique de jeux nautiques (pédalos, toboggan etc.), comme entre autres à Privezac, au lac des Galens, lac de Saint-Gervais, la Selves, Brasc. Visites en bateau, c'est aussi possible sur les lacs de Pareloup avec une formule découverte et possibilité de repas à bord ou dans le sud du département, une promenade à bord du Héron des Raspes, sur le lac de Pinet.

ADALPA 17, rue Aristide Briand - RODEZ ✆ 05 65 75 55 40. *Site : www.adalpa.com.* L'Association Départementale des Activités de Loisirs et de Plein Air propose une myriade d'activités pour les vacances toniques dans l'Aveyron. Elle dispose de bases de canoë kayak à Flagnac, Saint-Côme-d'Oltz et Saint-Géniez et de trois bases de voile à Arvieu, Salles-Curan et Villefranche-de-Panat. Dans chaque base la pratique des sports nautiques est à l'honneur pour les adultes et les enfants qu'ils soient débutants ou pratiquants chevronnés. Les formules sont nombreuses et proposent au choix l'encadrement, l'hébergement, des stages… il y en a vraiment pour tout le monde !

Pour les plus jeunes

Arvieu, Salle-Curan, Villefranche-de-Panat, Pont-de-Salars : sur toutes ces bases de voile des lacs du Lévézou, on trouve des activités pour les enfants, notamment de l'initiation en optimist, catamaran et planche à voile. On y fait aussi de la bouée ou de la banane tractée sur l'eau, très ludique. Les cours d'eau du Lot et du Tarn se prêtent bien à la découverte du canoë et du kayak ; en été ces rivières sont assez calmes pour que l'initiation se fasse sans problème.

Et pourquoi ne pas se prendre pour un marin émérite du haut de ses 7 ans ? C'est possible, grâce à des petits bateaux qui voguent sur les eaux du port miniature, au bord du Lot. **Renseignements à Capdenac-Gare au 05 65 63 83 45.**

Pêche

Le département est largement favorisé par un important réseau de rivières et de lacs. C'est une destination réputée en ce qui concerne la pêche des carnassiers et du poisson blanc. Les grandes rivières comme le Lot, l'Aveyron (en aval de Rodez), le Tarn en aval de Millau, permettent de réaliser des pêches mémorables.

Les grands lacs du Lévézou (Pareloup 1 200 hectares, Pont-de-Salars, Villefranche-de-Panat), ceux du Nord-Aveyron (Sarrans 1 000 hectares, la Selve, pour ne citer que les principaux ou celui de Castelnau-Lassout-Lous, un des plus cotés en France pour la pêche de la carpe) sont réputés pour les poissons records qu'ils recèlent. Sur le seul lac de Pareloup, il est fréquent de voir mettre au sec des brochets de plus d'un mètre. Le record étant un brochet de 1,37 mètre pesant près de 20 kg. Côté carpe mêmes possibilités offertes. Que ce soit en lac de barrage ou sur la rivière Lot, les spécimens de plus de 25 kg sont nombreux et la barre des 30 kg a été maintes fois franchie. Le département offre en fait des possibilités de pêche aussi bien pour les spécialistes que pour les débutants. De nombreux pêcheurs aveyronnais figurent en bonne place en matière de compétition nationale ou internationale. C'est ainsi que Jacques Bouzid, pêcheur de renom aveyronnais fut capitaine de l'équipe de France au championnat du monde de Séville. Louis Natale, autre pêcheur de concours, fait partie des rares pêcheurs en France ayant, en une seule année, remporté toutes les compétitions conduisant du niveau départemental au niveau national. Il est à juste titre considéré comme l'un des vingt meilleurs pêcheurs au moulinet en France. Les rédactions de revues nationales spécialisées comme Média Carpe, Top Carpe et Prédator, ont leur siège social et leur rédaction en Aveyron, non loin de Rodez. La pêche génère en Aveyron une vie associative intense. Le département est même considéré en France comme département pilote. Depuis plusieurs années, la gestion des rivières est effectuée en bassin-versant. Ce fut une véritable révolution en France et depuis, ce principe est systématiquement préconisé partout en France. La fédération de pêche de l'Aveyron a mis en place des écoles de pêche et en partenariat avec le Comité départemental au Tourisme, des séjours et des stages de pêche de qualité. Concernant les pêches nouvelles, le département n'est pas en reste. On peut y pêcher le silure sur le lac de Castelnau-Lassout-Lous, le black-bass sur le plan d'eau du moulin de Bannac (près de Villefranche-de-Rouergue), la carpe de nuit sur près de 400 kilomètres de berges ouvertes à cette technique. Si le département est essentiellement tourné vers la seconde catégorie (carnassiers, carpes, poissons blancs) il n'en demeure pas moins que de nombreuses rivières à truites sont présentes. C'est le cas sur le Tarn et la Dourbie en amont de Millau (pêches techniques) ou sur les rivières qui descendent de l'Aubrac (boraldes).

AVEYRON CARPE ET NATURE Moulin de la Gascarie - RODEZ 05 65 68 41 52 • CONSEIL SUPERIEUR DE LA PECHE Moulin de la Gascarie - RODEZ 05 65 75 21 05 • FEDERATION DE PECHE DE L'AVEYRON Moulin de la Gascarie - RODEZ 05 65 68 41 52.

Pour les plus jeunes

Même les petits peuvent découvrir les joies intenses de la pêche sur le lac de Bannac, la vallée du Tarn ou la vallée du Lot. Ils partent quelques jours pour s'adonner au plaisir de la pêche au coup ou au fouet, de la pêche à la mouche ou au lancer. Truite, ombre, carpe n'auront plus de secrets pour eux. Ces séjours, organisés tout au long de l'année durant les vacances scolaires, sont encadrés par des professionnels titulaires d'un BEATEP. **Renseignements à l'Adalpa au 05 65 75 55 52. Des séjours pêche sont également organisés en été et durant les vacances scolaires, par la cellule animation de la Fédération de Pêche au 05 65 68 41 52.**

Randonnée

Le département a recensé pas moins de 700 kilomètres de sentier de grande randonnée et bien plus encore de chemins de petite randonnée. Pas un village, pas un site qui n'ait balisé son coin de nature pour vous en faire approcher la beauté le temps d'une journée de marche. La situation et la configuration du département l'expliquent en partie : sa situation géographique l'a mis, au cours de l'histoire, au carrefour des chemins et les évolutions récentes l'ont préservé. Voilà d'abord les sentiers de grande randonnée ; huit traversent l'Aveyron, dont un GR de pays.

- **GR6,** l'itinéraire Alpes - Océan traverse l'Aubrac, les Causses et le Rouergue ; une partie de sa route est commune avec les GR65 et GR62.
- **GR65,** le chemin de Saint-Jacques-de-Compostelle appelé Via Podensis ; il vient du Puy, passe par Aubrac et rejoint la vallée du Lot par Conques puis se dirige vers Cahors.
- **GR62,** qui vient de l'Aigoual et vise Conques en passant par le Causse noir, Millau et Rodez.
- **GR36,** le tour des gorges de l'Aveyron en passant par Villefranche-de-Rouergue.
- **GR71C,** 100 kilomètres pour un circuit Templier Hospitalier.
- **GR71D,** le tour du Larzac.
- **GR620,** une boucle de 170 kilomètres pour découvrir les clochers et les horizons du Rouergue.
- **GR de pays,** un circuit de 150 kilomètres autour des monts d'Aubrac.

Outre les circuits répertoriés dans le topo-guide du département, « 50 promenades et randonnées » Aveyron de la Fédération française de randonnée pédestre, certaines régions ont leur propre guide qui forme un florilège de belles balades : « Aubrac », « De causses en vallées » (Séverac-le Château, Laissac, Saint-Geniez-d'Olt, Campagnac), « Au pays de Roquefort », « Au pays des cent vallées » (Ségala), « Les monts et lacs du Lévézou », « Le pays ruthénois», « En pays villefranchois », « Au pays du Réquistanais », « Entre Causse et Dourdou » et « Au pays de Conques Marcillac ». Tous ces ouvrages sont en vente dans les Offices de tourisme de la région concernée. Enfin, plusieurs organismes proposent tout au long de l'année une découverte du patrimoine aveyronnais. Le centre permanent d'initiative pour l'environnement du Rouergue organise des randonnées découvertes avec un guide. Bien sûr, si les plateaux et les vallées sont d'excellents terrains de randonnées, il ne faut pas oublier pour autant les forêts dont celles du causse du Larzac et du Causse noir et celle de l'Aubrac. Cette dernière offre en automne l'occasion d'aller écouter le brame du cerf.

Ski

Avec l'arrivée de l'hiver, le plateau de l'Aubrac se recouvre d'une fine poudreuse. La neige est partout présente et attire facilement les amateurs de sports de montagne. Si les anciens se souviennent des jours de tempêtes, les plus jeunes apprécient, comme avant, l'esprit d'entraide qui règne sur le plateau pendant ces longs mois d'hiver. Il est alors temps de sortir les skis ou les raquettes. Deux cents kilomètres de pistes de fond balisées relient Brameloup, Nasbinals, Aubrac, Saint-Urcize et Laguiole. Quant aux amateurs de descente, trois stations les accueillent chaque hiver sur le plateau.

Station de Laguiole

OFFICE DE TOURISME ✆ 05 65 44 35 94.

HORLOGE DES NEIGES ✆ 05 65 48 46 00.

SERVICE DES PISTES ✆ 05 65 44 39 62.

La station comporte quinze pistes de descente et douze remontées ; l'une d'elles est même éclairée la nuit, une autre est réservée à la luge. Les amateurs de ski de fond y trouvent 60 kilomètres de pistes tous niveaux, reliées au domaine de l'Espace Aubrac. Un secteur promenade de 3 kilomètres est ouvert à tous en forêt.

Station d'Aubrac

SYNDICAT D'INITIATIVE ✆ 05 65 44 21 15.

ROYAL AUBRAC ✆ 05 65 44 28 41.

Le ski de fond est l'activité fétiche de la station : les quatre pistes y sont entretenues quotidiennement et surveillées, on peut y faire de la randonnée, accompagnée ou non, sur 40 kilomètres. Ses pistes de ski alpin sont parfaites pour les enfants et les débutants, qui ont accès gratuitement aux deux téléskis. Le domaine permet la pratique des balades en raquette et en traîneau à chien. Au Royal Aubrac, une patinoire couverte réserve d'autres sensations de glisse.

Brameloup

OFFICE DU TOURISME ✆ 05 65 70 43 42.

ENNEIGEMENT ✆ 05 65 44 26 66.

SERVICE DES PISTES ✆ 05 65 44 27 31.

La station est complète ; ses trois domaines de descente, en plein cœur d'une forêt de 40 hectares, sont dédiés aux débutants comme aux confirmés, répartis entre skieurs et surfeurs ; les dix pistes sont desservies par neuf remontées. Le ski de fond se pratique sur 41 kilomètres de piste, en deux itinéraires de pistes reliées au domaine de l'Espace Aubrac. On fait varier les plaisirs en pratiquant raquettes et courses en traîneaux à chien. Des stages de yoga sont également proposés tous les matins au chalet de l'Adalpa, après quoi deux heures de ski nordique permettent de mettre à profit cette relaxation. En début d'après-midi, à partir de 14h30, possibilité de faire des sorties de ski en groupe.

Spéléo, canyoning

Ouvert à tous y compris aux enfants d'une dizaine d'années (ou moins selon la taille) il est facile de se lancer, en Aveyron, à la découverte de l'escalade, de la spéléologie, du canyoning, de la via ferrata et d'un machin rigolo, l'escalad'arbre (un parcours dans les arbres, avec cordes, échelles…). Plus simplement, ils se contenteront sans doute d'une balade en vtt ou à cheval, mais les plus téméraires réclameront les « parcours aventure ». Compter de 15 € à 30 € la demi-journée, selon l'activité.

CPIE Millau ✆ 05 65 60 26 02. Le CPIE du Rouergue propose également des ateliers pour les enfants de 5 à 12 ans sous forme de rallye-découverte.

ROC ET CANYON Millau ✆ 05 65 61 17 77. Une entreprise reconnue dans le loisir sportif. Elle s'adresse autant aux adultes qu'aux enfants. Elle propose un large panel de sport tel le canyoning, le rafting, etc.

ALOA NATURE Sainte-Geneviève-sur-Argence ✆ 05 65 66 48 19. Plusieurs professionnels se sont associés dans cette structure et proposent les activités citées ci-dessus à l'année ou en saison seulement.

OXYGENE 12 Séverac-l'Eglise ✆ 05 65 70 67 73. La grande originalité d'Oxygène consiste en un parcours en via corda autour du donjon de Galinière (à partir de 13 ans).

Vtt

Pour ceux qui préfèrent partir à l'aventure en deux-roues, il existe de nombreux chemins accessibles aux vtt et au cyclotourisme. Huit topo-guides permettent une découverte variée de l'Aveyron : par exemple le Larzac à vélo ou pourquoi pas le tour des lacs, plus rafraîchissant l'été, pour ceux qui veulent piquer une tête… **Tous les guides sont disponibles au comité départemental de cyclotourisme de Millau au 05 65 60 68 99.**

L'Aveyron, la terre des sports extrêmes

© Office de Tourisme du Canton de Laissac

Festivals et manifestations

Foire agricole de Laissac

Avril

Laguiole

FESTIVAL DES BŒUFS GRAS DE PAQUES. *Troisième week-end avant Pâques.*

FORUM SUR LES TERROIRS. *Les 26 et 27.* Animations, marchés, conférences.

Mai

Millau

FOIRE : La foire la plus importante de l'année se déroule début mai. Elle occupe toute une partie de la ville.

MILLAU EN JAZZ : chaque été, sur le territoire du Parc naturel régional des Grands Causses, ce festival multiplie lieux, dates et rendez-vous pour des concerts étonnants, tenant compte de la formidable diversité des musiques actuelles. On y entend des artistes reconnus sur la scène internationale ; on y fait aussi de belles rencontres avec les « coups de cœur » d'une équipe de programmateurs ouverte à tous les jazz, mais aussi à d'autres courants musicaux, pour peu qu'ils soient créatifs. Contrairement aux idées reçues, son ouverture à la découverte et à l'innovation, avec les prises de risques qu'elle implique, lui vaut une fidélisation et une curiosité croissantes du public. Aux antipodes des réseaux marchands, Millau en Jazz crée des espaces de liberté où l'émotion, la sensibilité, la convivialité ont encore droit de cité. 2006 fera une large place aux guitaristes et autres joueurs de cordes, mais aussi à d'autres instrumentistes, tous défricheurs de sons, et ce durant 8 jours, du 15 au 22 juillet.

Laguiole

TRANSHUMANCE :

Laissac. *Premier week-end de mai,* **ROC LAISSAGAIS** (randonnées vtt gastronomiques).

Laissac. **FOIRE EXPOSITION AGRICOLE.** *Début du mois.*

FETE DE LA TRANSHUMANCE : le samedi 28 mai : le samedi à Saint-Chély et le dimanche à Aubrac.

Juin

Millau

TOURNOI INTERNATIONAL DE FOOT HANDICAPES. *Du 3 au 5 juin.*

Millau

VTT LA CAUSSENARDE (randonnée VTT de 50 à 125 kilomètres). *4 au 6 juin.*

Marcillac

FETE DE LA SAINT-BOURROU. *Durant le week-end de Pentecôte.*

Millau

EXPOSITION « OSER LES PONTS ». *Du 20 au 30 décembre.*

Rodez

FOIRE SUR LE TOUR DE VILLE. *Dernier vendredi du mois.*

Saint-Geniez-d'Olt

FETE DE L'ESTIVE. *Le samedi le plus proche du 25.*

Laguiole

FETE DE SAINT-HILARIAN. *Troisième week-end de juin.*

Millau

FESTIVAL DE L'ESCALADE PETZLL ROC TRIP. *Du 21 au 25 juin.*

Juillet

Estaing

SON ET LUMIERE AU CHATEAU D'ESTAING ✆ 05 65 44 03 22. *Chaque mercredi du 15 juin ou 15 septembre.*

Rodez

THEATRE EN PLEIN AIR SUR UNE DES PLACES DE LA VILLE. *Les mardis.*

CONCERT D'ORGUE EN CATHEDRALE. *Les mercredis.*

CINEMA EN PLEIN AIR. *Les jeudis.*

CONCERT DE MUSIQUE EN PLEIN AIR. *Les vendredis.*

Decazeville

FORUM DES LANGUES. *Le 1er.*

Estaing

PROCESSION DE LA SAINT-FLEURET. *Le 1er dimanche de juillet.*

Millau

FESTIVAL DE LA VALLEE ET DES GORGES DU TARN. *Du 6 juillet au 11 août.*

Bozouls

FESTIVAL DES SCIENCES DE LA TERRE. *Du 16 au 20.*

FESTIVAL LYRIQUE BEL CANTO. *Première semaine.*

FESTIVAL DE MUSIQUE « CONQUES, LA LUMIERE DU ROMAN » L'Abbatiale ✆ 05 65 72 85 00.

Camarès

MARCHE DES PRODUCTEURS DE PAYS. *Les mercredis matin de juillet.*

Espalion

FESTIVAL DE LA RANDONNEE PLEINE NATURE. *Du 15 juillet au 15 août.*

Laguiole

MARCHE D'ARTISANAT D'ART. *Le 14.*

Saint-Cyprien-sur-Dourdou

SPECTACLE A THEME. *Le 15.*

Flagnac

SPECTACLE SON ET LUMIERES : « Hier, un village » Flagnac. *Du jeudi 27 au lundi 29 juillet.*

Concert à l'Abbaye de Sylvanès

Abbaye de Sylvanès

Millau

BOURSE AUX MINERAUX. *22 et 23 juillet.*

Rodez

ESTIVADA : (festival occitan, 5 jours). *Deuxième quinzaine de juillet.*

Sites templiers et hospitaliers du Larzac

CONCERTS, SPECTACLES, CONTES, ILLUMINATIONS Sites Templier et Hospitaliers, les Estivales du Larzac ✆ 05 65 59 12 22. *Juillet, La Couvertoirade : mardi 18, Viala du Pas de Jaux : jeudi 20.*

Pont-de-Salars

FIESTA DES PITCHOUNS. *Le 16.*

Sylvanès

FESTIVAL INTERNATIONAL DE MUSIQUE SACREE ✆ 05 65 98 20 20. *Du 9 juillet au 27 août.*

Espalion

FETE DE LA SAINT-HILARIAN. *Le 3e dimanche.*

MARCHE DES PRODUCTEURS DE PAYS. *Renseignements auprès de l'Office du tourisme.*

Rodez

JUMPING NATIONAL Combelles - LE MONASTERE. *Du 22 au 24 juillet.*

Baraqueville

LES COCHONNADES. *Le deuxième samedi.*

Villefranche-de-Rouergue

FESTIVAL DE LA CHANSON FRANCOPHONE ✆ 05 65 45 41 12. *Du 6 au 13 juillet.*

Saint-Geniez d'Olt

MUSIQUE EN PAYS D'OLT. *Deuxième quinzaine de juillet.*

Rodez

RALLYE DU ROUERGUE (épreuve du championnat de France). *Du 8 au 10 juillet.*

MARCHE DES ARTISANS D'ART Sainte-Eulalie-d'Olt. *Le troisième dimanche.*

Bozouls

MARCHE NOCTURNE ET ARTISANAL. *Dernier samedi.*

Août

Camarès

MARCHE DES PRODUCTEURS DE PAYS. *Les mercredis matin d'août.*

Millau

FESTIVAL DE LA VALLEE ET DES GORGES DU TARN. *Du 6 juillet au 11 août.*

Séverac-le-Château

FETE DU QUARTIER HISTORIQUE ET MARCHE MEDIEVAL. *Premier dimanche.*

Bozouls

COURSE PEDESTRE : « La Ronde du Gourg d'Enfer ». *Le 8.*

Sainte-Eulalie-de-Cernon

JOURNEES MEDIEVALES DE SAINTE-EULALIE ✆ 05 65 62 79 98.

Baraqueville

FETE DES ESTIVANTS. *Le 7.*

Espalion

MARCHE DES PRODUCTEURS DE PAYS. *Renseignements auprès de l'Office du tourisme.*

Laguiole

FOIRE AUX ESTIVANTS. *Le 8.*

ILLUMINATIONS : Sites Templier et Hospitaliers, les Estivales du Larzac La Cavalerie : mardi 8, Saint-Jean D'Alcas : jeudi 10.

Conques

FESTIVAL DE MUSIQUE « CONQUES, LA LUMIERE DU ROMAN » L'Abbatiale ✆ 05 65 72 85 00.

Flagnac

SPECTACLE SON ET LUMIERE : « Hier, un village » Flagnac. *Du jeudi 3 au lundi 7.*

Rodez

FESTIVAL FOLKLORIQUE INTERNATIONAL DU ROUERGUE. *Première quinzaine d'août.*

Sauveterre-de-Rouergue

FETE DE LA LUMIERE. *Le 9 août.* Illumination de 7 000 bougies, feu d'artifice, promenade en costumes et masques de Venise.

Découvrir le monde avec LibertyTV
LibertyTV est une chaîne non cryptée, sur Hotbird 13° Est (12 577 Mhz, polarisation horizontale) et sur Astra 19,2° Est (12 552 Mhz, polarisation verticale)
3W
la télé des vacances
Canalsat canal 59 TPS canal 83 Numéricâble canal 92
Noos/UPC canal 94 Ma Ligne TV canal 35
FreeBox TV canal 87 Neuf Telecom canal 65
Alice TV canal 71 Est Video Communication canal 77
France CitéVision canal 144 AOL TV
T-Online/Club internet Orange mobile 3G
Citéfibre canal 133 Erenis Paris canal 45
liberty TV
LibertyTV vous propose:
- des reportages sur le monde entier pour choisir vos prochaines vacances.
- des offres de vacances aux meilleurs prix toutes les 15 minutes.
- un journal sur le tourisme toutes les heures.
- des comparaisons sur toutes les destinations de vacances.
- les meilleures promotions de vacances en permanence.
0892 700 313 (0,34€/min)
www.libertytv.fr

Laguiole

FETE DE LAGUIOLE. *Deuxième week-end.*

Millau

MONDIAL DE PETANQUE. *Du 11 au 15 août.*

Bozouls

FOIRE A LA BROCANTE ET AUX PRODUITS REGIONAUX. *Le 15.*

Estaing

SON ET LUMIERE : Illumination à la bougie. *Le 15 août.*

Saint-Geniez d'Olt

FETE DE LA RACE AUBRAC. *Le samedi suivant le 15 août.*

Pont de Salars

FESTIVAL FOLKLORIQUE INTERNATIONAL DU ROUERGUE. *Le 15 août.*

Naucelle

FETE GASTRONOMIQUE AU CHATEAU Taurines. *Le 18.*

Sainte-Eulalie-d'Olt

PROCESSION DE LA SAINTE EPINE. *Le deuxième dimanche d'août.*

Najac

FETE DE LA FOUACE. *Du 23 au 25.*

Decazeville

FESTIVAL INTERNATIONAL DE PYROTECHNIE Sur le site de la Découverte. *Le 27.*

Villefranche-de-Panat

FETE DES CHEVALIERS Peyrebrune. *Le dernier week-end.*

Septembre

Millau

LES 100 KILOMETRES DE MILLAU. *Le 24 et 25 septembre.*

Estaing

« LES MEDIEVALES » (fête médiévale). *Le 2e week-end de septembre.*

Sauveterre-de-Rouergue

FETE DE LA CHATAIGNE Sauveterre-de-Rouergue. *Le 26 octobre.* Ils sont plusieurs villages à célébrer les produits de l'automne.

Rodez

FOIRE SUR LE TOUR DE VILLE. *Premier vendredi du mois.*

Octobre

Conques

PELERINAGE DE SAINTE-FOY. *Le 6.* La sainte est réputée pour guérir les aveugles et délier les captifs de leurs chaînes.

Cransac

RALLYE EQUESTRE DU CHEVAL D'OR. *Le 26.*

Rodez

SALON DU LIVRE ANCIEN. *Fin du mois.*

Décembre

Baraqueville

FOIRE AUX GRAS : Marché de Noël. *Le 19.*

Rodez

FOIRE SUR LE TOUR DE VILLE. *Premier vendredi du mois.*

Aubrac

LES TRACES DU FROMAGE. *Début du mois.* Balade à ski de fond ou à pied jusqu'à Aubrac, de buron en buron, avec dégustation de produits (ouvert à tous, renseignements à la coopérative Jeune Montagne).

De lieux
en lieux

Château et vieux pont d'Espalion

© Iconotec.com / Alamer

Aguessac

Aguessac même est un gros bourg qui se trouve à la rencontre des gorges du Tarn et de la nationale 9. L'ouverture du viaduc de Millau, le 16 décembre 2004 a fait disparaître son célèbre bouchon (de voiture), qui réduisait les automobilistes à de simples spectateurs de ses façades tristes et délaissées. On pourra désormais s'y arrêter de son plein gré et y séjourner sans stress pour y faire sauter d'autres bouchons, ceux qui ferment les bouteilles du vin élaboré sur ses coteaux ; cultivés en terrasses, ils sont les derniers représentants du vignoble de la vallée du Tarn autrefois très productif. Ces côtes-de-millau ont été classées en VDQS en 1994. Mais au printemps, ce sont surtout les cerisiers en fleurs que l'on remarque ; la tradition veut que l'on ramasse les fruits rouges dès la première semaine de juin entre Aguessac, Peyreleau et Rivière-sur-Tarn.

Le gîte

AUBERGE LES CARDABELLES ✆ 05 65 62 69 29. *Site Internet : http://perso.wanadoo.fr/auberge.lescardabelles - E-mail : auberge.lesca rdabelles@wanadoo.fr. 2 chambres. Menu du gantier millavois : 21 €. Menu des caves à vin de Boyne : 38 €.* Idéalement située à Boyne à 5 kilomètres du Rozier en Lozère, aux portes des Gorges du Tarn, et tout près du viaduc, l'Auberge les Cardabelles vous permettra de vous lancer sur les chemins rocailleux qui mènent aux causses du Sauveterre, du Méjean, du Noir ou du Rouge à la rencontre de paysages sculptés par les éléments (sites ruiniformes, gorges, avens) et par l'homme (caselles, lavognes, dolmens, clapas, tours de bergers). Cuisine dont la matière première est issue de petits producteurs de pays. L'auberge propose une balade gourmande à la rencontre des producteurs, jalonnée des recettes de Manuella, auxquelles se mêlent herbes et légumes gorgés de saveur du potager de Françoise. Spécialités de canard gras : foie gras, confit ou magret, pintades, truites, plats mijotés à l'ancienne. Trenels millavois et légumes de potager « bio » sont présents pour égayer vos papilles.

LE RASCALAT RN9 ✆ 05 65 59 80 43. *2 étoiles. Logis de France. 14 chambres de 56 € à 78 €, petit déjeuner 9 €. Menus de 24 € et 45 €. Demi-pension de 60 € à 65 €. Fermé du 11 novembre au 1er avril.* A quelques kilomètres de Millau une grosse maison -ancien moulin à huile- est depuis quelques années déjà une étape appréciable et appréciée, qui vient en outre de s'offrir des travaux de rénovation. La plupart de ses chambres, confortables, donnent sur le parc et la rivière et bénéficient toutes d'une bonne insonorisation. La proximité de l'eau et de grands arbres contraste avec un parc bien ordonné, autour de la piscine, et une terrasse peuplée de fauteuils et parasols de toiles. Les jours de froidure, on leur préfère une salle rustique et son immense cheminée qui promet de bonnes grillades. Florence et Didier Ramondenc y font rôtir un gigot d'agneau avant de le flamber au capucin et mettent aussi au menu des mets délicats comme les croûtes de ris d'agneau, la terrine de foie gras de canard ; en saison, pigeonneaux flambés.

Goûter à la ferme

LA FERME DE QUEZAGUET Quézaguet ✆ 05 65 59 71 38. *Ouverture sur réservation. Du 1er mai au 31 août : le lundi et samedi. Hors saison : groupes (15 personnes minimum). Prix par enfant : 5 €. Prix par adulte : 7,50 €. Prix par personne en groupe : 6,50 €. Capacité d'accueil : 40 personnes. Réservation obligatoire.* Cette ferme ancienne avec des bâtiments en pierres du causse et une salle d'accueil voûtée du XIIIe siècle, est située au bord de la route des gorges du Tarn. L'accueil se fait dans la salle voûtée, avec présentation de la ferme et de son histoire, visite de la conserverie et des élevages, et remise d'un document sur la ferme. La présentation aux enfants de jeunes animaux nés sur la ferme (poussins, canetons, lapereaux) est un grand moment pour les petits. Le goûter est servi dans la salle voûtée, avec cheminée, sur de grandes tables en bois : assiette composée (accompagnée de salade) avec fritons, pâtés de volaille et de canard au poivre vert, cou farci au foie gras, tartines de pain, confitures maison, boissons.

CARMEN ET BERNARD PORTALIER - LUDOVIC BOUVIALA ✆ 05 65 62 64 57. *Ouvert toute l'année.* Au Domaine du Vieux Noyer, sont cultivés 5 hectares de vignes. Celles-ci sont situées autour des vestiges du château de Peyrelade, sur des coteaux argilo-calcaires d'exposition sud-est, sud-ouest. Pour produire les réputés « côtes-de-millau », cabernet syrah et gamay sont les principaux cépages travaillés.

Dans les environs

L'Andurme

Ne cherchez pas ce nom sur une carte routière, vous ne le trouverez pas. L'Andurme c'est le nom que les habitants de la vallée ont donné à un haut promontoire qui domine le Tarn entre Boyne et Mostuejouls. Le nom de cette montagne signifierait en fait champs d'urnes (funéraires). Un camp romain semble avoir été installé au sommet de cette colline rocheuse. Une stèle funéraire qui y fut trouvée est visible dans le village de Mostuejouls. L'Andurme c'est aussi un réseau de passages souterrains qui pénètrent dans la roche. Durant la dernière guerre, ils servaient de refuge aux maquisards. Pour partir à la découverte de l'Andurme il faut aller jusqu'au village de Mostuejouls. De là, une bonne heure de marche est nécessaire pour atteindre les flancs escarpés de ce rocher pas tout à fait comme les autres. A partir de là l'aventure est à vous, l'Andurme n'a pas livré tous ses secrets. On dit même qu'après la Révolution, le chef des brigands du Bourg, Meilloux, est venu y cacher son trésor. Nul ne l'a encore trouvé.

Compeyre

A la sortie d'Aguessac, traverser le Lumensonnesque et entreprendre la montée vers Compeyre. Le vieux village, bien qu'ayant subi des destructions pendant les guerres de Religion, a conservé son caractère médiéval et son charme, malgré quelques maisons délaissées. Le plaisir de la promenade passe par des déambulations dans des venelles pentues et des escaliers, bordés d'herbes folles ou de plantes fleuries. Dans la partie basse du village, ne pas manquer le point de vue sur le Tarn, depuis la terrasse devant la mairie. On remarquera que toutes les maisons, ou presque, ont une cave ; le village était en effet une place importante pour le négoce des vins, mais aussi pour les céréales puisqu'on peut encore y admirer un « sesteyral », une ancienne mesure à grain. Puis partir à l'assaut de la partie haute du village où reste une porte de l'ancien hôpital du XVIIe siècle. La prochaine station se fait sur la place de l'Eglise (du siècle passé) et ses bancs accueillants, enfin la grimpette reprend jusqu'à la plateforme sommitale ; de là, on goûte à une vue panoramique sur la vallée.

Visites du village organisées le mercredi en été par les Amis de Compeyre au 05 65 59 83 11.

LA MAISON DES ARTISANS. Ce petit espace de présentation des productions et artisans locaux a été aménagé dans l'ancien presbytère.

FERME-AUBERGE DE COMPEYRE Quiers ✆ 05 65 59 85 10. *Site Internet : www.ifrance.com/quiers. Repas 18 € à 21 € (vin non compris). Ouvert du 1er avril au 31 octobre. Fermé dimanche soir et lundi. Chambre et petit déjeuner 48 € pour deux personnes. Possibilité de demi-pension.* Au nord de Millau, ce petit village perché s'est replié sur son passé. En quittant ses vieilles rues, on se dirige vers la ferme de pierre, accrochée à une corniche du Causse, de Véronique et Jean Lombard-Pratmarty. Ces éleveurs cultivent aussi leur potager et servent une cuisine revigorante au milieu des vieux meubles de famille. Leur spécialité est l'agneau (épaule rôtie, côtelettes grillées, foie au genièvre), mais aussi la volaille fermière, le lapin sauce chasseur et les légumes de saison. Un feuilleté au roquefort pour la couleur locale (et autres spécialités comme le gatis ou le farçun), une tarte Tatin en hiver, une autre à la groseille en été, chaque saison a ses vedettes qui sont toujours du meilleur goût. Les six chambres ont été aménagées dans un bâtiment annexe ; en rez-de-chaussée et à l'étage ; leur classement en trois étoiles pandas récompense un très bon confort (sanitaires privés, téléphone) et un cadre plein de charme (terrasse, repas au jardin…). Il est nécessaire de réserver.

MOTEL LES ARTYS ✆ 05 65 59 75 41. *Ouvert du 1er avril au 30 octobre. Chambre de 34 € à 58 €. Petit déjeuner 5,50 €. Menus de 14,50 € à 33 €. Demi-pension à partir de 38 €.* Installé à l'entrée des gorges du Tarn, ce motel 2 étoiles est à la fois proche de la ville (à moins d'un quart d'heure de Millau) et déjà baigné de nature. Son nom vient d'ailleurs de l'ancien terme désignant une clairière et ses chambres, de plain-pied comme le veut le genre, s'ouvrent d'un côté sur de grands arbres, de l'autre sur un pré, tout vert, où trône la piscine (indispensable quand l'herbe vire au jaune !). Les chambres sont toutes récentes et de bon confort, la maison d'accueil abrite un grill restaurant, un bar et un salon tv auquel le beau temps fait toutefois préférer la table de ping-pong.

VERONIQUE LOMBARD Quiers ✆ 05 65 59 85 10. *Fax : 05 65 59 80 99. Site Internet : http://www.ifrance.com/quiers - E-mail : quiers@wanadoo.fr. Réservation obligatoire. Ouverture : Sur réservation. Tous les soirs du mardi au dimanche du 1er juillet au 31 août. Hors saison : tous les soirs du mardi au samedi et le dimanche midi. Fermeture annuelle : du 1er novembre au 1er avril. 6 chambres d'hôtes : Périodes d'ouverture : du 1er avril au 1er novembre. Nuitée 1 personne minimum : 39 €. Nuitée 2 personnes minimum : 45 €. Nuitée 3 personnes minimum : 56 €. Repas : Entre 15 € et 19 €. Menus à 17 € et 19 €, enfant : 7 €, groupe : 21 €. Capacité d'accueil : 50 personnes.* Plusieurs salles ont été aménagées dans la maison familiale, le décor est personnalisé et chaleureux, une belle terrasse est ouverte dès les premiers rayons du soleil. Spécialités de la maison : Gigot d'agneau aux herbes, tarte, crêpes et feuilleté au roquefort, farçun, salade rustique, gâtis (brioche au cantal), poulet aux oignons et champignons, lapin sauce chasseur, tarte meringuée groseille et cassis, sorbet maison.

La Cresse

A 20 kilomètres au nord-est de Millau.

CHATEAU DE CABRIERES RN9. Masse imposante au-dessus de la nationale, sa situation et sa configuration en font presque un château de contes de fées. A défaut d'être féerique, il a abrité au XIXe siècle la cantatrice Emma Calvé, qui y avait installé une école de chant. Ce sont le donjon et la tour carrée auquel les hommes du XIVe siècle ont ajouté des tours d'angle rondes, qui lui confèrent son allure. Bâti sur des fondations du XIIe siècle, il a été récemment restauré.

PUECH MARGUE ✆ 05 65 59 18 39. *Fax : 05 65 59 07 31. Site Internet : http://perso.wanadoo.fr/latindelle/Rod - E-mail : latindelle@wanadoo.fr. Capacité d'accueil : 60 personnes. Réservation obligatoire. Ouverture : du 15 juin au 15 septembre : tous les jours sauf lundi. Hors saison : week-end groupes (20 personnes minimum). Fermeture annuelle : du 3 novembre au 31 mars. Prix unique : 17 €, enfant : 11,50 €, groupe : 17 € à 21 €. Complément prix : Prix enfant jusqu'à 10 ans. Prix groupe à partir de 15 personnes, vin et café compris.* Cette ferme auberge est aménagée dans une des maisons du hameau, avec deux salles dont une avec cheminée où sont réalisées les grillades. Spécialités : asperges, agneau du causse, volailles, fruits du pays.

Montpellier-le-Vieux et le Causse noir

Une ville d'eau et de vent, une ville imaginaire est née des roches dolomitiques du Causse noir. Ce causse est le plus petit de ceux qui forment l'ensemble des Grands Causses mais aussi le plus sauvage. Les rivières (Tarn, Jonte, Dourbie) et l'Aigoual en marquent des limites profondes, autrefois difficiles à franchir. Les forêts sombres, qui ont valu son nom au causse, se trouent parfois d'un champ de roches. L'exemple le plus spectaculaire en est le chaos de Montpellier-le-Vieux, qui couvre 120 hectares. Là, les formes contournées des rochers font penser aux ruines de constructions humaines dans lesquelles on a voulu voir un sphinx, la porte de Mycène, un arc de triomphe. La promenade conduit au cœur de ces paysages en plusieurs itinéraires ou à bord d'un petit train. Il y a plus d'un siècle, on disait de ce lieu qu'il était le royaume des loups et des fées. Au Maubert, sur le site de Montpellier-le-Vieux, existait une ancienne villa romaine. Des fouilles ont permis de mettre à jour bon nombre de pièces archéologiques. A voir la magnifique église de Saint-Jean-de-Balme, en cours de restauration, perdue en plein causse en haut de côte lorsque l'on redescend sur les gorges du Tarn par le village de Peyreleau.

Mostuejouls

Le village est bâti à flanc de colline sous le causse de Séverac. Il domine la rivière Tarn. Mostuejouls doit son nom à la famille du même nom qui est considérée comme l'une des plus anciennes de France. Le village possède des rues pavées tortueuses et étroites. Un château, dont certaines parties remontent au XIIIe siècle, domine le village. Dans la plaine, au bord de la rivière, à voir la magnifique église romane dite de Notre-Dame-des-Champs, très photographiée par les touristes. Près de l'ancienne école existe une superbe stèle gallo-romaine. Le village vit essentiellement de la vigne, de la production de cerises et en été du tourisme. Mostuejouls peut être considéré comme la porte des gorges du Tarn.

Paulhe

LA MAISON DE LA CERISE Place de l'Escaras ✆ 05 65 59 00 98. *Site Internet : www.maison-de-la-cerise.asso.fr. Ouvert de 10h30 à 12h30 et de 15h à 19h du 15 juin au 15 septembre (sauf lundi matin) ; de 15h à 19h du 15 mai au 15 juin (sauf lundi). Visite libre gratuite ou guidée sur demande (30 minutes).* C'est dans le village de Paulhes, à quelques kilomètres de Millau (prendre la route qui longe le Tarn rive gauche) que le fruit qui a fait la réputation de la vallée, la cerise, a son musée. En effet, le premier fruit rouge du printemps est cultivé en grande quantité dans la vallée du Tarn. Au début du printemps, les contreforts des causses qui enserrent la vallée se couvrent d'arbres fruitiers aux fleurs blanches. En début d'été, la cueillette peut alors commencer. Pour beaucoup de jeunes étudiants de la région, cette culture saisonnière constitue un premier job d'été. Les producteurs sont regroupés en coopérative. Une partie de la cueillette est commercialisée sur les marchés de la région. Pour tout savoir sur les secrets de la cerise, une salle voûtée abrite des panneaux descriptifs sur le fruit. Un petit musée riche en informations qui permet de connaître également la vie dans la vallée tout en mettant en valeur la qualité du travail des hommes. Une randonnée accompagnée dans les cerisiers est également proposée les vendredis après-midi.

Peyreleau

Accroché sur un versant abrupt du Causse noir, ce village est dominé par une tour carrée, vestige d'un ancien château. Il faut prendre le temps d'arpenter les ruelles pittoresques où subsistent quelques belles maisons du XVe siècle. De son petit promontoire, Peyreleau domine la Jonte à son confluent avec le Tarn au petit village du Rozier. La Jonte est ici la frontière naturelle entre les départements de l'Aveyron et de la Lozère. Par la D29, petite route qui grimpe à l'assaut du causse en direction de Montpellier-le-Vieux, on a une vue magnifique sur la vallée de la Jonte et les falaises du causse Méjean.

HOTEL DE LA MUSE ET DU ROZIER La Muse ✆ 05 65 62 60 01. *Site Internet : www.hotel-delamuse.com. Ouvert du 25 mars au 31 décembre. Menus 30 €, 45 €(tradition), menu enfant 12 €. Carte de 17 € à 30 €. Chambres de 65 € à 145 € selon le niveau et la saison ; demi-pension de 81 € à 111 €/personne. Petit déjeuner 12 €. Forfait « week-end champignons » (en octobre) 175 €/personne, forfait « week-end randonnée pédestre » 170 €/personne, forfait « week-end découverte des gorges du Tarn » 182 €/personne.* D'un établissement historique, fondé en 1900 par le Touring-Club de France, époque où les gorges du Tarn étaient une des destinations touristiques les plus prisées en France, et après des décennies de ronronnement tranquille, Jean-Philippe et Sandrine Bonneville ont entrepris de redonner une seconde jeunesse à l'hôtel en repensant un endroit plus dans l'air du temps. Un endroit destiné à des voyageurs qui apprécient à la fois confort, élégance, et excursions sauvages. Refonte totale de la décoration, sobre et élégante, très ambiance « zen » et dans un certain esprit « lounge », ambiance chaleureuse propice à la détente, restauration gastronomique avec un chef qui a la passion des produits du terroir, mais aussi des saveurs des autres mondes. Aussi ne faut-il pas s'étonner de trouver à côté de la cuisine aveyronnaise et ses produits phare (roquefort, jambon de Laguiole, bœuf d'Aubrac, tripoux, aligot, écrevisses…) du gaspacho antillais ou un large choix de poissons de mer (loup, dorade, lotte…). Côté chambres (38 classées 3 étoiles, mais pensées 4 étoiles), l'ambiance est tout autant raffinée, leurs grandes fenêtres donnent sur le Tarn et le confort au rendez-vous (télévision satellite, baignoire, sèche-cheveux, toilettes séparées)… Pour les animations et les services, même qualité, notamment avec le bar et sa verrière qui donne l'impression de flotter sur la rivière ; la piscine chauffée, nichée dans les ombrages ou la plage privée qui retentit du clapotis du Tarn. A la porte d'entrée des gorges du Tarn ou de celles de la Jonte, l'hôtel de la Muse et du Rozier est le lieu idéal pour découvrir une région riche en sites et excursions, mais vous aurez du mal à vous éloigner de cet endroit si accueillant, où tout est fait pour le plaisir de ceux qui y séjournent.

Rivière-sur-Tarn

Ce gros bourg que des milliers de touristes traversent chaque année sans trop y prêter attention en se rendant dans les gorges du Tarn est dominé par une ancienne forteresse médiévale en cours de restauration.

OFFICE DE TOURISME ✆ 05 65 59 74 28. *Site Internet : www.ot-gorgesdutarn.com.*

CHATEAU DE PEYRELADE ✆ 05 65 59 80 74/05 65 59 74 28. *Fax : 05 65 59 74 28. Ouvert du 15 juin au 31 août. Visites possibles hors saison sur rendez-vous. Tarifs : 3,20 €/adulte, 1,50 €/enfant (8 à 12 ans), groupe (minimum10 personnes) : 2,50 €/personne.* De Rivière-sur-Tarn pour aller visiter, à 3 kilomètres, le château de Peyrelade (accès par Boyne). Ce site unique a la particularité de posséder un donjon naturel. Le château est construit autour de son rocher en forme d'enclume qui domine la vallée et les gorges du Tarn : la vue est imprenable du haut du donjon ! La visite guidée vous fera découvrir le riche passé historique du site, qui était l'une des plus importantes forteresses moyenâgeuses du Rouergue, ainsi qu'une présentation des travaux de restauration et des fouilles. Située dans une position privilégiée, cette forteresse du XIIe siècle bénéficie d'un programme de fouilles et de restauration. Une visite guidée vous permettra d'en apprendre l'histoire, découvrir les vestiges des remparts et du pont-levis.

Verrières

Le village est bâti sur un site agréable à l'écart de l'axe Paris-Méditerranée. Avec ses quelques ruelles bordées de maisons anciennes, il possède une intéressante église remaniée au XVIIe puis au XIXe siècle. Le chœur roman du XIIe est décoré de chapiteaux à feuilles d'acanthes. La nef est beaucoup moins haute qu'à l'origine car on a dû relever le sol de 1,50 mètre à cause des crues du Lumanson, le petit cours d'eau qui arrose cette vallée.

LE VIADUC DE VERRIERES. En amont de Millau, le viaduc de Verrières est une avancée sur l'axe Paris-Méditerranée. Cet ouvrage de 720 mètres de long enjambe la vallée du Lumensonnesque à 140 mètres de haut. Avec 22 000 m^3 de béton, 6 200 tonnes d'acier pour la charpente métallique, cet ouvrage a demandé 360 000 heures de travail. Faisant partie intégrante du contournement prévu de Millau, il n'est qu'à 800 mètres du village de Verrières. Vue impressionnante de l'ouvrage depuis la N9, mais sa notoriété a beaucoup à souffrir de son prestigieux voisin le viaduc de Millau.

Aubrac

Point d'intérêt

LA MAISON DE L'AUBRAC ✆ **05 65 44 67 90.** *Ouvert du 1er avril au 12 novembre 2006. Durée de la visite : 1h.* Pour découvrir le fameux plateau de l'Aubrac, ses paysages sauvages, ses hommes, ses traditions et ses saveurs, la Maison de l'Aubrac située en plein cœur du village vous invite à venir prendre la mesure de ce territoire hors du commun. L'espace scénographique qui se veut être une évocation de l'Aubrac et de ses quatre saisons vous guidera au travers de bornes audio et d'écrans vidéo en vous faisant voyager parmi les images fortes de l'Aubrac. De la fabrication du couteau de Laguiole ou de la tomme (fromage local), en passant par la transhumance et le pèlerinage de Saint-Jacques, tous les mystères de cette contrée n'auront plus aucun secret pour vous. La Maison de l'Aubrac se veut aussi un lieu de découverte des produits locaux avec sa boutique labellisée et ses formules de « goûters découvertes » mis en scène par Michel Bras.

Le couvert

BURON DE LA SISTRE La Maye-Nauve (à 700 mètres de l'entrée d'Aubrac) ✆ **05 65 44 26 46/05 65 48 44 67.** *Ouvert midi et soir en août, le midi seulement de mai à octobre. Menu 17 €. Réservation conseillée.* Chez Jean-Claude et Raymonde Ramon, tout s'annonce bien. Le décor, planté en plein plateau de l'Aubrac, semble presque trop vrai. L'accueil, chaleureux et rude comme les bergers d'autrefois le pratiquaientt dans leurs abris de pierres. Le buron de la Sistre est une ancienne étable décorée de dizaines de cloches de vaches d'Aubrac, témoignages du troupeau du père du patron, Antonin Ramon. Ses initiales s'affichent encore sur les grosses boucles en cuir aux reflets cuivrés. Vaste enfilade de tables de bois (130 couverts !) baignant dans un chaud clair-obscur, le buron ravira les amateurs d'authentique. Ici, tout est fait « à l'ancienne », tout est maison bien sûr, et le chaudron dans lequel cuit lentement la tomme et les patates sera rentré au dernier moment pour que tous voient filer l'aligot. Le menu unique est sans surprise mais non sans plaisir : charcuterie, aligot, saucisse grillée, fromage de Laguiole, tarte aux myrtilles. Les gourmands locaux s'y pressent d'ailleurs avec une bonne humeur communicative pour savourer les côtes de bœuf (sur commande) et les spécialités du plateau. On a repéré ici le plus grand mangeur aveyronnais d'aligot… à discrétion bien sûr.

LA MAISON DE L'AUBRAC ✆ **05 65 44 67 90.** *Ouvert de fin mars à mi-novembre. Fermé le lundi d'octobre à fin avril. De mai à septembre, ouvert tous les jours.* Cet établissement flambant neuf, né de la volonté d'une communauté de communes et géré par une société privée, se définit comme la vitrine de l'Aubrac. Ici, on peut déjeuner ou goûter, mais aussi visionner sur écran géant un époustouflant documentaire sur l'Aubrac, ou encore acheter une multitude de produits locaux (vins, charcuterie, conserves, fromages, couteaux, vêtements, savons…) Ce vaste bâtiment, étonnant de modernité en plein cœur de l'Aubrac, a été en partie construit sur un ancien buron. La partie restaurant offre une vue grandiose grâce à d'immenses baies vitrées entièrement tournées vers le paysage vierge qui s'étend à perte de vue. Pour mieux profiter du spectacle, des « invitations gourmandes » permettent de grignoter des tartines salées (composées avec des produits de l'Aubrac uniquement) à 3 € seulement, 4,50 € avec un verre de vin. La formule convient parfaitement à ceux qui souhaitent alléger leur déjeuner (et leur budget) tout en admirant le panorama qui s'offre à leurs yeux.

Ferme auberge

FERME AUBERGE DE SISTERNE Castelnau-de-Mandailles ✆ **05 65 48 71 44.** *Fermé de début janvier à mi-février. Ouvert sur réservation tous les jours en juillet et août sauf vendredi midi, dimanche* *soir et lundi, hors saison ouvert le dimanche midi. Menus 16 € et 18 €.* La ferme de Marie-Françoise et Jean Boyer se déniche sur la D141, en sortant de Mandailles. Cette construction ancienne, restaurée dans le respect de l'état premier, se referme sur une cour centrale mais domine la vallée du Lot et le lac de Castelnau-Lassouts. L'appétit ouvert par le grand air, on vient y faire un repas copieux basé sur les produits « maison » : la charcuterie et le pâté, les volailles rôties ou farcies, le chou farci, la truffade, les farçous… On finit par un flan qui vient d'être fait ou une tarte aux fruits de saison et on en repart content.

Le gîte

Hôtels-restaurants

LA DOMERIE Aubrac ✆ 05 65 44 28 42.** *Fermé du 15 novembre à début février. Chambres de 45 € à 77 €. Petit déjeuner 8,50 €. Menus de 18 € à 37 €. Menu randonneur (midi) 12 € : soupe paysanne consistante à volonté, salade de gésiers et une pâtisserie maison (poire pochée au vin, profiteroles…).* Cette grande maison de pierre est la demeure d'un « patron » qui n'en finit pas de chanter les mérites de son terroir : il en parle avec un enthousiasme contagieux qui pousse à la promenade sur l'Aubrac à la recherche du fameux thé. Histoire de prendre quelques forces, on conseillera une soupe paysanne (patates, jarret, fromage), si bonne que les clients la réclament même en été, et les grands classiques, aligot et tripoux. Les chambres permettent de passer là un séjour au grand air, au calme, en réservant une part importante aux plaisirs de la bouche.

HOTEL DE LA VALLEE ✆ 05 65 44 27 40.** *Fermé du 15 novembre au 15 mars. Chambres de 38 € à 53,50 €. Petit déjeuner 6,50 €. Menus de 12,50 € à 22 €.* Au cœur du village, sur la place centrale, on trouve ici treize chambres agréables, tranquilles et confortables. La télévision trône dans un salon entièrement refait, juste à côté du bar. Les pèlerins, qui fréquentent assidûment cet établissement, ont sans doute été séduits par l'atmosphère du lieu : la salle de restaurant fait penser à une maison familiale qui aurait eu la coquetterie de s'entretenir régulièrement. Michèle Azam, hôtesse discrète, veille à la satisfaction de chacun. La cuisine de Robert Azam est traditionnelle et chaque plat traité avec soin, pour les salades gourmandes ou les simples crudités. Suit le magret de canard, le bœuf de l'Aubrac, l'aligot ou le canard, puis les tartes maison. S'ouvrir l'appétit de grand air et d'un apéritif local, et le tableau sera complet.

Hôtel

LE ROYAL AUBRAC ✆ 05 65 44 28 41. *Village de vacances. Fermé en novembre. Demi-pension de 30,50 € à 33,50 € (par adulte et par jour). Pension de 36 € à 39,50 €. Nuit et petit déjeuner de 23 € à 25 €. Nuit en gîte de 4 à 6 lits 50 €. Repas 11 €.* Un grand immeuble de construction traditionnelle signale ce village club à l'entrée d'Aubrac. Il représente une solution appréciable pour les amateurs d'air pur qui craindraient pourtant de s'ennuyer sur l'Aubrac. Outre ses capacités de logement (55 chambres de une à cinq personnes et 8 appartements pour quatre ou cinq personnes), ses services hôteliers (pension ou demi-pension, entretien…), il regorge d'activités de loisirs. En hiver, on fréquente la patinoire ou on pratique le ski, en été on rejoint la piscine, le golf, les terrains de jeu ou le tennis… Sauna et salle de gym sont toujours accessibles, mais on prend l'air lors de randonnées organisées.

Gîte

Saint-Chély étant sur le chemin de Saint-Jacques, l'une des maisons du village est depuis fort longtemps un gîte d'étape pour les pèlerins. La rampe de son escalier extérieur s'orne d'ailleurs d'une guirlande de coquilles reconnaissables. A Aubrac, un gîte communal accueille également les pèlerins pour une nuit. Il ouvre ses portes pour la transhumance et les referme mi-septembre. **Pour ces deux gîtes, renseignements à l'Office du tourisme au 05 65 44 21 15.**

Pont à Aubrac

Camping

ALAUZET Castelnau-de-Mandailles ✆ **05 65 48 74 64.** *Camping à la ferme. Ouvert d'avril à novembre. Location de quatre caravanes pour quatre personnes à 170 € la semaine. Emplacement 4,50 € par adulte, 2,50 € par enfant (branchement électrique en sus, facultatif).* De l'ombre et de l'eau : six emplacements se sont nichés sous les arbres, sur une terrasse en bordure du lac. A tel point que l'on part à pied à la pêche, que l'on loue sur place barque ou pédalo et que l'on se baigne tant qu'on veut, la base nautique est d'ailleurs tout à côté. Les installations communes (salle, gazinière, salons de jardin et barbecue) sont simples, mais bien adaptées à ce « retour » à la nature.

Loisirs

LE GOLFUN Brameloup ✆ **05 65 44 21 15.** *Ouvert tous les jours en juillet et en août. Tarif adulte 5,50 €, pour les moins de 12 ans 4,50 €.* Tout près de Saint-Chély, le Golfun propose des parcours ludiques de 2 à 5 kilomètres au cœur de la forêt et du plateau de l'Aubrac. A mi-chemin entre le golf et la randonnée, ces parcours sont jalonnés de cibles instructives évoquant la vie sur l'Aubrac. Un sympathique prétexte pour une sortie en famille qui offre de beaux panoramas et des découvertes originales.

► Dans les environs

Castelnau-de-Mandailles

30 kilomètres au sud d'Aubrac sur la D927.

Entre Castelnau et Mandailles se dresse le puy de Barry. La commune est le rassemblement de ces deux petits villages. Le premier est perché autour des restes du château qui lui a donné son nom. Des fortifications, il ne subsiste que trois tours, reliées entre elles par une haute muraille percée de fenêtres ; quant au château du XVIIe siècle, il a été transformé en presbytère. On rejoint Mandailles en traversant le Mossau, un ruisseau vif comme un torrent et en contournant le puy de Barry. Mandailles montre l'image d'un village qui s'étire le long d'une rue unique. Certaines de ses maisons s'offrent le plaisir d'une vue imprenable sur le lac constitué par le barrage de Castelnau-Lassouts ; c'est un paradis pour les pêcheurs et les promeneurs. Le lac de Castelnau-Lassouts a la particularité de posséder deux murs de retenue. Sa navigation demande une extrême prudence car la rivière Lot qui alimente cette retenue charrie de nombreux troncs d'arbres pouvant être dangereux. En descendant de Castelnau-de-Mandailles au bord du lac, on suit un chemin de terre qui va longer le lac de retenue. Ce chemin est praticable en voiture (hors période pluvieuse où les risques de s'embourber sont élevés). C'est un lieu de promenade agréable pour tous ceux qui recherchent le calme. Du bord du lac, on peut voir le village de Mandailles accroché sur son bloc de roche. Un paysage particulièrement beau en automne.

Vue d'Aubrac

Prades-d'Aubrac

40 kilomètres au sud d'Aubrac sur la D987.

Ce petit village typique de l'Aubrac est surtout intéressant pour son église. Elle date du XVIe siècle et l'on remarquera particulièrement son porche. En effet, de grosses pierres entourent le portail qui est surmonté d'une pietà en polychrome. Ce village aux constructions massives (faisant face au climat rude des montagnes) s'étend des rives du Lot jusqu'au suc de Born. Juste avant d'arriver à Brameloup, la route, quand elle n'est pas fermée pour cause de neige et de saison de ski, s'approche de la fontaine que les moines de la Dômerie ont aménagée et dont les eaux restent constamment à 4 °C. Prades-d'Aubrac est le point de départ idéal pour de nombreuses balades, y compris pour rejoindre en hiver les pistes de ski des stations de Brameloup et Laguiole.

FOSSES A LOUP. Il existe dans les environs de Prades-d'Aubrac d'anciennes fosses à loup de l'époque où cet animal s'attaquait aux troupeaux et aux hommes. Il est difficile de les situer car de nombreuses fosses ont été, au fil des siècles, recouvertes par la terre. Prendre le temps, à Prades-d'Aubrac, de discuter avec les anciens du village, et ceux-ci, après maintes précautions (sur les intentions !), indiqueront les chemins à suivre.

FAUNE ET FLORE. De nombreux cerfs sauvages vivent dans les forêts qui recouvrent l'Aubrac et essentiellement à proximité de Prades-d'Aubrac. Des sorties accompagnées pour écouter le brame du cerf sont organisées de la mi-septembre à la mi-octobre, généralement le week-end. Ces sorties se finissent bien souvent dans un buron, histoire de se réchauffer devant une bonne soupe au fromage et un petit verre…

De la gentiane au narcisse en passant par le fameux thé d'Aubrac, quelque deux mille plantes ont été répertoriées sur cette partie de l'Aubrac. On trouve aussi des tourbières possédant des espèces rares de plantes carnivores. Après avoir été négligées, ces zones humides sont maintenant (pour certaines d'entre elles) protégées. **Renseignements à la mairie de Condom d'Aubrac au 05 65 44 27 11.**

Baraqueville

Surnommé aussi « la Petite Sibérie », ce petit bourg animé, porte son histoire dans son nom ; les baraques qui composèrent d'abord les hameaux se sont développées dans la deuxième moitié du XVIIIe siècle, au carrefour des anciennes routes royales de Rodez à Toulouse et de Villefranche à Millau (aujourd'hui N88 et D911), d'où le nom de Baraqueville. Il n'y avait là, en 1810, qu'un unique relais de poste. Ces baraques, autrefois appelées Baraques de Fraysse, se sont multipliées après l'établissement de foires et la construction d'une gare. Au début du XXe siècle, tout ce que la région produisait transitait par là : outre la chaux, les engrais et le blé, Baraqueville et ses environs étaient célèbres pour une pomme de terre dont la réputation dépassa vite les frontières du département. Le nom fut pris officiellement en 1909. L'église moderne a été érigée en 1963 et ses deux cloches ont été baptisées Claire et Caroline ; elle renferme une Vierge ancienne.

Points d'intérêt

LES HALLES. Ces halles couvertes ne désemplissent pas : la foire aux bovins qui a lieu tous les mois, attire un public nombreux, de même que la foire au gras de décembre ou le marché aux petits veaux, mais la plus célèbre est la foire au matériel agricole qui a lieu le premier dimanche de mai ; destinée en particulier aux exploitants agricoles la foire dont la renommée dépasse les frontières du département est aussi l'occasion de fêter l'arrivée du printemps. Le simple badaud s'y instruit ou vient remplir son panier sur le marché estival qui se tient le dimanche matin du 15 juin au 15 septembre ; tous les produits du terroir y sont présentés et il y a vraiment de quoi repartir chargé !

Le gîte

Hôtels-restaurants

HOTEL SEGALA PLEIN CIEL* Route d'Albi ✆ 05 65 69 03 45.** *Fax : 05 65 70 14 54. E-mail : www.hotel-pleinciel.com. Chambres de 45 € à 75 €. Petit déjeuner 7 €. Menus de 20 € à 42 €.* Sur les hauteurs de Baraqueville, cet hôtel s'ouvre sur un superbe panorama qui fait face à la plaine du Ségala. De conception moderne, l'établissement n'a négligé aucune installation de confort : salle de bains complète, télévision (Canal+,TPS et magnétoscope), bar, salon et, dans le jardin, piscine et tennis. Le restaurant combine spectacle et plaisirs culinaires, puisqu'il compose ses menus autour des produits dont on admire le terroir par les larges fenêtres. Cuisine régionale et classique, table et service de qualité, il n'y a rien à redire, il suffit d'apprécier.

HOTEL LE PALOUS Avenue du Centre ✆ 05 65 69 01 89.** *Fermé pendant les fêtes de fin d'année. Chambres de 42 € à 45 €. Petit déjeuner 4,80 €. Menus de 10 € à 23 €.* Dans la grande salle du restaurant se dresse une vraie cheminée d'autrefois. Simplicité et caractère font ici bon ménage et la variété de la cuisine saura décider chaque visiteur. Etape privilégiée des VRP, ce restaurant situé au cœur du bourg, le long de la grande rue, propose aussi bien des grillades que du poisson. Le service est rapide, discret et souriant. Pour les amateurs de belle vaisselle, chacun aura droit à de la porcelaine de Sarreguemines ; un vrai régal que l'assiette et son contenu. A recommander : la soupe de campagne qui saura vous mettre en appétit et leur spécialité, le veau d'Aveyron labellisé !

Chambres d'hôtes

BERNARD ET MARTINE BLUY Sabin - CAMBOULAZET ✆ 05 65 72 28 25. *Ouvert d'avril à début novembre. Chambre et petit déjeuner pour deux personnes 35 € et 43 € pour trois personnes.* Dans leur ferme, les propriétaires ont aménagé deux chambres de trois personnes, qui jouissent de toute leur indépendance. Chacune a sa propre salle d'eau et wc et une télévision ; la salle de séjour est commune. C'est simple, mais calme et accueillant.

YVETTE ET LUCIEN MAZENQ La Fabrie - CAMBOULAZET ✆ 06 65 72 26 03. *Camping à la ferme. Ouvert toute l'année.* La convivialité de la ferme est préservée par le petit nombre d'emplacements, seulement six, qui se trouvent bien à l'aise sur un terrain en partie ombragé. Les propriétaires veillent à la tranquillité de leurs hôtes et mettent à leur disposition une salle commune, des salons de jardin et d'autres éléments pratiques (réfrigérateur, congélateur, lave-linge…). On pêche dans l'étang de la propriété, on participe, si on le souhaite, aux soirées organisées par Yvette (et l'on déguste ainsi les produits de la ferme !).

Loisirs

CINEMA 42, rue de la Mairie ✆ 05 65 69 18 50.

Emplettes

BOULANGERIE MICHEL PALOUS Route de l'Eglise ✆ 05 65 69 01 27. Quand l'envie d'une tartine rustique se fait pressante, direction la boulangerie Palous. Le boulanger fabrique chaque jour un pain de campagne dont on achète des grosses miches à la croûte brune et craquante. Dedans, la mie est dense, savoureuse. Et ces tartines-là accompagnent, plusieurs jours durant, la soupe paysanne aussi bien que la confiture du matin.

▶ Dans les environs

Boussac

6 kilomètres à l'ouest de Baraqueville sur la D911.

En retrait de la nationale, ce petit village est composé de quelques maisons ramassées autour d'une remarquable église fortifiée. Construction du XIIIe siècle, elle a été fortifiée au cours de la guerre de Cent Ans. Conservée dans cet état depuis lors, sa nef porte en encorbellement des mâchicoulis et des créneaux ; la tour clocher, percée de vingt-quatre fenêtres romanes, servait de donjon et des salles de refuge ont été aménagées en trois étages au-dessus de la nef. L'intérieur de l'église est tout en arcs et en voûtes, qui forment un cadre élégant au retable du maître-autel ; ce dernier, exécuté en bois doré et daté du XVIe siècle, représente l'Assomption de la Vierge et son couronnement au ciel.

Le village est le point de départ de balades pédestres en Baraquevillois, l'une vers le bourg du Sault et l'autre vers un arboretum.

Gramond

6 kilomètres à l'ouest de Baraqueville sur la N88.

Visible de loin, parce que construit en hauteur, le village est dominé par un grand édifice du XIXe siècle, propriété des Dominicaines. Pour le rejoindre, on peut suivre la route directement depuis Baraqueville, mais le petit bout de chemin entre Boussac et Gramond fait descendre l'automobiliste flâneur dans un petit vallon verdoyant. Arrivé dans le village, se rendre sur la place principale ; là, sous un oratoire, est toujours exposée la statue d'une pietà, restaurée il y a quelques années. Elle se partage la vedette avec une statue de la déesse des moissons, œuvre de Paul Belmondo.

LES POULAILLERS DE LA BARRE Le Bourg ✆ 05 65 70 11 78. *Vente à la ferme, du lundi au samedi en été, vendredi et samedi après 18h hors saison ou sur commande.* Yvette Mouysset entretient la bonne santé de ses volailles par de larges rations de céréales de la ferme et de grands bols d'air pur. Elle élève en plein air des poulets, des pintades, des canettes et des lapins, elle prépare des canards gras et ajoute à sa basse-cour, en fin d'année, des dindes, des oies et des chapons. Et elle fournit, gracieusement, des conseils de cuisine.

Manhac

6 kilomètres au sud-est de Baraqueville sur la N88.

L'origine de ce village, situé à l'écart des grands axes, remonterait à l'époque gallo-romaine. L'église du bourg date de 1865, tandis que celle du hameau de Naves date du XVe siècle. Cet édifice de style gothique a été remanié au XVIIe siècle.

Vors

2 kilomètres au nord de Baraqueville sur la D570.

Dans le petit village, rattaché à la commune de Baraqueville, il faut suivre la signalisation qui conduit à une fontaine romaine restaurée, ainsi que l'aqueduc qui acheminait les eaux de cette source jusqu'à Rodez.

Belcastel

Dans l'un des plus beaux passages des gorges de l'Aveyron, Belcastel est une apparition soudaine dans un paysage qui semblait presque désert. La silhouette de son château escarpé domine un petit village sur lequel le temps ne semble pas avoir eu prise. S'il en est ainsi, si Belcastel mérite amplement son appartenance aux plus beaux villages de France, il le doit à deux hommes du village. Le premier est Fernand Pouillon, architecte qui, après avoir racheté le château, a entrepris une restauration que d'aucuns jugeaient impensable. Le second est Claude Cayla, le maire, qui a cru en la possibilité de faire renaître l'activité au village ; il a d'ailleurs lui-même repris une minoterie. Le château dans sa forme primitive remonte à l'an 900. Il appartenait à la famille des Belcastel, nommée par Charlemagne. Il était issu de la motte castrale, que l'on appelait fort du roc d'Anglars, qui avait pour mission de surveiller le péage du franchissement de la rivière. A l'extinction des Belcastel, au XIIIe siècle, le fort passe aux mains des Sauhnac qui entreprennent la construction du donjon carré, redessinent le fort dans son aspect actuel de forteresse et construisent l'église et le pont. Le dernier descendant de la famille part pour les Amériques, et le château tombe à l'abandon. Depuis le site de Roquecante, on découvre une vue remarquable sur le village et la rivière. A cet endroit, se trouvent six sièges creusés dans le rocher, que l'on nomme les chaises des Seigneurs. A l'entrée du village, sur l'autre rive de l'Aveyron on découvre la grotte du Lourdou, sorte de réplique de la célèbre grotte de Lourdes, au pied des Pyrénées. Sur l'autel aménagé, la première messe fut célébrée en 1889. Le pont à quatre arches est un ouvrage du XVe, avec sa croix de pierre dressée sur un ancien autel du XIIe. D'autres propriétaires, influencés par les travaux du château, ont restauré au mieux les maisons anciennes, ce qui fait que l'ensemble du village à retrouver son cachet ancien. L'Office du tourisme a balisé un circuit dans les ruelles inclinées et organise en saison des visites guidées.

OFFICE DE TOURISME ✆ **05 65 64 46 11.** *Site Internet : www.mairie-belcastel.fr - E-mail : belcastel@mairie-belcastel.fr.*

Vue du village de Belcastel

© Office de Tourisme de Belcastel

Pont à Belcastel

© Office de Tourisme de Belcastel

Points d'intérêt

LE CHATEAU ✆ **05 65 64 42 16.** *Visites du 1er avril au 31 décembre de 10h à 19h en pleine saison (juillet et août) et de 10h à 18h sauf le lundi et le mardi en basse saison. Tarifs indicatifs Adultes : 7,50 € (6 € en groupe) Enfants 5 €. Réduction de 1 € sur présentation du guide. Le château qui a changé de propriétaire depuis le mois de juillet 2005 est ouvert à la visite.* Avant de parvenir au pied de ses murs et de sa première terrasse, on le voit massif et compact, ramassé autour de son donjon carré. Ses fortifications et leurs tours d'angle enserrent pourtant une cour centrale, dans laquelle on pénètre par un pont-levis étroit, remis en état de grâce. Les visites conduisent dans les différents corps de logis restaurés sous l'impulsion de l'architecte Fernand Pouillon qui présida la reconstruction du vieux port à Marseille. Heidi et Nick Leone, propriétaires de deux galeries d'art à New York et la Nouvelle-Orléans, ont fait de même dans les salles de la forteresse. Entièrement consacrée à l'exposition d'originaux de la bande dessinée américaine signés de la main du Docteur Seuss ou de Charles Schulz auteur notamment du fameux Snoopy, cette collection d'une valeur inestimable donne à la visite un autre accent artistique des plus agréables.

Le couvert

LE 1909 Le Bourg ✆ **05 65 64 52 26.** *Ouvert tous les jours sauf en février. Menus 17,50 €, 23,50 € et 32 €.* Installé sur les bords de l'Aveyron, le 1909 propose derrière une belle façade de pierre des menus aux couleurs locales, avec nombres de produits de terroir, qui changent au gré des saisons. Dans une atmosphère tranquille, l'intérieur est aménagé avec goût. Les meilleures conditions qu'il soit pour se mettre en appétit. Sur la carte les produits du terroir sont à l'honneur mais pour notre plus grand plaisir, le chef ne bride pas sa créativité. On se délecte notamment d'un Eclair au ris d'agneau et aux pleurotes ou un foie gras de canard frais poêlé au vinaigre de xérès. Un vrai régal pour les papilles !

Le gîte

HOTEL-RESTAURANT DU VIEUX PONT ✆ **05 65 64 52 29.** *Ouvert du 10 mars au 1er janvier. Fermé le dimanche soir, le lundi et le mardi midi. Chambres de 75 € à 90 €. Petit déjeuner 12 €. Menus de 26 € à 78 €.* Cet établissement 3 étoiles allie à la perfection la beauté du cadre et de l'hôtellerie de haut niveau. L'Hôtel du Vieux Pont se déguste aux premiers beaux jours. Deux sœurs, Nicole et Michèle Fagegaltier, ont allié l'une sa maîtrise de la cuisine, l'autre sa passion des vins et font ainsi revivre la maison familiale. Dans une salle sobre, qui dégage une impression de douceur, Michèle et son mari Bruno présentent chaque année une carte gastronomique qui marie les produits du terroir aux saveurs plus lointaines. Passées les agapes, on prolonge l'enchantement en traversant le pont et rejoindre une ancienne grange transformée en hôtel. Derrière sa façade de pierre brune, sept chambres occupent trois niveaux. Au plancher de bois répondent des alliances de tissus blancs et fleuris, un tapis, un éclairage tamisé. On leur a adjoint une salle de bains complète (jusqu'aux peignoirs douillets). Dans chacune, les rideaux de la fenêtre encadrent un point de vue bucolique sur la rivière et le château. Sur cette rive, le séjour se fait en paix même quand l'affluence estivale comble le village.

Ferme auberge et chambres d'hôtes

SYLVIE ET JEAN-CLAUDE ROUQUETTE Le Luc-Haut © 05 65 64 40 61/06 79 87 87 68. *Site Internet : www.leluchaut.free.fr - E-mail : luc_haut@wanadoo.fr. Ouvert tous les jours sur réservation en juillet et en août. Hors saison, le samedi et pour les groupes (à partir de 10 personnes). Menus 14 €, 16 €, 18 €, et 24 €. Chambre et petit déjeuner pour deux personnes 50 €. Fermé en janvier.* Avant de s'enfoncer dans les gorges de l'Aveyron et d'entreprendre la descente vers Belcastel, une petite halte dans ce hameau du XVIIIe siècle pourrait tenter les gourmands. Sylvie et Jean-Claude élèvent eux-mêmes les poulets et canards qu'ils se feront un plaisir de vous préparer agrémentés de légumes de saison ou de spécialités locales. Ils les servent sautés, rôtis, confits, ou encore sous forme du célèbre foie gras. En plus de cela la cuisinière régale ses convives des recettes régionales, comme le pâté maison ou la saucisse à l'huile. La belle saison met sur les tables des tartes aux fruits, qui rivalisent avec la fouace ou les œufs à la neige. Depuis un an, cette ferme a aménagé cinq chambres indépendantes dans ses bâtiments. Deux sont d'ailleurs familiales (pour quatre à six personnes), avec une grande salle de bains commune, et les autres sont prévues pour deux à trois personnes (dont une avec accès handicapés). La maison propose en outre un salon télé, une salle d'accueil et des jeux pour enfants.

Bozouls

OFFICE DE TOURISME 7, place de la Mairie © 05 65 48 50 52. *Fax : 05 65 51 28 01. E-mail : ot-bozouls@wanadoo.fr.*

Points d'intérêt

TERRA MEMORIA Espace découverte des Paysages et Terroirs de l'Aveyron - 12, allée Paul-Causse © 05 65 44 69 27. *E-mail : terra.memoria@wanadoo.fr. Fermeture du 15 novembre au 15 février. Ouvert tous les jours du 15 juin au 15 septembre de 10h à 18h30. Ouvert du mardi au samedi, de 10h à 12h et de 14h à 18h, le reste de l'année. Adultes 5,90 €. Enfants : 3 € (de 10 à 17 ans), 1 € (de 5 à 10 ans), gratuit pour les moins de 5 ans.* Ludique et éducatif ce musée vous apprend au fil de votre visite comment au cours des temps géologiques les paysages de l'Aveyron ont évolué. Grâce à une fresque murale datée de l'origine à nos jours, et à des maquettes qui jalonnent le parcours vous découvrirez comment les paysages du Rouergue sont aujourd'hui ceux que nous connaissons.

LE TROU DE BOZOULS. Un immense canyon en forme de fer à cheval : c'est à cette particularité géologique que Bozouls doit sa réputation. Ce cirque naturel de près de 400 mètres de diamètre et plus de 100 mètres de profondeur a patiemment été creusé par le Dourdou dans le calcaire secondaire du Causse Comtal. Ce site permet, selon les spécialistes, l'interprétation géomorphologique des lieux. Il explique à lui seul l'origine des paysages qui s'offrent aujourd'hui à nos yeux. Pour mieux appréhender ce phénomène, un festival des sciences de la terre se déroule en août près de ce cirque naturel. Le vieux village, quant à lui, a été édifié sur l'étroite bande rocheuse centrale, le long d'une seule rue ; on y entre par une ancienne porte fortifiée, elle débouche sur l'église romane Sainte-Fauste du XIIe siècle qui, bâtie presque à la pointe du promontoire, surplombe l'abîme. Dans cette église, vous serez surpris de constater que les murs s'écartent vers le haut sans que la voûte ne porte de traces de lézardes… Le bourg s'étire jusqu'au bord de la falaise où sont aménagés des belvédères, près de la mairie. De là, on peut descendre dans le cirque par la rue de l'Hospitalet qui conduit jusqu'au vieux pont ; les quelques maisons venues se nicher au pied des parois abruptes sont pour certaines d'anciens moulins à eau. Au cours de la promenade dans ce canyon impressionnant, on rencontre une cascade, formée par la résurgence nommée la source des Fées, et la grotte des Anglais qui traverse le promontoire central. Le site se visite également en petit train les trois premières semaines d'août, pour rendre l'endroit accessible à tous. Visite commentée d'une heure durant laquelle vous pourrez découvrir les différentes facettes de ce méandre. (renseignement à l'Office de tourisme). Un sentier botanique offre, à la belle saison, plus d'une centaine d'espèces répertoriées. Enfin, les gorges du Dourdou se prêtent également aux circuits de vtt.

Le couvert

A LA ROUTE D'ARGENT La Rotonde ✆ 05 65 44 92 27.** *Fermé du 2 janvier au 8 mars. Fermé dimanche soir et lundi hors saison ; en saison, fermé le lundi midi. Chambres de 40 € à 58 €. Petit déjeuner 6 €. Menus de 15 € à 39 €.* Les connaisseurs viennent depuis Rodez s'installer dans la belle salle contemporaine décorée de beige et de bois. Depuis cette année, la maison s'est dotée d'une brasserie qui propose des formules rapides pour les visiteurs de passage ou les VRP. L'établissement d'Yves Catusse, installé dans un vaste bâtiment ancien et rénové, situé en retrait de la route, offre tout ce que l'amateur de bonne chair peut rêver : des tables bien mises, des produits de qualité, des assiettes appétissantes et un service diligent. Dans ces conditions, on fait l'éloge d'une salade aveyronnaise, d'une tête de veau particulièrement réussie, et oh combien prisée ou d'un succulent pavé de bœuf de l'Aubrac. La cuisine est fine, les recettes recherchées et les résultats à la hauteur des espérances. La Route d'Argent propose aussi 21 chambres agréables, dont six possèdent une terrasse avec vue sur la piscine. Quand qualité d'accueil et des prestations s'accordent à ce point, on obtient une adresse hautement recommandable, que l'on retient et où l'on se rend avec plaisir.

Le gîte

HOTEL LE BELVEDERE 11, route du Maquis-Jean-Pierre ✆ 05 65 44 92 66.** *Fermé du 6 au 24 mars inclus et du 18 septembre au 12 octobre inclus. Fermé le samedi midi et dimanche soir hors saison. En saison, fermé le dimanche soir. Chambres 39 € à 59 €. Petit déjeuner 6 €. Menu de 12 € (en semaine, le midi) à 32 €.* A mi-chemin entre le pays ruthénois et l'Aubrac, le Belvédère est situé à un carrefour intéressant pour qui veut visiter tout à la fois les hauts plateaux de l'Aubrac, la vallée du Lot, le Causse Comtal et la préfecture de l'Aveyron. Cet hôtel tout confort d'une capacité de douze chambres vient de changer de propriétaire et non des moindres. Guillaume Viala qui a officié chez le non moins fameux Michel Bras pendant trois ans, vous proposera une cuisine simple, rustique et raffinée avec les produits du marché. En saison, on peut dîner « à la fraîche » dans une cour intérieure. Quant aux chambres nouvellement rénovées elles offrent un confort moderne sans se détacher du cachet d'antan. Parquet d'origine au sol, literie haut de gamme et écran plasma aident au calme et à la volupté.

HOTEL-RESTAURANT BOULOC Gabriac ✆ 05 65 44 92 89. *Chambres de 39 € à 55 €. Soirée étape : 46 €. Repas de 15,50 € à 32 €. 2 étoiles.* Le Bouloc est une affaire familiale depuis 1848. Autant dire que l'on sait ici recevoir les voyageurs comme il se doit. L'imposante bâtisse abrite 11 chambres douillettes, agencées et décorées avec un goût très sûr. L'accueil est attentionné et on profite d'un cadre de verdure particulièrement reposant. Dès les premières chaleurs, la piscine devient l'un des plus beaux atouts de l'établissement. C'est un vrai plaisir que de pouvoir se rafraîchir après une journée de visite de la région. Le restaurant est également une bonne adresse. On y déguste une cuisine traditionnelle de l'Aveyron qui met à l'honneur des préparations telles que le foie gras ou le ris d'agneau. L'Hôtel-restaurant du Bouloc se révèle une très bonne étape.

Dans les environs

Gabriac

6 kilomètres à l'est de Bozouls sur la D988.

L'église est décorée de fresques modernes de Greschny. Non loin du village, sur une colline, le Calvaire de Gabriac fondé en 1679 offre une vue imprenable sur les monts d'Aubrac et par temps clair, on aperçoit même les monts d'Auvergne et la cathédrale de Rodez. Le pont de Lavernhe, qui enjambe le Dourdou, existait avant 1500 et fut reconstruit en 1768. Les récoltes de blé des domaines voisins transitaient par ce vieux pont. A 4 kilomètres de là, et à 620 mètres d'altitude, Ceyrac, bâti sur un piton, était autrefois entouré de hautes murailles qui n'ont pas entièrement disparu. Il garde les vestiges de son château et une église gothique à chœur roman et à double clocher : un clocher-peigne soutenu par un clocher roman.

Rodelle

13 kilomètres au nord-ouest de Bozouls sur la D20.

Ce village pittoresque surnommé « Le petit Rodez » et dominant la vallée du Dourdou s'étend sur une arête rocheuse. Les Gaulois ruthènes transformèrent ce site stratégique en place forte et plus tard, les comtes de Rodez en firent le siège d'un de leurs châteaux. Aujourd'hui, on gare sa voiture à l'entrée du village. Au bout de celui-ci, on peut monter sur le rocher, au pied de la croix. De là, une vue magnifique embrasse la vallée. Sur le rocher situé en face, où l'on peut également monter, une petite plateforme de verdure permet de s'installer tranquillement l'été et d'y faire un pique-nique. Tout autour de Rodelle, on trouve de nombreuses grottes. L'histoire raconte que sainte Tarcisse, une princesse mérovingienne ayant fait vœu de chasteté, se serait abritée dans l'une de ces grottes pour échapper à un prétendant. De nombreux pèlerinages se sont succédé dans la grotte de cette sainte recluse. On retrouve d'ailleurs dans l'église Saint-Michel (datant du XIIIe siècle) une statue édifiée par le sculpteur aveyronnais Denys Puech, la représentant avec la chèvre qui l'aurait nourrie.

Brousse-le-Château

Brousse, dont le nom vient du latin « Brutia », bruyère, doit son classement parmi les plus beaux villages de France tant à la beauté du site qu'aux constructions qui ont tiré parti de cette langue rocheuse qui s'avance au confluent du Tarn et de l'Alrance. Avant que ne soit tracée la route le long du Tarn et percés plusieurs tunnels vers Broquiès et Saint-Affrique, le village ne s'atteignait que par Réquista. Encore fallait-il emprunter finalement un pont roman étroit, qui ne fut doublé d'un autre sur le Tarn qu'au XIXe siècle Profitant du site escarpé, les comtes de Rodez et la famille d'Arpajon firent construire au XIIe siècle une forteresse ; elle était protégée d'un côté par l'à-pic au-dessus du Tarn, de l'autre par six tours reliées par un mur. De remarquables travaux de restauration ont rendu une partie de son allure à cet ensemble de constructions. En contrebas, le village s'est construit en étages jusqu'à traverser le pont (maisons du XVIIe siècle à cet endroit). Nombreuses sont encore les ruelles pavées de galets et les maisons aux murs montés avec des pierres plates. L'église fortifiée est située au pied du château. Massive sous une tour clocher, elle a été construite au XVe siècle et servait de halte aux pèlerins de Saint-Jacques qui se rendaient alors à l'oratoire du cimetière qui jouxte l'église, derrière laquelle s'abrite un joli village fleuri. C'est à l'an 975 que remonte la première mention de ce château : il s'agissait alors simplement d'une motte castrale, utilisant la position naturelle d'un éperon rocheux situé au confluent du Tarn et de l'Alrance. Lors de la guerre de Cent Ans, il prend sa forme de polygone. La partie romane date du XIIIe siècle. Il n'est pas nécessaire de posséder une grande science de la guerre pour s'apercevoir de l'intérêt stratégique de cette forteresse : elle utilise le rempart naturel que forme la falaise côté Tarn et se ferme d'un mur d'enceinte à six tours du côté du village. Modifiées au XVe siècle puis au XVIIe siècle, de nombreuses parties ont pu être restaurées. Les courtines datent du XVe siècle, de même que l'une des tours que l'on visite. Il y a là de belles illustrations d'architecture militaire dont une tour de guet à gorge ouverte, mais aussi les archères et canonnières. Le château a d'abord appartenu aux comtes de Toulouse, puis est devenu la propriété de la famille d'Arpajon. Jean Ier d'Arpajon y soutiendra même un siège en 1345. Le château devient propriété communale en 1836. Voilà pour la petite histoire. Côté visites, elles sont guidées l'été et libres le reste de l'année. Ce sont les bénévoles du foyer rural du village qui sont en charge du château. Parmi leurs initiatives, des mises en scène rendant l'ambiance des appartements du seigneur (XVIIe siècle) ou, à l'inverse, des culs-de-basse-fosse. Des expositions (sur les toits de lauzes, l'archerie au Moyen Age et le monde rural local) et même des jeux pour faire patienter les enfants (sur demande hors saison) sont à disposition.

Dans les environs

Broquiès

Contrairement à l'habitude, qui veut que ce soit le château qui domine le village et le protège, ici, c'est l'église, de style gothique flamboyant, qui domine le village qui s'étale à ses pieds, en pente douce. Broquiès conserve une ancienne porte fortifiée derrière laquelle s'abrite un joli village fleuri.

Saint-Izaire

Ce sont les Bénédictins de l'abbaye de Vabres qui ont colonisé ce village et qui l'ont fortifié. Les moines y construisent un château au XVe siècle, ce qui permet aux habitations de se développer concentriquement autour de l'édifice. Les évêques y trouvent un solide refuge et décident de le prendre en tant que résidence d'été. De 1362 à 1370, cette partie du Rouergue est cédée aux Anglais, aussi le château doit-il abriter une garnison anglaise. Durant les guerres de Religion, Monseigneur François de la Valette-Cornusson se réfugie dans le château et y reste. C'est à Saint-Izaire qu'est né l'abbé Mermet qui découvrit les fameuses statues menhir. C'est à lui que ces roches sculptées doivent leur nom et leurs premières études et sauvegarde.

CHATEAU ✆ 05 65 99 42 27. *Ouverture : Mars, le lundi, mardi et jeudi de 10h à 12h et de 14h à 16h. Avril à juin et septembre à octobre tous les jours de 14h à 18h. Juillet et août tous les jours non-stop de 10h à 19h. Adultes : 4 € ; scolaires 13-18 ans : 1 € ; étudiants : 3 € ; moins de 12 ans : gratuit. Groupe de plus de 10 personnes : 3 € par personne.* Vaste édifice rectangulaire, massif, bâti en grès rouge au XIVe siècle, le château au Moyen Age était nettement plus austère. Au XVIIe siècle, son allure et sa position géographique en font la résidence d'été des évêques de Vabres. L'abbaye, le château est alors aménagé de manière à le rendre un peu plus confortable. La visite débute par la cour intérieure et la salle du pressoir (grande salle voûtée) qui sont toutes les deux aménagées pour les mariages et les réceptions. On poursuit la visite à l'intérieur du château, où l'on découvre des salles aménagées : salle de classe, cuisine à l'ancienne, puis, dans ce qui constitue la chambre des Evêques, un superbe plafond à la française, décoré (peinture sur bois) dans un style baroque. Certaines pièces abritent une collection d'objets artisanaux des XIXe et XXe siècles. Egalement, une salle réservée à l'abbé Hermet et à son histoire, passionné d'archéologie et des mystérieuses « statues-menhirs ». Le château a la chance d'avoir dans son circuit de visite, 7 originaux de statues-menhirs découvertes sur la commune.

En été, les 6-12 ans peuvent participer à un jeu découverte des châteaux du Sud-Aveyron. Il s'agit de retrouver dans les différentes salles du château, des objets insolites et de noter les trouvailles sur un carnet. Petite récompense pour tous à la fin !

LE RELAYS DU CHASTEAU ✆ 05 65 99 40 15.** *Fermé du 20 décembre au 20 février. Chambres de 33 € à 41 €. Petit déjeuner : 6 €. Menus à partir de 14,80 €. Demi-pension pour 2 personnes à partir de 74 €.* Au pied du château, face à la rivière, la famille de Sybile et Philippe Sénegas reçoivent les voyageurs depuis quatre générations. L'accueil a eu le temps de se bonifier, la grande maison de laisser entrer le confort, les marmites de se répéter les secrets de cuisine. Il fait bon se blottir dans des chambres lumineuses et confortables ou savourer la douceur de l'air sur la terrasse, de l'autre côté de la rue. Pour calmer les appétits d'ogre et satisfaire la gourmandise, les hôtes de ces lieux ont recours à la cuisine traditionnelle, aux menus du terroir qui laissent s'exprimer la charcuterie du pays, les tripoux, les écrevisses en saison, le canard confit ou rôti ; quelques salades bien accompagnées, des desserts maison, et voilà que vient l'envie de revenir dans ce site superbe. Car les occupants des douze chambres sont choyés et satisfaits.

HOTEL-RESTAURANT BELLEVUE La Capelle - SAINT-IZAIRE ✆ 05 65 99 40 32. *Chambres de 20 € à 28 € avec douche. Petit déjeuner : 5 €. Demi-pension à partir de 34 €.* De l'autre côté de la rivière, on l'atteint par un petit bout de route qui grimpe et s'arrête finalement sur une terrasse avec vue sur le château et la vallée qui s'ouvre. L'adresse est familiale, les habitués y ont leur rond de serviette. La cuisine reste dans le ton, sans prétention mais s'offrant tout de même les tripoux régionaux et des manchons de canard. Si l'on a rendez-vous avec Morphée, on se rendra à l'étage, dans des chambres à papier fleuri, dans lesquelles a été aménagé un cabinet de toilette. Les toilettes sont sur le palier, mais l'ensemble est bien tenu et d'un calme olympien.

Camarès

Anciennement appelée Cambarès, la ville haute, qui constitue la cité primitive, a été édifiée sur un mont escarpé, au XIIe siècle par Arnaud du Pont, mais un pont sur le Dourdou, que l'on peut encore admirer, avait été construit ici, un siècle avant. La ville était fortifiée, comme en témoigne la porte d'entrée encore visible dans la colline. Cependant, c'est tout ce qu'il reste des fortifications ; ces dernières ont dû être rasées sur l'ordre de Richelieu. La ville, à cause de sa position, eut à subir les invasions des Anglais, puis essuya les guerres de Religion. Il y avait une importante bourgeoisie protestante, mais celle-ci fut contrainte d'émigrer après les représailles commises à leur encontre. La cité a ensuite profité de l'eau du Dourdou pour développer son industrie, notamment à travers la fabrication de draps. Cependant l'activité industrielle est bien plus ancienne car les Romains exploitaient déjà des mines de cuivre et, plus tard, la petite cité se fera, au XVIIe siècle une spécialité du battage du fer.

SYNDICAT D'INITIATIVE DES TROIS VALLEES 9, Grand-Rue ✆ 05 65 49 53 76. *Ouvert toute l'année de 9h à 12h et de 13h30 à 17h30 du lundi au vendredi, de 9h à 12h et de 15h à 18h 7j/7 en juillet et août.*

Le gîte

NOUVEAU **LA TREILLE Tauriac-de-Camarès ✆ 05 65 99 54 17.** A 15 kilomètres de Sylvanès et à 30 km de la station thermale d'Avène, Janine vous accueille dans sa maison natale qui était jadis le café du village que tenait son grand-père. Cette maison de caractère exposée plein sud allie le charme des traditions et le confort d'aujourd'hui et a su garder son âme d'antan et son hospitalité. 3 chambres dont 1 familiale, spacieuses, équipées de sanitaires et WC privatifs vous sont proposés. Situées à l'étage, elles offrent une vue en couronne sur les montagnes environnantes. La treille, vieille de 150 ans orne et ombrage la terrasse de cette grande maison familiale et lui confère un air accueillant où il fait bon s'y reposer.

Château de Fayet à Camarès

© OT du Pays de Roquefort

© OT du Pays de Roquefort

Vue générale de Camarès

▶ Dans les environs

Brusque

Ce pays de bruyère tire son nom de cette plante. Viguerie en 883, Brusque a connu un passé chargé de rebondissements et de changements de nobles propriétaires. Du château, le « castelas », il ne subsiste que quelques vestiges. Les rues tortueuses, avec des maisons qui conservent encore quelques belles portes et fenêtres, vous mèneront jusqu'aux épaisses murailles de la tour Saint-Jacques, dernier témoignage de l'ancienne église. L'église actuelle date du XIXe siècle et recèle des reliques de saint Thomas. L'aspect de ce village, qui connut un riche passé industriel (travail du fer, mines d'argent, carrières de marbre, usines de chapeaux et de drap), mais se tourne essentiellement vers le tourisme, est assez particulier, mêlant à la fois l'eau et la montagne, pour autant qu'on puisse qualifier le pic de Merdelou (1 110 mètres) de montagne. Nombreux coins de pêche et plusieurs itinéraires de randonnée.

HOTEL RESTAURANT ET DE REMISE EN FORME DU ROUGIER DE CAMARES ✆ 05 65 99 59 36. *Site Internet : www.hoteldurougier.com. Ouvert de mars à novembre. Chambre à partir de 42 €. Petit déjeuner 6,50 €. Menus de 9,90 € à 12,90 €. Carte de 8,90 € à 15 €. Menu du terroir enfant 6,90 €. Séjours en demi-pension (voir site).* Située dans un grand parc, cette ancienne maison de maître avec ses balcons à colonnade a été transformée en hôtel restaurant de remise en forme avec balnéothérapie et massages. Les pièces ont été aménagées en chambres avec salle de bains ou en appartement de deux à six personnes. Sur la propriété divers aménagements : piscine, terrains de volley, de pétanque, court de tennis, la table de ping-pong… Il est aisé de prendre pension dans ce château et de profiter de sa situation pour entreprendre l'exploration de la région. Le restaurant propose des produits du terroir, comme le feuilleté au roquefort, ou encore le confit de canard maison.

DOMAINE DE CERAS Brusque ✆ 04 73 43 00 43/05 65 49 50 66. *Ouvert de juin à mi-septembre. De 224 € à 693 € la semaine pour 5 personnes selon la saison.* Ce village de vacances, établi sur le superbe site de Céras accueille aussi bien des groupes que des voyageurs individuels. Les bâtiments communs y sont regroupés dans l'ancienne maison forte rénovée, abritant l'accueil (informations touristiques), le restaurant, le bar, des salles d'activités et des appartements. Il est géré par Vacances Auvergne Limousin et est constitué de 55 pavillons de 2 à 6 personnes et 12 chalets en bois de 5 personnes. 40 emplacements de camping à proximité. Il propose de nombreuses animations : plan d'eau, tennis, randonnées, ping-pong, terrain de jeux, équitation, poney, animations. Possibilité de restauration sur place avec un restaurant (vue superbe sur le plan d'eau) où l'on trouve une cuisine d'inspiration régionale (charcuteries de Lacaune, cuisine aveyronnaise, roquefort…) et service de plats cuisinés.

BISCUITERIE GUY MAJOREL ✆ 05 65 99 51 49. *Fax : 05 65 49 52 34. Les biscotins de Camarès.* Guy Majorel est un créateur de biscuits. A goûter sans faute ses biscotins.

▶ Capdenac-Gare

Voisine et jumelle de son homologue lotoise Capdenac-le-Haut, qui possède un riche patrimoine gallo-romain, Capdenac-Gare est bien moins ancienne, mais n'en a pas moins d'intérêt. Son histoire s'est liée à celle de Saint-Julien-d'Empare dont elle est un faubourg, en 1858 lorsque la compagnie ferroviaire d'Orléans décide de choisir le hameau de Tinsou pour y construire une gare. Naturellement, le site prit le nom de Capdenac-Gare, pour se différencier de la ville haute. Rapidement, la compagnie va étendre son territoire, construisant des bâtiments que la population qualifiera de « casernes ». Cette expansion est principalement due à la présence de la gare, et Capdenac-Gare génère des velléités indépendantistes. Une véritable guerre de Sécession s'engage entre le village, cœur historique et le hameau devenu cœur économique. De lutte d'influence en conflits, Capdenac-Gare obtint quand même son indépendance le 16 mai 1891. L'église est construite en 1864, grâce à une souscription des habitants et le don de matériaux par la compagnie de chemin de fer. Elle ne porte alors que le titre de chapelle de Notre-Dame-de-la-Gare. Elle possède un portail composé d'un vitrail, fait particulièrement original. A travers le village, on remarquera quelques maisons à l'architecture typique de l'industrialisation du pays. Ainsi le bâtiment destiné à abriter les poids et mesures est celui situé juste à côté du foyer de l'Envolée. Témoin de ce passé de cheminots, une locomotive à vapeur est exposée sur une voie de garage de la gare. Certains soirs d'été, un marché de nuit est organisé, avec une animation du village autour d'un thème.

OFFICE DE TOURISME Place du 14-juillet © 05 65 64 74 87. *Fax : 05 65 80 88 15. E-mail : office.de.tourisme.du.capdenacois@wanadoo.fr.*

Points d'intérêt

CONSERVERIE RAYNAL ET ROQUELAURE. Impossible d'évoquer Capdenac sans parler de la conserverie Raynal et Roquelaure. Ces deux personnages ont vraiment existé. Ils officiaient au siècle dernier, au buffet de la gare et à force de préparer des plats cuisinés pour les voyageurs, l'idée leur est venue de créer cette société. Aussi, il eût été dommage d'abandonner ce capital historique et gastronomique au profit de l'industrialisation. Voilà pourquoi la société revendique son passé et perpétue la tradition dans l'élaboration de ses recettes, ce qui la classe dans le haut de gamme de la conserverie. Le sauté de veau à la nivernaise est cuisiné avec du veau du Ségala, le bœuf est français, on élabore les sauces et on braise certaines viandes. La société n'a pas encore envisagé le tourisme industriel, donc pas question de visiter, mais vous pourrez continuer à déguster les produits de l'Aveyron à travers la large gamme des produits Raynal et Roquelaure ou également sous la marque Le Savoureux. Et comme il n'est pas question de renier ses origines, la célèbre marque vient de mettre en boîte six nouvelles recettes inspirées du terroir ; entre sauté d'agneau ou cassoulet au confit de canard, l'ouvre-boîtes ne sait où donner du bec…

Le couvert

LE CALYPSO Place Jean-Jaurès © 05 65 64 71 33. *Ouvert toute l'année. Menus de 17 € à 35 €.* L'établissement de M. et Mme Navarro à bien des égards, reste une adresse classique que l'on fréquente avec plaisir ; ses propriétaires sont d'une extrême gentillesse et ont aménagé leur salle de pierre et de bois de façon à la rendre aussi accueillante que possible. Dans ces bonnes dispositions, le client découvre une cuisine traditionnelle qui ose quelques nouveautés. Blanquette de magret de canard aux cèpes, pépites de foie gras frais, filet de biche au vin de bordeaux, sont autant d'exemple de recettes qui ont fait le succès de cette adresse. En été, la carte sait aussi se mettre au goût du jour et laisse place à des grillades au feu de bois qui ajoutent à l'ambiance bon enfant du lieu. Mais la grande originalité de cet établissement, ce sont les menus à thème, « à la fantaisie du client ». Des menus à base de poisson, de gibier… ou tout autre chose. Mais attention, il est sérieusement conseillé de réserver à l'avance !

Le gîte

Hôtels-restaurants

HOTEL CAFE DE PARIS 12, avenue Gambetta © 05 65 64 75 91. *Site : www.hoteldeparisaveyron.com. Ouvert à l'année 7j/7. Chambres de 30 € à 50 €. Petit-déjeuner 5,50 €. Etape VRP 45 €.* Situé à deux pas du pont enjambant le Lot, cet hôtel 2 étoiles compte 14 chambres dont 5 chambres doubles tout confort. Il y a maintenant 5 ans que Samuel y a posé ses bagages et s'est mis à la tache pour rénover entièrement cet hôtel. Côté bar, billard, jeu de fléchette, et un petit salon confortable et accueillant. Un petit service snack est également proposé. En somme, une adresse simple et décontractée bénéficiant aussi d'un parking sur l'arrière.

LE RELAIS DE LA TOUR Place Lucter - CAPDENAC-LE-HAUT ✆ 05 65 11 06 99. *Chambres de 57 € à 81 € (petit déjeuner compris). Etape VRP 59 € Demi-pension 54 € à 64 € par personne. Menu 14 € (midi et soir en semaine) 19 € et 24,50 €.* Dans cette partie lottoise de la ville, le Relais de la tour trône sur la place Lucter. Une décoration simple, de belles tables, une ambiance qui invite à la convivialité et de très belles chambres décorées dans des matériaux nobles. Dans la salle à manger, sous un beau plafond à la Française, près de l'imposante cheminée de pierre, vous hésiterez sans doute entre le feuilleté au ris d'agneau, poule à la soupe et escalope de foie gras aux fruits rouges. En été, prenez le temps de profiter de ce lieu magique en vous prélassant sur la terrasse. Une adresse de charme et de caractère pas forcément pour ceux qui en ont mais pour ceux qui savent l'apprécier.

LE CLOS DE SERIGNAC* Loupiac - CAUSSE-ET-DIEGE ✆ 05 65 64 87 15.** *Chambres de 45 € à 60 €. Petit déjeuner : 9 €. Carte.* Il a été aménagé dans un bâtiment traditionnel, rénové, auquel un grand parc de cinq hectares assure un calme incomparable. Les hôtes s'installent confortablement dans l'une des quatorze chambres ou choisissent de résider dans un des quatre chalets indépendants, entièrement équipés, venus se nicher dans le parc. Il faut profiter là de la nature, que ce soit depuis la grande piscine du domaine ou en empruntant les circuits et balades en vtt que M. David conseille à ses clients. Assortie à ce cadre élégant, la table du restaurant marque son originalité hors saison par des plats typiques du nord (région d'origine des propriétaires). L'été, l'inclinaison pour les produits du terroir reprend le dessus. Une carte de vins, fournie aux quatre coins du monde, donne le choix entre une centaine de références.

LE MURIER DE VIELS* Loupiac - CAUSSE-ET-DIEGE ✆ 05 65 80 89 82.** *Ouvert toute l'année. Chambres de 55 € à 84 € (hors saison), de 65 € à 110 € (juillet et août). Petit déjeuner 5,50 €. Menus de 17 € à 28,50 €.* D'une ancienne ferme, autrefois opulente, Valérie et Patrick Di Méglio ont fait un hôtel de charme aux accents luxueux. Après de gros travaux de restauration, ils ont ouvert sept chambres et une suite réparties dans les corps de bâtiments qui ont retrouvé tout leur caractère. A ce cadre superbe et si tranquille, ils ont voulu adjoindre une grande table. Ils l'ont confié à un jeune chef, Laurent Loudéac, qui a rapporté dans ses casseroles des saveurs de tous les pays où il s'est formé. Il a pour parti pris de travailler les produits locaux et a donc choisi parmi les meilleurs fournisseurs de la région ; il ne craint pas ensuite de les préparer de façon originale et de leur associer des saveurs épicées ou aigres-douces. Le résultat est digne de ce bel établissement qui, malgré ou grâce à son isolement champêtre, reste à l'écoute du monde. Son parc, où se niche une piscine, devrait régulièrement se prêter à des expositions d'art.

Loisirs

CINEMA ATMOSPHERE 3, rue Anatole-France ✆ 05 65 64 79 81.

Emplettes

LE CEP D'OR 15, place du 14-Juillet - CAPDENNAC-GARE ✆ 05 65 64 69 52/04 71 49 75 72. *Fermé lundi et mercredi midi.* Le Cep d'Or a logé dans sa cave les meilleures bouteilles sauternes, montbazillac, juliénas, entraygues, cahors et gaillac mais aussi bourgogne, bordeaux et côtes-du-rhône. Pas moins de 700 références se côtoient et aussi des curiosités comme ce vin hongrois le tokay aszu ramené lors d'un voyage dans ce pays. Les apéritifs ont aussi la part belle, le birlou, la crème de châtaigne, le vin de pissenlits et l'inévitable ratafia. Depuis 10 ans, cette maison fait référence sur la place et l'accueil et à la hauteur.

Dans les environs

Balaguier-d'Olt

14 kilomètres au sud-ouest de Capdenac-Gare sur la D588.

Petit village pittoresque, Balaguier-d'Olt est perdu sur une butte, au milieu de la verdure et des rochers. Situé sur les rives du Lot, ce village a de tout temps exploité la richesse du cours d'eau, passant de la simple pêche à l'utilisation de la force motrice. Bien entendu, avec le développement de la navigation sur le fleuve qui permettait le commerce, il a fallu contrôler le passage, raison pour laquelle un château a été construit. De ce château, il ne reste quasiment plus rien. On prendra plaisir à déambuler dans les rues en pente où l'on peut encore admirer de belles maisons médiévales.

Bouillac

10 kilomètres à l'est de Capdenac-Gare sur la D944.

On pratique ici l'aviron mais aussi les joutes. Les jouteurs de l'association « la Joyeuse » jouissent d'une solide réputation de combativité bien au-delà du département. Rive droite du Lot, une petite route suit la rivière et offre non seulement des espaces verts agréables mais aussi des postes de pêche aménagés.

Foissac

13 kilomètres au nord-est de Capdenac-Gare sur la D86.

Village typique du causse, Foissac n'aurait pas connu l'engouement qu'il suscite auprès des touristes si un agriculteur n'avait, il y a 20 ans, découvert une grotte préhistorique du plus grand intérêt. Pays des dolmens, il faut parcourir la campagne, à pied, pour les découvrir. Il existe un circuit pédestre qui permet leur découverte. Il suffit de demander le topo-guide chez les commerçants.

GROTTE PREHISTORIQUE DE FOISSAC © 05 65 64 60 52. *Ouvert d'avril à octobre. Avril, mai et octobre : tous les jours, sauf samedi, de 14h à 18h. Juillet et août tous les jours, de 10h à 18h. Juin et septembre, de 10h à 11h30 et de 14 à 18h. Octobre de 14h à 17h. Entrée : adulte 7 € ; enfant 5,70 €.* La grotte, classée Monument historique, attire à la fois par son patrimoine naturel, véritable royaume de concrétions, de stalactites et stalagmites, mais aussi par la richesse des traces d'occupation préhistorique. Parmi les concrétions, notons les draperies, le tabernacle, concrétion oblique due à un mouvement de terrain, et, bien entendu, de superbes fistuleuses, concrétions translucides et creuses. Outre ce spectacle naturel, parfaitement mis en valeur par des jeux de lumière, il est une émotion encore plus intense lorsqu'on découvre les sépultures en place, les ossements, mais surtout les empreintes et les objets abandonnés par les hommes et femmes qui vécurent ici, il y a quelque 4 000 ans. La progression s'effectue le long d'une rivière souterraine. On découvre alors des squelettes, des poteries et autres objets témoins de la vie souterraine de nos ancêtres à l'âge de cuivre. Comment ne pas rester admiratif face à l'empreinte de pied d'enfant que l'on découvre au début de la visite. Avant de regagner la surface, vous croiserez les restes d'Arthur, faisant office de gardien de la cavité, endormi à tout jamais, recroquevillé sur lui-même, ce qui laisse à penser que cette salle devait avoir une vocation funéraire.

Livinhac-le-bas

5 kilomètres à l'ouest de Capdenac-Gare sur la D86.

Village dont le nom est rattaché à l'estofinade (plat réalisé à base de morue et de pommes de terre, à ne pas confondre avec la brandade de morue, ce qui serait ici un crime de lèse-majesté). A visiter l'église dont la nef est d'époque romane.

Naussac

10 kilomètres au sud de Capdenac-Gare sur la D86.

Siège par le passé d'une justice royale, ce village a subi de nombreuses attaques, qui ont eu pour effet de détruire une grande partie de son patrimoine, comme l'église qui date du siècle dernier. En revanche, dans le hameau de Marinesque se trouve un château du XIIe siècle, constitué d'un corps de logis carré fortifié sur lequel vient s'appuyer une tour ronde. Ce château a appartenu à l'abbaye de Loc-Dieu.

Saint-Julien-d'Empare

4 kilomètres au sud de Capdenac-Gare sur la D86.

Point de vue superbe sur la vallée du Lot depuis ce petit village. Magnifiques maisons lotoises avec pigeonniers.

AUBERGE DE LA DIEGE © 05 65 64 70 54.** *Fermé du 24 décembre au 13 janvier. Chambres de 42 € à 50 €. Petit déjeuner 7 €. Menus de 10,50 € à 32 €.* Après avoir été grange, ce bâtiment traditionnel s'est transformé en auberge typique voilà un quart de siècle. Le temps semble l'avoir bonifiée et elle s'offre comme une étape propre à réconforter tout voyageur. Sa table est une vitrine gourmande des spécialités régionales où les tripoux et le canard rivalisent de bon goût ; on lui fait honneur dans une salle rustique et chaleureuse. L'établissement compte également une vingtaine de chambres modernes et des installations de loisirs telles une piscine et un terrain de tennis et loue même des vélos aux plus courageux. L'auberge propose également des chalets à quelques mètres du restaurant.

Cassagnes-Begonhès

Accroché au-dessus de la vallée du Céor, le village s'est développé au Moyen Age et bénéficia des privilèges d'une bastide. Il se mit sous la protection d'un château, qui ne résista pas, quelques siècles plus tard, aux guerres de Religion. On remarque pourtant son emplacement, aujourd'hui place du village autour de laquelle les maisons ont été construites en arc de cercle. Les plus anciennes, avec leurs colombages, donnent au village un cachet médiéval, d'autres présentent quelques exemples d'architecture gothique. Donnant sur la place, l'église des XIVe et XVe siècles montre un clocher-donjon massif. Il regarde vers les quartiers plus récents qui se sont développés en montant vers le plateau de Cancart. C'est là que se trouve l'aérodrome de Cassagnes.

Dans les environs

Céor

Ce hameau domine la rivière dont il a pris le nom. On y voit une petite église de schiste qui fut construite au XVe siècle sur l'emplacement de l'ancienne maison forte dont elle a « recyclé » le donjon en clocher. Le souterrain encore visible rappelle le rôle de refuge que tenait la place forte.

Salmiech

Les comtes de Rodez donnèrent cette baronnie aux Landorre qui y construisirent un château et occupèrent les lieux durant quatre siècles. Ce château fut entièrement détruit à la Révolution. L'église paroissiale Saint-Amans, très ancienne, est excentrée par rapport au village. On y trouve une « piscine » espace aménagé pour le rite chrétien de purification, creusé dans la pierre, qui remonterait au Xe siècle. Sur la place, longée par le ruisseau du Céor, s'élevait l'église Saint-Firmin, à l'emplacement de la croix de mission, de 1286 à 1860. La pétition envoyée à l'évêque par les habitants pour demander de l'ériger en paroisse, eut sur elle un destin fatal : sa totale destruction. Une cloche du XVIe siècle, visible au musée, en est le seul objet rescapé. A proximité de la place, passer sous le porche et gravir le promontoire de l'ancien château pour entreprendre une visite de l'étonnant musée du Charroi.

MUSEE DU CHARROI RURAL ✆ **05 65 74 23 55.** *Ouvert en juillet et août de 11h à 12h et de 14h30 à 18h30, et du 1er au 15 septembre de 14h30 à 17h30. Entrée gratuite.* Les transports de la campagne, qu'ils soient à traction humaine ou animale (charroi signifiant charrier ou charrette) forment ce musée installé dans une église. Elle a été bâtie en 1861 par quinze villageois volontaires sur l'emplacement de l'ancienne chapelle du château, à la suite de la destruction de l'église Saint-Firmin. Cet acte dissident n'ayant jamais obtenu la faveur de l'évêque du lieu, jamais ne devaient s'y célébrer les saints rites. Divers types de chariots et de voitures sont exposés ici, ainsi que des outils pour l'artisanat. On y découvre de façon très pédagogique les étapes et les techniques de la construction des roues en admirant quelques spécimens, ainsi que différents thèmes : freinage, suspension, engrenages, attelages. Une petite salle vidéo de fortune permet une approche explicative des différentes utilisations des véhicules à charroi ou d'outils, ainsi que sur l'histoire et la fabrication de la roue.

HOSTELLERIE DU CEOR ✆ **05 65 46 70 13.** *Chambres doubles de 23,80 € à 34,65 €. Petit déjeuner 5,80 €. Demi-pension à partir de 35,30 € à 46,20 €. menus à 9 €, 11,50 €, touristique 21 € et gastronomique à 39 €. Spécialité de la maison, porcelet farci cuit au feu de bois, écrevisses sauce du chef. Fermeture le lundi hors saison.* L'hôtel est suffisamment en retrait du village pour que de sa terrasse les dîneurs puissent apprécier le point de vue sur les toits serrés du village. Si le vent frisquet les empêche de s'installer là, ils se replient avec bonne grâce dans la grande salle rustique : fenêtres fleuries à petits carreaux, rideaux aux croisées et poutres de bois conduisent vers la grande cheminée. Le cuistot y grille quelques bons morceaux ; les menus se composent des spécialités régionales et des plats du terroir, simples mais bons. Les chambres sont du même acabit ; à ces petits prix, les sanitaires sont communs pour certaines, mais on se sent bien accueilli, ce qui est essentiel.

GITE DE SEJOUR Valat-de-Tayrac ✆ **05 65 74 20 88.** *Semaine en très haute saison : 330 € + EDF. Semaine en haute saison : 290 €. Semaine en moyenne saison : 185 €. Week-end de trois jours : 80 € + EDF.* Au voisinage de leur exploitation agricole, entre Cassagnes et Centrès, M. et Mme Fastre ont réservé une maison aux vacances. Au rez-de-chaussée, on y trouve salle à manger (et kitchenette avec lave-linge), grand salon et salle de bains, à l'étage trois chambres sont chacune meublée d'un grand lit. Comme elle est située en retrait du village, cette maison est entourée sur trois côtés d'un terrain herbeux où les résidents posent le barbecue et mangent en plein air. Les installations sont simples, mais convenables pour six personnes.

CAMPING MUNICIPAL LE GLANDOU* © **05 65 46 70 09.** *Ouvert du 15 juin au 15 septembre. Emplacement 10 € avec EDF pour 4 personnes. Petit camping à petit prix.* Le maire a aménagé sur un terrain ombragé vingt-trois emplacements en bordure de rivière. L'endroit est calme, on le choisit pour pêcher tranquillement (les animations du côté des jeux pour enfants ne viennent pas jusque-là) ou pour établir son camp de base que l'on rejoint le soir après une visite dans la région. Tous les services sont disponibles au village, juste au-dessus du camping.

AERO-CLUB DU SEGALA © **05 65 46 75 26.** *Ouvert toute l'année.* Les pilotes de cet aéro-club agréé par la Fédération française ont l'art de prendre les choses de haut sans passer pour des « bêcheurs ». Ils sont au contraire tout prêts à faire partager leurs émotions aériennes aux passagers de ces petits avions à moteur où plus on est de fous et plus on rit (et moins on paye…). Enfin, leur capacité s'arrête à cinq, mais que les lacs sont beaux vus du ciel…

La Selve

Ce petit village, encaissé dans la vallée du Cône, est à l'origine le siège de la commanderie templière. Ses possessions terriennes étaient assez importantes et sont passées, au XIVe siècle, sous la direction des Hospitaliers de Saint-Jean-de-Jérusalem. Le bourg était alors assez important pour organiser foires et marchés régulièrement et s'être entouré de fossés et de murs dont on voit encore la porte au débouché du pont. Le siège de la commanderie, maison forte installée en haut du bourg, fut incendié par les protestants ; malgré des travaux de reconstruction au début du XVIIe siècle, il n'en reste qu'une tour endommagée et l'église paroissiale, édifiée sur l'ancienne chapelle de la commanderie. A noter que l'église de La Garde possède des fresques dues aux pinceaux de Nicolas Greschny.

La Cavalerie

Avant d'arriver à La Cavalerie, il faut profiter du paysage typique du Larzac, dans lequel on vient de mettre les pieds. Certes, aujourd'hui les militaires sont aussi connus que les moutons, mais le camp du Larzac a cessé d'agiter les passions et vit en bonne intelligence avec le village. Celui-ci fut le siège d'une commanderie importante. Sur cet axe nord-sud, elle a ajouté un rôle d'accueil et des fonctions commerciales à la culture et la mise en valeur de la plaine alentour. Depuis toujours, La Cavalerie permet aux voyageurs qui traversent le plateau de faire une halte. C'est ici que les Templiers ont développé le village avant que les Hospitaliers ne le fortifient d'une enceinte. aujourd'hui encore, des traces de cette enceinte sont visibles. Il faut entrer dans le village pour se trouver au pied d'un long mur de fortifications, haut, percé tardivement de quelques rares fenêtres. Une tour et une porte imposante ont longtemps protégé les maisons du XVe siècle (baies et portes sculptées) et les bâtiments plus riches du XVIIe siècle. Sur la place centrale, l'église a été reconstruite au XVIIIe siècle sur les vestiges d'un édifice roman. Son intérieur doit la pureté de ses lignes à une voûte qui semble avoir été construite sur le modèle des bergeries du Larzac. On peut y admirer les reliquaires de saint Roch et de saint Fulcran, évêque de Lodève. Voir la rubrique des « Séjours à la carte ».

POINT D'ACCUEIL Rue du Pourtalou © **05 65 62 78 73.** *Ouvert juillet et août tous les jours de 10h à 19h. Visites guidées du village. Audio-guides.*

Tour Nord-Ouest de la Cavalerie

Le gîte

Hôtels-restaurants

AUBERGE LE CEVENOL 45, avenue du 122e-RI ✆ 05 65 62 70 14. *Menus à 15 € à 32 €. Chambres 45,75 €. Fermé entre Noël et le jour de l'an.* Sur la route de Nant, deux Cévenols ont posé leurs valises depuis quelques années et bâti tout autour une maison accueillante. Ici vous trouverez des recettes typiques et apprécierez le goût de la bonne chère : salade aveyronnaise, tripoux par-ci, brochette de bœuf par-là, avec aussi le traditionnel « coufidou », la daube aveyronnaise, sans oublier le foie gras. Le tout est souvent accompagné de quelques champignons et les portions généreuses sont servies dans le plat ou la belle casserole de cuivre qui laisse à penser que le contenu a mijoté à point. Le repas, celui du jour auquel les militaires voisins font honneur ou bien les menus plus recherchés, s'accompagne volontiers d'un excellent vin (la carte recèle notamment un faugères à prix plus que modéré) et s'achève, pour les amateurs de volutes, par une visite à la cave à cigares. On y vient tout autant pour un week-end en famille que pour un aperçu des délices du terroir.

HOTEL DE LA POSTE 54, rue du Grand-Chemin ✆ 05 65 62 70 66.** *Site Internet : hotel-larzac.com. Fermeture en janvier. 31 chambres de 45 € à 60 €. Petit déjeuner 6,70 €. Menus de 16,50 € à 50 € (dégustation). Soirée étape 54 €.* Cet hôtel, créé il y a 37 ans, modernisé et agrandi, est tenu uniquement par des femmes. Le chef, Sandrine, d'origine italienne, vous sert une cuisine de terroir, revisitée et allégée, dans une série de menus pour toutes les bourses. Son menu dégustation démontre tout son talent avec son chausson de foie gras sauce truffé, son croustillant de Saint-Jacques aux cèpes ou son tournedos aux morilles. Dans les premiers menus, vous vous régalerez de plats plus traditionnels comme la tête de veau ravigote ou des pieds de porc farci ou bien le « melsat », une saucisse faite de chair de porc, de pain, d'œuf de lait, sel et poivre. Après le repas, France et Marie-José vous proposent des chambres de bon confort, dont certaines donnent sur le patio. Mais la Poste, établissement représentatif de sa région, propose surtout des circuits de découverte en deux, quatre ou six jours. Des excursions d'une centaine de kilomètres, en car, conduisent vers les gorges du Tarn, le pays de Roquefort, Millau la voisine, l'Aubrac et le Larzac. Les mirettes font le plein de belles images, sans que l'estomac ne soit négligé : les circuits comprennent même un repas gastronomique, puis des soirées dansantes. Ce sont des séjours en pension complète, tout compris, même le vin, les visites et l'accompagnement.

AUBERGE DE JASSENOVE Larzac-Nord ✆ 05 65 60 71 80. *Sur réservation. Menu à 17 € (salade, terrine d'agneau, crêpe roquefort, agneau, gratin) suivant saison, fromage, dessert.*

Gîte d'étape

- **Camping à la ferme**

LE MOULIN A VENT Gîte d'étape - Camping rural - Route de Saint-Affrique ✆ 05 65 62 70 02. *Ouvert toute l'année. Camping rural non aménagé.* Ici, on vit au rythme de la ferme de Pierre-Olivier Pagès. Participation aux activités fermières et possibilité de visite de l'élevage de brebis laitières. Le lieu est aussi un gîte d'étape de 20 places (dont 10 dans un dortoir). Accueil des cavaliers et parc à chevaux.

LE GITE DE DOMINIQUE ET VALERIE Rue Côte-Bossue ✆ 05 65 62 78 62. *Ouvert de mars à décembre. 11 € la nuitée ; petit déjeuner 4 €.* Beau gîte d'étape dans une ferme restaurée. Il peut accueillir une vingtaine de randonneurs dans 7 chambres.

Emplettes

LES BERGERS DU LARZAC 6, rue du Grand-Barry ✆ 05 65 62 71 45. *Ouvert du lundi au samedi de 8h à 18h. Vente directe sur place.* Cette coopérative regroupe depuis cinq ans six producteurs du causse.

Ensemble, ils ont créé leur fromagerie où se transforme, selon le savoir-faire traditionnel, le lait des brebis du Larzac. Ce terroir si particulier transmet son goût à 19 fromages (dont 6 issus de l'agriculture biologique) qui en expriment ainsi toute la typicité. Tous sont fabriqués dans le respect des règles sanitaires. La gamme se compose de plusieurs tommes parfumées, de pérails onctueux, d'une bûchette fondante et d'un petit « trassou » qui se mange plus ou moins affiné. Devant les étals de la coopérative, on hésite, on prend conseil et l'on goûte, avant d'arrêter son choix… multiple ! Au chapitre des nouveautés : « lou ßren » un délicieux fromage pur brebis à croûte lavée.

AGNEAUX DES CAUSSES - PEAUX LAINEES La Clapade du Larzac © 05 65 61 07 77. *Vente à la ferme tous les jours en juillet et août de 15h30 à 19h30 sauf le vendredi. Hors saison sur rendez-vous. Expédition à domicile sur demande.* Elevage de plein air de brebis Black Face. Peaux lainées d'agneau, blanches à mèches longues ou tachetées… Gilets de berger, moufles, toques.

COMMUNAUTE DE L'ARCHE Les Truels du Larzac © 05 65 61 00 38. *Fax : 05 65 60 87 67.* Fondée en 1974 pour soutenir la lutte du Larzac, la communauté a pour direction la Non-Violence inspirée de Gandhi et Lanza del Vasto. Elle produit, en biologie, du fromage (brebis et chèvre) et du pain, et le vend sur les marchés de Millau, Lodève et Saint-Affrique. Possibilité de stage ou vacances.

Conques

L'origine du village remonte à l'époque mérovingienne. Un ermite, Dadon, s'y serait retiré et installé près de la fontaine du Plô qui coule au pied de l'abbatiale. En 819, il est rejoint par Medraldus, puis par d'autres hommes dévolus à la contemplation, de sorte que la communauté érige une église dédiée au saint sauveur. La famille de Charlemagne plaça l'abbaye sous sa protection et lui fit de nombreuses donations. Cependant, l'événement qui marqua un tournant dans la prospérité du lieu fut, en 866, la translation furtive des reliques de sainte Foy, martyre d'Agen, suppliciée à 12 ans. La sainte et ses miracles - elle guérit les aveugles et délie les captifs de leur chaîne - assure la réputation du village, qui devint une étape sur le chemin de Saint-Jacques-de-Compostelle. Au XIe siècle, l'abbé Bégon III fit construire l'abbatiale et remonter le monastère. Les moines, devenus de très bons orfèvres, entourèrent d'or de nombreuses reliques et objets religieux, commençant à constituer ce qui allait devenir l'un des plus beaux trésors de l'Occident. Il fallut les troubles de la période révolutionnaire pour mettre fin à l'emprise des religieux à Conques. Mais même alors, les villageois protégèrent le trésor de l'abbaye, qu'ils cachèrent pour le soustraire à la convoitise des révolutionnaires. Le calme retrouvé, les religieux ayant été dispersés, l'église est laissée à l'abandon. La charge de son entretien, revenue à la commune, était trop coûteuse pour elle. En 1837, Prosper Mérimée, en charge de Monuments historiques, recommande à l'Etat la sauvegarde de l'église. Des pères prémontrés s'installent dans le cloître en 1873 et assurent depuis cette époque la garde du trésor. Aujourd'hui, le village est un paisible chef-lieu de canton, dont le patrimoine architectural est célèbre ; déjà classé parmi les plus beaux villages de France, et Grand site de France, Conques a été élevé au rang de Patrimoine mondial de l'Unesco. Pour en profiter au mieux, la circulation des véhicules est interdite dans le village, et des parkings permettent de laisser sa voiture de part et d'autre de la cité contre paiement de 3 € l'emplacement. En parcourant à pied la rue principale, dite de Charlemagne, vous en admirerez plus sereinement les maisons médiévales à encorbellement ou à colombages, les rues pavées, avec un caniveau central, les toits en lauzes. A côté de l'Office de tourisme, une petite rue en pente descend vers la vallée ; c'est le départ du GR62 qui mène le randonneur vers les Cévennes.

OFFICE DE TOURISME Place de l'Eglise © 08 20 82 08 03. *Fax : 05 65 72 87 03. Site Internet : www.conques.fr - E-mail : tourisme@conques.fr.*

Points d'intérêt

L'ABBATIALE. *Ouvert tous les jours de 8h30 à 20h.* Joyau du village de Conques, ce chef-d'œuvre de l'art roman dont la construction s'étala du XIe au XIVe siècle domine de sa majesté les gorges de la rivière Dourdou. Le porche est encadré par deux tours carrées et possède surtout un tympan magnifiquement ouvragé sur lequel ont été sculptés 124 personnages, pour composer le Jugement dernier. A l'opposé, se trouve le chevet, avec son élévation de style pyramidal. De cet endroit, on domine légèrement l'édifice, ce qui permet de comparer les différentes toitures à des coquilles Saint-Jacques empilées les unes sur les autres. A l'intérieur, l'enlacement des lignes pures, la hauteur et l'austérité surprennent. L'église a retrouvé une partie de sa lumière originelle, sobre, grâce aux étonnants vitraux de Pierre Soulages. Cet artiste contemporain, qui fut frappé dans sa jeunesse par la vision de l'abbatiale, lui a composé des vitraux d'inspiration moderne, faits d'un verre dépoli particulier. Pour prendre pleinement la mesure de ce monument d'exception, il est nécessaire de prendre son temps. Les vitraux de Pierre Soulages donnant au fil de la journée et de la lumière du jour des teintes différentes et des atmosphères singulières. En filtrant de la sorte la lumière au fil des saisons l'édifice change continuellement d'aspect. Il est très difficile en une simple visite d'en percevoir toutes les nuances. Ce seul aspect mérite un séjour prolongé dans le coin pour réellement apprécier, non seulement l'architecture de l'abbatiale, mais aussi l'œuvre de Soulages.

LE CLOITRE. Situé à côté de l'abbatiale, on y accède par un petit escalier à ciel ouvert, donnant sur une cour au milieu de laquelle trône un énorme bassin en serpentine verte. Du cloître roman, qui se trouvait au même emplacement, il ne subsiste plus grand-chose. Tout au plus, quelques chapiteaux sont-ils conservés dans le musée du docteur Fau. Pour atteindre l'aile dans laquelle se trouve exposé le trésor, il faut emprunter un couloir bordé d'arcades, qui constituait l'ancien réfectoire des moines bénédictins.

MUSEE DOCTEUR JOSEPH FAU - TRESOR II ✆ 05 65 72 85 00. *Ouvert toute l'année. Situé dans les locaux de l'Office du tourisme. Le billet de visite du trésor donne accès à la visite du musée.* Ce musée est dédié au docteur Fau, maire de Conques, ayant particulièrement œuvré pour l'épanouissement de la commune. Il est situé dans une ancienne maison de chanoine. Il se répartit sur trois étages. Au rez-de-chaussée, on peut admirer de belles statues polychromes, une châsse monstrance du voile de sainte Foy. Au premier étage, se trouve une série de sept tapisseries retraçant, avec moult détails, la vie de Marie-Madeleine. Egalement à cet étage, divers mobiliers, dont un lit à baldaquin, réalisé au XVIIe siècle par Guillaume Chirac. Enfin, au sous-sol, se trouve rassemblée une série de pierres provenant de l'ancien cloître roman.

LE TRESOR DE SAINTE-FOY ✆ 05 65 72 85 00. *Ouvert toute l'année d'avril à septembre de 9h30 à 12h30 et de 14h à 18h30 et d'octobre à mars de 10h à 12h et de 14h à 18h. Fermé le jour de l'an. Adultes : 6 €, groupes : 4 €, enfants de 7 à 16 ans : 2 €, moins de 7 ans : gratuit.* Situé dans le cloître et gardé par les frères bénédictins, ce trésor s'est constitué, durant douze siècles grâce aux joyaux apportés par les fidèles pèlerins venus invoquer sainte Foy. Certains remettaient leurs pierres précieuses aux frères joailliers, qui les montaient en des pièces destinées au culte. Depuis toujours, les habitants ont su préserver ce patrimoine médiéval remarquable. Pendant la Révolution, ces derniers l'ont dissimulé, et durant la Seconde Guerre mondiale, alors que les S.S. voulaient s'en emparer, ce furent les moines qui le cachèrent. On y rencontre des chefs-d'œuvre d'or, d'argent ou d'albâtre rehaussés par des émaux. Au fil des objets, apparaissent des reliquaires, comme celui de Pépin, datant du IXe siècle, des livres ornés de pierres, des autels portables, des pièces d'étoffe et quelques tapisseries d'Aubusson, dont une représente le martyre de sainte Foy sur son bûcher. La pièce la plus prestigieuse est le majestueux reliquaire de la sainte, chef-d'œuvre d'orfèvrerie, en or incrusté de pierres précieuses, remarquable par sa beauté mais aussi parce qu'il est une des rares représentations d'une sainte assise en majesté. Entre le cloître et le parvis, les religieux disposent d'une boutique du trésor particulièrement intéressante pour la sélection d'ouvrages sur l'art médiéval, mais aussi sur la philosophie des religions.

ANCIENNE CHAPELLE. Dans le village de Conques, après la boulangerie, emprunter la petite rue pavée qui descend sur la droite. Tout au long du chemin, facilement accessible, on peut admirer les façades des maisons sous un angle totalement différent. Ce chemin conduit à une petite chapelle bâtie sur une cavité rocheuse où coule une source. De là, un point de vue sur les environs. Il est possible pour les personnes ayant des difficultés de déplacement de rejoindre cette chapelle par un autre sentier à prendre au bas de la côte qui monte sur le village.

Le couvert

RESTAURANT CARRIER ALMONT-LES-JUNIES ✆ 05 65 64 10 41. *Ouvert à l'année du lundi au dimanche tous les midis et samedi soir. Juillet/août 7j/7 midi et soir (sur réservation). Menus 13,50 €, 15,50 €, 16 € et 20 €, ainsi qu'un menu classique pour les groupes à 17 €.* Sur le plateau dominant Grand Vabre ou encore le petit hameau de Flagnac, ce lieu est devenu une véritable institution pour les habitués et amateurs d'Estofinado dont l'enseigne est le « fief ». Affaire de famille, le restaurant Carrier s'est autoproclamé haut lieu de l'estofinado. Ce petit coin d'Aveyron vante ce plat fait de stockfisch (équivalent à la morue) venu des îles Lofoten en Norvège et de pommes de terre. Plat historique, cette curiosité culinaire est à goûter absolument. Mais d'autres plats plus classiques sont aussi de la fête. Poule farcie, caneton aux olives, sauté de veau ou tête de veau vinaigrette sont servis généreusement et dans le respect des traditions culinaires. Tout est fait 100 % maison et vous n'en douterez pas. Le lieu est très fréquenté, l'été, n'arrivez pas trop tard, si vous souhaitez jouir d'un bel emplacement sur la terrasse. A proximité du restaurant deux bâtiments récents composent le labo ou l'activité traiteur fournit aligot, estofinade, confits et foie gras aux traiteurs de Toulouse et Paris.

AUBERGE DE LA CASCADE Bar restaurant « polissal » - SAINT-FELIX-DE-LUNEL ✆ 05 65 44 61 54. *Ouvert tous les jours à midi et dimanche midi et soir. Menu du jour à 11 €,15 €, et 17 €.* La petite cascade non loin du restaurant en murmure tous les éloges. Laurence Bony y prépare bon nombre de spécialités aveyronnaise. Du stockfisch au chevreau à l'oseille, en saison bien sûr, en passant par l'excellente viande, fournie directement par le frère de Laurence, éleveur de Charolaises, tout y est d'une extrême qualité. Une cuisine généreuse vous est proposée, les habitués ne s'y trompent pas. En été, la grande terrasse désemplit rarement. A coup sûr notre cœur penche pour Laurence.

BAR RESTAURANT LE 1618 Place de l'Eglise - SENERGUES ✆ 05 65 69 80 05. *Du 1er mai au 1er septembre, ouvert tous les jours sauf lundi soir et mardi soir, du 1er septembre au 1er mai ouvert tous les midis. Menus de 12 € à 20 €.* Au coeur du village, dernière étape du chemin de Saint Jacques de Compostelle la maison de Mr et Mme Bibal, date de 1618 comme en témoigne le linteau de la salle du restaurant. C'est une adresse résolument familiale, Grégory, le fils, travaille les viandes de son père, boucher à Marcillac (depuis 5 générations). Autant dire que la viande est entre les mains de spécialistes. Mais l'autre spécialité est l'Assiette du Pèlerin, crudités, confit de canard. En été, une petite terrasse située à l'arrière de la bâtisse permet de goûter pleinement au charme du lieu. En saison, le stock fish et le chevreau à l'oseille figurent en bonne place sur la carte. En somme, une adresse toute en simplicité, authentique et souriante.

Le gîte

Hôtels-restaurants

L'AUBERGE SAINT-JACQUES Le Bourg ✆ 05 65 72 86 36. *Site : www.aubergestjacques.fr. Restaurant fermé dimanche soir et lundi hors-saison, ouvert tous les jours le reste de l'année. Hôtel ouvert toute l'année. Chambres de 40 € à 57 €. Petit déjeuner 7 €. Menus de 17,50 € à 60 €. 2 étoiles.* Dans les petites rues de la cité médiévale, cet hôtel est le seul de sa catégorie. Ses deux étoiles confirment la bonne tenue de ses chambres, rendues douillettes par le bois, les moquettes et les couleurs chaudes. Elles sont une douzaine à se partager les étages de la maison, tandis que l'on aborde l'établissement par son bar, au rez-de-chaussée. Entre les deux, au premier étage, le restaurant s'est fait un décor soigné et ouvre en été sa terrasse au milieu des toits de lauzes. Les menus et la carte font la liste des préparations régionales telles qu'un délicieux foie gras maison ou un magret aux cèpes accompagné d'un aligot. Pour finir sur une note sucrée, le Petit Futé vous conseille un trésor de saveurs : un petit pot de crème à la vanille Bourbon avec une compotée de rhubarbe maison accompagné de fruits de saison et sorbet ananas, le tout servi sur une ardoise. Un délice ! Des menus découvertes sont servis le soir et le week-end ou sur réservation, l'occasion de découvrir ou redécouvrir des préparations tels que le ris de veau ou un tourteau de Bretagne aux navets (menus découverte de 38 € à 60 €).

HOTEL-RESTAURANT AUX GORGES DU DOURDOU Grand-Vabre ✆ 05 65 69 83 03.** *Fermé dernière semaine de juin et le mois de décembre. Fermé tous les soirs du 11 novembre au 31 mars. Chambres de 38 € à 54 €. Petit déjeuner de 7 €. Menus de 14 € à 22 €.* Dans la vallée étroite du Dourdou, cet hôtel-restaurant a fait son nid dans une grande maison de pierre. Elle renferme dix-huit chambres de bon confort (salle de bains, téléphone, télévision), donnant soit sur la rivière soit vers le village et le jardin ; deux d'entre elles ont même une terrasse couverte, sur le côté de l'établissement. La salle de restaurant est un mélange d'esprit rustique et de manières raffinées. Le chef, M. Carrier, en fait le cadre d'une cuisine aussi soignée que variée, autour des poissons de rivière, des viandes de l'Aubrac, de l'agneau fermier… Ses menus prennent aisément un petit air gastronomique autour des plats bien aveyronnais : estofinade, aligot… et son service traiteur est tout aussi apprécié.

LE MOULIN DE CAMBELONG © **05 65 72 84 77.** *Site : www.moulindecambelong.com. Fermé du 5 novembre au 5 février. Chambres de 110 € à 200 €. Petit-déjeuner 15 €. Service sur réservation le soir et le dimanche midi. Menus 47 €. Demi-pension de 210 à 300 € pour deux personnes. 3 étoiles. Piscine.* Le meunier d'antan ne reconnaîtrait pas son modeste logis mais y retrouverait toutefois l'ambiance familiale d'un accueil en toute confidentialité. Dominique et Hervé Busset ont créé au pied du village de Conques un havre de paix et de raffinement sans cesse renouvelé. Madame a transformé les dix chambres et donné à chacune une atmosphère différente, sans sacrifier un confort haut de gamme. La même tonalité se retrouve dans le salon et dans la salle de restaurant du rez-de-chaussée. Des petits coins pour se sentir comme chez soi. Là, monsieur présente chaque saison des menus différents qui s'inspirent des recettes du temps jadis. Les produits locaux, qu'il choisit pour leur grande qualité et qu'il cuisine avec passion, sont vraiment mis en valeur. Il en sort des plats fins et originaux qui font la part belle aux plantes aromatiques. Œufs louisette, foie gras fumé et carpaccio de truffe, truite fario, croustillant de pied de cochon et émulsion de pissenlit font saliver les papilles des plus gourmands. Ces moments de plaisirs sont à prolonger sur la terrasse, au bord de la piscine, ou dans l'une des belles chambres donnant sur la rivière.

Emplettes

Artisanat-Cadeaux

BOUTIQUE SOUVENIR Rue Charlemagne. Cette petite boutique est située sur le plan conduisant de la rue principale au parvis de l'abbatiale. Véritable caverne d'Ali Baba, on y trouve de nombreux souvenirs, mais c'est surtout pour sa sélection de cartes postales originales qu'elle mérite le détour. L'accueil y est particulièrement sympathique.

L'OSTAL DEL PINTRE Rue Florens © **05 65 72 84 61.** Ce peintre à la mode occitane se nomme Martine Veyron et ouvre son atelier aux spectateurs et amateurs. Elle use habituellement de différentes techniques, la peinture à l'huile, les aquarelles ou l'encre, mais les délaisse parfois pour des compositions à base de collage. Son style est plutôt figuratif, on y reconnaît les paysages voisins ; aussi douée pour les natures mortes, l'artiste réalise des portraits sur commande ou conçoit des enseignes à l'ancienne. Elle organise des stages d'initiation et de perfectionnement au dessin et à la peinture de mai à septembre ainsi que des cours réguliers tout au long de l'année. On la vit même, entourée de ses paysages, au marché des producteurs aveyronnais qui s'est tenu à Paris en octobre dernier.

TAPISSERIE DE BASSE LISSE La Vaysse © **05 65 72 85 60.** Christel Laché s'est prise de passion pour les tapisseries anciennes et travaille selon une technique particulière. Elle s'attache à faire découvrir cet art textile aux enfants et aux adultes lors d'ateliers de découverte, organisés pour les premiers en été, et lors de stages individuels ou collectifs qui ont lieu d'octobre à mai et en juillet et août pour les adultes. Les habitants de la région suivent ses cours hebdomadaires qui se déroulent de septembre à avril. Le résultat est à la fois esthétique et gratifiant.

Produits gourmands

LE FOURNIL DU PELERIN Le Bourg © **05 65 69 85 37.** Rue Charlemagne, une boulangerie à ne rater sous aucun prétexte pour savourer ses gâteaux aux noix.

▶ Dans les environs

Grand-Vabre

6 kilomètres au nord-ouest de Conques sur la D42.

Ce modeste village a un double attrait. D'abord sa situation géographique, sur la rive gauche du Lot près du confluent avec le Dourdou qui reste au fil des ans un domaine rêvé des pêcheurs. Mais surtout son histoire peu commune liée à celle de Dadon, ermite fondateur de Conques, qui vint ici terminer ses jours. La chapelle Notre-Dame-de-la-Nativité est d'ailleurs le sanctuaire où il fut enseveli en 775 et qui plus tard servit d'église paroissiale jusqu'au XVIe siècle. Outre une statue polychrome d'une Vierge à l'Enfant, on y trouve de nombreuses reliques, notamment de sainte Foy, de sainte Emilie de Rodat, la sainte du Rouergue, et de saint Amans, premier évêque de Rodez. Sur la place du village, non loin de la chapelle, existe une ancienne épicerie n'ayant rien modifié depuis les années 1950. Un véritable petit chef-d'œuvre d'une autre époque en passe de disparaître. Avis aux amateurs de photos.

L'église Saint-Pierre, de style gothique, recèle un riche patrimoine, dont un retable et des reliques. A noter, sur la façade de cette église, les inscriptions « Liberté Egalité Fraternité » témoignent de l'époque révolutionnaire. Cette église est une des rares dans le département à avoir conservé encore cette trace de la laïcisation des lieux de culte. A quelques kilomètres de Grand-Vabre, la rivière le Dourdou se jette dans la rivière Lot. Profitez d'un jour de pluie pour comprendre grandeur nature la complexité du mélange des eaux. Le Dourdou avant de se jeter dans le Lot traverse le Rougier de Marcillac, il se charge de matières en suspension de couleur rouge. Lorsqu'il rencontre l'eau claire du Lot, on se retrouve devant une rivière parfaitement bicolore. Il faudra attendre plusieurs dizaines de kilomètres et plusieurs jours avant de voir l'eau du Lot redevenir claire.

La Vinzelle

4 kilomètres au nord-ouest de Conques.

Le hameau fleuri de la Vinzelle vaut le détour, récemment restauré durant les 20 dernières années, le résultat donne à ces quelques maisons accrochées au rocher et à la pente abrupte un cachet unique. Sa situation géographique le laisse d'ailleurs difficile d'accès et notamment en voiture en raison de routes très étroites et sinueuses. Le village est limitrophe avec le département du Cantal. Bâti à flan de montagne, le hameau offre un panorama unique sur la vallée du Lot. Au sommet, une tour carrée au-dessus de la chapelle, dispose d'une énorme cloche baptisée « la campana bella ». A l'entrée du village, une source dite miraculeuse dispense son eau fraîche aux touristes de passage. Il existe un circuit pédestre reliant la vallée du Lot à la Vinzelle.

AUBERGE DE LA VINZELLE. Depuis quelques années, cette auberge accueille amicalement les gourmets de passage. Elle dispose d'une terrasse ombragée, particulièrement agréable en été. On y mange une cuisine simple mais savoureuse. Les propriétaires proposent une excellente assiette de charcuterie qui suffit à elle seule « à nourrir son homme ». Il est indispensable de prendre le temps de discuter avec l'aubergiste et sa famille pour connaître toutes les subtilités de l'histoire du village.

La Couvertoirade

Surgissant d'un chaos rocheux, les deux tours de La Couvertoirade surprennent toujours le visiteur. Quand on pénètre dans la cité, un méandre de ruelles, de petits passages couverts, et çà et là des maisons du XVe et XIXe siècles. Cette cité médiévale n'en finit pas d'enchanter les touristes. Cité templière par excellence, le village a su garder, sûrement à cause de sa situation à l'écart des grands axes, son aspect ancestral, choyant sa population à l'abri de ses grands remparts. aujourd'hui encore, ses habitants ne sont pas peu fiers de ce joyau du Larzac. De nombreux artisans sont installés dans de petites échoppes : travail du cuir, du verre, savonnerie, etc. Mais tous respectent l'histoire de la cité et ont à cœur de préserver le village. Et pour s'en convaincre, il suffit de monter sur la courtine. En dominant le village, on peut réellement prendre la mesure de l'harmonie de ses toits en lauzes et tuiles rouges. Originellement, la cité dépendait de l'abbaye de Nant. En 1181, les Templiers achètent le mas par nécessité ; ils avaient besoin de terre pour l'élevage des chevaux et des moutons.

La Couvertoirade constitue essentiellement un domaine agricole. A la fin du XIIe siècle, les Templiers construisent une forteresse. Et pour bénéficier de sa protection, la population s'installe au pied de cette forteresse. En 1312, le village passe aux mains des Hospitaliers de Saint-Jean-de-Jérusalem. C'est lors de la guerre de Cent Ans que les habitants érigent des remparts (achevés en 1445). Au XVe siècle, les Hospitaliers appelés à la défense de Rhodes laissent une certaine autonomie à la cité qui peut même élire des consuls pour gérer ses affaires.

POINT D'ACCUEIL Maison de la Scipione ✆ 05 65 58 55 59. *Site Internet : www.conservatoir-larzac.fr. Ouvert tous les jours de 10h à 12h et de 14h à 17h en mars et de septembre à novembre, de 10h à 12h et de 14h à 18h d'avril à juin, de 10h à 19h en juillet et août. Des visites guidées des remparts et de la cité sont prévues (réservation obligatoire), mise en service d'audio-guides en 5 langues et possibilité de participer au jeu Hugues Chevalier du Larzac toute l'année avec des bandes dessinées gratuites remises aux enfants de 7 à 12 ans. A noter le parking obligatoire (protection du site oblige), à durée illimitée pour 2 € (stationnement gratuit pour les autocars dans le cadre d'une visite payante).*

Points d'intérêt

LE CHATEAU. Edifié à la fin du XIIe siècle sur un rocher, il est constitué d'un donjon roman. Malheureusement, aucune fouille n'a permis de dégager son plan exact.

L'EGLISE SAINT-CHRISTOPHE. Construite à la fin du XIVe siècle, cette église a remplacé celle de Saint-Christol, devenue trop petite. En partie creusée dans le rocher, ce n'est que bien plus tard que son clocher est reconstruit tel qu'il apparaît aujourd'hui. A l'intérieur, on peut voir des stèles discoïdales moyenâgeuses. Ces pierres gravées sont nombreuses sur le Larzac et font l'objet d'études, notamment par le spécialiste en la matière qui leur a consacré plusieurs ouvrages, Robert Aussibal. Jouxtant l'église, le cimetière est également accessible au visiteur.

HOTEL DE LA SCIPIONE. Ce bâtiment adossé au rempart est embelli par une tour d'escalier à vis, symbole de la noblesse de ses propriétaires. Sa construction remonte au XVe siècle. Il abrite aujourd'hui le musée. La pièce du premier étage possède un beau cantou (grande cheminée) et une fenêtre à croisée à meneaux, munie de coussièges, ce qui permettait de s'installer confortablement pour regarder par la fenêtre. Dans la pièce au-dessus, divers objets découverts à la Couvertoirade ont été rassemblés.

LES REMPARTS. On y accède par un escalier grimpant le long du mur d'enceinte, accroché à même la roche. La courtine constitue un point de vue exceptionnel sur le village et les plaines du Larzac. On ne peut pas faire le tour complet. Derrière les remparts, une lavogne (mare pavée servant d'abreuvoir aux brebis) en parfait état de conservation est visible.

LE DOMAINE DE GAILLAC Cazejourdes - D55 ✆ 05 65 62 26 85. *Site Internet : www.arnalgaillac.com. Ouvert de Pâques à Toussaint. Entrée 2 €. Menus de 15 € à 22 €.* Tout près de la Couvertoirade, dans le Parc Régional des Grands Causses, le Domaine de Gaillac, c'est d'abord un élevage de chevaux lusitaniens sur une propriété de 800 hectares. Mais depuis l'année dernière, il présente une collection exceptionnelle de calèches et voitures à chevaux en tous genres. La collection du musée de la Traction Animale relate par la richesse des pièces présentées une histoire quotidienne et singulière (celle des transports) de la France aux XVIIIe et XIXe siècles. Ce parcours à travers les siècles est étonnamment vivant, sans doute par la véracité des détails, des aménagements et des curiosités de certaines voitures à chevaux, mais aussi de celles tirées par des bœufs, des chèvres ou même des chiens. A côté un autre retour vers le passé est proposé avec « la Forge 1900 », un atelier de ferronnerie du début du siècle dernier reconstitué. On peut y voir tout le matériel utilisé par les charrons et ferronniers, ainsi que l'outillage utilisé. Lors de certaines fêtes, la forge fonctionne et l'on peut voir l'immense soufflet entrer en action. Visite des écuries où sont logés les magnifiques chevaux lisutaniens. Le Domaine c'est aussi une enceinte couverte de plus de 1 000 m^2 où vous pourrez assister à un spectacle équestre et musical.

Le couvert

AUBERGE DE LA COUVERTOIRADE Rue Droite ✆ 05 65 62 21 43. *Ouvert midi et soir juillet et août. Ouvert de Pâques à mi-novembre. Menus à partir de 15 €. Menu gastronomique à 18 € (façous aux herbes, gigot de mouton au feu de bois, etc.).* Accueil chaleureux et cuisine sympa.

CREPERIE MONTES Le Bourg ✆ 05 65 62 25 89/05 65 58 10 71. *Fermé du 15 novembre aux vacances de Pâques. Ouvert midi et soir en été, de 11h à 19h hors saison. Crêpes salées à partir de 3,80 €, crêpes sucrées à partir de 2,20 €.* Dans une ruelle de la cité, François Montès et sa femme ont ouvert leur crêperie il y a maintenant plusieurs années et après 35 ans de « services » c'est leur fils Manuel qui dans le même esprit leur succède. L'ambiance médiévale est partout présente dans ce lieu où l'on vient volontiers le temps d'une pause gourmande. Les crêpes salées sont copieuses et les sucrées délicieuses. Le tout arrosé d'une bolée de cidre et de quelques histoires sur le village, racontées par le chef en personne.

LARZAC-CAFE ✆ 05 65 62 18 23. *A partir de 8 €. Ouvert de Pâques à décembre.* Casse-croûte, assiettes de salade variées, petite restauration. Fromages chauds.

RESTAURANT LE MEDIEVAL La Placette ✆ 05 65 62 27 01. *Ouvert tous les jours et jours fériés, sauf lundi. Le soir uniquement sur réservation. Menus à partir de 16,50 € (cake au roquefort et aux noix, terrine aveyronnaise, jambonneau). 26 € pour le menu gastronomique.* Specialitées proposées : foie gras de canard, charcuterie, croustillant de noix Saint-Jacques. Escargotière, entrecôte à la sauce roquefort, pavé de sandre à l'oseille.

Le gîte

Gîtes-Repas à la ferme

LE DOMAINE DE GAILLAC **Cazejourdes - D55 ✆ 05 65 62 26 85.** *Site Internet : www.arnalgaillac.com. Ouvert de Pâques à Toussaint. Repas de 12 € à 18 €.* Un restaurant aménagé dans une ancienne bergerie, une immense cheminée où cuit le jambon à la broche, des murs blanchis à la chaux, une immense mezzanine où sont disposées les voitures hippomobiles du « musée de la Traction Animale », un bouquet de fleurs fraîchement cueillies aux alentours sur la table : tout est fait ici pour créer une ambiance conviviale. La cuisine est de la même facture, mettant en avant les produits traditionnels : sauté de mouton aveyronnais, jambon à la broche, manchons de canards confits, gigot de mouton flambé à la cheminée et sa truffade, tourte au roquefort, pintades au genièvre… et desserts maison. Après le repas, vous aurez loisir de visiter les écuries, ou préférerez aller vous promener, profiter de la piscine, faire une promenade à cheval, ou tout simplement vous installer dans un fauteuil et « farniente ». Le domaine propose aussi des hébergements, gîtes et gîte de groupe, simples et confortables, aménagés dans un ancien bâtiment parfaitement restauré.

Ferme d'accueil

LA SALVETAT ✆ 05 65 62 22 65. *Ouvert toute l'année sur réservation. Nuit et petit déjeuner 34 €.* Le monde syndical paysan étant divisé entre deux organisations, il était évident que l'hébergement à la ferme soit aussi labellisé par deux associations différentes. Ici sur le Larzac, Olivier Danet a choisi « Accueil Paysan » (tendance José Bové). Dans sa ferme monumentale, il produit petits fruits rouges, légumes (maraîchage biologique) et élève poules, canards, lapins et vaches laitières. Autant de produits que l'on retrouve sur la table de l'auberge paysanne. Possibilité de séjour en chambres paysannes (20 personnes) ou suivant la formule « Relais Paysan » (gîte à proximité de la ferme). Camping à la ferme.

BRIGITTE ET MARK WOOD **Relais des Infruts - LES INFRUTS ✆ 05 65 62 76 89.** *Site Internet : www.chambresdhotes.fr/lacouvertoirade - E-mail : mwood.qubic@wanadoo.fr. Chambre double, 2 petits déjeuners compris : 47 €. Repas du soir, tout compris (sur commande) : 20 € (tartes entrée, gigot, produits frais bio, herbes). Paniers pique-niques possibles. Animaux acceptés.*

Loisirs

LE DOMAINE DE GAILLAC **Cazejourdes - D55 ✆ 05 65 62 26 85.** *Site Internet : www.arnalgaillac.com. Ouvert de Pâques à Toussaint.* Spécialisé dans l'accueil des groupes, mais les individuels sont les bienvenus, le domaine de Gaillac est un centre équestre réputé, agréé par la Jeunesse et les Sports, pour l'hébergement et les activités pour les jeunes. Ils profitent des 800 hectares de l'élevage de chevaux lusitaniens (le Domaine de Gaillac fourni des chevaux à tous les professionnels du spectacle et de la tauromachie en Europe) et d'un encadrement de professionnels. Pour les adultes, il propose des circuits de découverte de la région, ainsi que de nombreuses activités sur place : musée, démonstration de forge (ou comment fabriquer un fer à cheval à partir d'un fer plat), spectacle équestre (« la Ballade Slave », spectacle équestre et musical donné par Les Djiguites du Causse) ou tout simplement après-midi dansant.

Emplettes

Artisanat

JAS ✆ 05 65 62 20 87. John Slatcher est un artiste doublé d'un alchimiste. Il travaille un cristal de qualité optique, qu'il reçoit de Fontainebleau sous la forme de petits boudins. Après les avoir fait fondre toute une nuit et une matinée, pour obtenir une sorte de pâte transparente, se parant de jolis reflets rouges à sa sortie de four, John souffle et modèle une bulle de verre incandescent ; il la colore, la façonne à la main et achève la cuisson de l'objet. La production est variée, colorée et originale. On trouve des flacons, des presse-papier, des lampes et l'on peut même passer commande.

LE SAC DU BERGER ✆ 05 65 99 36 60. *Ouvert tous les jours de Pâques à la Toussaint et tous les week-ends jusqu'à Noël.* Dans son échoppe de la cité médiévale, Jean-Pierre Romigier expose les articles sortis de son atelier de Latour-sur-Sorgues. Ces sacs de gros cuir racontent l'histoire des bergers du Larzac qui leur confiaient toute leur vie le temps de l'estive des troupeaux. Aujourd'hui, s'ils sont toujours fabriqués sur le même modèle, ils se sont fait plus citadins notamment en adoptant divers formats. La boutique présente également une gamme d'objets de maroquinerie de belle qualité et des chaussures à la mode caussenarde, brodequins en hiver et sandales en été.

COUTELLERIE DU LARZAC **Rue Droite ✆ 05 65 62 11 22.** *Ouvert tous les jours de février à novembre.* Dans cette petite boutique de coutellerie artisanale, l'art du couteau prend toute sa signification quand on voit les belles pièces proposées par Michèle Impérato. Bien sûr le « Laguiole » y occupe une place de choix, mais elle vous montrera aussi que le petit village aveyronnais n'a pas l'apanage de la belle ouvrage avec des couteaux venus de toutes les régions de France, ainsi que de magnifiques pièces de collection.

Cransac

Tout autant minière que thermale, l'histoire étonnante de cette petite ville est fidèlement retracée dans le musée de la Mémoire. La commune est passée d'une activité à l'autre, en tirant toujours le meilleur parti des entrailles de sa montagne. Ici, nous sommes dans le pays de la « montagne qui brûle ». Pour vous en convaincre, il suffit de suivre les indicateurs qui vous mèneront au « Puech que ard ». Bien sûr, l'arrêt découverte se fera sur l'aire aménagée d'où l'on voit encore se dégager des fumées âcres. Au court des derniers siècles on a extrait la houille des profondeurs de la montagne, ce qui ne manquait pas parfois la surface. Ce site montagneux était d'ailleurs appelé « le Vésuve aveyronnais ». De là, des eaux d'infiltrations soufrées jaillissent au pied de la colline à 280 °C. Leurs vertus curatives des maladies du foie, des intestins et de la stérilité féminine sont réputées depuis l'empire romain ! Ces étuves de gaz naturels chauds sont particulièrement efficaces contre les rhumatismes. Chirac, le médecin de Louis XV recommandait lui aussi les bienfaits d'une cure à Cransac ! L'activité thermale fut à son apogée au XIXe siècle avec un parc thermal, de nombreux hôtels et casinos. Parallèlement, la création d'une mine d'extraction du charbon à proximité a permis le développement d'une intense vie ouvrière, pendant un siècle, pour laquelle on a dénombré jusqu'à 4 000 mineurs. Fermés en 1961, les thermes revivent depuis peu grâce à un réaménagement total du site.

OFFICE DE TOURISME 1, place Jean-Jaurès ✆ 05 65 63 06 80. *Fax : 05 65 63 03 29.*

Points d'intérêt

LE MUSEE LA MEMOIRE DE CRANSAC 2, rue Paul-Oustry ✆ 05 65 63 95 02. *Ouvert du 2 avril au 15 novembre. Du mardi au samedi, de 14h à 17h sauf jours fériés. Réservation pour les groupes toute l'année. Entrée (musée + passeport passé) : 7 €.* C'est ici que la mémoire de Cransac est retracée. De l'époque romaine, vers 1850, où jusqu'à 100 000 bouteilles étaient exportées et environ 5 000 curistes par an étaient accueillis, à l'épopée minière. De nombreuses photographies et des maquettes animées permettent de redécouvrir toute l'histoire de cette cité. Ceux qui souhaitent compléter la visite du musée par une balade dans la ville, peuvent acheter un billet combiné. Il s'agit d'un « passeport vers le passé » qui leur permet de participer à une visite commentée de la ville, accessible à tous. Cette balade se fait le premier jour, et la visite du musée, le lendemain. Le départ se fait de l'Office de tourisme à 15h30. **Pour connaître les dates, se renseigner auprès de l'Office de tourisme au 05 65 63 06 80.**

Le gîte

Hôtels-restaurants

HOTEL DU PARC Rue Général-Artous ✆ 05 65 63 01 78. *Site : www.hotelrestaurantduparc.com. Chambre de 42 € à 57 €. Demi-pension à partir de 53 € par personne.* Dans un grand parc arboré de 2 ha planté de splendides acacias, l'Hôtel du Parc propose 15 chambres confortables. Elles sont toutes équipées de douches, et de wc privatifs, de prises web et du téléphone. Côté loisirs, on ne se lasse pas de la piscine ouverte du printemps à l'automne. Une adresse de charme qui vaut le détour.

HOTEL-RESTAURANT LES CARILLONS 22, avenue Jean-Jaurès ✆ 05 65 63 02 11. *Site : www.aveyronhotel-carillons.com. Chambres de 35 € à 55 €. Menu de 12 € à 31 €. Menu enfant (personnalisé) 8 €. Petit-déjeuner : 6 €. Restaurant ouvert tous les jours.* Valéry et Cédric Vendreli accueillent leurs clients dans 16 chambres confortables et récemment remises à neuf (certaines ont une vue plongeante sur la piscine). Côté cuisine, la tradition et les saveurs du terroir tiennent la dragée haute. Parmi les spécialités de la maison : confit, tripoux, carré de veau rosé d'Aveyron sauce aux cèpes ou aux girolles, escalope de foie gras poêlée au vinaigre balsamique, filet de sandre sauce aux morilles… Le talent du chef ne fait aucun doute et le service est attentionné. Au total, les Carillons est une excellente adresse pour un bon rapport qualité prix.

Hôtels

HOTEL LE COQ VERT Parc Thermal ✆ 05 65 63 24 24.** *Ouvert toute l'année, restaurant fermé mercredi et dimanche soir durant les vacances de février. Chambres de*

34 € à 45 €. Petit déjeuner 5,50 €. Hôtel moderne aux chambres standardisées : salle de bains, télévision (chaînes satellites), téléphone, certaines ont même une petite terrasse suffisante pour une table et deux chaises. L'établissement est bordé d'un jardin où ont pris place piscine et tennis. Les équipements communs comprennent un salon de télévision, une salle de ping-pong. Comme des curistes viennent souvent y prendre pension, le Coq Vert organise même des soirées animées et a prévu une garderie pour enfant.

► *Dans les environs*

Aubin

4 kilomètres à l'ouest de Cransac sur la D53.

Si la ville s'affirme aujourd'hui comme la cité minière de l'Aveyron, il est néanmoins intéressant de se pencher sur son histoire avant d'évoquer la période faste durant laquelle on exploita son sous-sol. Le village possède un fort, ayant appartenu aux comtes de Rodez. De ce bâtiment du Xe siècle, il ne reste qu'une chapelle et une tour carrée. L'église romane date du XIIe siècle. Quelques belles pièces sont à voir, comme le Christ qui possède des enluminures médiévales ou la cuve baptismale en plomb. Le bourg possède un aspect de ville industrielle typique du début du siècle, rappelant la présence de nombreux mineurs.

MUSEE DE LA MINE © **05 65 63 14 11.** *Entrée gratuite.* Créé par Lucien Mazars, mineur devenu maire de la commune, dans les locaux de l'ancienne maison du peuple, ce musée est particulièrement intéressant. En premier lieu, il permet de mieux connaître l'univers de la mine à travers une multitude d'objets usuels utilisés soit par les mineurs, soit par l'encadrement. Dans les vitrines se côtoient reproductions de documents anciens, photos d'époque et matériel divers. Pour mieux appréhender l'ambiance qui régnait à l'intérieur de la mine, les concepteurs du musée ont reconstitué une galerie, étayée avec du bois d'acacia, choisi pour sa qualité de résistance au pourrissement. Au fil de la progression dans cet univers clos et noir, on découvrira trois petites niches dans lesquelles on a reconstitué les conditions de travail du XIXe siècle, époque durant laquelle le mineur était à peine mieux considéré qu'un esclave. La fin de l'exploitation de la mine remonte aux années soixante-dix. On pourra ainsi comparer l'évolution acquise par les luttes des mineurs. Le boyau s'achève par une scène de reconstitution sonore et visuelle d'un coup de grisou. Impressionnante, cette reconstitution est saisissante de réalisme. La visite s'achève par la projection d'un film tiré des archives cinématographiques françaises, permettant d'avoir une vision de la mine au début du siècle. Les objectifs de ce musée sont atteints : comprendre la vie des hommes, des femmes et aussi des enfants de cette région qui ont œuvré jusqu'à quatorze heures par jour au fond du puits dans des conditions difficiles. Ensuite, la présence d'archives à consulter sur place par les familles d'anciens mineurs incite au rendez-vous des souvenirs d'un passé glorieux. Enfin, un musée poignant à l'atmosphère inhabituelle de sentiments, de solidarité, d'émotion familiale. Les récentes rénovations apportent à l'ensemble clarté, vigueur et souci de perpétuité. Une ambiance sonore qui suivra le visiteur dans sa progression, et une projection d'une demi-douzaine de films sur le bassin houiller en sont les nouveautés.

Montbazens

10 kilomètres au sud de Cransac sur la D53.

La commune est particulièrement fière de son passé, qui remonte à l'époque gallo-romaine. Aussi pour prendre soin des vestiges architecturaux qui composent son vieux bourg, la municipalité a entrepris une grande campagne de restauration, qui met bien en valeur ce village et impose une halte près de l'église datant du XIIIe siècle. Elle surprend par sa triple nef et son portail roman.

Decazeville

Gorges de l'Aveyron, vallée du Lot. L'histoire de la ville est liée à celle de la mine et de leur propriétaire, le duc Decazes, qui fut ministre de Louis XVIII mais qui, surtout, a créé la Société des Houillères en 1826. La ville possède cet aspect typique des cités industrielles. Au centre s'élève l'église, construite à l'initiative de Gracchus Cabrol, le directeur de la mine en 1847, suivant le modèle de celle de Gênes. Le clocher a été achevé en 1873, 12 ans après la consécration de l'église. A l'intérieur, on pourra rechercher une singularité, la statue d'un ange à lunettes. Le chemin de croix est composé de 14 tableaux réalisés par l'artiste Gustave Moreau, sur commande du fils du duc Decazes. Ces œuvres ont été classées Monuments historiques en 1965. L'été, possibilité de visite commentée de l'église (renseignements auprès de l'Office de tourisme).

OFFICE DE TOURISME **Square Jean-Ségalat © 05 65 43 18 36.** *Fax : 05 65 43 19 89. Site Internet : www.decazeville-tourisme.com - E-mail : officetourismedecazeville@wanadoo.fr.*

Points d'intérêt

MINE DE LA DECOUVERTE © 05 65 43 18 36. *Visites commentées en saison le mercredi et vendredi de 10h à 12h, avec départ et retour à l'Office de tourisme de Decazeville en car (sur réservation toute l'année pour les groupes ; juillet et août pour les individuels). Tarifs : 2,50 € par personne pour les groupes en hors saison ; 5 € pour les adultes l'été ; 2,50 € pour les enfants l'été.* Le charbon, jadis première énergie mondiale, fut exploité soit en souterrain par creusement de puits et de galeries pouvant aller jusqu'à 1 200 mètres de profondeur, soit en « découverte » lorsqu'il n'est pas très profond, comme ici. L'âge d'or du charbon et de la sidérurgie date dans cette région de 1827 avant la fondation même de Decazeville en 1834. Ce gigantesque cirque noir taillé dans les collines est strié de gradins sur lesquels évoluent les engins d'exploitation. 185 326 tonnes de houille ont été extraites de la découverte en 1998, mais cette exploitation est désormais fermée.

MUSEE REGIONAL DE GEOLOGIE PIERRE VETTER **Avenue Paul-Ramadier © 05 65 43 30 08.** *Ouvert toute l'année, sauf dimanche, lundi (sauf groupe sur réservation) et jours fériés, de 10h à 12h et de 14h à 18h. Adultes : 3 € ; enfants (6-14 ans) : 1,80 € ; groupe adultes : 2,30 € ; groupe 14-18 ans : 1,50 € ; étudiants et retraités individuels : 2,60 €. Le musée propose également des sorties « circuits géologiques et botaniques sur le terrain » (à la demande). Tarifs : 3 € ; groupes : de 1,25 € à 2,30 € ; groupe scolaire 38 € (classe).* Des deux parties composant les collections de ce musée, la deuxième vous expliquera la spécificité de ce coin de l'Aveyron : la houille, la faune et la flore fossiles présentées dans une trentaine de vitrines ainsi que sur des panneaux, des cartes, des photos, des coupes géologiques. Une maquette est consacrée aux grandes familles de roches et aux époques géologiques.

Le couvert

PIZZERIA LE WILSON **Place de l'Eglise © 05 65 43 42 42.** *Fermé dimanche midi et lundi (sauf juillet-août). Plat du jour (le midi en semaine) 7,60 €. Menu enfant 6,40 €.* Située au cœur de l'espace Wilson, à deux pas de l'église, cette pizzeria est composée de deux salles, dont l'une est voûtée. Jean Michel sert en toute saison pizzas, galettes et une cuisine classique. Il propose aussi un service pizza à emporter. L'été, on mange en terrasse et l'on peut savourer un émincé de magret, un pavé de sandre et de belles salades. Le repas se déroule dans une ambiance très conviviale, tout ce qu'il faut pour passer un agréable moment.

LE PUY DU WOLF **Firmi © 05 65 43 45 79.** *Ouvert tous les jours sauf mardi soir et mercredi soir hors saison. Menus : 10 € (le midi), de 15 € à 39 €. Menu enfant : 8 €.* Situé juste en face du Puy du Wolf, d'où on a extrait la pierre qui a servi a construire la plupart des édifices de Conques, cet établissement est une adresse où simplicité et tradition sont les maîtres mots. Alexandre Thomas et son équipe savent recevoir leurs hôtes avec sourire et bonne humeur. En cuisine, ils concoctent des petits plats de l'Aveyron pour un rapport qualité prix vraiment honnête. La carte est riche de préparations telles qu'une tête de veau ravigotte, une salade du Puy-du-Wolf (gésier, cabécou, magret fumé, foie gras), un plateau de charcuterie sur planche, un filet de truite sauce aux écrevisses, un foie gras poêlé sur ratafias et sur mâche ou un excellent feuilleté de ris de veau sauce morilles ou cèpes. Comme il se doit, tous ces mets s'accompagnent de bons vins de la région ou de l'Hexagone. Les appétits les plus aiguisés peuvent achever leur généreux repas sur un dessert maison tel que des crêpes aux pommes flambées ou du pain perdu.

L'AMBIANCE **Le Pont - LIVINHAC-LE-HAUT ✆ 05 65 63 35 64.** *Fermé 3 semaines à la mi-septembre et le lundi hors jours fériés. Menus de 13,50 € à 29 €. Menu enfant 7 €.* Près du vieux pont de Livinhac qui enjambe le Lot, ce petit restaurant se découvre de l'intérieur. Une fois installé dans la grande salle ornée de motifs floraux, on découvre une carte variée ; elle va des crêpes et galettes qui réchauffent, les soirs d'hiver, à un menu gastronomique complet ; elle passe bien sûr par les recettes du pays et les spécialités locales aux nombres desquelles l'estofinade faite à base de stockfish, mais aussi par des recettes plus originales comme la choucroute de la mer. L'été, les repas sont servis dans le jardin qui borde le Lot, dans lequel sont installés des jeux pour enfants. Madame Soulié vous réserve un accueil charmant, ravie de faire découvrir un lieu si cher à ses yeux.

Le gîte

HOTEL-RESTAURANT FOULQUIER **14, bis - 16, avenue Victor Hugo ✆ 05 65 43 11 94.** *Chambres à partir de 40 €, soirée étape 47 €. Petit-déjeuner : 6 €. Menus de 10 € à 16 €.* L'établissement deux étoiles de M. et Mme Foulquier est une très bonne adresse sur la route de Capdenac. Ses 21 chambres sont confortables et équipées de tout le confort nécessaire pour passer un agréable séjour à Decazeville (télévision, téléphone, bar privé…). A noter : une chambre est aménagée pour les clients handicapés. Le restaurant de l'Hôtel, baptisé le Victor-Hugo propose une cuisine traditionnelle de bonne qualité. On s'y régale de spécialités locales telles que des confits, des soupes, des grillades ou de l'aligot. Rien que pour son assiette aveyronnaise - qui permet de découvrir un panel intéressant de plats typiques - l'adresse vaut le détour. La carte des vins est riche de quelques très bons crus de la région.

HOTEL-RESTAURANT LE MODERNE **16, avenue Alexandre Bos ✆ 05 65 43 04 33.** *Chambres de 40 € à 47 €, petit-déjeuner 6 €. Menu de 14,50 €, 19 €, 23 €. Carte. Restaurant fermé samedi et dimanche. Etape VRP et randonneur à partir de 47 €.* Véritable institution à Decazeville, cet hôtel-restaurant est situé en plein centre à deux pas de l'église. Les clients sont accueillis dans 24 chambres d'un confort honnête pour un établissement deux étoiles (salles de bains privatives, télévision…). Côté cuisine le terroir est à l'honneur depuis au moins deux générations sans jamais décevoir. On ne se lasse pas des nombreuses spécialités à base des produits régionaux cuisinés avec talent. La carte des vins renferme quelques très bons nectars régionaux.

HOTEL-RESTAURANT FRECHET** **Place de l'Eglise - LES ALBRES ✆ 05 65 80 42 46.** *Ouvert toute l'année. Chambres de 38 € à 69 €. Petit déjeuner 6 €. Résidence pour 6 à 8 personnes, de 395 € (basse saison) à 1 000 € (haute saison) la semaine.* Dans ce petit village, les établissements de la société Obeireith-Fréchet s'égrainent le long de la rue. A l'origine, il y avait un restaurant, tenu par cette même famille depuis trois générations ; chacune a transmis ses petits secrets dans l'élaboration des recettes traditionnelles, la génération actuelle regarde aussi la cuisine de son temps et a composé une carte variée. De l'autre côté de la rue, deux constructions récentes sont réservées aux vingt chambres confortables et récentes de l'hôtel. A quelques centaines de mètres de là, la propriété continue sur un grand terrain, en partie boisé, et un plan d'eau. Là, trois maisons avec piscine privée sont louées à la quinzaine en été et à la semaine hors saison. Les animations et les installations de loisir abondent : salles de jeux, grand salon avec cheminée, piscine et jeux, plan d'eau, barques, canoë, pédalos… Entre, pêche, tennis ou ball-trap, il n'y a aucune chance de s'ennuyer.

Loisirs

LE CINE **27 bis, rue Clemenceau ✆ 05 65 43 47 03.**

© Pierre Soissons

Entraygues-sur-Truyère

De son origine qui signifie « entre les eaux », du Lot et de la Truyère, le village d'Entraygues souffre d'une position géographique a priori ingrate, plus isolée qu'Espalion ou Estaing, tout au bout des gorges de la Truyère. Paradoxalement, ce village médiéval ne supporte pas la charge parfois pesante d'un tourisme massif. Sans avoir non plus le potentiel économique d'Espalion, Entraygues possède néanmoins un cœur de ville animé, des commerces variés et des cafés ombragés, aux airs presque provençaux. Voilà qui donne à ses rues et ruelles, aux belles maisons à colombages de la fin du Moyen Age et de la Renaissance, un intérêt et une animation que souvent n'ont pas les « villages musées ». Car Entraygues ne se réveille pas seulement pour la saison d'été, et le Tour de ville, cette artère qui traverse le village, vit et s'agite tout au long de l'année. Il faut vagabonder sur le quai devant le château, édifice comtal au XIIe siècle, un des derniers vestiges des fortifications qui ceignaient autrefois Entraygues, et admirer la confluence qui donna son nom à la ville. Les eaux de la Truyère viennent ici se perdre dans le Lot, laissant quelques îles sur lesquelles on peut se promener. Il faut aussi flâner dans les ruelles, se perdre dans l'étroit chemin de ronde et admirer, en levant la tête, des têtes sculptées dans la pierre qui émergent des murs. Dans une de ces maisons, sur la place Castanié, on dit que la reine Margot passa jadis une nuit. Plus loin, le portail classé de la maison Valette évoque l'époque des tavernes et des coupe-gorge.

Les ponts gothiques sur la Truyère et le Lot ainsi que la chapelle du Pontet (XIe siècle) méritent également un coup d'œil. Cette dernière abrite une statue miraculeuse de la Vierge datant de la fin du XVe siècle. Cette Vierge en chêne doré, qui a vu défiler d'illustres pèlerins comme Louis XI ou François d'Estaing, a hélas perdu ses mains lors des inondations de l'hiver 2003-2004 qui ont durement touché la commune.

OFFICE DE TOURISME 30, Tour-de-Ville © 05 65 44 56 10. *Fax : 05 65 44 50 85. Site Internet : www.nord-aveyron.com - E-mail : ot-pays-entraygues@wanadoo.fr.*

Le couvert

CHEZ MARINETTE Le Fel © 05 65 44 52 37. *Fermé en janvier. Le reste de l'année, fermé le mercredi et le soir. Réservation obligatoire.* Impossible de trouver plus typique : vous aurez ici l'impression de déjeuner chez votre grand-mère. La décoration comme la cuisine sont garanties authentiques : la charcuterie, l'aligot, la salade verte aux marrons et la volaille rôtie sont servis dans une salle rustique qui ne compte qu'une demi-douzaine de tables. Si vous commandez une bouteille, vous ne paierez que ce que vous avez bu. Ici, on ne compose pas son menu, mais on le choisit : au menu gourmand à 20 €, on préférera le menu ouvrier à 10 €. N'oubliez pas de préciser votre choix avant de vous attabler : avec Marinette, on ne plaisante pas avec ces choses-là !

Le gîte

Hôtels-restaurants

HOTEL-RESTAURANT DU CENTRE 1, place de la République © 05 65 44 51 19.** *Ouvert tous les jours du 1er avril au 1er octobre, fermé le samedi le reste de l'année et deux semaines à Noël. Douze* *chambres à 38 € avec salle de bains, wc et télévision. Petit déjeuner 6 €. Menus de 11,50 € à 29 €.* Situé sur la place principale du village, l'hôtel-restaurant des époux Crouzet réserve à ses visiteurs un accueil chaleureux et familial. Les habitués du bar aimaient à se retrouver sur la terrasse, à l'ombre des platanes, pour écouter Jacquot, le perroquet de Michelle, la patronne. Hélas, Jacquot a disparu et n'a plus donné de nouvelle au grand dam de sa maîtresse qui s'est résolu, non sans peine à lui retrouver un successeur. L'ambiance est détendue et conviviale, la cuisine traditionnelle se révèle généreuse. Chaque dimanche, en saison, et à l'occasion des fêtes (Pâques, Pentecôte…), le restaurant propose un menu spécial.

LE LION D'OR ✆ 05 65 44 50 01.** *Ouvert toute l'année à l'exception du mois de janvier. Ouvert tous les jours en saison et fermé, hors saison, le dimanche soir et le lundi soir et mercredi soir. Chambres de 45 € à 85 €. Petit déjeuner 6 €. Restaurant au 05 65 51 40 44. Menus 17 €, 25 € et 38 €. Menu du jour à 11 € le midi en semaine. Menu enfant à 7,50 €.* Situé dans la rue principale du village, le Lion d'Or est le grand établissement d'Entraygues. Il possède une quarantaine de chambres dont certaines sont équipées d'une baignoire balnéo, et propose de nombreux équipements : salle de musculation, Jacuzzi, mini-golf, piscine couverte, sauna, tennis, jeux pour enfants, ainsi qu'un agréable jardin. Des studios peuvent être loués à la semaine. L'hôtel se double d'un restaurant (indépendant) tenu par Jean-Christophe Nicolau, un ancien employé de Michel Bras, le célèbre restaurateur de Laguiole. Jean Christophe propose une cuisine traditionnelle et créative qui ne laisse pas indifférent. Tout est également disponible à la carte et il est de bon ton de réserver.

LES DEUX VALLEES 7, avenue du Pont-de-Truyère ✆ 05 65 44 52 15.** *E-mail : hotel.2vallees@wanadoo.fr. Fermé en février ainsi que deux semaines en novembre. Chambres de 38 € à 55 €. Petit déjeuner 6,50 €. Menus de 11 € à 32 €. Menu enfant 6,50 €.* Dix-neuf chambres, refaites ces dernières années, se répartissent entre deux étages différenciés par leurs couleurs tendres. Une petite salle de bains complète est attenante à chacune d'elles ; celles donnant sur la courette, à l'arrière, sont les plus calmes. Ce lieu de séjour est aussi un restaurant traditionnel dont certains n'hésitent pas à faire leur « cantine ». Le menu du jour suit les saisons, il n'est que la fameuse association aligot - saucisse qui soit intemporelle. Le chef annonce cependant une liste de spécialités, parmi lesquelles une salade de joues de lotte à la provençale, la poêlée de foie gras de canard aux poires caramélisées, le carré d'agneau rôti aux cinq épices ou encore le dos de cabillaud rôti au genièvre et aux endives braisées. La carte, bien fournie et toute aussi appétissante fait de cette maison une adresse agréable pour tous les gourmands.

Ferme-auberge

LAMEJANASSERE ✆ 05 65 44 54 76. *Ferme auberge et domaine viticole. Fermé d'octobre à fin mars. Ouvert de Pâques aux vendanges, week-ends, jours fériés et ponts compris. En été, fermé le lundi. Menu unique à 22 €. Il est fortement conseillé de réserver. Vente directe de vin à la propriété.* A 4 kilomètres d'Entraygues, la Méjanassère est une très ancienne ferme entièrement rénovée, devenue la ferme auberge de Véronique et Frédéric Forveille. Ceux-ci se sont reconvertis, voilà douze ans, en vignerons passionnés de leur petit terroir, ces quatre hectares qu'ils ont eux-mêmes reconstitués. Leur belle table s'ouvre aux visiteurs qui découvriront le menu du jour. Selon le marché et la production de la ferme, la cuisinière sert ses terrines, des chapons, des canettes rôties au miel, un porcelet ou une oie à la broche… En entrée, la saucisse à l'huile faite maison se marie à merveille avec le pain bio fabriqué par Frédéric Forveille. Le repas s'accompagne bien sûr du vin d'Entraygues dont ces vignerons parlent avec un plaisir communicatif.

Saut du Chien à Entraygues-sur-Truyère

© J-M. Malgouyre

Loisirs

L'ASV'OLT - BASE CANOE NATURE © **04 71 49 95 81.** *Base de Vieillevie ouverte toute l'année. Bases d'Entraygues et de Grand Vabre ouvertes seulement en été. Les tarifs dépendent de la distance choisie. Pour 10 km (d'Entraygues jusqu'au Port, en amont de Vieillevie, ou du Port jusqu'à Grand Vabre), 14 € par personne. Pour 20 km (d'Entraygues à Grand Vabre) 21 € par personne. On peut soit louer un kayak (une place), soit un canoë (deux places). Descente accompagnée 32,70 € (à la journée). Réduction hors saison et tarifs spéciaux en matinée.* D'Entraygues à Grand-Vabre, en passant par Vieillevie, le Lot est un fabuleux terrain de jeu. L'équipe d'Asv'Olt y a balisé des parcours de différentes longueurs et très variés. La rivière ne présente pas de passage difficile (hormis en période de crue ou lors de l'ouverture des barrages), mais ses eaux et des courbures offrent une variété de situations et de paysages. Car au plaisir de la glisse s'ajoute celui d'évoluer dans un bel environnement, tantôt enserré par la forêt, tantôt bordé de plages. Les moniteurs évaluent les possibilités de chacun, assurent la formation nécessaire et l'encadrement. La base permet aussi de pratiquer le rafting (selon le niveau de l'eau) ou d'organiser une journée (resto-loc) qui permet, en louant un bateau, de réserver une étape ravitaillement. Suite à une forte demande, la base organise désormais des après-midi pour les petits. Le lundi, le mercredi et le vendredi, les 5-10 ans sont attendus sur la base de Vieillevie pour des activités de kayak et une découverte du milieu aquatique à travers divers jeux. Tarif : 11,50 €.

Emplettes

Artisanat

BERNARD GRATIO © **05 65 44 58 61.** *Ouvert tous les jours en saison, sauf le dimanche après-midi. Hors saison, mieux vaut téléphoner pour prendre rendez-vous.* Ce sculpteur autodidacte, qui travaille devant ses visiteurs dans son atelier situé sur le Tour de Ville, utilise différents bois de la région : buis, tilleul, noyer, orme, pêcher… En revanche, il n'a qu'un thème (ou presque !) de prédilection : les femmes. Il les sculpte nues et pulpeuses, provocantes et généreuses. Bernard Gratio réalise également à la plume et à l'encre d'étonnantes reconstitutions historiques du village d'Entraygues. Que ce soit pour admirer ce travail de précision ou les formes arrondies de ses nus, son atelier mérite une petite visite.

GALERIE DU DON Le Don - MONTSALVY © **04 71 49 95 65.** *Ouvert de 9h à 12h et de 14h à 18h30. Du 1er octobre au 31 mars, fermé les samedis non fériés.* Pour découvrir la galerie et la poterie du Don, vous devrez, à partir de Montsalvy, suivre une petite route de campagne qui s'engouffre sur les terres du Cantal. La galerie (bien indiquée) se niche loin des regards, au cœur d'une forêt compacte, face à des gorges abruptes. C'est ce cadre qu'ont choisi Nigel et Suzy Atkins, arrivés là en 1972, pour créer ce lieu désormais célèbre. Originaire de New-York, Suzy est potier et spécialiste reconnue du grès au sel. Cette technique, qui met en valeur la cristallisation du sodium à la cuisson, donne des décors uniques, mouchetés. L'artiste l'utilise pour la fabrication de poteries utilitaires ou décoratives qui ont l'avantage de ne pas craindre les aléas de la vie quotidienne. La qualité de leur travail a conquis une clientèle toujours plus nombreuse qui vient leur rendre visite et admirer, entre autres, les pièces que Suzy décore à l'or fin. Artistes et amateurs à la fois, Suzy et Nigel partagent leur salle d'exposition avec d'autres potiers de France et d'Europe et des artistes, connus ou à connaître.

► *Dans les environs*

Espeyrac

12 kilomètres au sud-ouest d'Entraygues sur la D920.

L'origine de ce village remonte au XIe siècle. Des deux châteaux qu'il possédait, il ne reste aujourd'hui que celui des seigneurs d'Espeyrac, et encore, simplement un bâtiment avec tourelle. Le second a été remplacé par une église. Notons également deux jolies croix en pierre à chacune des entrées du village.

Le Fel

10 kilomètres au sud d'Entraygues sur la D920.

Là-haut, sur les contreforts de la vallée du Lot se niche ce charmant et paisible village aux maisons en schiste couvertes de lauzes. Le Fel offre aux visiteurs un point de vue imprenable sur les coteaux escarpés de la vallée. Sur ce relief accidenté une poignée de courageux viticulteurs cultive la vigne en terrasse qui donne naissance au V.D.Q.S. « Entraygues-Le Fel ». Ce vignoble est l'un des plus petits de France. Si vous passez au Fel, n'oubliez pas de goûter à la spécialité locale, les cabécous (fromages de chèvre). Une auberge pittoresque viendra compléter une visite haute en couleur.

AUBERGE DU FEL ✆ 05 65 44 52 30.** *Fermé du 5 novembre à début avril. Dix chambres de 44 € à 54 €. Petit déjeuner 7 €. Menus de 20 € à 38 €.* Le Fel se mérite, il faut grimper les pentes de l'ancien vignoble pour dénicher l'auberge sise au milieu du hameau. Malgré son isolement, ce nid d'aigle attire un nombre croissant d'amateurs, notamment d'Outre-Manche. Il faut dire que la cuisine d'Elisabeth Albespy vaut le déplacement : les gourmets ont l'embarras du choix entre la terrine de légumes aux langoustines et sa sauce verte aux herbes, le gigot d'agneau aux noisettes et sa purée de pommes de terre aux champignons, le lapereau au serpolet du Fel ou la truite fario au lard de cochon salé et grillé… Les menus comblent tous les palais, que les clients soient amateurs de produits traditionnels issus du cochon ou bien végétariens. La cuisinière modifie régulièrement sa carte, « pour ne pas s'ennuyer » dit-elle, tandis que son époux Jean-François, par ailleurs maire du Fel, assure un accueil et un service attentifs. Les visiteurs peuvent profiter, selon la saison, d'une salle panoramique ou d'une charmante terrasse extérieure ouverte sur la nature. Quelques tables disposées sous la glycine et la vigne achèvent ce tableau résolument romantique et bucolique.

Golinhac

8 kilomètres au sud d'Entraygues sur la D920.

Village étape sur le chemin de Saint-Jacques-de-Compostelle, ce village de 400 habitants domine la vallée du Lot. Son église date du XVIe, mais possède la particularité de réunir le style gothique et roman. L'autel est constitué d'une pierre ayant servi aux sacrifices, avant la christianisation du lieu. A 684 mètres culmine le « Puech de Régault » (la colline du regard) sur lequel fut érigé en 1948 le sanctuaire de Notre-Dame-des-Hauteurs. Depuis la table d'orientation, on peut apercevoir la vallée d'Entraygues, les monts d'Aubrac ainsi que les hauteurs du Cantal.

LES CHALETS DE SAINT JACQUES Bellevue ✆ 05 65 44 58 44. *Village vacances et camping. Ouvert de février à fin novembre. Camping ouvert de mai à novembre, forfait deux personnes 10,65 €, enfant moins de 7 ans 2,70 €. Chalets de 95 € (1 à 3 personnes) à 117 € (4 à 6 personnes) le week-end, de 287 € à 326 € la semaine hors saison, de 382 € à 428 € du 23 avril au 22 juillet, et de 447,50 € à 509 € du 23 juillet au 26 août. Nuit en gîte 11,20 €. Depuis l'été 2003, le complexe comprend également la Bastide d'Olt : cette auberge-restaurant installée dans un ancien bâtiment en pierre offre 5 chambres avec vue sur les monts d'Aubrac. Du 23 avril au 22 juillet, 55 € petit déjeuner compris, du 23 juillet au 26 août 59,50 €, le reste de l'année 42,50 €.* Sur les hauteurs, au-dessus d'Entraygues et de la vallée du Lot, Golinhac offre une vue imprenable sur les grands espaces. C'est dans ce cadre privilégié que se sont installés un camping trois étoiles et un village de chalets. Une quarantaine d'emplacements pour tente ou camping-car, une quinzaine de petits chalets de deux à six personnes au-dessus du village, un gîte d'étape de 18 lits pour les randonneurs, les pèlerins de Saint-Jacques et les cavaliers, tout est fait pour l'accueil. Les chalets, avec terrasse, sont parfaitement équipés et agréables à vivre. Les installations communes comprennent une piscine, un snack-bar, une buanderie et il est même possible de louer télévision ou vtt, selon l'humeur du moment. L'ambiance est bon enfant, propice à la détente et à la découverte de la région.

LA FERME EQUESTRE DU BADOUR ✆ 05 65 44 55 84. *Balade d'une heure : 13,50 €, deux heures : 24 €. Fermé de la mi-août à la mi-septembre.* A 6 kilomètres d'Entraygues, sur la route en direction d'Aurillac, cette ferme équestre tenue par Julie et Omar propose aux cavaliers de tous niveaux de découvrir, à leur rythme, de magnifiques panoramas sur les collines et les vallées d'alentour. Les chemins empruntent des pentes douces, pénètrent dans les sous-bois, traversent les villages. Les balades s'avèrent d'autant plus agréables qu'ici, les chevaux sont à la fois calmes et enthousiastes. La ferme du Badour propose également des cours d'équitation, des stages, des formules adaptées aux groupes. Les petits peuvent quant à eux être initiés dès l'âge de 3 ans.

GERARD CALDAMAISON - BROCANTE ✆ 05 65 44 58 47/06 07 19 63 97. *Ouvert toute l'année, sur rendez-vous.* Pour les amateurs de brocante, la grange de Gérard Caldamaison fait figure de caverne d'Ali Baba. C'est en tout cas, en matière de vieux objets et de meubles anciens, l'endroit à connaître en Nord-Aveyron. D'abord parce que sur deux niveaux, des milliers de « pièces » s'empilent et s'entassent dans un désordre qui ravira les fouineurs. On est là bien loin d'un magasin d'antiquité classique. Miroir Directoire, auge en pierre, tabouret de bar années cinquante, Voltaire en velours, œuvres complètes de Byron reliées cuir, portemanteaux perroquet, bourriche de pêcheur des années vingt ou table de ferme de l'Aubrac du XVIIIe, il faut prendre le temps de fouiller, de fureter : toutes les découvertes sont possibles. Ensuite, parce chez Gérard Caldamaison, on peut bien sûr acheter ses meubles « préparés », c'est-à-dire patinés et finis, donc prêts à installer chez soi, mais aussi bruts (c'est bien moins cher !). On aura alors le plaisir de manier l'encaustique et la paille de fer, et de sentir la térébenthine…

Saint-Amans-des-Cots

10 kilomètres au nord-est d'Entraygues sur la D34.

Surnommée la « Perle de la Viadène », du nom de ce territoire coincé entre Cantal et Aubrac, Saint-Amans-des-Cots symbolise la porte du pays des églises à clochers-peignes. Ces curiosités architecturales sont à découvrir dans de nombreux petits villages alentour, dont le site impressionnant et sauvage de Bez-Bédène où trône de sa majesté l'église du XIIIe siècle. Celle de Saint-Amans-des-Cots est de style gothique. Massive, elle se compose d'une large nef et de deux bas-côtés, avec des petites chapelles. Dans l'une d'elles se trouvent les vestiges de l'église de Cassou, démontrant une très ancienne activité religieuse sur le site. Le monument surprend par son absence de symétrie et les vestiges romans qu'il a conservés. Mais son joyau est sans aucun doute son retable en bois peint, réalisé en 1626 par Ludovicus Gomez. L'œuvre, qui retrace les grandes étapes de la vie du Christ, a été longtemps masquée par un autre tableau, ce qui lui a d'ailleurs permis de passer au travers des foudres de la Révolution. Un véritable chef-d'œuvre qui, à lui seul, impose une visite de l'édifice. Mais la Viadène vaut aussi pour ses paysages, hésitant entre montagnes et bocages, parsemés de murets et de croix de pierre, que le randonneur découvrira ici et là, dont la très curieuse croix « en T » d'Alpuech, unique en Aveyron.

CASTEL CAMPING LES TOURS** Saint-Amans-des-Cots ✆ 05 65 44 88 10.** *Ouvert de fin mai à début septembre. Forfait une à deux personnes de 17 € à 29,50 €. Mobil-homes 6 places de 210 € à 660 € la semaine.* Ce superbe camping de 15 hectares est venu s'installer sur les rives tranquilles du lac de la Selves, non loin de Laguiole. A 600 mètres d'altitude, on y trouve à la fois une nature préservée et des installations de qualité. Les grands emplacements mi-ombragés disposent sur place de tous les services : bar, restaurant, salle d'animations, épicerie… Un cinéma est même aménagé dans une ancienne grange. A ceux que la plage d'herbe et de sable ne satisfait pas, les Tours offrent une somptueuse piscine chauffée de 650 m^2 dessinée par le célèbre designer Starck et toute une palette d'activités (tennis, foot, volley, mini-golf, planche à voile, pédalo, canoë, toboggan aquatique, escal'arbre…) pour occuper les journées.

LE RELAIS DU COUSTOUBI Campouriez ✆ 05 65 44 85 33. *Fermé en décembre et en janvier. Menus de 16 € à 22 €. Menu enfant 10 €. Chambres 32 € à 40 €. Demi-pension 35 € à 41 €.* Du nom des habitants d'antan, les Coustoubi étant ceux qui partaient vendre avec carriole et mulets, le vin et les fruits produits sur place, cette auberge typique située dans le petit village fleuri de Campouriez offre une halte agréable et copieuse. Jean Pierre Viguier, le propriétaire des lieux se fera un plaisir de vous concocter de bons petits plats comme il sait si bien le faire. Plats traditionnels ou modernes la cuisine du chef s'adapte sans sourciller à la demande si tant est que vous réserviez au préalable. Situé sur les chemins de Saint-Jacques, l'hôtel de 9 chambres agréables vous permettra de vous reposer dans le calme absolu.

Saint-Hippolyte

14 kilomètres au nord d'Entraygues sur la D920.

Ce village montagnard offre une vue panoramique sur les gorges de la Truyère. Situé entre deux régions et deux cultures, il possède en outre de vieilles maisons caractérisées par des toits qui descendent jusqu'au sol. Au village de Pons, on trouvera même une maison avec une échauguette. A Rouens, une église du XVIIe siècle, avec un très beau retable.

Vieillevie

15 kilomètres à l'est d'Entraygues sur la D141.

Pour s'y rendre, emprunter le vieux pont d'Entraygues et suivre à gauche une petite route pittoresque en contrebas de laquelle on peut dénicher d'agréables petites plages de sable au bord du Lot. A 15 kilomètres d'Entraygues, Vieillevie vaut surtout le détour pour son imposant château, construit successivement aux IXe, XIIe, XVe et XVIe siècles, aux murs hauts comme des falaises.

Espalion

Ville-étape fondamentale sur les chemins de Saint-Jacques-de-Compostelle (le fameux GR65), Espalion, entre causse et montagne, garde aussi l'entrée des gorges du Lot qui remontent vers Estaing. Principale ville du Nord-Aveyron, lieu de passage et de marchés, la « petite capitale » offre aux curieux diverses promenades dans le passé. Le Pont-Vieux, comme beaucoup de monuments ici, est construit en grès rose. Classé au patrimoine mondial de l'Unesco, ce pont a vu passer l'an mil et ses grandes peurs. Depuis, il a été modifié et agrandi, mais conserve charme et authenticité. Comme le Pont-Neuf à Paris, le Pont-Vieux d'Espalion a longtemps été au cœur des activités urbaines : des commerces, des tours de guet et de défense s'y alignaient, et la vie sociale s'y donnait à voir. Il offre toujours une vue magnifique sur les anciennes tanneries de la rive droite, aux balcons et motifs de bois. Les dalles qui s'avancent au-dessus de l'eau servaient autrefois à mouiller et laver les peaux de bêtes. Plus haut, le Vieux-Palais, construit en 1572, propose une étrange architecture Renaissance, avec sa tour dite « en poivrière » comme collée à même les murailles, et de curieuses perspectives. Pour embrasser au mieux toutes ces richesses, il faut aller sur le Foirail, ancien champ de foire aux bêtes, et suivre la rivière. Les amateurs de vieilles pierres grimperont au-dessus d'Espalion, où se découpent la silhouette médiévale et les ombres des machines de guerre du château de Calmont-d'Olt. A quelques kilomètres d'Espalion, le « clapas de Thubiès », que les gens du pays appellent plus volontiers la « coulée de lave », est un impressionnant éboulis de roches basaltiques qui dévale la pente entre Roquelaure et Saint-Côme. On y a un magnifique point de vue sur la vallée et les bois de châtaigniers, entre lesquels s'enfuit cette rivière immobile.

OFFICE DE TOURISME 2, rue Saint-Antoine ✆ 05 65 44 10 63. *Fax : 05 65 44 10 39. Site Internet : www.ot-espalion.fr - E-mail : ot-espalion@wanadoo.fr.*

Points d'intérêt

CHAPELLE DE PERSE. *Ouvert de 9h à 19h.* Vous avez passé plus d'une heure « scotché » devant le tympan de l'abbatiale de Conques et vous en voulez encore ? Alors, prenez à Espalion la petite route du cimetière qui conduit à la chapelle de Perse. Edifiée aux alentours de l'an mil, ce monument méconnu est un véritable trésor aux yeux des amateurs d'art roman. Bâtie en grès rose, l'église de Perse propose un curieux clocher-peigne et un superbe portail sculpté. Son tympan, même s'il reste bien sûr plus modeste que celui de l'abbatiale Sainte-Foy, mérite plus qu'un regard. On a beaucoup disserté sur les scènes naïves qu'il présente : Jugement dernier, Apocalypse, Pentecôte ? Il y a là un joyeux désordre de personnages et de figures qui ravira les curieux. Qui constateront que faute de place sur le linteau, les apôtres ne sont plus que onze… Enfin, question pour les passionnés d'histoire et d'enquêtes dans le passé : qui est donc ce mystérieux personnage armé d'un marteau à l'extrême gauche de l'œuvre ?

CHAPELLE DES PENITENTS Rue du Plô. *Ouvert de Pâques à la Toussaint, de 15h à 19h, du mardi au samedi. Entrée libre. Visite guidée.* Une association active s'est donnée pour mission la restauration de cette chapelle édifiée en 1700 à partir de pierres d'une tour du Pont-Vieux. Grâce à ces bénévoles, la visite de cet édifice est désormais possible.

Le château à Espalion

MUSEE DU ROUERGUE **Place Pierre-Frontin ✆ 05 65 44 19 91.** *Tous les jours en juillet et août de 10h à 12h et de 14h à 18h, fermé le dimanche. Tous les jours de la mi-juin à la mi-septembre de 14h à 18h, fermé le dimanche. Adulte 4 € ; groupe et moins de 18 ans 2 €. Gratuit pour les enfants jusqu'à 7 ans.* C'est dans l'ancienne prison d'Espalion que ce musée, qui fait partie du réseau départemental de musées d'Arts et Traditions populaires du Rouergue, a été aménagé. Construite en 1838, fermée en 1933, cette prison fut un modèle du genre. En effet, les geôliers étaient les gardiens d'une prison plus humaine, dans laquelle l'accent avait été mis sur l'hygiène et la sécurité. Les architectes se sont inspiré des modèles américains pour le chemin de ronde central. Mais la grande innovation de l'époque tenait dans la notion de cellule individuelle. La prison était mixte, le quartier des femmes étant séparé de celui des hommes par un grand mur. Aujourd'hui, on peut encore voir les portes, ainsi qu'une cellule conservée en état. Bien plus avenantes, les collections actuelles, relatives aux mœurs et coutumes locales, comprennent de nombreux costumes traditionnels ou plus usuels. Des photos anciennes permettent de transposer ces costumes dans le contexte originel. Le centre du couloir est occupé par des métiers à tisser de type « jacquard ». La deuxième partie du musée est consacrée aux coiffes qui témoignent des modes, mais aussi des différences selon les classes sociales. Une large place est également donnée aux poteries, des plus anciennes aux plus contemporaines, utilisées quotidiennement dans les fermes. Par ailleurs, des expositions temporaires sont régulièrement présentées.

MUSEE DU SCAPHANDRE **Boulevard Joseph-Poulenc ✆ 05 65 44 09 18.** *Tous les jours en juillet et août, de 14h30 à 18h30 ; en mai, juin, septembre, octobre : 14h30 à 18h, fermé le lundi et le mardi. Hors saison, fermé sauf groupes sur réservation. Adultes 4 €. Enfant gratuit jusqu'à 13 ans.* Les sous-marins, qui trônent devant le musée en plein centre d'Espalion, auront sans doute surpris plus d'un touriste : pourquoi un tel musée au cœur de l'Aveyron ? Eh bien, c'est simple : le premier scaphandre autonome moderne a été mis au point en 1864 par deux enfants de la ville, Benoît Rouquayrol et Auguste Denayrouse, qui travaillaient à la mine de Decazeville. Le premier, ingénieur des mines, avait mis au point un système de régulateur des gaz comprimés destiné aux appareils de secours en atmosphère irrespirable. Le second, officier de marine, eut l'idée d'adapter ce régulateur à la plongée sous-marine. Ensemble, ils mirent au point le scaphandre autonome avec un réservoir sous pression et un détendeur à membrane. Les premiers essais furent effectués dans le Lot. Une association locale a voulu rendre hommage à ces inventeurs, en ouvrant ce musée, particulièrement bien doté en matériel de plongée, de provenances et d'âges divers. Des spécialistes viennent du monde entier pour observer ici ces pièces rares. Le meilleur ambassadeur du scaphandre Rouquayrol fut Jules Verne qui découvrit l'invention à l'exposition universelle de Paris, et en équipa son Capitaine Nemo dans « Vingt mille lieues sous les mers ». Quant à Hergé, il a envoyé Tintin à la recherche du vaisseau La Licorne dans un scaphandre identique à ceux que l'on découvrira ici…

MUSEE JOSEPH VAYLET **Rue Droite ✆ 05 65 44 09 18.** *Mêmes horaires et tarifs que le musée du scaphandre, visites groupées.* L'originalité de ce musée est d'avoir été installé dans l'ancienne église Saint-Jean, qui date du XVe siècle. Ce cadre gothique accueille les collections de Joseph Vaylet qui participa au Félibrige ; cet Espalionnais s'était efforcé de préserver une partie du patrimoine rouergat et a créé ce musée dans le but de transmettre ces objets de mémoire. On découvre des objets usuels, des costumes, de la vaisselle et des outils provenant de l'Espalionnais. Il faut se perdre dans ce capharnaüm d'objets ethnographiques insolites, où des brise-tommes en bois sculpté côtoient un squelette en bois peint, du mobilier régional, des pierres et menhirs gravés, et - pièce unique en Rouergue - un porte-calelh (lampe à huile en bois) suspendu. A côté de ces vitrines qui racontent le passé de la région, le musée possède une curieuse collection de plus de trois cents bénitiers de chevet. Des expositions temporaires sont régulièrement organisées.

CHATEAU DE CALMONT D'OLT ✆ 05 65 44 15 89. *Ouvert tous les jours en juillet et août de 9h à 19h. Tarif adultes (à partir de 13 ans) 6,75 €, enfants de 5 à 12 ans 4,50 €. En mai, juin, septembre et octobre, de 10h à 12h et 14h à 18h. Pour les vacances de printemps et de Toussaint, de 14h à 18h. Fermé le jeudi et le vendredi sauf en juillet et août. Tarif adultes 4,80 €, enfants 3,20 €.* Dressé depuis mille ans sur son piton volcanique, le château domine Espalion et la vallée du Lot, et offre un panorama exceptionnel des causses à l'Aubrac. Cet édifice servait de base militaire aux barons de Calmont qui y logeaient leurs hommes, jusqu'à ce que la lignée disparaisse en 1300. Le site devint alors la propriété des seigneurs de Castelnau qui y logeaient également leurs hommes d'armes. Etant assez éloignés de ces derniers, les seigneurs avaient pris la fâcheuse habitude d'oublier de les payer, de sorte que les militaires rançonnaient allégrement les habitants d'Espalion qui avaient, par ailleurs, obtenu leur franchise depuis un bon bout de temps. Ces actes n'étaient donc pas du goût des habitants qui se révoltèrent souvent contre les occupants de la forteresse. Finalement, son intérêt devenant de moins en moins important, le site fut abandonné en 1700. N'ayant subi aucune transformation, il témoigne des conditions de la vie militaire du Moyen Age. Aujourd'hui, des « chevaliers » retracent l'attaque et la défense d'une forteresse au cours de la guerre de Cent Ans ; les visiteurs peuvent admirer un couillard et une catapulte reconstitués, engins de guerre datant de la première moitié du XVe siècle capables d'envoyer des boulets de 50 kg à 120 mètres de distance. Les animations médiévales proposent également aux enfants un parcours de jeux leur permettant de découvrir le château de façon ludique ; une remise de diplôme de chevalier est même prévue.

Le couvert

LE BUREAU 3, place Saint-Georges ✆ 05 65 44 03 30. *De septembre à mi-juin, fermé le lundi. En saison, ouvert tous les jours de 8h à 1h.* On vient faire ici une halte reposante dans un décor très british et une ambiance feutrée. Tandis que les yeux scrutent les cuivres et les vieux cadres accrochés au mur, les papilles goûtent au pied de porc braisé chaud, à la tête de veau roulée avec langue sauce Gribiche, ou plus simplement à une salade au Laguiole ou à une flammekueche. En dessert, on craque pour la tarte aux pommes tièdes ou pour un fondant à la châtaigne. Un bon plan pour tous les goûts et toutes les faims. Quant aux soifs, qu'elles consultent la carte des bières…

LE MEJANE 8, rue Méjane ✆ 05 65 48 22 37. *Fermé le dimanche soir et le lundi en juillet et août ; fermé le dimanche soir, le lundi midi et le mercredi de septembre à juin. Menus 16 € (à midi), 22 €, 38 €.* Dès l'entrée, on sent ce restaurant aux lumières tamisées et au décor feutré entièrement dédié à la célébration de la bonne cuisine. Régine et Philippe Caralp accueillent avec élégance et savoir-faire. Le premier menu du déjeuner comprend un plat principal suivi du plateau de fromage et du dessert du jour ; on y rencontre déjà une cuisine imaginative qui met en avant le goût et la qualité des produits régionaux. Les ris d'agneaux au beurre battu et citrons confits sont servis sur une pascade au pain et aux herbes. Le croustillant de pied de porc aux lentilles est devenu célèbre. On ne quittera pas cette table sans goûter à ce qui est peut-être la « vraie » spécialité du Méjane, le baba au rhum et aux pêches. Une adresse à indexer dans son agenda de l'espalionnais…

LE MINI-GOLF Le Foiral ✆ 05 65 44 19 41. *Ouvert de mi-mai à mi-septembre. Menus de 9,50 € à 11,50 €.* Dans le genre pique-nique champêtre, le petit restaurant d'Alain et Claudie fait très bien l'affaire. Attablé sous des saules, dans une ambiance colorée et conviviale, on apprécie un moment tranquille que l'on partage avec les jeunes du coin, les touristes et les habitués. Quand s'annoncent les repas, ils prennent l'allure de grandes salades variées, de passades (crêpes salées épaisses), de grillades. Entre-temps, on grignote un sandwich, une assiette de fromage ou une douceur tandis que quelques-uns s'agitent dans la salle de jeu.

Le Pont-Vieux à Espalion

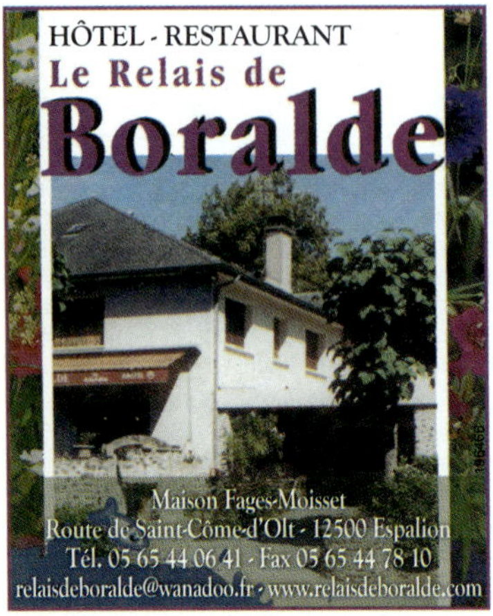

LE PLO D'OLT **Place du Plô (près du Vieux Palais) ✆ 05 65 48 16 09.** *Fermé le samedi midi et le lundi. En saison, fermé le lundi midi. Menus à 14,50 €, 18 € et 25 €.* Vincent Bos a repris depuis peu ce restaurant qui offre une grande salle aérée et lumineuse, en plein centre d'Espalion. On y déguste un pannequet d'Ecir au jambon de pays et tomate confite, un pot-au-feu en terrine à la vinaigrette d'anchois, ou encore un suprême de pintade farcie aux herbes et épices avec son coulis de tomates… Et s'il vous reste un peu de place, n'oubliez pas de goûter la poitrine d'agneau à la tapenade, la fierté du chef.

Le gîte

Hôtels-restaurants

LE RELAIS DE LA BORALDE **Route de Saint-Côme-d'Olt ✆ 05 65 44 06 41.** *Site : www.relaisdeboralde.com. Ouvert toute l'année. Chambre de 27 € à 42 €. Repas de 12,50 € à 16 €.* Cet hôtel sans prétention accueille dans ses chambres et à sa table les voyageurs de passage. Il est notamment fréquenté par bon nombre de pèlerins en route vers Saint-Jacques-de-Compostelle et des pêcheurs qui profitent de quelques bons "coins" dans les environs. Plusieurs formules sont proposées de la pension, demi-pension, à l'étape VRP. Les chambres sont confortables et l'environnement agréable. Entre le Lot la Bouralde, calme et verdure sont au rendez-vous. Le restaurant est l'occasion de se régaler d'une cuisine traditionnelle et déguster des produits de la région : truites, tripoux, aligots, canard confit…

HOTEL MODERNE - RESTAURANT L'EAU VIVE **27, boulevard de Guizard ✆ 05 65 44 05 11.** *Fermé du 2 au 17 janvier et du 3 novembre et au 13 décembre. Chambres de 43 à 58 €. Petit déjeuner 7 €. Menus 15 € à 45 €. Restaurant fermé le dimanche soir et le lundi, sauf en saison. 2 étoiles.* Dans la vieille ville, le Moderne se distingue par sa façade à colombage digne d'un village alsacien. Pourtant cet établissement est bel et bien ancré dans sa région, comme l'indique la fresque de l'entrée, représentation du Pont-Vieux dont la moitié se reflète dans un grand miroir. Derrière le grand comptoir de bois se trouvent les clefs des vingt-huit chambres classiques dont les fenêtres s'ouvrent, au calme, sur le château de Calmont. D'autres, plus simples, font souvent le bonheur des marcheurs. Il ne faut pas manquer, ensuite, une étape au restaurant ; bien nommé, il est le lieu où Jérôme Raulhac exprime sa passion pour les poissons d'eau douce. Pêcheur confirmé, il est aussi un excellent cuisinier qui met à sa carte, dès que la saison le permet, des quenelles de brochet. Carte et menus offrent de nombreuses possibilités : en entrée, salades variées, terrines de viande, de poisson ou de légume. En viande, des aiguillettes de canard poêlées au vinaigre de framboises, des magrets de pigeon au miel, des croustades de grenadin de veau aux morilles, ou encore le fameux jambon de mouton séché maison… Et surtout en poisson, une truite meunière aux lardons et citrons confits, une papillote de sandre au foie gras, un filet d'omble chevalier à la crème d'amandes… et la fameuse tarte feuilletée aux pommes caramélisées ! Ce ne sont que quelques exemples alléchants de cette très bonne table que l'on ne saurait que trop conseiller.

Loisirs

LE MINI-GOLF ✆ 05 65 44 19 41. *Ouvert de mi-mai à mi-septembre. Parcours 4 €, enfants moins de 12 ans 2,50 €. Possibilité d'un abonnement 10 parcours.* Juste en face de la piscine, ce mini-golf reprend du service en même temps que le printemps. Un parcours ludique qui plaît autant aux enfants qu'aux adultes. Possibilité de se restaurer sur place (voir « Où manger »).

Emplettes

Artisanat

POTIERS D'AVEYRON 5, rue du Docteur-Trémolières. *Ouvert en saison, dès début avril. Pour les horaires d'ouverture, voir à l'Office du tourisme ou téléphoner au président de l'Association, au 05 65 47 42 63.* A deux pas de l'Office du tourisme, la boutique des Potiers de l'Association Teranga réunissant une demi-douzaine d'artistes propose toutes les techniques de la terre : faïence, grès, porcelaine, terre vernissée… Une idée cadeau idéale pour faire plaisir, ou se faire plaisir.

Produits gourmands

CHOC'AUBRAC 6, rue Droite ✆ 05 65 44 03 41. Choc'Aubrac est une pâte à tartiner au chocolat 100 % naturel. Mais l'originalité de cette gourmandise aveyronnaise, c'est qu'elle se décline sur plusieurs parfums. Chocolat poire, chocolat orange, myrtille, miel, châtaigne, framboise, noisette, thé d'Aubrac, gentiane… autant de mélanges à tartiner avec bonheur sur un bon pain de campagne pour le goûter ou le petit déjeuner, ou sur des crêpes, des gaufres, des glaces. M. Lantuech conseille de le déguster chaud… en coulis avec des fruits. S'achète sur place mais également à l'occasion des marchés de producteurs, ou encore au Manoir d'Alexandre.

CHOCOLATERIE DE L'ABBAYE DE BONNEVAL Le Cayrol (au nord d'Espalion) ✆ 05 65 44 01 22. *Magasin ouvert de 9h30 à 12h et de 14h30 à 18h, fermé le dimanche.* Attention, la chocolaterie elle-même ne se visite pas. Depuis la création de cette chocolaterie en 1878, la communauté religieuse en tire l'essentiel de son revenu. On dit que les sœurs tiendraient leur secret de fabrication d'un chocolatier de Limoges et, depuis fort longtemps, la recette est presque inchangée. Elles commencent leur travail à partir de la pâte de cacao et achèvent leur ouvrage au conditionnement de quelques délices dont elles ont elles-mêmes imprimé l'emballage. Ce chocolat de grande qualité se présente sous forme de tablettes, parfois parfumées ou semées de noisettes, mais aussi en rochers et bouchées diverses ou de petites bouteilles alcoolisées. On résiste d'autant moins que l'on accomplit une bonne action !

LE MANOIR D'ALEXANDRE Village artisanal - Z.A. de la Bouysse (à la sortie d'Espalion direction Estaing) ✆ 05 65 48 05 01. *Ouvert du lundi au samedi. Service de commande et livraison.* Voici la caverne d'Ali-Baba pour gourmands et gourmets qui trouveront forcément ici de quoi faire des réserves ou ravir leurs amis. Le Manoir d'Alexandre signe en effet les meilleurs morceaux de canard et d'oie et des préparations savoureuses dont on ne peut donner que quelques exemples : morceaux de cuisses de chapon confits aux marrons, perdrix à l'escabèche, caille fourrée au foie gras de canard… Pour vos cadeaux, vous aurez l'embarras du choix entre d'originaux coffrets : verrières, pot-au-lait ou garde-manger dans lesquels on glisse les fameuses conserves parfois accompagnées d'une bonne bouteille. La boutique propose en outre des promotions intéressantes tout au long de l'année.

PATISSERIE FANGUIN-CALSAT 2, avenue de la Gare ✆ 05 65 44 00 57. Une vraie petite boutique, à l'ancienne, avec en vitrine quelques fouaces (avec deux « s », insiste-t-on ici !) ainsi que d'autres diverses spécialités, comme « la pompe à l'huile », ancien gâteau de Carême, préparée selon la recette traditionnelle, au levain. A découvrir aussi, l'appétissant Flausona, flan campagnard moulé dans une pâte de fouasse, ou le non moins fameux « régalous », un pain de seigle incontournable. L'accueil, en plus, est aimable et souriant.

► *Dans les environs*

Flaujac

5 kilomètres à l'est d'Espalion sur la D987.

Sur la rive droite du Lot se trouve ce petit village fortifié du XVe siècle, avec ses rues étroites, des mâchicoulis et deux portes à herse. Le fort est classé Monument historique. Il comprend une enceinte presque complète. L'église romane, au chevet à trois chapelles, se trouve dans l'autre quartier. Au centre du village, vous pourrez également admirer une belle croix en pierre. Un chemin de promenade longe la boralde, terme générique désignant un ruisseau descendant de l'Aubrac.

Mandailles

Le village bâti en longueur sur une arête rocheuse abrite des demeures du XVIe siècle et les vestiges d'un château. A Castelnau-de-Mandailles, village montagnard aux toits pittoresques, une église est dédiée à Saint-Roch, suite à un vœu contre la peste.

Roquelaure

10 kilomètres au sud-est d'Espalion sur la D987.

Non loin de Saint-Côme, le hameau de Roquelaure a été bâti sur un piton volcanique d'où la vue est superbe. C'est là que se dresse le château féodal (qui ne se visite pas) ayant subi des remaniements au cours des siècles. Mais le plus étonnant et à ne pas rater, est ce que l'on appelle communément la « coulée de lave ». Au milieu de la forêt, sur une pente, on découvre un immense éboulis basaltique ; ce n'est pas une coulée de lave à proprement parler, bien que l'origine de ce basalte soit volcanique, mais un champ de pierres d'une taille imposante et régulière. On les appelle du nom savant de « dykes » ou, de façon plus populaire, le « clapas » de Thubiès.

Sainte-Eulalie-d'Olt

La rivière a décidément donné naissance à de bien jolis villages. Sur la rive gauche du Lot, en aval de Saint-Geniez-d'Olt, Sainte-Eulalie fait parti des neuf qui, en Aveyron, se flattent d'appartenir aux « plus beaux villages de France ». Et de fait, ce charmant village a tout fait pour mettre en valeur son patrimoine. L'origine de ce village remonte à celle d'un château autour duquel il s'est développé. Cependant, une pierre d'autel du Xe siècle, dite pierre Deusdedit, du nom d'un évêque local, a été découverte près de l'église. L'édifice actuel a été reconstruit au XIe siècle et fortifié au XIIe siècle. Le déambulatoire du chœur roman est superbe, avec ses colonnes qui rappellent un peu l'abbatiale de Conques. En 1530, l'église est agrandie dans le style gothique. Elle possède un retable et un reliquaire contenant une parcelle de la couronne d'épines du Christ qui donne lieu, chaque année, à une procession. A côté de l'église passe le Lot, avec les vestiges d'un pont, que l'on prétend romain, et qui permettait d'enjamber la rivière. Le ruisseau qui le traverse, alimentant les moulins d'antan, contribue pour beaucoup à rehausser le charme de ce village. Ce ruisseau coupe même une rue, et il faudra remonter le bas du pantalon pour le franchir sans risquer de se mouiller. Ne quittez pas le village sans avoir vu le moulin à roue verticale, unique en Aveyron, qui date de 1676. Ce moulin, qui produisait de l'huile noix mais aussi de la poudre de tan, a été acheté par la famille Alexandre qui l'a entièrement restauré, de la roue à la machinerie, à tel point qu'il peut produire de la farine. Les clients de leur hôtel-restaurant peuvent en profiter pour le visiter, après avoir profité des plaisirs proposés à cette bonne table…

Vue générale du village d'Estaing

Estaing

A l'entrée des gorges du Lot, au pied de l'Aubrac, le village d'Estaing, digne des décors les plus époustouflants du « Seigneur des Anneaux », a été bâti sur un éperon rocheux. Le château s'est développé, sans plan préétabli, autour d'un donjon pentagonal flanqué d'échauguettes et coiffé d'une sorte de dôme. Plus on s'éloigne de lui, et plus la vue est belle... L'église, remarquable par son porche flamboyant auquel on accède par un grand escalier, renferme les reliques de saint Fleuret, évêque de Clermont qui serait mort dans le village au retour d'un voyage de Rome en 621. Dans les rues, on admire encore de belles façades datant des XVIe, XVIIe et XVIIIe siècles dont l'hôtel Cayron (mairie actuelle) et l'ancien collège. Tout concourt à faire de ce village l'un des plus beaux de France, tout comme son nom sonne familièrement aux oreilles de nos contemporains. La famille d'Estaing, mentionnée aux alentours de l'an mil, n'a cessé de fournir de grands hommes à la région ; il y eut des hommes de guerre, des maréchaux, des hommes d'église, des évêques et même un cardinal. Evêque de Rodez, François d'Estaing est l'un des bâtisseurs de la cathédrale et le commanditaire du pont de son village natal. Cette illustre famille donna, au début du XIXe siècle, une de ses héritières au représentant d'une grande famille de Marvejols, un dénommé Martial Giscard. Ce fut la seule branche de la famille à ne pas s'éteindre. Voilà pourquoi Edmond Giscard obtint de relever le nom des d'Estaing en 1922 et comment il fut le père d'un maire d'Estaing élu en 1965 et d'un président de la République nommé Valéry Giscard d'Estaing. Ce dernier a d'ailleurs tout récemment fait l'acquisition du château, qui devrait accueillir prochainement un musée à l'intérieur duquel seront exposés tous les présents reçus par le Président durant son mandat.

SYNDICAT D'INITIATIVE Rue François-d'Estaing ✆ 05 65 44 03 22. *Site Internet : www.estaing.info - E-mail : syndicatinitiative.estaing@wanadoo.fr.*

Points d'intérêt

LE CHATEAU ✆ 05 65 44 72 24. Pour découvrir le berceau de la famille d'Estaing, le château ouvre ses portes aux visiteurs et dévoile l'histoire particulière des comtes du même nom. Les cours et les terrasses du château sont accessibles librement. **Pour les horaires des visites guidées, les tarifs et les dates d'ouverture, se renseigner à l'Office du tourisme au 05 65 44 03 22, situé dans la rue principale du village.**

Le couvert

AUBERGE SAINT-FLEURET 19, rue François-d'Estaing ✆ 05 65 44 01 44.** *Site Internet : www.perso.wanadoo.fr/auberge.st.fleuret. Fermé du 15 novembre au 15 mars. Chambres de 44 € à 48 € (hors saison), de 47 € à 51 € (pleine saison). Petit déjeuner 7 €. Menus de 17 € à 50 €.* Cette auberge est installée dans une bâtisse ancienne dans laquelle on se plaît à cultiver un charme désuet. Tel est le cas des deux salles de restaurant dont l'une est cossue comme une salle à manger bourgeoise et l'autre ouverte sur une terrasse en bois, avec une belle vue sur le jardin dans lequel trône une piscine toute neuve. Gilles Moreau régale les tables de plats du terroir auxquels il apporte une touche créative : pied de porc au vin blanc d'Estaing, pavé de biche sur son jus de mûres sauvages, foie gras poêlé sur tarte Tatin sont à la carte, ainsi que des desserts à base de fruits, comme les délicieuses fraises Mara. La carte varie en fonction des saisons et des produits du marché, que le chef arpente deux fois par semaine. Quatorze chambres proposent une harmonie jaune et bleue. Les plus calmes donnent sur le jardin, d'autres ont la télévision et toutes disposent de salle de bains ou douche, wc et téléphone.

Le gîte

Hôtels-restaurants

HOTEL-RESTAURANT ANGLADE Le Nayrac ✆ 05 65 44 40 09.** *Fermé du 24 décembre au 7 janvier et le samedi en janvier, février, mars, octobre, novembre et décembre. Chambres de 45 € à 58 €. Petit déjeuner 6,50 €. Menus de 16 € à 33,50 €.* Cet établissement traditionnel accueille souvent des pensionnaires qui, depuis ce petit village, rayonnent à la découverte de la région, tout comme il reçoit les membres des écuries automobiles venus s'entraîner sur le circuit voisin (assez éloigné pour ne pas déranger, qu'on se rassure). Il a la bonne tenue et l'ambiance d'une maison familiale, calme et confortable. Le mobilier est un peu daté, mais toutes les chambres ont été refaites et sont flanquées d'une salle de bains ou de douche bien aménagée. Le bar, rutilant, et la grande salle de restaurant se partagent le rez-de-chaussée. L'accueil est courtois et l'on prend plaisir à s'attabler devant les spécialités régionales et les préparations du chef. Après un feuilleté au ris d'agneau aux morilles, l'hésitation sera permise entre une caille aux pruneaux ou un filet de bœuf sauce Rivesaltes, à moins qu'on ne préfère un poisson de rivière.

HOTEL-RESTAURANT AUX ARMES D'ESTAING   Quai du Lot ✆ 05 65 44 70 02.** *Fermé du 15 novembre à mars. Chambres de 44 € à 60 €. Petit déjeuner 7 €. Menus de 15 € à 40 €.* La maison de Rémi et Pascale Catusse s'anime au passage des marcheurs et pèlerins qui empruntent le chemin de Saint-Jacques et le pont gothique, juste en face de l'hôtel. Pour eux, il existe une formule étape pèlerin adaptée (41 €). Comme tous les hôtes de cet hôtel familial, ils goûtent à une cuisine de terroir et de saison. Il peut ainsi arriver dans leur assiette une terrine de foie gras cuit au naturel avec son chutney de poires aux abricots, ou une lotte rôtie à la vanille et à la badiane, agrémentée d'une purée de carottes à la réglisse. Quant au vin d'Estaing, il fait le lit d'une terrine de boudin noir aux pommes et au foie gras... Tout cela est changeant mais l'accueil, lui, reste souriant. Les propriétaires ont eu à cœur de restaurer l'établissement de leurs parents, tout en conservant une salle de restaurant rustique. On en apprécie le calme, la tonalité claire et les équipements.

Emplettes

Artisanat

ARTISAN COUTELIER C. LACAZE   Place du Quai ✆ 05 65 48 03 09. *Site : www.laguiole-aveyron.fr.* Derrière une devanture de bois à l'ancienne, Christophe Lacaze, artisan coutelier, expose depuis neuf ans sa production de couteaux de Laguiole. Passé maître dans les techniques de fabrication traditionnelles, il conçoit également des modèles plus originaux. A côté des Laguiole classiques à manche de corne ou de bois, on trouve des modèles pompier, franc-maçon, des couteaux régionaux (Vendetta corse, Alpin, Roquefort...), de table ainsi que de très beaux couteaux de sommelier. Pour les passionnés, l'artisan accueille des stagiaires à la journée (pas plus de 3 personnes à la fois) et les guide dans la réalisation de leur propre couteau.

Vins

LA MAISON DE LA VIGNE DU VIN ET DES VIGNOBLES D'ESTAING   Zone d'activité en direction d'Espalion ✆ 05 65 44 04 42/06 89 33 07 23. Ici se trouve la plus petite cave coopérative de France. Récemment construite pour mettre en valeur les vins locaux et le travail des vignerons, la Maison de la Vigne vous fera découvrir l'évolution du paysage des terrasses au fil des ans ainsi que tous les procédés de vinification. Constitué autour des cuves qui contiennent le délicat breuvage, le grand hall d'entrée accueillera à l'occasion des expositions sur des thèmes en rapport avec la vigne, aidé pour cela d'une salle multimédia. Ils sont en tout onze producteurs pour une surface exploitée de 11 hectares, pour l'heure, sur les 20 plantés. A cet endroit de la vallée du Lot, la vigne se cultive en terrasses étroites sur lesquelles on recherche le soleil. Le terroir convient à ces vins délimités de qualité supérieure dont la cave présente trois cuvées : la cuvée tradition, issue de gamay, pinot noir et fer servadou ; la cuvée prestige, tirée du cabernet franc, du cabernet sauvignon et à nouveau du fer servadou ; enfin un blanc, la « cuvée de l'Amiral », qui doit ses parfums au chenin et au mauzac. Pour les amateurs de sensations fortes, il faudra essayer la singulière « cuvée Sirius », issue des raisins caniculaires de l'été 2003, aux arômes puissants et complètement différents. **Producteurs : JOSEPH FAGES   La Ponsarderie • MICHEL ALAUX   La Frayssinette • RAYMOND NAYROLLES   Majorac - SEBRAZAC • ROLAND GUERNIER   Château de Beauregard - SEBRAZAC.**

▶ *Dans les environs*

LA CHAPELLE DE L'OURADOU. Situé dans l'enceinte d'une ferme, cet édifice gothique abrite un bas-relief remarquable, représentant le baptême du Christ.

Le Nayrac

8 kilomètres au nord sur la D97.

Le village s'articule autour d'une église relativement récente, couverte de lauzes avec de très beaux vitraux, mais surtout un magnifique retable provenant de la chapelle du château de Frayssinet. Outre un lustre en cristal, vous remarquerez également les deux colonnes encadrant le portail et les poignées de porte en forme de serpent. Non loin du village, dans le hameau de Frayssinet, se trouve un château datant de 1102, mais reconstruit en 1582 et pillé après 1793, date à laquelle son propriétaire fut fusillé par les Jacobins.

Laguiole

Laguiole était une toute petite chapelle, comme le prouve l'étymologie de son nom, mais le village s'est bien développé depuis, devenant chef-lieu de canton. Le moins que l'on puisse dire est que son histoire le chahuta, le faisant passer de main en main, au gré des conquêtes des envahisseurs. Devenu châtellenie de Jean d'Armagnac, comte de Rodez en 1370, le village ne retomba dans le giron royal qu'en 1589, sous le règne d'Henri IV. De ce passé, il ne subsiste que la place sur laquelle se trouvait le fort dont il est fait mention en 1620, précisant qu'il était en très mauvais état. Evidemment, il ne reste rien aujourd'hui et l'on peut juste transposer le panorama identique à celui qu'avaient sous leurs yeux les vigiles de l'époque. Le village est apparu, petit à petit, autour de ce fort, en commençant par le nord. Il était protégé par un rempart et un fossé qui se trouvait à l'emplacement de l'actuelle rue du Valat. Sur la place du Foirail, se trouve le taureau en bronze, symbole de l'élément incontournable de ce terroir, la race d'Aubrac, œuvre du sculpteur Guyot qui fut offerte à la ville en 1947 par le ministre des Beaux-Arts. Aujourd'hui, Laguiole est connu non seulement dans l'Aveyron, mais dans tout l'Hexagone grâce à ses couteaux (dont le commerce est d'ailleurs, dans le village, l'objet d'une guerre… à couteaux tirés !). Le designer Philippe Stark a fait partie de ces personnalités qui ont relancé la coutellerie en y adjoignant une approche esthétique sans toutefois perdre l'esprit de ce couteau traditionnel. Mais attention : le laguiole n'est pas déposé, aucun brevet ne le protège, et l'abeille (ou la mouche) présente sur de nombreux modèles n'est en aucun cas un gage de qualité ou d'authenticité. Les laguioles peuvent être fabriqués partout dans le monde, et on a même trouvé des produits dérivés « made in China » ! C'est aussi par sa réputation gastronomique que Laguiole défraye régulièrement les chroniques. Le village a été classé ville gourmande en 2001. Michel Bras, cuisinier mondialement connu et natif de Laguiole, a fait ses premières armes au cœur du village dans le café restaurant familial. Aujourd'hui, dans un nouvel établissement à l'architecture intégrée au plateau de l'Aubrac, il draine une clientèle internationale et a même ouvert un restaurant au Japon. Commerçant, le bourg de Laguiole connaît un regain d'activités grâce aux sports d'hiver (station de ski toute proche) mais aussi en période estivale, grâce au tourisme vert. Plus qu'un simple village, Laguiole est véritablement le symbole de toute cette partie du département. De nombreux grands noms de la brasserie française (café Costes, Tafanel, etc.) sont originaires de cette région. La diaspora aveyronnaise du début du siècle dernier a généré dans la capitale de nombreuses associations du département à Paris. Plusieurs têtes de proue de l'amicalisme aveyronnais à Paris sont également originaires de la région de Laguiole.

OFFICE DE TOURISME Place de l'Ancien-Foirail ✆ 05 65 44 35 94. *Fax : 05 65 44 35 76. Site Internet : www.laguiole-online.com - E-mail : ot-laguiole@wanadoo.fr.*

Points d'intérêt

MUSEE DU COUTEAU DE LAGUIOLE, DE L'OBJET FORGE ET DE L'OUTIL TRANCHANT Zone d'activité La Poujade ✆ 05 65 51 50 14. *Ouvert toute l'année, de 9h à 12h et de 14h à 19h. Adultes 3,50 €, moins de 12 ans gratuit.* Ce musée, qui mérite le détour, se signale à l'extérieur par le plus grand Laguiole du monde : 10 tonnes et 6 mètres de haut ! C'est la passion de l'objet forgé et de l'outil tranchant qui est à l'origine de ce musée créé par Honoré Durand, artisan coutelier. Visite insolite, où des pièces de collection côtoient d'anciens outils tranchants de tous les jours. Les planches, didactiques, particulièrement bien documentées et explicites, renseignent sur tous ces objets et leur fabrication, et des « conférences » explicatives se tiennent même dans un petit amphithéâtre, pour ceux qui désirent tout savoir sur ces couteaux. Ce musée est aussi une forge où un artisan-forgeron, Yves Conquet, réalise (du lundi au vendredi) des lames en acier multicouche appelé damas. Les visiteurs peuvent également voir à l'œuvre d'autres artisans couteliers dans un bâtiment jouxtant le musée.

Le couvert

CHEZ COLETTE Cassuejouls ✆ 05 65 44 33 71. *Fermé le mercredi hors saison. Menus à 12,50 € et 13,50 €.* En toute simplicité, Colette vous accueille dans ce qui reste une excellente pour goûter aux spécialités de pays. Les habitués ne s'y trompent pas et viennent se retrouver ici pour leurs repas de famille et goûter et se régaler d'un flan aux pleurotes, d'une truffade accompagnée de bœuf de l'Aubrac ou d'une tarte aux noix et au bleu d'Auvergne, avant de finir par une mousse à la noix de coco, généreusement servie dans un pot à confiture.

Le gîte

Hôtels-restaurants

GRAND HOTEL AUGUY*** **2, allée de l'Amicale ✆ 05 65 44 31 11.** *Site Internet : www.hotel-auguy.fr - E-mail : contact@hotel-auguy.fr. Ouvert du 24 mars au 1er novembre. Chambres de 62 € à 98 €. Petit déjeuner 11 € et 17 €. Menus à 36 €, 52 € et 60 €. 1 étoile au guide Michelin.* L'hôtel de la famille Auguy en est à sa troisième génération. Il est entré dans cette famille en 1926, quand Eléonore Auguy, la grand-mère, a repris l'hôtel des Voyageurs ; elle avait pour spécialité des tripoux dont on retrouve le parfum dans les casseroles ; la mère, Lucienne, avait un petit faible et un grand talent pour les pâtisseries. Isabelle a gagné son titre de chef en revisitant les recettes transmises de mère en fille et, si elle sert toujours les produits traditionnels, elle en propose une version revisitée avec grand art : les filets de truite sont en croustillant de lard, sauce au laguiole et accompagnés d'un petit chou farci au lard paysan, on goûte aux délices d'une crépinette de joues de porc confites avec sa crème de lentilles, sans délaisser le faux-filet de bœuf fermier de l'Aubrac et son aligot de montagne. Isabelle Auguy et son mari Jean-Marc Muylaert ont su rendre l'ambiance chaleureuse d'une maison familiale et la doubler d'une petite pointe de luxe qui se savoure dans de très jolies chambres. Entre lambris chaud et couleurs douces, chacune a sa personnalité ; certaines ont même un petit bout de balcon et vue sur le jardin vert et fleuri. La salle de restaurant ose un mélange étonnant de bois et d'incarnat qui annonce dès l'entrée cette cuisine entre tradition et renouveau.

HOTEL-RESTAURANT DE L'AUBRAC** **17, allée de l'Amicale ✆ 05 65 44 32 13.** *Fermé les trois premières semaines de janvier et l'avant-dernière semaine de juin. Chambres à partir de 38 €. Petit déjeuner 6 €. Menus à partir de 10,50 €.* Familial et touristique à la fois, l'affaire de la famille Brouzes essaie de satisfaire tout le monde. Côté hébergement, on y trouve 31 chambres pour deux à cinq personnes, avec mezzanine, meublées et équipées de façon fonctionnelle, toutes sont claires et agréables ; les amateurs de pêche et de tranquillité préfèrent parfois réserver Le gîte rural dépendant de l'hôtel, situé dans une ferme voisine. Côté restauration, les convives prennent place dans deux salles, l'une estivale, sous la véranda, l'autre hivernale, avec cheminée, poutres, nappes fleuries et petits lustres ; et en pleine saison, on installe un « self aubracien » dans le jardin et l'on mange un aligot ou une grillade sous les parasols. Entre deux plats, on peut même visiter un « petit musée du buron » qui a pris place lui aussi dans le jardin. La cuisine est avant tout traditionnelle, inspirée du terroir : la légendaire fleur d'Aubrac, aligot, charcuterie maison (à retrouver dans la conserverie de cet établissement), chou farci… Les viandes, qui proviennent de la ferme familiale, sont particulièrement succulentes et les plats copieux, comme la « layolette », gratin de pommes de terre, lardons, oignons et tomme de Laguiole. Et pour vous mettre en appétit, n'hésitez pas à demander l'apéritif maison, le fameux « petit-lait ». Doux et délicieux à la fois !

HOTEL-RESTAURANT MICHEL BRAS**** **Le Puech-du-Suquet - Route de l'Aubrac ✆ 05 65 51 18 20.** *Ouvert d'avril à octobre. Chambres de 168 € à 347 €. Petit déjeuner 24 €. Menus à 97 €, 120 € et 156 €. 3 étoiles au guide Michelin, 19/20 au Gault et Millau.* L'établissement a été conçu par Eric Raffy comme un buron moderne, qui sort sobrement de terre et que traverse une draille imaginée. Des matériaux nobles, le bois, le granit, ont servi à son élaboration, de grandes baies vitrées et des terrasses ouvrent directement sur les collines et les plaines. Tout au long des couloirs, dompté par une rigole en pierres, un filet d'eau accompagne les visiteurs, tandis que l'intense lumière de l'Aubrac inonde les vastes pièces. Les 15 chambres et leur salle de bains sont le reflet de cette alliance sobre entre végétal et minéral. Laissant le fumoir salon sur le côté, la salle de restaurant domine cette nature qui inspire la cuisine de Michel Bras. Car ce cuisinier émérite laisse une part importante aux produits de grande qualité choisis chez des producteurs amoureux de leur nature. Parmi ces « découvertes », voici le fameux gargouillou de jeunes légumes, relevé de graines germées et d'herbes champêtres. La plupart des viandes sont rôties à la braise, comme la côte de bœuf fermier Aubrac, servie avec beurre de panais, perlé à la muscade et des blettes ; les poissons se parent de couleurs comme cette lotte poêlée à l'huile noire servie avec une purée d'épinards et d'olives fortes. Les desserts se déclinent sur une gamme de fondant-croustillant, avec un biscuit tiède de potimarron coulant, sorbet au chocolat, caramel et réglisse… A cet univers parfait, Michel Bras ajoute la possibilité de découvrir la région selon ses critères d'excellence ; un sac de randonnée attend d'ailleurs les visiteurs dans leur chambre et des itinéraires étudiés sont à la disposition de qui fera d'un tel paradis sa demeure de quelques instants…

HOTEL-RESTAURANT REGIS* Place de la Patte-d'Oie ✆ 05 65 44 30 05.** *Fermé du 15 novembre aux vacances de février. Hors saison, service de restauration le midi et le week-end. En saison, service le soir. Chambres de 35 € à 75 €. Petit déjeuner 6 €. Menus de 17 € à 23 €.* Depuis le XIXe siècle, ses trois rangées de fenêtres sont le signe de l'hospitalité. D'abord relais de poste, reconstruite en auberge à la fin du siècle, cette maison garde depuis des générations tout son cachet ; il n'y a qu'à voir les plafonds peints de la grande salle à manger, auxquels répondent de belles photos de l'Aubrac, ou les meubles anciens, comme un beau piano, qui donnent au salon toute son âme. Les chambres ont été restaurées dans un souci de confort, chacune a été personnalisée d'un tissu, d'une couleur dominante. Les habitants de ce bel endroit aiment à lézarder dans le solarium ou près de la piscine chauffée, installée au calme à l'arrière de l'hôtel. Quand vient l'heure de se restaurer, on suit Danielle Vaurs-Régis dans cette salle élégante ou sur la véranda ; de belles tables introduisent une cuisine fine, par laquelle Pierre Vaurs s'attache à préserver les goûts ; l'entrecôte de l'Aubrac ou le tournedos fondent en bouche, les filets de truite fumée de Laguiole expriment tout leur parfum avant qu'on ne craque pour un magret de canard aux châtaignes. Plateau de fromages affinés, desserts légers, l'ensemble est d'une harmonie réussie.

RELAIS DE LA VITARELLE* La Vitarelle - MONTPEYROUX ✆ 05 65 44 36 01. *Fermé du 15 décembre au 2 janvier et une semaine fin juin. Chambres de 37 € à 43 €. Petit déjeuner 5 €. Menus de 8,50 € à 26 €. Menu enfant 7,50 €.* Sur la route entre Espalion et Laguiole, les lumières brillent aux fenêtres de cette maison traditionnelle. Comme elle a été entièrement rénovée, elle a offert à ses six chambres une remise à neuf qui les rend accueillantes. Petites, elles présentent pourtant tout le confort nécessaire, et notamment la climatisation. Au rez-de-chaussée se trouvent un salon et la salle de restaurant, accessibles aux personnes handicapées. Par la fenêtre, la vue s'étend sans limite sur les prés et les vallons. Tous les menus, même celui du jour, s'inspirent des richesses du terroir. Le chef mitonne les grands classiques de l'Aubrac, l'aligot et le chou farci, sans oublier de bons morceaux de viande de bœuf Aubrac. Tout est bien préparé : cette maison campagnarde mérite un arrêt…

LE RELAIS DE LAGUIOLE Espace Les Cayres ✆ 05 65 54 19 66. *Site : www.relais-laguiole.com. Fermé du 1er novembre au 13 avril. Chambres doubles "confort" de 70 € (basse saison) à 80 €, ainsi que des suites junior de 122 € à 155 € (haute saison, et jusqu'à 4 personnes). Petit déjeuner buffet 10 €. Menus de 17 € à 32 €. Soirée étape : 66 € (basse saison) et 76 € (haute saison). Taxe de séjour 0,50 € par jour et par personne. 3 étoiles.* Pour faire face au froid de l'hiver, cet hôtel de la gamme Best Western s'est fait une décoration chaleureuse : du bois blond, des tissus jaune et rouge, quelques meubles de fer forgé et du blanc lumineux égaient les parties communes ; les chambres ont gardé cet ensemble, mais dans une tonalité plus douce. Grandes et très confortables, elles offrent tout le nécessaire et l'agréable, certaines ont même salon ou balcon. Cette maison moderne abrite une piscine couverte et chauffée dont la baie vitrée ouvre sur un solarium, un sauna (4 € la 1/2 heure), un jacuzzi, un billard, un jardin et un coin enfant avec des jeux… Le restaurant invite à la découverte des produits du terroir et des recettes traditionnelles, sans oublier les classiques de la cuisine française. Chacun peut composer lui-même son menu en jonglant avec les différentes formules. Sur la carte, on trouve quelques savoureuses préparations telles que des coquilles Saint-Jacques au thé de Ceylan ou un beau pavé de l'Aubrac. Le service impeccable et l'équipe accueillante se prêtent volontiers à l'organisation, dans ce cadre contemporain, de toute réunion studieuse ou festive.

Hôtels

AUBERGE DU COMBAIRE Le Combaïre ✆ 05 65 44 33 26. *Ouvert toute l'année. Chambre double 35 €. Petit déjeuner 5 €.* La bâtisse rénovée est si chaleureuse, avec le ruisseau de montagne à ses pieds et les paysages qui font face à l'immense baie vitrée, que ses propriétaires ont eu envie de faire partager leur attachement à ce pays. Un parc, le salon, la grande bibliothèque et le calme du lieu achèvent ce tableau plaisant. Treize chambres sont disponibles, et les visiteurs qui souhaitent partir à la découverte de l'Aubrac seront ici conseillés au mieux.

AUBERGE DU MOULIN **Le Bourg - SOULAGES-BONNEVAL ✆ 05 65 44 32 36.** *Chambre de 26 € à 32 €. Menus de 11 € à 23 €.* Outre la situation géographique idéale de cet ancien moulin reconverti en auberge, le point fort de l'adresse est l'ambiance typique qui y règne. Marie-Hélène est installé ici depuis déjà 15 ans. Elle aime son village et ses habitants qui le lui rendent bien en s'invitant à son café et à sa table. Un excellent moyen de faire la connaissance des autochtones. Les chambres sont simples mais bien tenues. Certaines bénéficient d'une belle vue sur le village. Côté cuisine, Marie-Hélène joue la carte de la tradition. Dans une belle salle lumineuse, on déguste des spécialités du pays (Bœuf Aligot…) qui changent au gré des saisons et des humeurs de la cuisinière. Dans l'ensemble cette auberge offre un rapport qualité prix excellent, l'ambiance chaleureuse en prime ! Que demander de plus ?

Chambres d'hôtes

CHAMBRES D'HOTES DE MOULHAC ✆ 05 65 44 33 25. *E-mail : perso-wanadoo.fr/moulhac. Ouvert toute l'année. Fermé du 10 au 17 septembre. Chambre et petit déjeuner pour deux personnes de 60 € à 90 €.* A moins de trois kilomètres de Laguiole, la ferme de Claudine et Philippe Long est une adresse à connaître. Cinq chambres, dont une avec baignoire et une « grand confort », avec terrasse privative ont été aménagées au premier étage d'une ancienne grange telle qu'on en voit sur le plateau de l'Aubrac. L'intérieur est un mélange réussi de bois, de pierres apparentes, de vieux meubles et d'éléments modernes ; les installations sont très confortables. Les résidents ont accès à un séjour avec cheminée, à un coin cuisine, au jardin et même à un petit lac pour la pêche ou le pique-nique. Ils prennent visiblement plaisir à partager au matin un petit déjeuner familial et gourmand, agrémenté de crêpes, fouasse et confitures maison.

Loisirs

Randonnée

Le sentier d'observation écologique du bois de Laguiole permet de découvrir une flore exceptionnelle et préservée, celle de l'Aubrac. On peut se lancer seul sur ce sentier, situé à 6 kilomètres de Laguiole, à l'aide d'un document en vente à l'Office du tourisme (8 €). En saison, il est également possible d'être accompagné certains après-midis par Sylvie Michelin, écologue. **Dates et tarifs disponibles à l'Office du tourisme au 05 65 44 35 94.**

Ski et randonnée

Laguiole est au cœur des trois stations aveyronnaises et tout proche de leurs consœurs de Lozère et du Cantal. L'hiver, les pistes enneigées se prêtent au ski alpin, au ski de fond, aux raquettes et aux promenades en traîneau à chien. En été, elles deviennent de magnifiques itinéraires de randonnée pédestre.

AIR AUBRAC **La Violette ✆ 05 65 44 33 64.** *Sur rendez-vous.* A ceux qui souhaitent un point de vue imprenable sur l'Aubrac, M. et Mme Izard apportent la solution idéale, à seulement 8 kilomètres de Laguiole (direction Saint-Flour) : un vol en montgolfière ! Leur immense ballon multicolore part pour des promenades d'une demi-journée à 700 mètres d'altitude au-dessus de l'Aubrac, des lacs ou de Nasbinals… Emotion garantie. Tarif : 200 € par personne (tarif dégressif selon le nombre de participants, entre 2 et 4 personnes). Le départ a souvent lieu au lever du jour, mais dépend bien sûr des conditions météo.

Sports

GOLF DE MEZEYRAC **Soulages-Bonneval ✆ 05 65 44 41 41.** *Ouvert de Pâques à Toussaint. Journée à 25 € (basse saison) en semaine et 30 € le week-end et les jours fériés ; en été 32 € tous les jours. Tarifs préférentiels pour les résidents.* Sur le domaine de Mézeyrac, à dix minutes de Laguiole, un golf a été aménagé sur 33 hectares. L'air pur et les paysages de l'Aubrac sont un bon stimulant pour effectuer ce parcours 9 trous dessiné entre torrent de montagne et chênes centenaires. On y trouve aussi un practice de quinze postes, dont trois couverts. Un professionnel est disponible pour donner des cours et différentes formules d'accès se prêtent à toutes les envies. Ce complexe hôtelier n'a pas oublié la boutique spécialisée, la location de voiturettes et le parc avec piscine, tennis, jeux d'enfants…

LIBERT'ANES Camplo - MONTPEYROUX ✆ 05 65 44 69 78. *Ouvert toute l'année, sur réservation.* Depuis 2004, d'anciens citadins ayant troqué la pollution et le stress contre la vie au grand air, proposent dans la simplicité et la bonne humeur des balades à dos-d'âne pour découvrir châteaux, fromageries, vallées et bois environnants. La monture, sympathique et rustique, ne craint ni le froid ni la neige et peut donc sortir en toute saison ; c'est au cavalier de prévoir des vêtements chauds ! Les enfants peuvent monter dès l'âge de deux ans. Quant aux balades, selon votre humeur, elles peuvent durer une heure… ou une journée.

Musée du couteau Laguiole.

© Musée du couteau Laguiole.

Stage

STAGE DE COUTELLERIE Place du Nouveau-Foirail ✆ 05 65 48 45 47. *Toute l'année, sur réservation, 153 € la journée de stage.* Le couteau de Laguiole ouvre son atelier aux curieux et aux amateurs de belles choses qui envisagent de passer à la pratique. Au cours d'un stage d'une journée, les participants ont en main toutes les pièces qui composent un couteau. Chacun à un poste de travail, il faut monter les différents éléments selon la tradition et, un peu aidé, arriver au produit fini. Outre les explications complètes et les petites histoires de ce couteau, le coutelier d'un jour repart avec un objet unique

Emplettes

Artisanat coutelier

Couteaux entièrement fabriqués à Laguiole

LE COUTEAU DE LAGUIOLE 23, allée de l'Amicale ✆ 05 65 44 39 49. *Ouvert tous les jours, sauf dimanche et lundi hors saison.* En 1985, quatre artisans sont les premiers à relancer une unité de polissage à Laguiole. Ils répondent en cela à la volonté des élus qui avaient créé l'association du Couteau de Laguiole en 1981 et avaient demandé à ces jeunes gens de se former à l'activité coutelière ; ce qu'ils firent. Ils sont aujourd'hui installés dans un atelier de montage et de polissage que l'on peut visiter, ainsi que dans un magasin du centre-ville. Bien qu'associés à la Forge, ils frappent toujours leurs lames d'un taureau qui signe leurs fabrications. En respectant les étapes et les savoir-faire, une demi-douzaine d'artisans produisent des couteaux de qualité inspirés des modèles anciens. Ils fabriquent aussi des couteaux personnalisés à la demande. On trouve dans leurs vitrines des services de tables, des couteaux pliants à manche de corne ou de bois. Outre les pièces neuves, l'atelier se charge des travaux de réparation, de l'affûtage et de la gravure éventuelle. En plus de la visite, des stages de fabrication sont organisés sur réservation. **Adresse de l'atelier : Place du Nouveau-Foirail.**

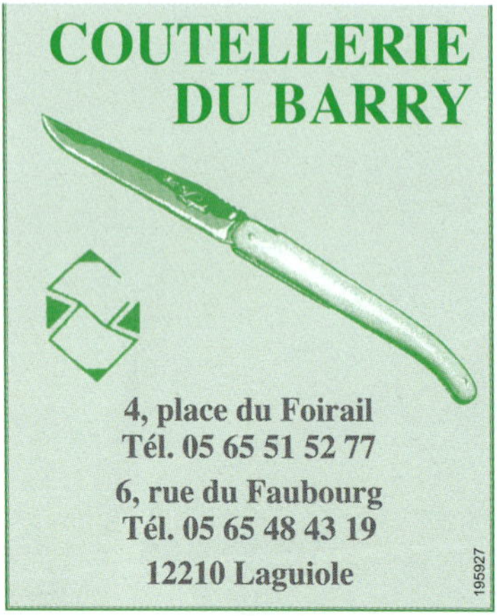

LA FORGE DE LAGUIOLE Z.A. La Poujade ✆ 05 65 48 43 34. *Site : www.forge-de-laguiole.com. Ateliers ouverts gratuitement toute l'année, du lundi au samedi midi. Boutique de la forge ouverte en semaine pendant l'année et 7j/7 de juillet et août.* A l'entrée du village, le bâtiment à lui seul symbolise l'activité. On connaît bien au-delà du département la silhouette longiligne de cette manufacture, dans laquelle l'architecte Philippe Starck a fiché une immense lame. La société Forge de Laguiole a été créée en 1987. Elle a repris les méthodes de fabrication traditionnelle tout en se projetant vers l'avenir : elle compte aujourd'hui 110 employés et produit plus de 200 000 couteaux par an. On commence la visite par le hall d'accueil et la salle d'exposition où se trouve rassemblé l'ensemble des modèles. Le mobilier, là comme dans le magasin du centre-ville, est signé Starck. On poursuit par un passage dans les ateliers et à la forge, qui permet de voir comment des blocs de métal, de la corne et du bois sont transformés. Les différentes pièces finissent entre les mains d'un ouvrier qui prend en charge le montage total du couteau. Un polissage soigneux, et voilà l'objet prêt à s'exposer. Cette manufacture, dirigée par Bernard Divisia, a apporté une notoriété certaine au Laguiole, l'a fait connaître du grand public par quelques couteaux de créateurs, qui ont fait quelques variations autour de la silhouette de cet objet (Starck, Sonia Ryckiel, Yann Pennor) ; à côté d'eux, il y a les rééditions de couteaux anciens, les services de table, ceux à usage particulier (un sommelier, un pour les amateurs de cigare, un autre pour ceux de pipe, un autre pour ceux de golf) et les pièces superbes que réalise Virgilio Muñoz Caballero, ce coutelier ancien meilleur ouvrier de France dont les couteaux sont un mélange de tradition et de création. Rien n'est trop beau pour ces couteaux, ni la corne, ni les bois précieux, pas plus que l'os ou l'aluminium… Sachez enfin que le dernier cri, ce sont des modèles fluos, jaunes, verts ou orange ! **Autre adresse : 8, allée de l'Amicale 05 65 44 30 85.**

Autres adresses

ARTISAN COUTELIER 9, allée de l'Amicale ✆ 05 65 54 11 25. *Ouvert en été de 8h30 à 19h et hors saison de 8h30 à 12h30 et de 14h à 18h.* Depuis quelques années, Françoise et Christophe tiennent boutique à Laguiole. Dans leurs vitrines, ils ont choisi de privilégier la qualité sur la quantité et présentent leurs gammes de couteaux comme des pièces d'art. On trouve là ce qu'ils montent dans l'atelier attenant à la boutique, à savoir des couteaux pliants et d'autres de table. La fabrication est traditionnelle et les manches réalisés comme avant en bois d'Aveyron ou en corne. La touche de fantaisie provient du travail de marqueterie qui orne certains manches et d'un « produit dérivé » bien particulier, un bracelet « Laguiole ». Ces artisans pratiquent tous les travaux de réparation et d'affûtage et réalisent même des modèles personnalisés. Tous sont estampillés du label Laguiole Aveyron, marque déposée par l'Artisan Coutelier.

COUTELLERIE DU BARRY 6, rue Faubourg ✆ 05 65 48 43 19. Antoine a ouvert les portes de son premier magasin à Laguiole en 1988, depuis il s'est également installé sur la place Foiral. Il faut dire que les couteaux qu'il fabrique méritent d'être vus. De main de maître il travaille les matériaux traditionnels pour donner naissance à de petits chef-d'œuvres. Outre la création il est capable de réparer vos fidèles couteaux usés par le temps, quelque soit leur marque ou leur style. **Autre adresse : 4, place Foirail 05 65 51 52 77.**

BENOIT L'ARTISAN 21, allée de l'Amicale ✆ 05 65 51 55 80. *Fermé en janvier.* Respectueux de la tradition et des matières, Benoît Mijoule propose dans son magasin ainsi que dans son atelier (4 place du Toural) une vaste gamme de couteaux en buis, en olivier, en cade, en bois clairs, en corne... Mais les visiteurs découvrent également dans ses vitrines des bijoux et des objets d'art, créations artisanales qui méritent plus qu'un coup d'œil.

COUTELLERIE CALMELS 3, allée de l'Amicale ✆ 05 65 44 30 03. Le nom de cette famille est à l'origine même du Laguiole. Ces artisans n'ont jamais abandonné la production et ont fait preuve d'une telle maîtrise que leurs couteaux étaient classés hors concours dans les manifestations nationales. Ils ont encore obtenu un grand prix des métiers d'art en 1981. Deux dames de la famille Calmels tiennent aujourd'hui la boutique. Sa devanture de bois affiche un petit air rétro et ses vitrines sont bourrées de couteaux. Les plus beaux sont aussi les plus classiques, ceux dont le manche est fait en pointe de corne. Mais on peut leur préférer les manches clairs issus de corne blonde. La gamme est complète, elle fournit des coffrets de couteaux de table, des pliants à lame seule, d'autres à deux et trois pièces (poinçon et tire-bouchon), fabriqués dans un excellent acier inoxydable. Les manches sont tirés de la corne, de bois précieux, mais aussi de matériaux synthétiques moins onéreux.

COUTELLERIE CROS 11, allée de l'Amicale ✆ 05 65 51 50 70. *Fermé trois semaines en janvier.* Sur l'allée principale, la coutellerie Cros se remarque par ses vitrines et sa devanture de bois sobre, élégante. La boutique tout entière s'est parée de bois, clair ou sombre, pour faire honneur aux articles qu'elle expose. La production de la famille Cros se compose de couteaux artisanaux fabriqués selon les règles traditionnelles. A la fois créateur et artisan, il réalise des couteaux classiques et d'autres plus originaux, comme ces modèles à manche large. Associées à l'acier, la corne ou différentes essences de bois composent une palette séduisante.

LA COUTELLERIE DE LAGUIOLE 15, allée de l'Amicale ✆ 05 65 51 50 14. *Ouvert tous les jours de 9h à 12h et de 14h à 19h.* A cette adresse se trouve exposé un échantillon du Laguiole portant la devise « Laguiole de l'Artisan », mais le magasin atelier, à l'entrée de la ville, ressemble-lui à une vraie caverne d'Ali-Baba... Depuis qu'il affiche sa passion pour les couteaux, Honoré Durand met en avant la qualité. Les lames sont forgées non loin de là, à Montézic, et tout le travail de façonnage et montage se fait dans l'atelier que l'on peut visiter. Et la gamme est immense, de quoi donner le tournis : des services de table, des couteaux traditionnels, des pièces de collections dont les ressorts, avec abeille forgée, et les manches sont des œuvres d'art. La production s'est même diversifiée vers les bourre pipes. Mais la particularité de la maison, ce sont les lames damas que forge un artisan spécialisé, Yves Conquet : ce travail particulier de l'acier produit des lames de grande qualité dont le métal est marqué d'un dessin plus proche des veinures du bois que du tissu damas, mais absolument superbe (à voir à l'œuvre au musée de la ZA La Poujade). Les couteaux achetés ici permettent d'ailleurs d'obtenir des entrées gratuites pour ce musée. **Autre adresse : Espace Les Cayres.**

ESPACE LOU MAZUC Place Prat ✆ 05 65 44 38 80. *Fermé en janvier.* Situé tout près du centre-ville, ce vaste espace est rapidement devenu un lieu incontournable pour les visiteurs de passage à Laguiole. Il propose en effet une très large gamme de produits régionaux (aromates, spiritueux, vins, miel, confitures, produits Michel Bras), mais aussi des jeux, des bijoux, de la maroquinerie, des vêtements, des savons ou encore des articles de décoration fabriqués par des artisans... Le tout sur plusieurs étages, et dans une ambiance cosy qui invite à la dépense.

Produits du terroir

BOULANGERIE-PATISSERIE ROUX 12, rue Bardière ✆ 05 65 44 33 30. *Fermé deux semaines fin novembre et fin juin.* C'est dans cet établissement vieux d'un siècle et demi que les amateurs dégustent la fouasse de Laguiole (« toujours imitée, jamais égalée » dit-on ici) ainsi qu'un cake maison pur beurre et une tarte aux pruneaux qui ont forgé la réputation de la famille Roux.

COOPERATIVE FROMAGERE JEUNE MONTAGNE Route de Saint-Flour ✆ 05 65 44 35 54. *Magasin ouvert de septembre à juin, du lundi au samedi (8h à 12h et 14h à 18h), dimanches et jours fériés de 9h à 12h. En saison, ouvert du lundi au samedi (8h à 19h), dimanche et jours fériés de 9h à 13h et de 14h à 18h.* Dans ces superbes paysages, la région de Laguiole a toujours produit des fromages. A ce « laguiole », on suppose ainsi des origines antiques et l'on connaît le développement de sa production au XIIe siècle. A l'origine fabriqué dans les burons, il l'est aujourd'hui dans cette coopérative qui collecte 10 millions de litres de lait par an, auprès de 70 producteurs regroupés dans une soixantaine de communes du plateau de l'Aubrac. Depuis 1961, l'appellation d'origine contrôlée confirme les qualités gustatives de ce fromage au lait entier et cru qui se présente sous la forme d'une fourme de 45 kg environ, qui est affinée pendant au minimum quatre mois. La visite guidée et gratuite de la fromagerie (45 minutes environ) comprend un film retraçant l'activité de la coopérative, la visite à partir d'une galerie avec vue sur l'atelier de fabrication et sur une cave d'affinage, et la dégustation gratuite de Laguiole AOC à différents stades d'affinages. Le laguiole est excellent à consommer « nature », on apprécie tout autant la tomme fraîche quand elle se transforme en aligot. La coopérative fournit d'ailleurs la recette et quelques conseils ou propose un aligot tout fait, frais ou surgelé.

LA DROSERA GOURMANDE **19, avenue de la Violette ✆ 05 65 54 11 18.** *Magasin ouvert toute l'année, du lundi au samedi de 9h à 12h30 et de 14h à 19h. Service de commande et livraison.* Derrière une vitrine à l'ancienne, Claude Rus est l'un des meilleurs représentants de la tradition culinaire aveyronnaise. Il élabore de manière artisanale, des produits de très grande qualité. Sa boutique regorge de foies gras de canard ou d'oie, de jambonneaux, de saucisses sèches de canard à l'huile, de confits, de magrets ou de cailles fourrées au foie gras, de mousses et des terrines parfumées. Connue et reconnue, la réputation de Claude Rus dépasse largement les frontières régionales. Depuis cinq ans, ses produits sont médaillés au Salon de l'Agriculture. Son palmarès 2006 : pas moins de 2 médailles pour son foie gras entier en conserve et son foie gras mi-cuit ! La Drosera Gourmande est également une bonne adresse pour les amateurs de tripailles qui se régalent des "pétites", sortes de tripoux à la mode de Laguiole et spécialité de la maison depuis 1864 ! A ses propres produits, Claude.Rus ajoute des vins de Marcillac (Domaine Matha), un Gaillac doux (Domaine des Cayrous), des liqueurs typiques comme la framboise, la gentiane ou le thé d'Aubrac.

L'ECIR EN AUBRAC **Curières ✆ 05 65 44 36 44.** *Ouvert toute l'année. Dégustation et vente tous les jours de 9h à 12h et de 14h30 à 17h (18h en été). Visite de l'atelier (avec la projection d'une vidéo sur la fabrication du fromage) l'après-midi, le mercredi, vendredi, samedi et dimanche.* Depuis 1987, Jean-Marie Cayla s'est reconverti dans la production fromagère. Armé de sa seule volonté, puis d'une solide formation à l'école nationale d'industrie laitière de Poligny (Jura), il a transformé la ferme familiale et s'est fait producteur de fromage fermier. La qualité et le succès allant de pair, il s'est associé en 1996 à Vincent Alazard qui s'est chargé de la production laitière. Aujourd'hui, les deux « fermiers » exploitent 90 hectares, 50 vaches montbéliardes et simmental et produisent, avec l'aide de cinq employés, environ 300 000 fromages par an. Ce petit fromage atypique s'est vu paré du nom d'une tempête de neige ; de l'écir, il a la blancheur et la mollesse… le moelleux, pour mieux dire. Il se présente sous la forme d'un disque de 180 g, qui cache une pâte fine et onctueuse. On recommande de le consommer entre 8 à 30 jours d'affinage, selon que l'on recherche un goût délicat ou plus affirmé. On trouve ce petit gourmand sur toutes les tables de l'Aveyron (50 % de la production y reste) et bien au-delà en France.

MAISON CONQUET **✆ 05 65 44 31 93.** A être dans le pays de la race Aubrac, on ne pouvait que mentionner une boucherie. Celle de la famille Conquet est spécialisée dans cette viande tout comme dans la charcuterie de montagne depuis 1950. Sur place ou par correspondance (elle expédie dans toute la France !), elle vend des saucissons secs (le cendré est une référence en la matière), des rosettes, des saucisses sèches, d'autres fraîches, des pâtés, des fricandeaux, des fritons, du lard, des jambonneaux, des tripoux… on n'en finirait pas ! **Autre adresse : Lacalm 05 65 44 33 05. Vente par correspondance 05 65 51 51 04.**

LE PANIER D'AMBERT **Ambert - MONTPEYROUX** © **05 65 51 42 77.** *Ouvert toute l'année.* Dans leur exploitation familiale à 10 kilomètres de Laguiole, Stéphanie Fuchs et Daniel Pegues élèvent des vaches laitières et des cochons fermiers. Du lundi au samedi, on peut acheter ici du pâté, du jambon sec, des saucissons ainsi que quelques plats cuisinés (ragoûts, boudin…). En saison, on peut même venir à la ferme pour « casser la croûte » et goûter sur place à toutes ces bonnes charcuteries (sur réservation).

Dans les environs

Le Bousquet

CHATEAU © **05 65 48 41 13.** *Visite tous les après-midi (à partir de 14h30) pendant les vacances scolaires, le reste de l'année sur rendez-vous. Fermé le mardi. Adultes : 5 €, enfants (8-16 ans) : 3 €. Groupe : 4 € (sur réservation, toute l'année).* Situé à moins de 2 kilomètres du centre de Laguiole, le château datant de la fin du XIIIe, début du XIVe siècle est d'architecture militaire, vraisemblablement érigé par un ordre hospitalier. Il se situe sur la voie historique des pèlerins qui se rendaient du Puy-en-Velay à Conques. Il est imposant, avec son corps de logis flanqué de quatre grosses tours évasées sur le bas. Une des particularités de sa construction est d'avoir utilisé des pierres brutes, issues d'une carrière toute proche. Au fil des siècles, il subira des modifications, notamment des ouvertures sur le bas que l'on imagine mal sur un bâtiment militaire. Sur la façade tournée à l'orient, une tour carrée abrite une chapelle. Symétriquement, une autre tour, bien plus tardive, a été construite. On remarquera le décor sur les mâchicoulis. La visite commence par l'extérieur, depuis le parc où Titus l'âne règne en maître. En compagnie du propriétaire, on découvre ensuite certaines pièces dont les cuisines. De nombreux objets d'époque y sont rassemblés, tels un tournebroche, avec système d'horlogerie. Vient ensuite la salle des gardes, meublée dans un style italo-flamand, puis la chapelle et la chambre, admirablement décorée.

AUBERGE DU BON GOUT © **05 65 44 28 02/05 65 44 33 64.** *Sur réservation. En saison, ouvert midi et soir. Hors saison, ouvert le week-end ou pour les groupes. Fermé de novembre à avril. Menus de 20 € à 28 €.* Parée d'un tel nom, cette auberge, qui a ouvert ses portes en 2003, ne peut être qu'une bonne adresse. Les plats concoctés par Benoît Izard sentent en effet bon le terroir : truites au lard, foie gras, aligot, picaucèls truffées de pruneaux (pâtes épaisses fourrées et cuites au four)… Tous les produits sont frais et « maison ». Mais la spécialité du lieu, ce sont les viandes à la broche, gigots d'agneau et porcelets, cochons de lait farcis et canettes, brochettes de magret de canard au miel… Si, après un tel repas, un lourd sommeil se fait sentir, vous pouvez toujours demander au patron si l'une de ses chambres d'hôtes est libre !

Soulages-Bonneval

5 kilomètres à l'ouest de Laguiole sur D541.

A l'origine, le lieu-dit s'appelait Bonalde, transformé avec le temps en Bonneval. Ce petit village est connu pour ses ardoises, mais aussi pour l'abbaye voisine, à laquelle l'église du village a « emprunté » son portail roman. L'origine de Soulages-Bonneval date de l'époque gallo-romaine. C'est ici que l'abbaye abrita six siècles durant des moines sur un domaine qui s'étendait alors du Tarn au Gard. Une seule grosse tour à mâchicoulis a été conservée du premier édifice qui fut en majeure partie reconstruit au XIXe siècle. Cette abbaye a été fondée en 1147 à la demande de l'évêque de Cahors qui eut une vision à cet endroit. Bâtie par les moines cisterciens, elle fut jusqu'à la Révolution une des plus riches abbayes du Rouergue. Laissée à l'abandon près d'un siècle, l'abbaye se relèvera en 1875 quand sont venues s'y installer les sœurs de Maubec. Suivant la règle de Saint-Benoît, elles vivent du travail de leurs mains. Depuis, l'abbaye est aussi connue pour son patrimoine que pour sa fameuse chocolaterie qui permet de financer les œuvres de la communauté.

DOMAINE DE MEZEYRAC © **05 65 44 41 41.** *Ouvert de Pâques à Toussaint. Pour deux personnes, nuit en résidence de 85 € à 100 €, en studio de 75 € à 85 € et en chambre d'hôtel de 58 € à 75 €. Petit déjeuner 8 €. Menu du jour à 16 €.* Cette résidence hôtelière s'ouvre aux beaux jours pour que l'on puisse profiter du calme et du bel espace vert que forme le domaine, près du lac des Galens. Des bâtiments traditionnels, qui forment un U ouvert autour de la piscine, ont été aménagés en 11 chambres d'hôtel confortables, en studios ou en appartements résidentiels se composant d'une grande chambre, d'une salle de bains avec douche et baignoire, d'une pièce principale avec un coin cuisine et d'un petit jardin privé. Le restaurant, qui peut accueillir 80 couverts, installé dans l'ancien corps de ferme du domaine, complète ces services en mettant à la carte les spécialités régionales. Il ne reste plus qu'à profiter du parcours de golf, de la piscine chauffée, du court de tennis en terre battue et du grand parc.

FERME DE L'ANE HEUREUX **La Crestilie ✆ 05 65 44 31 63.** *Visite toute l'année sur rendez-vous. Accessible aux handicapés. Adulte : 4 € ; enfant : 2,50 €.*

Laissac

A Laissac, l'événement se renouvelle chaque semaine : c'est en effet dans ce bourg que se tient tous les mardis matin l'imposante foire au bétail (ovins et bovins), deuxième au rang national. Tous les grands groupes français du négoce de la viande sont alors présents à Laissac. Et si cette foire hebdomadaire attire de nombreux agriculteurs venus de tout le département, sa notoriété dépasse largement ce cadre et des Italiens, des Portugais, des Espagnols, des Belges se déplacent jusqu'à Laissac pour arpenter les 60 000 m^2 d'installations. L'immense halle couverte est d'ailleurs bien visible de la RN88. Pour bien comprendre l'envergure de cette foire, il faut venir y faire un tour : une ambiance particulière règne le mardi matin dans la ville avec les déchargements de bestiaux à l'aube et les embarquements vers midi. Ici, toutes les langues sont propices à la vente et se mélangent sans cesse. Les transactions se font de gré à gré entre vendeurs et acheteurs. En saison, des visites guidées de ce marché aux bestiaux sont organisées à partir de 8h30, toutes les 45 minutes. Les groupes peuvent également s'y rendre toute l'année (réservation à la mairie de Laissac, au 05 65 69 60 45). Les visiteurs ont accès à la cabine de surveillance qui surplombe le foirail. Si les mardis sont synonymes de transactions, l'axe routier qui relie Rodez à l'autoroute A75 est ici bien fréquenté, et contribue, lui aussi, à une certaine activité : la vie culturelle, artisanale et sportive n'est pas négligée.

Il existait deux châteaux au XVIIIe siècle, mais n'en resterait que la tour Resseguier du XVIe siècle. Les vieux quartiers conservent encore des vestiges médiévaux, des maisons anciennes et des tours. Plutôt rares en Rouergue, des reproductions de mosaïques palestiniennes mettent une note orientale dans l'église construite à la fin du XIXe siècle. De nombreuses randonnées pédestres permettent de faire le tour du coin, notamment dans la forêt de Palanges qui borde la ville au sud sur toute la longueur et qui fait contraste avec le paysage déboisé du causse. Des sentiers sont également praticables en vtt ainsi que des pistes équestres balisées. C'est encore de là que partent des excursions vers les gorges du Tarn, les lacs du Lévézou et la vallée du Lot.

Carrefour de l'élevage à Laissac

© CDT Aveyron / G. Tordjeman

Le couvert

RESTAURANT DU CENTRE 29, place du 11-Novembre ✆ 05 65 69 60 25. *Menus de 11 € à 38 €.* Au centre de Laissac, cet établissement récemment repris par un jeune couple, Mme Anne Arazat, offre une étape rafraîchissante dans une décoration rustique aux poutres apparentes. Les habitués du lieu s'attablent sans chichis en dépliant leur Laguiole, et les touristes de passage apprécient ici l'ambiance bon enfant et le service rapide. Un coup d'œil à la carte suffit à ouvrir l'appétit : papillote de saumon au foie gras, poêle de gambas au whisky, pavé de saumon… Il ne reste plus qu'à faire son choix.

Ferme-auberge

LA FERME DU MOULIN DE MOLENES ✆ 05 65 69 62 57/06 83 07 09 94. *E-mail : jpg36@wanadoo.fr. Capacité d'accueil : 100 personnes. Réservation obligatoire. Ouverture : Sur réservation. Tous les jours du 15 juillet au 15 août. Hors saison : week-end, groupes (15 personnes minimum) sur demande. Menu entre 18 € et 25 €, groupe : 18 € et 25 €. Complément prix : Prix groupes (15 personnes minimum) : vin et café compris. Accès par la N88. A Laissac, suivre la D28 d° « Palmas ».* Vaste corps de ferme situé au bord de l'Aveyron, ancien moulin à farine qui produit des bovins viande charolaises, porcs et volailles, potager. Grande salle aménagée dans une ancienne grange à laquelle on accède par la cour et un plan incliné avec cheminée dans la salle. Spécialités : Soupe de campagne, pâté maison, saucisse ou saucisson à l'huile, farçous, sanquette de volailles, canard aux olives, pintade, poulet, île flottante, pâtisseries maison.

Le gîte

HOTEL-RESTAURANT CAZES Arazat ✆ 05 65 69 60 25.** *Fermé le soir entre Noël et le jour de l'an. Chambres de 40 € (1 personne) à 58 € (pour 5 personnes). Petit déjeuner 6 €. Menus de 11 € à 27 €. 2 étoiles, 2 cheminées.* Cette maison familiale, où l'on reçoit depuis six générations, s'éloigne peu à peu de l'ancienne pension de famille pour s'affirmer comme un bel hôtel de tourisme. Au rez-de-chaussée, le bar et la salle du restaurant « ouvrier » ; à l'étage, une salle à manger blanche et verte, puis les chambres avec télé, wc, douche ou bain, sans oublier le parking fermé. Anne, responsable des lieux, accueille les visiteurs avec son accent chaleureux et une attention particulière pour chacun. C'est elle qui prépare chaque jour la spécialité maison, une tête de veau, mais aussi des feuilletés aux ris de veau ainsi que des plats à base de poissons. Les menus sont copieux, les assiettes riches et opulentes. On finit sur des desserts maison, avec en vedette une glace à la vanille meringuée et une farandole de desserts.

Ferme fortifiée des Bourrines à Bertholène

Loisirs

LE JARDIN DES BETES Gages-le-Bas © 05 65 42 66 40. *Ouvert tous les jours de 14h à 19h, d'avril à juin et du 1er au 15 septembre, ainsi que pendant les vacances de Toussaint. Du 15 au 30 septembre et en octobre, ouvert le dimanche de 14h à 19h. En juillet et août, ouvert tous les jours de 10h à 20h. Adultes : 8 €, enfants à partir de 2 ans : 4,50 €.* Entre Rodez et Espalion, un vaste jardin accueille petits et grands pour une belle balade pleine de surprises : les cobayes, les lapins, les chèvres et les cochons se laissent caresser, les fennecs, les lamas et les perroquets se font admirer. Un coin pique-nique permet aux grands de se reposer tandis que les plus petits s'éclatent dans les bacs à sable ou sur l'aire de jeux. Le snack est plutôt sommaire (apportez de préférence de quoi grignoter) mais la visite de ce jardin extraordinaire vaut le détour et toute la famille y trouve son compte : les parents profitent du cadre enchanteur et les enfants découvrent, et peuvent même nourrir, des animaux venus des quatre coins du globe. De plus, dans un local d'environ 250 m^2, un village aveyronnais traditionnel a été reconstitué en miniature ; les maisons de pierre sont peuplées de santons et d'automates qui illustrent la vie quotidienne au siècle dernier. Les scènes, d'un grand réalisme, font l'objet d'un son et lumière d'une trentaine de minutes.

Emplettes

BOULANGERIE-PATISSERIE ROQUES Place Rolland-Saules © 05 65 69 66 85. La croustade aux noix y est réputée ; elle est servie, comme d'autres biscuits de ce genre, en parts découpées à la demande dans un gâteau long. Elle fait concurrence au pain au levain, à la fouasse à l'ancienne, aux croquants au miel et aux amandes, sans parler des rissoles, succulents gâteaux aux pruneaux… Faire le tour des présentoirs ouvre soudain l'appétit.

► *Dans les environs*

Arques

Ancien prieuré de Notre Dame d'Arques dépendant de l'évêché de Rodez, l'église primitive dédiée à saint Michel fut léguée en 1079 à l'abbaye de Conques. En 1250 s'y trouvait un hôpital de l'Ordre de Saint-Jean-de-Jérusalem qui fut ensuite cédé à l'évêque de Rodez. L'église actuelle, dans le style gothique flamboyant, a été construite en 1560, son clocher peigne date de 1571. A l'intérieur, retable orné des statues de saint Roch et saint Firmin datées de la fin du XVIIe au début du XVIIIe siècle, doré en 1778. Pour visiter de l'église demander à M. Casimir à l'ancienne station essence.

Bertholène

Jusqu'au XIXe siècle, Bertholène rassemblait quelques maisons autour des ruines du château dont on a une belle vue depuis la N88. L'arrivée du chemin de fer et la promotion au rang de paroisse lui ont permis de se développer. Outre les vieilles rues, les maisons anciennes et le château de Bertholène, d'époque médiévale, il faut aller admirer le château des Bourines à 6 kilomètres au nord-est. Le mieux pour s'y rendre est de prendre la RN88 jusqu'à Laissac, puis la D28 en direction de Gabriac. A environ 6 kilomètres prendre à gauche la D622, le château est en contrebas à gauche. Un peu plus loin on a une belle vue d'ensemble. Ce château du XIIe siècle, dépendant de la dômerie d'Aubrac, et les bâtiments qui l'entourent forment un patrimoine architectural intéressant à découvrir. Visites guidées en été, sur réservation. **Contacter l'Office du tourisme de Laissac au 05 65 70 71 30.**

Coussergues

Ce singulier village possède deux clochers : celui d'une ancienne église romane détruite ayant conservé une jolie porte gothique, et l'actuel de l'église paroissiale du XIXe siècle. Escaliers et terrasses en pierre de taille des maisons anciennes charmeront le promeneur, ainsi que la Serre, petit cours d'eau aux rives bucoliques.

Gaillac-d'Aveyron

Le village conserve d'intéressantes maisons anciennes de style caussenard, une église à nef romane, gothique pour le reste, qui renferme un retable du XVIIIe siècle restauré. Autour de l'église, notez les portes des maisons aux embrasures travaillées.

DOLMENS. Un site remarquable à ne pas manquer, le site archéologique de l'Oppidum de Montmerlhe où se trouvent encore de nombreux dolmens, ces dalles funéraires si particulières.

Montrozier

Cette commune regroupe deux agglomérations, Montrozier et Gages, chargées d'histoire. Le château de Montrozier avec sa chapelle romane date du XIIIe siècle. Bâti sur une butte commandant la vallée de l'Aveyron par les comtes de Rodez, il domine un village resté pittoresque, avec ses ruelles étroites, ses maisons en pierre blanche et son pont classé du XVe siècle. Sur la placette devant le musée se trouve un four à pain. Près de Gages, des fouilles ont mis à jour des villas gallo-romaines. Le maréchal de Séverac fut assassiné en 1427 dans son château du XVe siècle qui n'est plus que ruine. A Gages-le-Haut, l'église à nef romane possède un très beau portail et trois statues anciennes dorées.

MUSEE ARCHEOLOGIQUE DEPARTEMENTAL © 05 65 70 75 00. *Ouvert tous les jours de 14h à 18h en juin et septembre. En juillet et août, le musée est ouvert en plus le matin de 10h à 12h30. Octobre à mai sur rendez-vous. Adultes 3 €, enfants 2 € (2e enfant gratuit pour les familles) tarifs réduits pour étudiants et chômeurs.* Ce sont les fouilles effectuées sur l'ensemble du département qui ont approvisionné les collections de ce musée, antenne du musée du Rouergue. Des expositions thématiques y sont régulièrement proposées. Comme introduction à la visite, plusieurs vidéos vous feront pénétrer dans le monde de l'archéologie pour lesquelles il faudra compter entre 15 et 30 minutes. Dans les vitrines successives, on peut admirer des ossements d'animaux du Néandertal, des outils primitifs (mais au principe très ingénieux), des statues menhirs, quelques vases ou parures de l'âge de bronze. En poursuivant votre marche dans le temps vous parviendrez à l'époque gauloise pour laquelle sont présentés des documents sur les fouilles de la villa gallo-romaine de Rodelle. La poterie sigillée est représentée par des pièces provenant du site de la Graufesenque, près de Millau. Détails et explications sur le déroulement d'une campagne de fouilles sont très instructifs et du plus grand intérêt pour ceux qui voudraient approcher cette activité.

Palmas

Les trois quartiers composant le village sont intéressants. Théâtre de nombreux conflits autour de sa place forte, le château n'est plus que vestiges depuis 1251, mais de belles demeures bourgeoises sont encore là. L'église, remaniée, est romane avec des chapelles gothiques, des chapiteaux et culs-de-lampe sculptés. Son clocher massif nous rappelle qu'une partie de l'église s'incorporait aux fortifications dixit un acte du XIIIe siècle. Le pont sur l'Aveyron, du XVIe, est construit à proximité de belles maisons.

AUBERGE DU VIEUX PONT Pont-de-Palmas © 05 65 69 62 50. *Ouvert toute l'année. Chambres à 30 €. Petit déjeuner 5 €. Demi-pension 32 €. Pension 42 €. Menus de 16,50 € à 24 €.* A 2 kilomètres de Laissac, cette auberge fut autrefois une ancienne cave à Roquefort, et le rendez-vous des moissonneurs. Du temps jadis reste un vieil escalier et, à peine plus récente, une superbe cheminée réchauffe la salle qui sert à la fois de bar et de restaurant. Bordée par une rivière, cette auberge offre six chambres rénovées avec cabinet de toilette. Véronique et Jean-Michel, qui ont repris la direction de l'établissement début 2004, servent à leurs hôtes des plats régionaux, comme de la fouasse au roquefort gratinée au sabayon, des feuilletés d'écrevisses ou des entrecôtes sauce roquefort. Pour faire glisser ces agapes, on optera en dessert pour la glace aux pruneaux à l'armagnac…

FELIX GOURMAND - MARYSE FRAYSSE © 05 65 81 97 02. *Fax : 05 65 81 95 02. Visite de la ferme Tarifs : adulte 7 €, enfant de moins de 10 ans 5 €. Ouverture : Sur réservation. Du lundi au vendredi du 1er juin au 31 août. Services : 25 personnes. Accessibilité personnes handicapées avec aide. Animaux domestiques acceptés. Vente directe à la ferme.* Ferme située dans un hameau dominant le village de Prévinquières et la vallée de l'Aveyron. Elevage de vaches laitières et de canards gras. Visite de l'élevage de canards et de l'atelier de transformation. Présentation des autres productions de la ferme, du site de Prévinquières et de la vallée de l'Aveyron. Goûter en plein air sous le grand chêne ou dans une salle aménagée (selon le temps) : assiette composée avec foie gras, confit, petits fritons de canard et gâteau maison.

Marcillac - Vallon

Le grès rouge donne encore ici l'originalité aux constructions. Le centre du bourg s'égaye d'une agréable promenade ombragée bordée par divers commerces et où se tiennent les marchés. Les vieilles maisons, parfois à colombage et encorbellement, foisonnent. L'église gothique s'agrémente d'un élégant clocher octogonal, et à l'intérieur, pas moins de trois retables et diverses statues très anciennes valent le coup d'œil. Tout près s'élève un autre clocher, celui de l'ancienne chapelle des pénitents, car Marcillac a un passé historique très religieux. A l'origine du lieu était un prieuré dépendant de l'abbaye de Conques. Elle passa entre les mains du comte de Rodez, puis de ceux d'Estaing. Marcillac eut à subir les invasions des Sarrasins, le siège des Anglais au XIVe siècle, celui des Protestants 200 ans après et enfin celui des Croquants. Autre particularité locale, la présence de coteaux particulièrement bien exposés, depuis longtemps voués à la culture de la vigne. Des archives relatent la présence de cépages dès le IIIe siècle. Le cépage « mansois » aurait été implanté ici par les moines de Conques. Depuis ce temps, il continue à faire la richesse et la renommée de la vallée. Pour avoir un magnifique point de vue du village, prendre la D204, petite route en direction de Nuces. A 5 kilomètres sur le versant opposé, l'église romane isolée de Saint-Jean-le-Froid fut bâtie à 556 mètres d'altitude d'où le point de vue est aussi imprenable.

Le couvert

L'AUBERGE DE BRUEJOULS Bruéjouls ✆ 05 65 72 70 74. *Ouvert toute l'année mais fermé tous les soirs, sauf samedi sur réservation. Menus 10 € (midi), de 14 € à 25 €. Menu enfant 10 €.* Cette auberge, dont deux salles ont récemment été rénovées, est une adresse à tester absolument. L'importante clientèle d'habitués de l'établissement est d'ailleurs un signe de qualité qui ne trompe pas ! Ici, les recettes sont transmises de génération en génération, ce qui n'empêche pas le chef de se risquer à quelques digressions culinaires. Il s'avère que le résultat est vraiment convaincant. Les traditionnels magrets de canard, côtes d'agneau, ris d'agneau au cèpes et faux filet côtoient des préparations aux saveurs exotiques telles qu'un excellent curry de volaille aux mangues et bananes. Le cadre agréable, l'ambiance familiale et la cuisine inventive font de cette auberge une adresse assez unique dans la région.

DOMAINE DES COSTES ROUGES Combret ✆ 05 65 72 83 85. *Ferme auberge. Ouvert tous les jours, sur réservation sauf le lundi en juillet et août ; hors saison (de mars à septembre), le week-end et pour les groupes sur réservation. Fermé en décembre.* Dans un petit village perché, juste en dessous du château de Combret, Claudine Costes a repris l'exploitation viticole de ses parents en appellation marcillac. Aidée de son mari Eric Vinas, qui fut un temps restaurateur à Toulouse, elle a décidé de faire partager plus que son vin. Alors à eux deux, ils concoctent des repas typiques conçus à partir de leur basse-cour et de leur jardin potager. Assis à de longues tables, dans une ancienne étable, on fait face à la vallée ou à la grande cheminée ; là rôtissent volailles et canards destinés à être flambés au flambadou, là grille la saucisse maison servie avec un gratin de légumes. On commence avec des pascadous, on finit par des pâtisseries maison et coule le vin de la propriété qui se marie si bien avec cette cuisine généreuse.

L'EUROPE Tour de ville ✆ 05 65 71 72 16. *Fermé lundi soir et mardi. Menus de 10,50 € à 25 €.* Cette brasserie offre sa terrasse sur la place centrale. Bien installé au soleil, on a pris soin de commander les spécialités de la maison : assiette gourmande où escargots, grenouilles, foie gras et chèvre chaud sont bien appétissants ou encore l'assiette du patron avec poisson du marché, Saint-Jacques, langoustines et saumon fumé. Le tout est bien arrosé de vins du Sud-Ouest.

AUBERGE DU CRENEAU Pont-les-Bains ✆ 05 65 71 74 21. *Menus à 13 €, 16 € et 22 €. Fermé le mercredi après-midi.* L'auberge est bâtie sur la petite rivière, le Créneau, en plein cœur du vallon de Marcillac, dans le village de Pont-les Bains. Une terrasse agréable, une salle de café à l'ancienne, une salle de restaurant chaleureuse où boiseries et tissus occupent la bonne place. Le cadre est feutré, chaleureux, exactement comme l'ont voulu les propriétaires, c'est-à-dire à leur image. Voilà pour le décor. Côté cuisine, du simple mais du bon, même du très bon. Cela va, en été, de la grillade à l'estofinade que le chef actuel a apprise sous la surveillance de l'ancienne patronne de façon à ne pas perdre le savoir-faire qui a fait la réputation du lieu. En hiver, le repas débute par une bonne soupe de pays, longuement mijotée au feu de bois. Quant à la carte, elle est particulièrement bien fournie. En période estivale, l'auberge est ouverte tous les jours, en hiver le patron s'accorde le mercredi après-midi et l'auberge fait relâche. Les motards sont particulièrement les bienvenus puisque le patron est lui-même un adepte du deux-roues.

LA TABLE DE JACKIE 3, le Bourg - SAINT-CYPRIEN-SUR-DOURDOU ✆ 05 65 69 83 19. *Fermé le lundi soir, mardi soir et mercredi soir. Fermeture annuelle en mars et septembre. Menus à partir de 13 €.* Dans la rue principale, les tables de ce restaurant occupent deux salles contiguës. Celle où l'on entre en premier est réservée au bar et à ceux qui font un déjeuner rapide. La salle de restaurant elle-même a l'aspect d'une salle à manger bien tenue, dont plancher blond, rideaux et nappage, donne une impression chaleureuse. Quelques tables occupent l'espace et brillent de leur couvert soigné. Dans un tel cadre, une cuisine tout aussi appliquée ne se fait pas attendre. La carte et les menus suivants offrent une diversité de choix raisonnables et appétissants, la qualité n'est jamais oubliée. Service discret, aimable quand il le faut, atmosphère paisible sur fond musical, on passe là un moment fort agréable.

Le gîte

Hôtels-restaurants

LE RELAIS DE MARCILLAC Tour de Ville ✆ 05 65 71 75 57. *Chambres de 22 € à 26 €, petit déjeuner 6 €. Menu à partir de 10,50 € (le midi).* Ce petit hôtel a tout d'une pension de famille. Les chambres y sont simples, bien tenues et chacune est équipée de la télévision. Au rez-de-chaussée, le bar et le restaurant accueillent les résidents du Relais ainsi qu'une clientèle de passage à Marcillac. On s'y restaure de bons plats du Sud-ouest tels que le coq au vin, le chou farci, un pavé de l'Aubrac ou des tripoux. La carte propose également une belle sélection de pizzas à consommer sur place ou à emporter. L'établissement a récemment été rénové et offre une belle terrasse sur laquelle il fait bon faire une petite sieste.

Hôtel

HOTEL CAFE SOLOMIAC Le Bourg - GRAND-VABRE ✆ 05 65 69 83 02. *Ouvert toute l'année, chambre de 20 € à 37 €, petit déjeuner 5,50 €.* Revenu sur le lieu de ses vacances Andréas Balke a quitté sa Hollande natale pour reprendre cet hôtel en plein centre du village. La belle bâtisse prônant fièrement sur la place, offre sa terrasse et sa tonnelle à tout visiteur cherchant un moment de paix. Andreas n'a rien touché au bar et à la salle, lui gardant ainsi un certain charme. Un piano et une guitare posée contre, témoigne du bœuf de la veille. Le patron, pianiste de jazz n'hésite pas à lancer quelques accords pour charmer ses convives. Côté hôtel, 8 chambres simples et calmes. En somme une adresse qui invite au farniente.

Camping

CAMPING MUNICIPAL LE CAMBOU ✆ 05 65 71 74 96. *Ouvert en juillet et août.* Ce camping municipal permet, à la belle saison, de s'installer au bord de la rivière. 39 emplacements se partagent un terrain ombragé et des sanitaires corrects. Les résidents ont accès au terrain de tennis.

Emplettes

MARCHE TRADITIONNEL DE MARCILLAC. *Tous les dimanches matin.*

Produits gourmands

BOULANGERIE JEAN-MARIE AZAIS Tour-de-Ville ✆ 05 65 71 75 35. Ce boulanger-pâtissier aux mérites reconnus fait étalage, dans une boutique pimpante, de ses spécialités et de celles du pays. Son pain au levain a un goût affirmé et sa pompe à l'huile se présente bien fine, comme il faut pour apprécier ce gâteau si particulier. A côté des petits gâteaux, des sablés et des fouaces, on trouvera là le « soleil », cette fameuse brioche de Marcillac qui a la forme et presque la couleur de l'astre de midi.

LE PANIER D'ALAIS 5, allée des Rosiers ✆ 05 65 78 43 58. *Fermé le lundi.* Dans sa petite boutique, Valérie vante les mérites des produits bios et de ceux des fermes aux alentours de Marcillac. Sa sélection comprend des produits alimentaires de qualité comme la viande d'agneau, des confitures, des légumes et des fruits frais ou secs. On trouve également sur ses étals quelques produits d'artisanat et des bijoux. Une très bonne adresse avec un bon accueil en prime !

Vins

DOMAINE LAURENS - Clairvaux ✆ 05 65 72 69 37. *Vente directe au caveau, du lundi au samedi.* La famille Laurens exploite sur la commune de Clairvaux un domaine d'une vingtaine d'hectares pour une production de vins rouges et rosés, dignes représentants de l'AOC Marcillac. Le domaine est aussi connu comme distillerie ; il produit depuis de nombreuses années des alcools de fruits réputés à base, entre autres, de poire William, de prunes sauvage... Le plus typique est un ratafia authentique, cet apéritif rosé composé d'eau-de-vie et de moût de raisin, à déguster bien frais.

FRANCIS COSTES La Baronie - Combret - NAUVIALE ✆ 05 65 69 83 05. Il faut aller dénicher les deux hectares de ce petit producteur en direction de Villecomtal, dans cette baronnie de Combret. Francis Costes et son fils mènent le vignoble en parallèle avec la gestion d'un troupeau de vaches et lui réservent un soin particulier. La cave familiale est installée sous la maison et se modernise dans un souci constant de qualité. Père et fils ne sont pas prêts à renoncer à ces vignes, exposées au sud derrière la ferme, que le premier a conservé en mansois après les gelées de 1956 alors que d'autres se tournaient vers des cépages plus productifs. Cet attachement au cépage traditionnel, ces méthodes de travail, se retrouvent aujourd'hui dans un vin rustique qui s'est fait une jolie réputation.

► *Dans les environs*

Tout autour de Salles-la-Source existe un patrimoine architectural et historique remarquable constitué essentiellement d'églises. Les églises romanes Saint-Paul du Bourg (des visites sont organisées l'été), Saint-Austremoine et Notre-Dame de Vanc (retable du XVIIe siècle et Vierge à l'Enfant du XVe). Mais aussi l'église du XVe siècle de Souyri, l'église Renaissance de Cadayrac et l'église plus récente de Cougousse (XIXe siècle) sont autant de raisons de faire une halte dans ce coin.

Clairvaux-d'Aveyron

9 kilomètres au sud de Marcillac sur la D962.

Clairvaux est un village pittoresque. Les traces d'un passé mouvementé sont incontestables : enceinte, portes fortifiées, anciennes demeures… L'église romane de 1160, dont une partie et le clocher ont été reconstruits au XVIIIe siècle, abrite un beau retable et une mise au tombeau du XVIIIe siècle. L'ancienne enceinte est encore signalée par une tour fortifiée, à mâchicoulis. Elle a, comme les autres bâtiments anciens, l'aspect original de ces constructions en grès rouge du Permien. Cette même couleur, ce même matériau se retrouve dans les villages alentours comme à Bruejouls, à Valady ou à Marcillac-Vallon. A la belle saison, une luxuriante floraison au cachet inoubliable garnit ruelles et balcons. La meilleure approche de Clairvaux se fait par la D57 via Bruejouls, que l'on empruntera à partir de la D994 reliant Rodez à Rignac.

LA FREGIERE ✆ 05 65 72 71 40. *Site : www.fregiere.com. Ouvert de Pâques à septembre, du mardi au dimanche soir, midi et soir sur réservation ; de septembre à Pâques, vendredi, samedi et dimanche sur réservation. Fermé en janvier. Menus de 20 € à 28 €. Chalets de 250 € à 600 € la semaine.* Lovée dans le vallon de Marcillac, La Frégière est l'un de ces endroits typiques de l'Aveyron qui valent vraiment le détour. Pour y accéder, la route est étroite et pleine de virages mais le panorama est splendide. Autrefois propriété viticole, l'établissement vit aujourd'hui de son restaurant, de ses gîtes ruraux et de son club hippique. Si le cadre ne manque pas de charme, la cuisine est également un des atouts de l'adresse. Dans une salle décorée dans la plus pure tradition aveyronnaise, les hôtes des lieux cuisinent d'excellentes spécialités au feu de bois : du canard au confits et magrets en passant par les faux-filets de bœuf la truite, le cochon de lait, l'agneau ou le quartier de bœuf. Quoi de mieux que le vin de la propriété pour accompagner la cuisine de La Fregière ! Côté hébergement neuf chalets accueillent les visiteurs à la semaine dans un cadre de verdure des plus reposants.

Mouret

15 kilomètres au nord de Marcillac sur la D901.

Quatre châteaux existaient ici vers les XIVe et XVe siècles. Ils étaient reliés entre eux par une ligne circulaire de hautes murailles entourées de fossés. Il n'en reste aujourd'hui que d'imposantes ruines à l'exception d'un seul qui fait l'objet d'une sérieuse restauration. L'église, elle aussi a disparu, mais on peut voir encore quelques maisons anciennes, certaines médiévales avec portes et fenêtres romanes ou gothiques. A la Capelle-Mouret, l'église à la nef préromane possède des chapiteaux historiés. Lors de la construction de la porte gothique, un tympan sculpté a été retourné… vers l'intérieur !

Nauviale

7 kilomètres au nord de Marcillac sur la D901.

Entre Marcillac et Conques, ce village en a subi de fortes influences. Ses origines remontent au Xe siècle où il était le siège d'une viguerie carolingienne, donnée à Conques au XIe siècle par Pons de Combret. L'église XVe est une construction mélangée de pierres blanches et rouges du Vallon. Remarquer de curieux culs-de-lampe. On peut accéder à pied au château de Belcayre, dont les ruines trapues dominent le bourg, qui ne possédait pas moins de huit tours reliées par une enceinte polygonale. A 2 kilomètres, le pittoresque hameau de Combret, aux ruelles à fortes pentes, possède un château XIVe siècle encore habité.

Pruines

11 kilomètres au nord de Marcillac sur la D901.

Village de grès rouge, Pruines passa des mains des moines de Conques à celles du chapitre de Rodez. Avec quelques maisons intéressantes, le château du XVe, remanié au XVIIe, a une certaine allure grâce à sa tour carrée à mâchicoulis. L'église, de la même époque, abrite une Vierge dorée du XVIIe siècle. Le reste d'un fanum gallo-romain se situe au pic du Keymar, à 4 kilomètres au nord-ouest. Une soixantaine de prêtres furent massacrés à Pruines en 1573 par le vicomte de Gourdon qui commandait le siège des Protestants.

Saint-Christophe

Eglise de grès rouge à Saint-Cyprien-sur-Dourdou

3 kilomètres à l'est de Marcillac sur la D962.

Ce village aux rues étroites possède quelques belles maisons à colombages. L'église a été restaurée au siècle dernier. Vous y verrez un bas-relief de la crucifixion, une croix reliquaire et un Christ en bois. De nombreux sarcophages sont présents sur la commune.

Saint-Cyprien-sur-Dourdou

11 kilomètres au nord de Marcillac sur la D901.

Le rouge est la couleur dominante qui se remarque partout : dans la construction de maisons parfois anciennes, ainsi que dans la terre des champs d'alentour. L'église un peu excentrée sur le coteau donne un curieux effet de mélange des styles roman et gothique. A voir les retables du XVIIIe siècle. Curiosité notoire : vous pourrez vous arrêter devant ce qui reste du tronc du plus gros châtaignier d'Europe, déraciné en 1993 sur la commune. Avec ses 13 mètres de circonférence, ses plus de 14 tonnes et ses 700 ans, il se repose près de la piscine.

Salles-la-Source

7 kilomètres au sud-est de Marcillac sur la D901.

Château du Colombier
© Château du Colombier

Sa situation particulière, au centre d'un cirque de falaises calcaires, a véritablement protégé ce village, laissant même l'impression d'y avoir arrêté le temps. La disposition actuelle et l'aspect général ressemblent quasiment à ce qu'il devait être au Moyen Age. La seconde particularité de ce village est d'avoir conservé le nom hérité de la Révolution. Avant, il s'appelait Salles-Comtaux, en raison des nombreux châteaux appartenant aux comtes de Rodez. En 1589, un des châteaux fut pris par les ligueurs, se revendiquant d'Henri de Valois, mais les villageois n'acceptèrent pas et reprirent la place forte. La troisième particularité de ce village tient dans sa cascade, haute de 20 mètres, qui attire de nombreux visiteurs. Véritable panache blanc, elle jaillit de la falaise pour retomber dans une cuvette naturelle au milieu du village. Il subsiste de nombreux vestiges de l'histoire de Salles-la-Source : les châteaux de Cadayrac, des Ondes, l'église Saint-Loup qui abrite un retable avec crucifixion de 1635 ou celle de Saint-Paul dans laquelle a été découvert un Christ roman en bois polychrome.

CHATEAU DU COLOMBIER **Mondalazac ✆ 05 65 74 99 79.** *Site : http://colombier.thoiry.net. Fermeture annuelle d'hiver de mi-novembre au 31 janvier. Ouvert de 10 h à 18 h ou de 14 h à 18 h selon les jours et la saison, d'avril à septembre, de 14 h à 17 h de mi-septembre à mars, les mercredis, samedis et dimanches hors vacances scolaires. Entrée adulte 9,90 €, enfants 3 à 12 ans et étudiants 7,40 €. Groupes sur rendez-vous toute l'année. Visite en braille du jardin médiéval.* Ce château du XIVe siècle, qui fut la demeure des comtes de La Panouse durant 25 générations, célèbre l'art de vivre médiéval. Autour de la demeure fortifiée, un parc aménagé invite à la promenade. D'abord une balade dans le jardin d'Eden, parc odorant planté d'herbes, de fleurs et d'arbustes qui enchantaient les pas des contemporains de Charlemagne. Puis la balade prend vie et l'on s'aventure sur un sentier, long de deux kilomètres, qui circule au milieu du bestiaire vivant : rapaces, ours bruns, loups et même lions et singes le composent. Plus paisibles et moins impressionnants, voici encore les daims et le petit peuple de la mini-ferme, et enfin les hommes costumés, un herboriste, une conteuse et un troubadour, présents ensemble ou successivement selon les jours. Ils enchantent le visiteur par des histoires qui font remonter le temps, jusqu'à une époque où l'on se divertissait d'un labyrinthe de verdure ou de jeux d'adresse et de réflexion. Aujourd'hui encore, on prend un certain plaisir à se faire expliquer les règles pour se lancer dans une partie de marelle, de toupie, de croquet, d'échecs… Les cloches rythment le temps des visites guidées à l'intérieur et à l'extérieur du château, tandis qu'un programme audiovisuel complète ce que l'on a trouvé là à portée de main. Programme des heures de nourrissage des animaux et des animations médiévales sur demande ou dans les offices de tourisme.

MUSEE DU ROUERGUE ✆ **05 65 67 28 96.** *Ouvert tous les jours en mai, juin et septembre de 14h à 18h, en juillet et août de 10h à 12h30 et de 14h à 19h, fermé samedi matin. Adultes 4 €, groupes et moins de 18 ans 2,50 €. Gratuit moins de 7 ans. Planétarium : adultes 3 €, réduit 2,50 €. Billet combiné musée et planétarium : adultes 5,50 €, réduit 4 €.* Il a été installé dans une ancienne filature. Par le passé, la seule industrie de ce village consistait en des moulins placés les uns derrière les autres. Quelques propriétaires se regroupèrent et créèrent une papeterie. Mais la technologie employée fut vite dépassée, et les locaux furent rachetés par des filatiers de Rodez. Elle devint la plus grosse usine de l'ancien arrondissement de Rodez, jusque dans les années soixante où elle a fermé. La constitution du musée consacré au patrimoine industriel du Rouergue est l'œuvre du directeur des archives départementales, Jean Delmas, qui parcourt toujours ces allées avec autant de plaisir et la passion de faire découvrir l'histoire de son département. Le sous-sol est consacré à la force. S'y trouvent rassemblées des machines agricoles complexes, comme ces pressoirs à balancier, utilisant au mieux la force humaine, et cet unique exemplaire de pressoir à noix à coins. Les roues de moulin forment une belle collection du patrimoine d'une technique propre au Rouergue. Le premier étage est consacré au minéral. On y admire des abreuvoirs, divers types de couvertures employées dans la région (chaume et lauzes), ainsi qu'un mécanisme d'horloge, symbole de la maîtrise du métal. Le deuxième étage est consacré aux matériels employés pour l'agriculture, et plus précisément les ustensiles servant à transformer les châtaignes ou le chanvre. Enfin, le troisième étage, qui permet d'admirer une superbe charpente bateau, présente les objets en relation avec le monde animal, tant à travers l'utilisation de sa force que de sa peau. Un stand sur le travail du cuir a même été aménagé. La visite se termine par la reconstitution d'une partie de la filature, avec des machines encore en état de marche, comme la plupart de celles exposées au musée, et d'une galerie extérieure présentant une chaîne de machines à vapeur. Une salle complémentaire a été aménagée en planétarium. Des animations pour adultes et enfants sont également prévues sur demande.

Villecomtal

20 kilomètres au nord de Marcillac sur la D927.

Jamais cité n'aura mieux exprimé son appartenance aux comtes de Rodez. Bâtie entre 1295 et 1304 par Henri II et Bernard d'Armagnac, la ville conserve ses fortifications et l'aspect médiéval de ses rues pavées de grès rouge. On accède à une rue piétonne par ce qui devait être une des portes de l'enceinte. On pourra remarquer de nombreuses maisons sur les murs desquelles des outils ont été gravés. L'église gothique possède trois nefs et un imposant maître-autel.

Millau

C'est fini… nous ne parlerons plus des bouchons de Millau. La ville est devenue célèbre sur toute la planète par le plus beau tire-bouchon du monde : le viaduc. Aux dernières nouvelles, l'ouvrage a aussi nuit à une autre célébrité locale récente, le MacDo démonté par José Bové, qui voit sa notoriété involontaire sévèrement éclipsée. Mais, il y a bien des siècles, Millau était déjà connue. En gaulois, la ville s'appelait Condatomagus, le marché de la confluence, au carrefour des gorges du Tarn et de la Dourbie. On y fabriquait entre 100 et +100 après Jésus-Christ, de la poterie en terre sigillée. La production était distribuée dans l'ensemble du monde romain et même plus loin. Si les photos du viaduc ont fait le tour du monde, sachez qu'on a retrouvé de la vaisselle signée par les potiers de Millau à Pompéi, en Egypte, en Mauritanie, en Inde, sur les rivages de la Baltique ou de la Mer Noire. Au Moyen Age, elle conforta, par sa position entre Méditerranée et hautes terres, son rôle commercial et dès le XIIe siècle, les activités de mégisserie étaient déjà présentes. L'industrie de la peau ne rendit la ville vraiment célèbre qu'à partir du XVIIIe siècle, après une longue période trouble issue de son choix pour le parti de la Réforme. Après l'apogée du XIXe siècle et du début XXe, où la population millavoise travaillait dans sa quasi-totalité à cette production, différentes crises mirent à mal cette mono-économie. aujourd'hui il ne reste de l'industrie gantière que quelques fabriques ou artisans spécialisés dans le haut de gamme et la haute couture. En été la ville est un véritable point de départ pour visiter les Grands Causses, les gorges du Tarn, de la Dourbie. Le climat particulièrement agréable permet la pratique en été de sports d'eau vive mais aussi les sports aériens tels le parapente et le deltaplane. A ne rater sous aucun prétexte et ce quelle que soit la saison, le marché du vendredi où l'on rencontre de nombreux producteurs.

OFFICE DE TOURISME MILLAU-GRANDS CAUSSES 1 place du Beffroi ✆ **05 65 60 02 42.** *Site Internet : www.ot-millau.fr. Ouvert du lundi au vendredi de 9h à 12h30 et de 14h à 18h30 ; samedi de 9h à 18h30 ; dimanche et jours fériés (sauf Noël et jour de l'an) de 9h30 à 16h - Juillet et août tous les jours de 9h à 19h.* Il propose un dépliant qui à travers un circuit permet de découvrir le centre historique et de mettre, de façon très intelligente, ses pas dans ceux des personnages connus ou moins connus de la ville : la cantatrice Emma Calvé, le peintre romantique Théodore Richard, le poète du siècle des Lumières Claude Peyrot… En été : visites guidées au départ de l'Office.

Points d'intérêt

LE VIADUC DE MILLAU. *Voir Sites immanquables.*

ESPACE DES PONTS ET OUVRAGES D'ART. *Entrée Libre. Horaires d'ouverture : du 1er septembre au 15 avril, ouvert du mercredi au dimanche de 14h à 17h30, du 16 avril au 30 juin de 14h30 à 18h et du 1er juillet au 31 août, tous les jours de 14h30 à 18h. Informations au 05 65 59 01 08.* Situé en plein coeur du centre ancien de Millau, au pied du Beffroi, cet espace dédié aux ponts et ouvrages d'art propose l'exposition permanente : "Osez les ponts". On y retrouve une originale collection de maquettes : le Pont d'Iéna de Paris, le Pont Neuf de Toulouse, le Pont-Valentré de Cahors, le Pont de Montanges dans l'Ain ainsi qu'un espace Viaduc de Millau dont une maquette est spécialement réalisée à destination des personnes non voyantes et malvoyantes. Toutes ces œuvres permettent de revivre les incroyables étapes de leur réalisation.

LE VIEUX-PONT. Il ne reste plus que deux arches sur les 17 qui permettaient de traverser le Tarn. Cet ouvrage est mentionné dès 1156. Il reste encore le moulin et sa chaussée. En face du vieux pont, un immense espace vert dit du Saoutadou dispose d'un parcours aménagé de kayak, des terrains de sport. Un lieu de promenade particulièrement apprécié des Millavois.

LA VIEILLE VILLE. Le site de la Graufesenque en témoigne, Millau, ou plus exactement Condatomagus, savait déjà tirer profit de sa situation géographique et de la rivière. Dès le Moyen Age, la ville devint un important carrefour commercial et, à la faveur du retour des croisades, la mégisserie (le tannage des peaux à l'alun) fit son apparition et devint rapidement une des principales activités de la ville dès le XIIe siècle. Dans les rues du vieux Millau (rue Peyrollerie, rue Droite), il ne faut surtout pas hésiter à pousser les portes qui ferment souvent des cours intérieures ou des escaliers magnifiques, le quartier du Voultre et ses rues moyenâgeuses, étroites. Une visite pédestre du cœur de Millau permet de comprendre les principales étapes de son passé, grâce à un patrimoine particulièrement préservé. Pour mieux l'apprécier et ainsi connaître l'histoire de la ville, la mairie a mis en place un itinéraire historique que l'on suit grâce à un petit topo-guide gratuit qui explique le rôle des divers bâtiments de la ville à travers leur histoire ou celle des personnages qui y vivaient. De plus, de nombreux panneaux permettent de se documenter au cours de la balade. La place du Maréchal-Foch, très pittoresque, a gardé ses belles arcades construites du XIIe au XVIe siècle, et une belle fontaine. Sur cette place s'ouvre l'église Notre-Dame, ancien édifice roman reconstruit au XVIIe, à vaisseau unique dont le chœur est décoré de magnifiques fresques représentant le Couronnement de la Vierge. Elles sont dues à Jean Bernard et datent de 1939. L'ensemble a été superbement restauré et récemment rouvert au public et au culte. A noter aussi les halles de style Baltard, les seules du département.

LE BEFFROI Rue Droite ✆ 05 65 59 01 08. *Ouvert juillet et août tous les jours de 14h30 à 18h pour les visites libres, entrée 2,50 € ; visites guidées 3,50 € à 10h, 11h ; 15 derniers jours de juin et septembre, visites guidées à 15h, 16h et 17h. Hors saison sur rendez-vous.* Ancienne tour carrée construite au XIIe siècle sur l'emplacement du château primitif pour assurer la sécurité de la ville, elle fut surmontée d'un tour octogonale au XVIIe siècle. Situé en plein cœur de la ville, et surplombant le vieux Millau de ses 42 mètres, le beffroi offre une vue sans pareil de la ville.

LE JARDIN DES CAUSSES Parc de la Victoire - Avenue Charles-de-Gaulle ✆ 05 65 60 97 40. *Ouvert de 8h à 12h et de 14h à 18h. Entrée gratuite.* Affirmer que Millau possède son Jardin des plantes serait beaucoup dire ! Mais cet espace botanique diversifié a été aménagé récemment dans un parc déjà existant de longue date et particulièrement agréable à la promenade. L'espace botanique occupe la bordure droite et se divise en six parterres arborés et fleuris. Chaque partie présente les espèces variées que l'on rencontre sur les différents sols de la région : la forêt calcicole évoque le boisement originel des causses, la pelouse sèche évoque le sol aride actuel avec buis et genièvre, la pelouse méditerranéenne rappelle les versants sud des vallées, la pelouse rocailleuse la flore des roches calcaires, et le milieu dolomitique caractérisé par une flore adepte de falaises éclairées ou de falaises ombragées. La dernière parcelle consacrée aux plantes des moissons. Le temps que l'on prendra à parcourir cette vitrine biologique odorante ne sera pas vain ; il donne un aperçu des parfums et de la beauté des causses, dont on apprend tout en se rendant à la Maison du Parc naturel régional des Grands Causses, boulevard de l'Ayrolle.

MUSEE DE MILLAU Hôtel de Pégayrolles - Place Foch ✆ 05 65 59 01 08. *Tous les jours sauf le dimanche à partir de mai de 10h à 12h et 14h à 18h, juillet et août non-stop de 10h à 18h. Gratuits jusqu'à 18 ans. De 18 à 25 ans 3,70 €. Adulte 5 €. Billet jumelé à 6 € avec la Graufesquenque. Musées gratuits le 1er samedi de chaque mois. Graufesquenque gratuit le premier dimanche de chaque mois.* Installé dans un ancien hôtel particulier (hôtel de Pegayrolles datant du XVIIIe siècle), le musée comprend 3 parties. Une première partie est consacrée à la mégisserie et à la ganterie qui occupait, après la deuxième guerre, la première place dans l'économie locale. L'exposition commence par une découverte tactile et visuelle des différentes qualités de cuir, puis vient une rétrospective (gants de couturiers, gants « historiques » comme celui de Buffalo Bill, gants contemporains) et enfin la visite d'un atelier, de ses postes de travail et de ses machines, qui revivent en été le temps des démonstrations (une vidéo prend le relais entre-temps). Une autre partie est axée sur la paléontologie : en effet, les marnes ou terres noires, assez nombreuses dans notre secteur, sont riches en fossiles de toutes sortes. Les vitrines expliquent l'origine géologique de la région grâce à de grandes collections de fossiles issus des sites voisins ; le plus impressionnant est sans doute le squelette du premier plésiosaure complet découvert en France, paré de ses 180 millions d'années, le travail le plus remarquable, la collection d'ammonites donnée par un érudit local. En suivant les empreintes d'animaux préhistoriques, le visiteur trouve ensuite les traces des premiers habitants des causses ; une grotte sanctuaire et d'autres lieux ont livré un grand nombre d'ossements, bijoux, armes et petits objets divers. Pour finir, le musée expose un grand nombre de poteries retrouvées sur le site gallo-romain de la Graufesenque : pots, vases, plats, assiettes ainsi que la reconstitution d'un four « industriel » de l'époque gallo-romaine.

SITE ARCHEOLOGIQUE DE LA GRAUFESENQUE Avenue Balsan ✆ 05 65 60 11 37. *Ouvert tous les jours de 9h à 12h et de 14h à 18h30 de mai à mi-septembre ; de 10h à 12h et de 14h à 18h hors saison (sauf 1er janvier, 1er mai, 1er et 11 novembre et 25 décembre). Visite commentée avec un guide du ministère de la Culture (durée 45 minutes). Adultes : 4 € ; 19 à 25 ans : 2,70 €. Gratuit jusqu'à 18 ans.* La Graufesenque est le nom de ce lieu, jouxtant la ville où durant deux siècles au début de notre ère étaient fabriquées les célèbres poteries de terre sigillée. Sa situation au confluent du Tarn et de la Dourbie a permis à Condatomagus (future Millau), ville gallo-romaine, d'exploiter l'argile de cette plaine alluviale au premier siècle de notre ère.

Les fouilles, entreprises dès 1860, ont mis à jour une partie du site d'exploitation dont on voit aujourd'hui une partie du plan, tracé par des murets qui déterminent l'emplacement des ateliers, des zones d'habitation, des temples. Une grande fosse, dans laquelle étaient jetées les pièces ratées, a permis aux archéologues de dresser un catalogue de la production de la Graufesenque, venu compléter celui qui avait été établi grâce aux céramiques retrouvées du nord de l'Europe au Moyen-Orient et reconnaissables par leurs formes, leurs décors et la signature des potiers. D'abord répliques de la céramique italienne, les vases des potiers de la Graufesenque furent célèbres pour leur terre cuite rouge et brillante, sigillée (marquée au poinçon), ornée de feuillages, de personnages ou lisse. L'utilisation de moules en fit une production standardisée. Les fouilles archéologiques ont permis de se faire une idée très précise de cette industrie car de nombreuses tablettes mentionnant le nom des potiers, le nombre de pièces ainsi qu'une foule d'éléments assurent une analyse très précise de l'intensité de production. En pleine activité, plus de 600 ateliers donnèrent des millions de pièces qui cuisaient plusieurs jours, par fournées de 10 à 40 000 dans d'immenses fours à bois (repérés sur le site, reconstitution visible au musée de Millau). La production était acheminée, via la voie romaine qui passait par Millau, vers l'ensemble du bassin méditerranéen. Environ 2 500 m^2 ont été dégagés et donnent une idée précise de l'activité de ce site estimé à une quinzaine d'hectares.

Le couvert

Restaurant

AUBERGE DE LA BORIE BLANQUE Route de Cahors ✆ 05 65 60 85 88. *Ouvert tous les jours en saison. Fermé dimanche soir, lundi et vendredi hors saison. Menus à 11 €, 17 € et 22,50 €.* Quel bel établissement que voilà ! Une vue splendide sur la vallée, une belle terrasse ombragée, une salle voûtée de pierre comme dans les bergeries traditionnelles, le lieu est magique et réputé depuis 7 ans. Trois générations de femmes vous y accueillent, mais c'est Marie-Hélène Négron qui est derrière les fourneaux. La tradition est son crédo, aussi ne vous étonnez pas d'y trouver de la poitrine de porc farcie à l'ancienne ou le coufidou à la millavoise (daube) dès le premier menu d'un remarquable rapport qualité/prix. Estouffade de mouton, ris d'agneau, tête de veau ravigote, noisette de mouton en croûte d'herbes sont aussi au programme. De toute façon, la carte change au rythme des saisons (hiver et été). Les desserts, après les fromages inscrits d'office dans tous les menus, sont faits maison, du nougat glacé au coulis de cassis.

LES ARCADES 3, place Foch ✆ 05 65 60 87 88. *Ouvert tous les jours. Formule 10,50 € (midi). Menus à partir de 12 €.* Un lieu convivial en famille (menu enfant à 7 €), spécialement en été, quand on peut savourer son repas tranquillement installé sur la terrasse, place Foch, au soleil. Excellent rapport qualité prix dans cette bonne adresse de la ville. Le premier menu à 13,50 € tient bien la route avec un très bon feuilleté au roquefort (si elle ne vous fait pas peur, choisissez la « salade des Arcades », salade, gésiers, pommes de terre, lardons, noix, tomates, concombres).

LE BAR A THYM 14, avenue Alfred Merle ✆ 05 65 60 12 76. *Ouvert du lundi au vendredi midi et le dimanche à midi. Menu à 11 €.* Voici une adresse bien sympathique pour se régaler à moindres frais ! Passé le pas de la porte, on est accueilli avec dynamisme par Fabienne et Laurence, maîtresses des lieux. L'ambiance est familiale, généreuse et correspond finalement assez bien à ce que l'on trouve dans les assiettes. Michel en cuisine prépare des recettes classiques telles qu'une délicieuse blanquette de dinde, un navarin d'agneau ou une plus méridionale seiche en rouille. Il y'en a pour tous les goûts. Pour finir le repas sur une note sucrée, ne résistez pas aux desserts, ils sont excellents - tarte Tatin, gâteau au chocolat… - et faits maison. Le Bar à Thym est le genre de petite adresse où l'on vient et revient sans jamais se lasser.

LE BEC-FIN 22, rue de la Capelle ✆ 05 65 60 63 04. *Salade aveyronnaise 7,90 € ; formule 10,90 €.* Jean-Luc Besombes vous accueille sans façon dans ce sympathique restaurant du centre-ville. Ici pas de tralala, mais des plats simples à des prix étudiés : moules frites, assiettes composées, saucisse sèche au gril et de délicieuses crèmes catalanes maison. Le plus simple est de prendre la formule où pour 10,90 €, il vous servira par exemple une salade composée ou des moules à l'aïoli, un faux-filet frites et une crème catalane ou au caramel. Si vous voulez passer un moment convivial et ensoleillé entre amis, il vous préparera sur commande une superbe paëlla.

LA BRACONNE 7, place Foch ✆ 05 65 60 30 93. *Menus à 18 €, 28 € et 39 €. Fermé dimanche soir et lundi.* Sous les couverts de la place carrée, la Braconne s'est nichée dans une salle typée, toute en pierres et voûtes. Elle cultive son air campagnard d'un éclairage chaud, d'une cheminée qui l'est tout autant, de tables massives mais accueillantes et même de fauteuils de terrasse en rotin. Une lecture rapide de la carte fait relever au passage le râble de lièvre (en hiver), au nombre des spécialités, le gigot d'agneau flambé au capucin servi avec son aligot, les crêpes au roquefort. Ce restaurant de femmes, tenu par Mme Sola et sa fille, n'en finit pas d'explorer avec délectation les trésors de la cuisine classique ou traditionnelle, passant avec autant de réussite du foie gras de canard en brioche à la lotte à l'américaine. Quand sourire et gourmandise riment à ce point, il ne faut surtout pas s'en priver.

AU JEU DE PAUME 2, rue Saint-Antoine ✆ 05 65 60 25 12. *Ouvert tous les jours de 18h à 1h du matin, sauf le dimanche.* Christophe Bourrel a rassemblé ici tous les ingrédients nécessaires à faire du Jeu de Paume un établissement à la mode. Tout d'abord ce ne sont pas une, mais deux salles, sans parler de la terrasse, l'ancien terrain de Jeu de paume, qui s'ouvrent à l'arrière. La première, toute en voûtes, est aménagée en bar à vins où le barman pioche dans la sélection maison et fait quelques infidélités à Bacchus en servant bières, cocktails, jus de fruits et café. Quelques marches plus haut, la salle de restaurant ouvre directement sur la cuisine ; derrière un bar, on trouve des spécialités de cuisine au feu de bois et poissons à la plancha. A la carte, on trouve des tapas variées, des plats cuisinés (salade niçoise, tagliatelles au pistou...), à prendre en plat unique ou au milieu d'une formule repas.

LA MANGEOIRE 8, boulevard de la Capelle ✆ 05 65 60 13 16. *Fermé le lundi (sauf en août). Formules du jour à 14 €, menus de 18 € à 45 €.* Il faut reconnaître que son nom défavorise cette bonne table de la ville, classée en restaurant de tourisme et adhérant au label « Restaurateur de France ». Gilles et Carole vous accueillent dans l'une des trois salles, aménagées dans d'anciennes caves voûtées. Le décor et le mobilier de bois sont chaleureux, la mise de table élégante et la cuisine au niveau, mélange parfait de modernité et de recettes traditionnelles. C'est le cas pour la très goûteuse et originale roulade de jambon de sanglier et son chèvre chaud en entrée, suivie d'un râble de lapin à l'ancienne. Pour ceux qui recherchent la couleur locale, ils proposent une formule saucisse/aligot à 13 €. En été, on peut manger sur la très agréable et vaste terrasse.

LA MUSARDIERE 34, avenue de la République ✆ 05 65 60 20 63. *Site : http://hotellamusardiere.com. 3 étoiles. Ouvert toute l'année. Chambres et suites de 99 à 175 €. Petit déjeuner 12,50 €. Menus à 21 €, 36 €.* La ganterie a produit quelques fortunes au XIXe siècle, dont cette belle demeure témoigne encore aujourd'hui. En centre-ville, mais donnant sur un parc, elle a été rénovée pour le plus grand confort de ses hôtes tout en conservant son cachet : escalier monumental, hauts plafonds parquets anciens. Un cadre digne des quatorze chambres, spacieuses, meublées avec goût et flanquées d'une belle salle de bains (équipements balnéo...). La Suite de l'hôtel est aussi pourvu d'un Jacuzzi et de tous les services inhérents à un haut standing. Le propriétaire, Bertrand de Biossac, veille également au raffinement dans son restaurant, la Table des lys. Dans les assiettes, le chef fait la part belle aux produits de la région. Le repas s'entame sur un ris d'agneau aux pommes de terre et pignons au sirop de pissenlit, s'enchaîne sur une planchette d'agneau aveyronnaise à l'aligot pour s'achever sur un délice de blanc-manger au coulis de fruits rouges et granité de menthe. A la belle saison, on peut s'installer au frais, dans un petit jardin ombragé.

PIZZERIA DES CYCLADES 31, boulevard de l'Ayrolle ✆ 05 65 61 07 12. *Fermé le mardi midi et le mercredi.* Changement récent de propriétaire et un cadre rénové de style crétois. Le nouveau maître de cet établissement Monsieur Pierre, propose tout comme les anciens propriétaires une carte qui décline une kyrielle de pizzas cuites au feu de bois, classiques ou originales (comme « l'exotique » ou la « blue pears » au roquefort et à la poire), une ribambelle de salades composées, et une débauche de glaces et de desserts « maison ». Ici, le roquefort est roi. Décliné sous toutes ses formes, il accompagne nombre de plats comme un faux-filet de bœuf sauce roquefort...

RESTAURANT CAPION 3, rue Jean-François-Alméras ✆ 05 65 60 00 91. *Fermé le mardi soir et le mercredi sauf de mi-juillet à fin août. Menus 12 € (midi), de 16 € à 35 €.* Ramification d'une famille réputée dans la région pour son art culinaire, l'établissement Capion maintient la tradition. En ses murs encore parfumés du fumet des recettes anciennes, Fabien et Christian Aveline assurent la satisfaction de leurs clients. Dans un intérieur digne d'une maison de famille, la carte reprend les plats d'autrefois, comme le jarret braisé, le ris d'agneau et la blanquette d'agneau, et met l'accent sur les spécialités du chef : fondant de volaille, magret aux figues et poivre vert, foie gras mi-cuit au gaillac doux, saumon fumé maison... A la fin des agapes, le chef lui-même se présente en salle pour recueillir l'avis, généralement satisfait, des convives. Il faut dire qu'ils sont alors mis en présence d'un chariot de desserts maison où la charlotte aux trois chocolats dispute la vedette aux tartes de saison ou à la flaune millavoise. Cette cuisine du terroir, qui répond aux règles de l'art, se laisse approcher à moindre coût dès le premier menu qui ne néglige ni le fromage ni les desserts.

RESTAURANT LA TABLE D'ALBANIE 23, rue du Pont-de-Fer ✆ 05 65 59 16 87. *Fermé mardi soir et mercredi soir. Fermetures annuelles en février et octobre. Menus de 17,50 € à 28 €.* Marie-Jo et Joël Marcilhac font un retour aux sources. Après huit années passées aux commandes du Palais Gourmand à Saint-Affrique, ce chef et son épouse sont revenus dans leur ville natale. C'est là que Joël s'est forgé un palais, auprès de sa grand-mère Albanie qui tenait une ferme auberge. Sa formation et son expérience personnelle ne lui ont pas fait oublier les anciennes saveurs, les recettes familiales qu'il enrichit d'une touche personnelle. Les produits du terroir composent les menus d'une cuisine qui se fait au fil des saisons et respecte les goûts authentiques. Elle se déguste dans la grande salle décorée par Marie-Jo ; l'hôtesse a créé une ambiance conviviale autour de meubles artisanaux qui évoquent, comme ces mets odorants, la chaleur et la générosité.

LE SQUARE 10, rue Saint-Martin ✆ 05 65 61 26 00. *Formule à 12 € et Menu à 16 €. Fermé la deuxième quinzaine de mars et de juin, fermé le mardi et mercredi hors saison.* Dès que le soleil le permet, le Square ouvre ses baies vitrées et double sa salle, moderne et rose, d'une terrasse assez calme. Le mobilier contemporain, la mise en table soignée, rideaux et bouquets de fleurs sont le prélude d'une petite carte, résumée en deux menus, où les saveurs de chaque plat sont finement ciselées. Le chef s'est fait une bonne renommée grâce à sa salade de cromesquis au roquefort et le dîneur, mis en bouche, découvre avec plaisir la spécialité de la maison, un foie gras de canard maison d'octobre à avril… Il n'y a rien à redire, ni dans l'assiette ni autour, et l'on termine en beauté par un nougat glacé maison ou un truffon au chocolat qui satisfera les amateurs.

LE TRISKELL 16, rue des Mandarous ✆ 05 65 62 82 15 *Fermé le dimanche et le soir. Ouvert le soir du 21 juin à fin septembre. Formules 9,80 à 12 €.* Idéalement niché dans le cœur de ville, le Triskell offre une petite terrasse et une salle où déguster l'une des meilleures crêpe de la ville (ou autre chose...). Michaël vous proposera aussi des glaces aux beaux jours, voire une salade à midi si le cœur vous en dit, vous pourrez ainsi passer un bon moment. Ambiance chaleureuse, assiette pleine et appétissante avec comme spécialité des originalité comme la galettes salée la gersoise magret et crème fraîche et la crêpe au citron.

LA PUNCHO 155, avenue de l'Aigoual ✆ 05 65 59 14 21. *Ouvert tous les jours sauf le lundi soir et le mardi soir. Pizzas de 7,40 € à 9,50 €. Menus de 11 € à 18 €.* A l'ombre de La Puncho d'Agast, Guy et Julien accueillent leurs clients dans un cadre contemporain. L'espace intérieur est plutôt vaste, on peut y servir jusqu'à 200 couverts. On y trouve même un espace bar pour les amateurs de cocktails et des jeux (table de billard…). Sur la carte on a le choix entre une cuisine d'été faite de salades (salade niçoise, salade de filet d'harengs, pommes de terres chaudes, salade au Roquefort et noix…) et de viandes grillées, ou des plats qui tiennent mieux au corps tels que des pizzas, des pâtes (bolognaises, carbonara, roquefort, végétariennes…). Les spécialités plus terroir telles que le cofidou à la millavoise, le ris d'agneau en persillade ou la saucisse grillée et aligot de l'Aubrac ne sont pas en reste. Pour le dessert, on pourra même essayer la pizza sucrée : africaine (banane, chocolat, annanas, crème) ou normande (crème et pommes flambées au calvados). Original !

Bar-restaurant

LA CAZELLE 1, avenue du Pré-de-Vabres - SAINT-GEORGES-DE-LUZENÇON. *Menu à 11 € et carte.* Impossible de manquer cette adresse dont la façade ne passe pas inaperçue, trônant fièrement le long de la route. Sébastien a repris le flambeau familial en prenant en main l'établissement que tenaient déjà ses grands-parents. L'adresse est haute en couleur, par la convivialité due à la personnalité du patron et la générosité de sa cuisine. Confortablement installé sur la grande terrasse, nos papilles s'éveillent à la simple vue des assiettes salades dans lesquelles gésiers et foie gras sont fondants à souhait. Les plus gourmands n'hésiteront pas longtemps devant l'assiette aveyronnaise, salade de roquefort, saucisse à l'huile, pavé de selle d'agneau et aligot. Le repas est ici un vrai moment de plaisir, que l'on aime à faire durer…

Ferme-auberge

FERME AUBERGE Jassenove du Larzac ✆ 05 65 60 71 80. *Capacité d'accueil : 50 personnes. Réservation obligatoire. Ouverture : Tous les jours du 1er juillet au 31 août sauf mercredi. Fermeture annuelle 15 jours en septembre. Prix unique : 15,50 €, groupe : 15,50 €. Complément prix : Mise de couverts pour enfant : 3 €. Ouvert sur réservation toute l'année ; en juillet et août tous les jours sauf mercredi ; fermeture 15 jours en septembre. Repas 15 € (sans les boissons). Accès : sur la N9/A75, prendre « Fermes du nord-est » en haut de la côte du Larzac, au-dessus de Millau.* Une petite route de traverse s'insinue sur le causse du Larzac, entre Millau et La Cavalerie, et rejoint la Jassenove, cette « bergerie neuve » isolée dans un bois de pins. La lande tranquille est un petit paradis pour le troupeau de vaches et de brebis de Lucienne et Jean-Claude Galtier, auxquels on vient volontiers rendre visite. Dans cette belle bâtisse restaurée, on sait trouver une table gourmande sur laquelle Lucienne pose, au gré des saisons, un soufflé ou des crêpes au roquefort, des galettes de poireau, une viande fermière (principalement de l'agneau, mais aussi du lapin et du poulet selon les préférences des convives qui réservent leur menu) et son accompagnement sous forme de gratin de légumes. La salle campagnarde, ses meubles rustiques et sa grande cheminée se prêtent à la dégustation de la terrine maison, du soufflé au roquefort, des galettes de poireaux, des gratins « Jassenove », des tartes aux fruits ou d'un savoureux gâteau au chocolat. On en redemande…

Le gîte

Hôtels-restaurants

MILLAU HOTEL-CLUB Route de Montpellier ✆ 05 65 59 71 33. *Site Internet : www.hotels-de-millau.com. Ouvert toute l'année. Chambre (simple ou double) 56 €. Appartement familial 100 €. Buffet petit déjeuner 9 €. Demi-pension 54 €/personne en double, 74 € en individuel. Pension 70 € et 90 €. Etape affaires 69 €. Formules-repas (salades, assiettes, bruschettas, ardoise du jour, paella…) : de 14 € à 30 €. Carte entre 11 € et 16 €.* Avec sa vue imprenable sur la ville et la vallée, sa fonctionnalité, son look moderne, la diversité de ses formules de restauration, le choix d'activités proposées, ce club-là vaut le détour et même un séjour prolongé. En effet, la formule « club » n'est pas un vain mot ; adressez-vous à l'accueil et on satisfera toutes vos envies en vous organisant pratiquement un séjour à la carte : raid nature, activités sportives (canoë-kayak, frenzy, rafting, canyoning, hydro-speed, parapente, deltaplane, saut en élastique, chute libre, escalade, spéléo, vtt, paintball, rando pédestre ou équestre et même promenade à chameau sur le causse…). De quoi passer un séjour agréable d'autant que les chambres sont lumineuses, spacieuses et fonctionnelles et que les équipements sur place ne manquent pas (piscine, solarium, salle fitness, sauna, tennis, ping-pong, parcours sportif, aire de jeux et récemment un boulodrome…). Pourquoi partir loin quand on a tout très près ?

HOTEL DES CAUSSES 56, avenue Jean-Jaurès ✆ 05 65 60 03 19. *Site Internet : www.hotel-des-causses.com. Ouvert toute l'année. Logis de France. Ouvert tous les jours de mars à octobre. Chambres à partir de 46 € en double à 75 €. Petit déjeuner buffet à 7,50 €. Menus de 14,50 € à 32 €. Demi-pension à partir de 42 € par personne en chambre double.* Sandrine et Hervé Bougnol vous accueillent dans leur établissement situé à 400 mètres du centre-ville, une belle bâtisse fonctionnelle et confortable, où vous pourrez séjourner dans 19 chambres lumineuses aux tons chauds, dotées de tout le confort. Côté restauration, vous y dégusterez une cuisine traditionnelle de terroir, comme dans le ris d'agneau au roquefort, tripoux, chausson du cardinal, mais où s'affichent quelques influences lyonnaises. En été, la cour attenante se transforme en un très agréable restaurant.

LES DEUX VALLÉES 87, av jean Jaurès ✆ 05 65 61 34 73 *Ouvert toute l'année. Menu 10,50 à 23 €. 4 chambres à 45 €. (Douche, TV...)* C'est à l'entrée de Millau du côté des gorges du Tarn qu'Isabelle et Jean Claude se sont installés depuis deux ans. Une belle salle de restaurant, type auberge aveyronnaise, dans laquelle s'alignent des tables dressées avec soin. A deux pas de la ville ils vous proposeront des spécialités régionales avec comme entrée, salade millavoise et terrine de lapin puis tête de veau, aligot, tripoux. Désert un délicieux moelleux au chocolat et noisettes. Les Deux Vallées se compose aussi de quatre chambres récentes et confortables

DELTOUR HOTEL Chemin de Salles - CAP-DU-CRES ✆ 05 65 60 85 25. *Site Internet : deltourhotel.com. Ouvert toute l'année. Chambres à partir de 37 €, petit déjeuner 4,50 €.* A l'entrée de Millau, en provenance du Lévézou, sur l'axe Rodez-Montpellier, Deltour Hôtel dispose de soixante-quatre chambres de 1 à 3 personnes, toutes équipées de Canal+. Un parking privé assure la sécurité des véhicules des clients. Une bonne note pour cet hôtel, les personnes handicapées disposent d'équipement adéquat. Il est possible de réserver ces chambres 24h/24 par carte bancaire.

HOTEL IBIS Rue du Sacré-Cœur ✆ 05 65 59 29 09. *Fax : +33 05 65 59 29 01. Site Internet : www.hotels-millau.com. Chambre de 64 € à 75 € suivant le type de chambre et la période de l'année.* Cet hôtel dispose de 46 chambres toutes climatisées et dotées d'excellents équipements. 5 chambres aménagées pour personnes à mobilité réduite. 46 chambres pour 1, 2 ou 3 personnes.

HOTEL MERCURE Place de la Tine ✆ 05 65 59 29 09. *Fax : 05 65 59 29 01. 57 chambres climatisées. Tv. Canal+ et canal satellite. Wi-fi. Chambre de 80 € à 105 €.* Au cœur de la ville de Millau, cet hôtel offre absolument tout le confort des Mercure. Certaines chambres sont avec loggia et ont une vue panoramique sur le viaduc de Millau. On peut se restaurer avec un buffet de charcuteries aveyronnaises de 7 € à 16 €, des salades régionales de 6 € à 8 € mais aussi des entrées chaudes, et bien sûr des plats régionaux.

Hôtels

HOTEL LA CAPELLE 7, place de la Capelle ✆ 05 65 60 14 72.** *Ouvert toute l'année. Chambres de 28 € à 42 €. Petit déjeuner à 6 €.* L'hôtel La Capelle a été entièrement remis a neuf cette année. Une bonne adresse en centre-ville pour qui veut séjourner à Millau à moindre frais. L'hôtel est dans un quartier tranquille et les 45 chambres accueillantes et confortables, et à l'accueil, Nadine Solignac fera tout pour que vous passiez un séjour des plus agréables.

HOTEL DES VOYAGEURS 110, avenue Jean-Jaurès ✆ 05 65 60 10 34. *Site Internet : www.hotel-voyageurs-millau.com. Ouvert toute l'année. Chambres à partir de 40 € jusqu'à 60 €. Petit déjeuner 5,50 €.* Cette belle bâtisse confortable, décorée avec un goût parfait est un bon endroit pour séjourner dans la capitale du cuir ou pour partir à la découverte des gorges du Tarn. Vous apprécierez tout particulièrement les tons chauds et reposants que l'on retrouve partout, des chambres (30 parfaitement équipées et confortables) à la salle des petits déjeuners (qui peut faire salle de restaurant pour les groupes). Le matin, ce goût de la présentation vous le retrouverez sur le buffet où un petit déjeuner à la française vous ravira avec ses viennoiseries fraîches, son pain grillé à point et ses salades de fruit rafraîchissantes.

HOTEL JALADE 18 bis, avenue Alfred-Merle ✆ 05 65 60 62 00.** *Fermé du 23 décembre au 4 janvier. Chambres de 48 € à 78 €, petit déjeuner buffet à 8 €. Parking fermé.* Face à la gare (donc facile à trouver), l'hôtel d'Alain Gojard a gagné, à la faveur de sa rénovation, des couleurs chaleureuses. Les chambres sont fonctionnelles, pourvues d'une salle de bains ou de toilette complète et agrémentées de ces accessoires bienvenus que sont téléphone, télévision et bar américain.

Gîte/Chambres d'hôtes

LA SAISONNERAIE Luzençon - SAINT-GEORGES-DE-LUZENÇON ✆ 05 65 62 58 86. *Site Internet : www.lasaisonneraie.com - E-mail : claude.bruno@lasaisonneraie.com. Ouvert toute l'année. Nuit et petit déjeuner 62 € pour 2 personnes, 82 € pour 3 personnes ; suite 4 personnes 102 €. Repas table d'hôte 17 € (sur réservation, vin et café compris).* Cette maison accueillante bénéficie d'une situation exceptionnelle, sur un promontoire avec vue sur le viaduc de Millau, et les vallées du Tarn et du Cernon. Parfaitement restaurée par Claude et Bruno, toujours aux petits soins pour leurs visiteurs, elle propose des chambres claires et confortables, décorées avec goût. L'un des hôtes étant potier, ne vous étonnez pas : vous aurez le privilège de manger dans des créations originales et personnalisées. Si l'un est passionné par la création artistique, l'autre excelle dans la cuisine (mais n'est-ce pas parfois deux arts très proches ?), aussi un des autres plaisirs du lieu se retrouve dans les assiettes emplies de spécialités locales. Et en plus, vous aurez droit à de nombreux conseils avisés pour les nombreuses visites environnantes.

LE CUN DU LARZAC Route de Saint-Martin ✆ 05 65 61 14 38. *Nuit en gîte à partir de 6,10 € ; en camping 9,20 €. Repas végétariens.* Ce gîte étape de 22 places à 17 kilomètres de Millau, a des allures de tranquillité. Mais pas seulement les allures, ici, tout est fait pour être au calme et retrouver le sens profond de ce qu'est la nature. Récupération des eaux de pluie, éoliennes, wc à compost… rappellent combien le respect de l'environnement est pris en compte. Côté animations, il y en a pour tout le monde, petits et grands. De plus, des boucles de randonnées partent du gîte. Possibilités de camping sur l'aire naturelle. Le hameau fait partie du réseau des « Eco-villages de France » et ses habitants sont de tous les combats partis ou animés du causse du Larzac.

Résidences/Villages de vacances

DOMAINE DE LA CADENEDE **Les Hauts de la Croix-Vieille** **© 05 61 23 98 00.** *Site Internet : www.cadenede.com - E-mail : phmalaval@wanadoo.fr. Location de l'ensemble de la demeure à la semaine (jusqu'à 25 personnes). Tarif en fonction du nombre de participants et de la saison - Les tarifs s'entendent pour un maximum de 25 personnes, hors enfants de moins de 3 ans. A partir de 26 personnes, un supplément de 100 € sera applicable par personne et par semaine. Possibilité de louer une partie seulement de la demeure.* La Cadenède est une ancienne ferme fortifiée de l'époque templière. La Tour Carrée existait déjà en 1289. Aujourd'hui restaurée, La Cadenède allie charme d'antan et confort actuel. De cette demeure chargée d'histoire, vous apprécierez le large panorama sur le Larzac, sur Millau et sur le fabuleux viaduc de Millau, le plus haut viaduc haubanné au monde, merveilleusement éclairé la nuit. La Cadenède est ouverte toute l'année et chaque saison possède des attraits différents. A Millau et dans les environs, vous trouverez toute une gamme variée de loisirs sportifs, culturels ou ayant trait à la nature. La Cadenède propose deux formules à savoir la location de la maison entière, pour 25 personnes maximum, pour une semaine ou un week-end, tout au long de l'année, et la formule en chambres d'hôtes à la nuitée avec petit déjeuner.

AUBERGE DE JEUNESSE **26, rue Lucien-Costes** **© 05 65 61 27 74.** *Ouvert toute l'année, accueil de 8h à 18h30 (le week-end sur réservation).* A proximité des berges du Tarn et du centre-ville, l'auberge de jeunesse est installée dans un immeuble sans caractère, aménagé pour offrir une cinquantaine de lits. Elle vous suffira si vous voulez passer une nuit à petit prix, car elle ne propose que peu d'équipement (sauf machine à laver et parking pour vélo, voiture et bus), ni service de restauration.

VILLAGE VACANCES SAINT-GENIEZ **Saint-Geniez-de-Bertrand** **© 05 65 58 11 06.** *Site Internet : www.c-v-v.com. Location d'habitations légères de loisirs de 180 € à 440 € la semaine pour 2 personnes.* A 15 kilomètres de Millau, au pied du village, 15 chalets de 2 à 5 personnes et des emplacements de camping vous sont proposés. De par sa situation, ce village de vacances est un très bon point de départ pour les randonnées à pied ou à vtt, et d'autres balades en canoë pouvant être organisées par Thierry, le maître des lieux (et moniteur vtt). Et au retour, on apprécie le calme et la beauté des lieux, au bord de la piscine ou à la terrasse de son chalet.

LE VAL SAINT-GEORGES **Route du Larzac** **© 05 65 62 42 12.** *Site : www.valstgeorges.fr. Chalet de 4 à 6 personnes de 240 € à 540 € la semaine selon la saison.* Situé à quelques encablures du village de Saint-Georges-de-Luzençon et à seulement quelques kilomètres de la ville de Millau, ce village est l'endroit idéal pour des vacances en famille. Dès l'arrivée on est reçu par Martine et Alain, les sympathiques propriétaires des lieux, autour d'un petit apéro. On s'installe ensuite dans l'un des 11 chalets orientés plein sud. Chacun se compose d'une cuisine équipée, de deux chambres (avec un lit double ou 2 lits simples), d'une banquette clic-clac dans le séjour, de wc privatifs, une salle d'eau avec douche et lavabo, une terrasse couverte. Orientée vers la vallée, une piscine-balnéo promet de bons moments de détente. On peut sans difficulté accéder aux berges et cascades ombragées du Cernon situé en contrebas (tennis, des aires de boules et aires de jeux pour enfants) ou rejoindre à pied les commerces du centre du village.

Camping

LES RIVAGES**** **Avenue de l'Aigoual** **© 05 65 61 01 07.** *Ouvert du 1er avril au 15 octobre. Forfait (2 personnes) de 16 € à 24,50 € selon saison et option de confort. Mobil-home 42 € la nuitée (2 personnes) ; 56 € la nuitée (4 personnes) - de 550 € à 580 € la semaine pour quatre personnes, bungatoile de 390 € la semaine.* Ce grand camping (4 étoiles) de 314 emplacements (de 80 à 100 m^2) s'est installé les pieds dans l'eau, au bord de la Dourbie. Entre ombre et soleil, sur un sol herbeux et plat, il offre tous les services et toutes les installations de loisirs souhaitables : piscine couverte depuis cette année, mini-golf, squash, équitation... De nombreuses animations égayent le séjour : soirées à thèmes, sorties jeunes, découverte, nature, location de canoë... Bref, tout est là pour passer un bon moment de détente (sans oublier l'alimentaire avec un restaurant, un bar, une pizzeria, service de plats à emporter). Un sanitaire chauffé est même prévu pour les campeurs qui viennent hors saison. Belle gamme d'hébergements légers locatifs de différentes capacités et niveau de confort. La diversité des formules proposées en fait un lieu de séjour capable d'en satisfaire plus d'un.

Loisirs

LES BATELIERS DU VIADUC 3, place des Baouamas - CREISSELS ✆ 05 65 59 12 41. *Site : www.bateliersduviaduc.com. Adultes : 18,50 €. Enfants : 9,50 €. Durée : 1h30.* Tous ceux qui n'ont pas encore emprunté le célèbre Viaduc de Millau se demandent ce que l'on peut bien voir depuis tout là-haut. Les Bateliers du Viaduc ne les aideront certainement pas à répondre à cette question, car leur domaine à eux, c'est le dessous du Viaduc ! Depuis le village du vieux Creissels, ils vous accueillent sur des barques de 4 à 6 passagers à la découverte d'une rivière qu'ils connaissent dans les moindres détails. Au fil de l'eau, ils vous expliqueront la flore, la faune, la géographie et l'histoire de leur région, sans oublier celle du plus grand viaduc du monde… tout un programme en perspective !

BOWLING Centre commercial Cap-du-Crès ✆ 05 65 60 05 55. *Ouvert tous les jours à partir de 18h, mercredi 14h et dimanche à partir de 15h.* Non seulement bowling, mais aussi salle de jeux (vidéo, baby-foot et flippers) et club de billard (français, pool, américain, snooker), ce centre est un complexe de loisirs auquel ne manque pas même un service de restauration rapide, plat du jour à 10,50 €, menu express à 12,80 €. Menu bowling 16,50 €, menu enfant 8 € et un bar-glacier. Le jeudi et le dimanche soir, à partir de 21h, et le vendredi et samedi soir, à 23h, sont réservés à des soirées à thème et des karaokés.

Sports

MILLAU EVASION VOL LIBRE Chemin des Terrasses - Route de Paulhe ✆ 06 09 14 46 94. Parapente, vol biplace, journée pente école et vol biplace, initiation, cerf-volant. Millau étant le paradis du vol libre, ou peu s'en faut, il n'y a pas de raison de s'en priver. On le fait en toute sécurité avec l'équipe de Roland Thurel qui dispose du matériel et des compétences nécessaires. Au sein de cette école affiliée à la Fédération française de vol libre, on s'amuse avec le vent et l'air. Pilotage de cerf-volant, vol de découverte en parapente, initiation en delta (d'abord en simulateur de vol), en parapente, perfectionnement, voilà pour l'essentiel. La technique peut s'affiner ensuite au moyen de stages axés sur les conditions thermiques, le pilotage en cross… et enfin on s'offre des vacances de rêve avec des voyages concoctés spécialement pour le vol dans d'autres régions françaises et à l'étranger. C'est tout juste si ces fondus de vol libre n'ont pas essayé les croisements génétiques avec les vautours. Pour se consoler, ils évoluent en leur compagnie et rendent cette émotion accessible à tous.

ROC ET CANYON 55, avenue Jean-Jaurès ✆ 05 65 61 17 77. *Base d'été juillet et août : Route de Nant au 06 80 06 74 08.* Location de matériel, activités à la carte, organisation de séjours et de raids. Tout un programme rien que dans le nom de cette société… Une équipe de professionnels du loisir sportif a testé et mis au point une impressionnante palette d'activités entre… roc et canyon. Le sud du département ne manque ni de l'un, ni de l'autre et sert de terrain de jeu en pleine nature. Dans l'eau, ces moniteurs diplômés entraînent leurs clients en canoë, en raft, en frenzy (embarcation monoplace), en hydrospeed, en canyoning… Sur ou sous terre, les équipes s'adonnent aux joies de l'escalade, de la spéléologie, de la randonnée pédestre, équestre ou « chamelière » (sur le dos mouvant d'un chameau !), de la via ferrata, du rappel géant, du pont de singe, du vtt ou du paint-ball, histoire de se défouler. Et comme si cela ne suffisait pas, ils s'envoient en l'air en public et font découvrir aux candidats au grand frisson le parapente, le deltaplane, la chute libre (et contrôlée !) ou le saut à l'élastique. Roc et Canyon apporte toutes les garanties nécessaires en matière de sécurité et se charge même de la restauration et de l'hébergement si on leur en fait la demande. Ces services s'adressent aux particuliers, venus pratiquer un après-midi ou le temps d'un séjour, ou aux entreprises. Avec des années d'expérience, cette structure s'est taillé une belle réputation et a organisé nombre de séminaires et raids aventure.

Sorties

Café

CAFE LA PERLE Boulevard de l'Ayrolle ✆ 05 65 61 09 70. Sa devanture a des allures 1930, sa clientèle fidèle laisse passer les modes sans s'émouvoir de quoi que ce soit. Pourtant, elle prête une oreille attentive aux propos de José Bové qui en a fait son QG millavois.

LO VEIRAT Rue de la Capelle ✆ 05 65 59 46 14. S'enfonçant dans le cœur de ville depuis le boulevard de Bonald, on rencontre le quinquet de cet estaminet sympathique. Ce petit bar à vins a décidé de mettre à l'honneur les vins des terroirs aveyronnais (côtes-de-millau, côtes des gorges du Tarn) et leurs compères méditerranéens (coteaux du Languedoc). Dans une ambiance rustique, sur des tonneaux (ou plus sagement, des tables campagnardes), on goûte du bon vin qui fait glisser des tapas… aveyronnaises ! Ces spécialités valent le détour.

LE GOLF CAFE Avenue de Millau Plage ✆ 05 65 61 35 37. *Ouvert tous les jours midi et soir. Formules midi à partir de 9 €. Menus à partir de 16 €.* Le Golf Café est l'un des lieux qui bouge sur Millau. A la fois restaurant, café et lieu de concert, on apprécie le dynamisme des propriétaires qui s'investissent autant que possible pour animer les nuits millavoises. La vaste terrasse du Golf Café accueille des concerts en live tous les jeudis à 22h, l'occasion de découvrir les groupes de la région. Côté restaurant, la carte mêle des spécialités simples mais traditionnelles et des pizzas cuites au feu de bois. La salle est chaleureuse et on profite d'une très belle terrasse avec vue sur le Tarn pendant la belle saison. L'accueil est chaleureux et spontané.

Discothèque

LE ROLLS'S CLUB 7, avenue de la République ✆ 05 65 61 20 66. Façades jaunes, grandes vitres, le pub se remarque de loin, d'autant que ses lanternes brillent sur la rue le soir venu. On y trouve une ambiance pub, feutrée, qui convient à la bière ou à un repas style brasserie. L'endroit est actuellement un des lieux branchés de la ville et ceux qui se plaisent dans ses fauteuils se laissent souvent tenter par une partie de billard.

Emplettes

Artisanat

CATHERINE MAQUART 23, rue Antoine Guy ✆ 05 65 61 28 12. Meubles peints, décoration, voilà ce que propose cette artiste qui a plus d'une idée en tête pour personnaliser votre intérieur.

AUX FORGES DE LA TIN 3, rue Louis-Joulié ✆ 05 65 60 14 02. Jean-Robert Delmas est un as de la ferronnerie d'art et de la sculpture sur fer.

ESTHER CHUREAU 8, rue Peyrollerie ✆ 05 65 60 29 95.

L'ATELIER DU POTIER 22, rue Peyrollerie ✆ 05 65 59 11 29. Bernadette Lagrange s'est lancée dans la création de santons, original non ?

PHOX Place du Mandarous ✆ 05 65 60 04 63. Les plus jolies cartes postales de la ville s'y exposent en format panoramique. Ce sont en fait de belles photographies, production « maison », qui donneront envie de venir visiter ce bout d'Aveyron à leurs destinataires. M. Martin tient d'ailleurs une exposition permanente de ses plus beaux clichés dans la boutique. Il ne reste qu'à se fournir sur place en matériel photographique et pellicules pour tenter d'égaler l'homme de l'art…

TERRES CUITES DE RAUJOLLES Creissels ✆ 05 65 60 14 03. *Site Internet : www.terres-cuites-raujolles.fr.* Depuis 1830, la famille Rivière, artisans céramistes qui perpétuent la tradition des potiers gallo-romains de la Graufesenque, utilise, comme eux d'ailleurs, cette argile schisteuse grise qui surgit des flancs du Larzac. Grâce à elle et à leur savoir-faire ancestral, ils façonnent briques, tuiles, dalles, carreaux, puis après émaillage et cuisson, obtiennent de véritables joyaux resplendissants soit de coloris uniforme, soit de dessins d'une finesse incomparable. Naturellement, sur demande, ils réaliseront formes et motifs de votre choix, car ce sont avant tout des artisans-créateurs. Pour les trouver, rien de plus facile maintenant. Il suffit de prendre la direction du viaduc !

Cuir

L'ATELIER DU GANTIER 21, rue Droite ✆ 05 65 60 81 50. Dans cette boutique du centre-ville, M. et Mme Canillac ont installé un petit atelier de fabrication. Travaillant l'agneau, le chevreau et le pécari, Christian taille les patrons dans les peaux et laisse l'assemblage et les finitions à Christiane. A la fin des opérations, le résultat se mesure à la qualité de ces gants artisanaux : le choix des coloris est important, tant pour les modèles classiques et simples que pour ceux qui se permettent quelques fantaisies. On les admire, bien rangés dans des casiers de bois, et l'on hésite… Les gantiers sont alors d'excellents conseils et poussent même le service jusqu'à réaliser des gants sur mesure. Pour un prix raisonnable, on s'offre alors le plaisir de chausser des gants originaux, qui pourront même s'inspirer des tendances de la haute couture pour laquelle les Canillac travaillent parfois. La boutique elle-même et ses meubles anciens racontent l'histoire de la ganterie. La visite (gratuite, d'une demi-heure) permet à Christian de détailler toutes les étapes de la fabrication et d'effectuer des démonstrations de coupe, le matin.

CAUSSE GANTIER 5, boulevard des Gantières ✆ 05 65 60 03 05. *Visite libre toute l'année du lundi au samedi. Groupes sur réservation par téléphone ou par E-mail : infos@causse-gantier.fr.* Fondée en 1892, la manufacture de gants de peaux Causse est installée depuis début 2006 dans un nouvel atelier situé au cœur du centre historique de l'activité gantière à Millau, sur l'espace occupé autrefois par les anciennes usines Guibert. Les nouvelles installations conçues par l'architecte Jean-Michel Wilmotte sont ouvertes au public. Ainsi les visiteurs peuvent découvrir toutes les étapes de la fabrication d'un gant de qualité et apprécier le travail exceptionnel des coupeurs et des couturières. La manufacture Causse a bâti sa réputation sur son savoir faire ancestral qui lui permet aujourd'hui de fabriquer les gants pour les plus prestigieuses maisons de couture françaises (Chanel, Hermès…). Elle développe aussi ses propres collections vendues dans le monde entier et que l'on peut découvrir dans la boutique située au cœur même de ses ateliers. Un large choix de modèles en agneau, chevreau, cerf, pécari, nubuck, python, et bien d'autres matières sélectionnées avec soin, attestent du savoir faire de la trentaine d'ouvriers de cette manufacture, la dernière encore en activité à Millau.

LAURET VETEMENT 34, rue de la Paulèlle ✆ 05 65 60 42 56. On pénètre dans la fabrique même pour finalement accéder au magasin de présentation des collections. Là, s'alignent les modèles homme d'un côté, femme de l'autre. Les collections présentent les coupes actuelles, les coloris « tendance »… Quant aux classiques, ils restent présentés toute l'année : manteaux, trois-quarts, blousons sobres ou à fourrures, l'ensemble se décline en peau lainée, en nubuck ou en fin plongé. Mais c'est en été que le choix est le plus vaste, notamment pour les coloris. La gamme des prix est assez large pour satisfaire tout le monde.

MARIE BEYER 37, avenue Jean-Jaurès ✆ 05 65 61 02 69. Dans un grand atelier qui a conservé ses verrières et ses planchers cirés, trois métiers d'art s'exposent et se mettent en valeur l'un l'autre. Mary Beyer signe des bijoux chatoyants qui mêlent harmonieusement les couleurs des perles de rocaille et des strass, ensuite utilisés en haute couture ; sous sa direction, la maison Lavabre Cadet retrouve ses grandes références (elle a travaillé pour Balmain, Chanel, Givenchy, Saint Laurent...) et sort chaque année une collection de gants originaux qui s'ajoute aux modèles classiques. Enfin, le magasin a fait une place aux vêtements, manteaux, vestes, pantalons, et à la collection de sacs signés Le Sac du Berger ; ces reproductions de sacs toujours utilisées par les bergers sont maintenant entourées d'une gamme de pochettes, portefeuille et même chaussures. **Autre adresse : Cité Templière de la Couvertoirade 05 65 62 15 08. Ouvert de Pâques à Toussaint.**

MAISON FABRE 18-20, boulevard Gambetta ✆ 05 65 60 58 24. *Site : www.maisonfabre.com. Ouvert toute l'année de 9h à 12h et de 14h à 19h, fermé le dimanche. Visite de la ganterie pour les groupes sur rendez-vous.* A l'origine spécialisée dans la fabrication de gants de luxe, la Maison Fabre est une affaire de famille qui tourne depuis 1924 ! Aujourd'hui l'entreprise a développé toute une gamme de produits, notamment dans la maroquinerie ou les vêtements. Preuve de la qualité des productions : ses 750 clients à travers le monde sont des maroquiniers, des grands magasins et des boutiques de luxe. Depuis 2004, la ganterie fait chaque année appel à des créateurs pour réaliser des modèles originaux. En 2006, Polder, Catherine André, Claudie Pierlot, Louison s'y collent ! Pour admirer le résultat, rendez-vous dans le très bel espace de vente de la Maison Fabre où vous trouverez toutes les créations de la marque à prix fabricant.

MAROQUINERIE CALVI 14, impasse de la Paulelle ✆ 05 65 60 07 56. *Ouvert toute l'année, sauf dimanche et jours fériés de 9h à 12h et de 14h à 18h30. Démonstrations sur rendez-vous pour les groupes.* Hors saison, on frappe au carreau de ce magasin mais en été il est toujours grand ouvert sur la cour qui rejoint aussi l'atelier. On y trouve, sagement alignée, toute la maroquinerie : serviettes, portefeuilles, sacs de voyage et sacs à main de toutes les formes. Le noir et les bruns se déclinent dans toute la gamme, les couleurs changent selon les collections, ce qui permet de se procurer quelques articles à prix promotionnel. La qualité est impeccable, que ce soit sur des articles raffinés ou des cartables en croûte de cuir.

ANDRE SALES 13, Avenue Jean Jaures ✆ 05 65 61 04 55 *Ouvert toute l'année.* Dans ses deux boutiques (sur plus de 500 m2), André Sales propose en diffusion un choix de maroquinerie, gants, ceintures, serviettes, bagagerie, parapluies, articles cadeaux en cuir, foulards et aussi un rayon important de prêt à porter textile féminin, peau et fourrures. Depuis 1984, un atelier de fabrication de vêtements de peau pour homme et dame, grand choix de modèles : peaux sélectionnées d'agneaux, cerfs, vachettes, porcs velours, chèvres. Autre adresse : Place du Mandarous.

LA PAULELLE DU CUIR 34, rue de la Paulelle ✆ 05 65 60 42 56. *Ouvert toute l'année (sauf samedi et dimanche hors saison).* La mégisserie requérant beaucoup d'eau, les usines et par suite les ateliers travaillant le cuir s'installèrent jadis sur les berges du Tarn. Aujourd'hui encore, trois ateliers travaillent la peau et le cuir et produisent des articles de maroquinerie, des gants et des vêtements. Elles ont aménagé dans leurs locaux de production un magasin présentant les collections actuelles. On les trouve facilement dans cette rue de la Paulelle dont le nom vient tout droit du mot latin « palus », signifiant étang ou marécage.

Produits gourmands

LES HALLES Boulevard Sadi-Carnot. Construction du XIXe siècle, sur le modèle dessiné par Baltard, les halles de Millau sont toutes de fer et de verre, ce qui en fait un espace clair et lumineux. Les marchands y font déballage deux fois par semaine, le mercredi et le vendredi, et tentent les gourmands de produits bien frais. En complément, un marché extérieur s'installe sur la place Foch avec ses étals garnis de pain de campagne, volaille fermière, fleurs de saison, confitures artisanales, articles de quincaillerie…

CHARCUTERIE RAMONDENC 23, rue Droite ✆ 05 65 60 07 03. Une superbe boutique qui regorge de produits plus appétissants les uns que les autres. Vous y trouverez toutes les spécialités aveyronnaises dont le fameux tripoux millavois, mais aussi saucisse à l'huile, rillettes et pâtés… En levant les yeux, vous admirer d'impressionnants jambons de pays et des volutes de saucisses sèches. Connu dans la profession et au delà pour la qualité de ses produits, le patron a déjà reçu la visite de célèbres critiques gastronomiques.

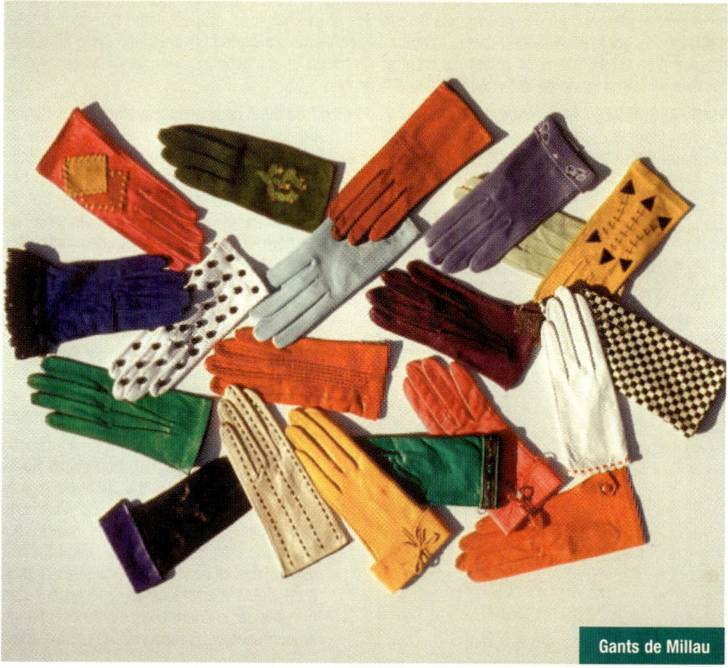

Gants de Millau

BOUCHERIE DELPONT 35, rue Droite ✆ 05 65 60 05 28. Histoire de s'en tailler une belle tranche, on s'arrêtera dans cette boucherie-charcuterie traditionnelle. Viande sélectionnée chez l'éleveur, suivie et choisie soigneusement, spécialités caussenardes, saucisse au genièvre, saucisse à l'agneau, volaille, terrines et les fameux trénels, que ce charcutier propose aussi en conserve. Le garde-manger prend ainsi des allures gargantuesques.

BOULANGERIE-PATISSERIE SEVERAC 3, boulevard Sadi-Carnot ✆ 05 65 60 14 51. L'adresse ne déçoit en rien. On peut fréquenter sa baguette classique ou son pain aveyronnais, commencer la journée d'un croissant ou d'une viennoiserie fondante, envisager un dessert en forme d'éclair au chocolat ou effeuiller avec passion un millefeuille succulent. Séverac est en outre un chocolatier dont la production ne mérite que des éloges.

LE BURON 18, rue Droite ✆ 05 65 60 39 88. Une des seules crémeries du centre-ville, elle déroule dans ces vitrines réfrigérées toute la gamme des roqueforts, les petits chèvres et les tommes de vache, les brebis plus ou moins affinés… La panoplie est complète, bien présentée et particulièrement alléchante.

AU GRAIN DE CAFE 22, rue Droite ✆ 05 65 60 15 46. Envie d'une infusion naturelle, besoin de thé, manque de café ? Ces envies se soignent efficacement dans cette petite boutique qui fleure bon et propose un bon choix de ces diverses boissons. N'y manquent pas même les chocolats onctueux ou corsés, les boîtes métalliques qui préservent les saveurs et les conseils d'un connaisseur.

PATISSERIE SAINT-JACQUES Place du Mandarous ✆ 05 65 60 04 03. Ses vitrines brillent de mille feux et attirent l'œil des gourmands de passage et des habitués. Un petit stand extérieur permet d'attraper au vol le croissant du matin, la boutique recèle des desserts plus précieux. Cette pâtisserie réputée n'en oublie pas pour autant les recettes du terroir et confectionne avec la même réussite la fouasse de Campagnac ou le fameux gâteau à la broche.

VINS FALGUIERES 14, avenue de Bordeaux ✆ 05 65 67 02 69. A deux pas de la place Saint-Cyrice, les Vins Falguières est un caviste familial fondée en 1954. La spécialité de la maison : les vins de l'Aveyron (Marcillac, Entrayguesle Fel, Estaig, côtes de Millau…) et du Languedoc. Ce qui n'empêche pas M. Falguières de sortir quelques très bonnes bouteilles de Bourgogne ou de Beaujolais et même des grands crus de derrière les fagots ! 90 % des bouteilles sont issues de petits producteurs que le maître des lieux n'hésite pas à rencontrer régulièrement sur les lieux de production. On trouve également dans sa boutique d'autres boissons alcoolisées locales qui valent leur pesant d'or comme le Pastis de Homs ou un Ratafia de la région. Les Vins Falguières est une adresse d'expert qui fournit bon nombre de restaurants de la région.

TISSUS ARLABOSSE 9, boulevard Sadi-Carnot ✆ 05 65 60 01 63. Juste en face le CREA, en allant de la place du Mandarou aux halles. Une réputation de qualité qui dépasse les frontières du département depuis des décennies. Le magasin a près d'un siècle d'existence et à l'intérieur rien n'a changé, le charme ancien du bois patiné amoureusement préservé. Durant les fêtes de Noël, la grande vitrine du magasin accueille une vitrine animée superbe et immense, entièrement réalisée par les propriétaires du magasin.

Dans les environs

Le Causse noir

Facilement accessible depuis Millau, ce petit causse est enclavé entre les gorges du Tarn, celles de la Jonte et de la Dourbie. Outre le site naturel de Montpellier-le-Vieux, il possède quelques éléments intéressants de petit patrimoine. Le site de Montméjean, sur la commune de Saint-André-de-Vézines, est un hameau médiéval qui a conservé parfaitement l'architecture caussenarde. Un sentier botanique aménagé à partir du hameau (3 à 4h, dénivelé 205 mètres) permet de découvrir la flore du causse. A Saint-Jean-de-Balme, une petite église romane, perdue en pleine campagne, vaut le détour. Enfin, le causse possède un des meilleurs sites de décollage pour les deltaplanes : la pountcho d'Agast. Située sur le Causse noir, direction Montpellier-le-Vieux au départ de Millau, la pountcho d'Agast surplombe Millau et le Tarn. A son sommet s'élancent tout au long de l'année les adeptes de parapente.

Creissels

A 5 kilomètres de Millau et à 30 kilomètres de Saint-Affrique.

Creissels est un village construit au pied des falaises du causse du Larzac, dominant le Tarn qui jouxte Millau sur la route qui conduit à Saint-Affrique, Roquefort. Creissels est intéressant à plus d'un titre. En premier lieu pour son château qui abrite aujourd'hui une auberge de qualité, mais aussi pour ses cascades. Lieu de balade agréable dans un renfoncement du causse du Larzac, le site des cascades permet un dépaysement à quelques kilomètres seulement de la ville. Il vient d'acquérir une notoriété nouvelle : il est en effet le village le plus près du viaduc, passage incontournable pour ceux qui veulent contempler l'ouvrage des pieds des piles gigantesques. Le tuf, roche légère et facile à extraire et à tailler, résultant de dépôts de calcaire par les eaux d'infiltration, a été exploité pendant des siècles à Creissels. Il a été utilisé pour la construction de maisons et de ponts dans la région, notamment le pont Lerouge à Millau, et pour de nombreux autres types d'ouvrage. La promenade du « Sentier des Cascades » permet de voir des habitats préhistoriques, nécropole aménagée dans les excavations naturelles qu'offrait le tuf. On peut également voir au vieux cimetière, des tombes creusées dans le tuf dont les contours épousent la forme du corps. A voir : l'aqueduc sur la place du village, les anciens moulins, les cascades, le château des comtes de Rodez (aujourd'hui hôtel-restaurant), le cirque du Boundoulaou et sa grotte. A ne pas manquer : sur les corniches du Larzac qui surplombent Creissels, à Brunas, se trouve une aire d'envol pour deltaplanes et parapentes et on peut faire unee promenade bien agréable et fraîche sur le « Sentier des Cascades ».

Fête votive de Creissels, le 1er week-end de septembre.

BAR-RESTAURANT DE LA FONTAINE 3 place des Baoumas ✆ 05 65 60 16 73. *Restaurant fermé dimanche soir, lundi soir et mardi soir. Ouvert 7j/7 en été. Menus à 13 €, 17 €, 24 € et 35 €.* En contrebas de la route principale qui mène au pied du viaduc, Gaël et son équipe ont fait de cette ancienne guinguette, un restaurant agréable et joliment agencé. Aux beaux jours l'ancienne piste de danse se transforme en terrasse. On y sert une cuisine simple mais de qualité comme ce tartare d'avocat ananas et saumon fumé ou encore cette lotte aux morilles ou cette côte d'agneau grillée au cumin qui précèdent des petits desserts maison. Le dimanche matin, les petits déjeuners "à la fourchette" vous permettront de goûter à d'autres spécialités locales : gratinée à l'oignon, tripoux… Il est à noter que cette jeune équipe organise des animations et des concerts, tout cela avec sourire et décontraction.

CHATEAU DE CREISSELS** **Route de Saint-Affrique** ✆ **05 65 60 16 59.** *Site Internet : www.chateau-de-creissels.com. Fermé janvier et février. Chambres de 48 € à 89 €. Petit déjeuner 8,30 €. Menus de 23 € à 52 €. Menu « agneau » à 31 €. Demi-pension de 54 € à 72 €.* Cette demeure, dont la fondation remonte au XIIe siècle, est passée à travers les âges dont elle a gardé l'empreinte. Une tour crénelée dépasse des corps de bâtiments qui entourent une cour intérieure fleurie, tandis que les pièces intérieures, le salon, la salle de billard, montrent un décor de meubles élégants, de tapis et de lustres en cristal. Une quinzaine de chambres, privilégiées, reflètent ainsi une époque, celle, peut-être, où Emma Calvé séjourna dans ces murs. D'autres, situées dans la partie récente, moins grandes mais tout aussi confortables, ont un balcon qui donne sur le jardin. En harmonie avec ce cadre, le restaurant s'installe en hiver dans une salle voûtée, en été en terrasse, avec vue sur la ville. Les tables parfaites annoncent une variété de plats entre alliances classiques et saveurs recherchées. Au premier menu passent parfois des aiguillettes de canard au cidre, ris d'agneau, galantine au roquefort. On a remarqué un agréable et une fouasse revisitée en « craquant à la gentiane » et sa sauce caramel au lait. La cuisine du chef a de l'allure, comme le château lui-même.

Peyre

Sur les berges du Tarn, le hameau de Peyre, sur la commune de Compeyrac, classé parmi « les plus beaux villages de France », s'adosse à la falaise. La plupart des maisons sont troglodytiques et ouvrent leurs façades face à la rivière en contrebas. Le village a quelque chose de Méditerranéen, les rues étroites sont fleuries et en été le village est un havre de fraîcheur. Une église troglodytique du XIe siècle est visible en plein cœur du village. (visite libre en été de 8h à 18h), idéal pour faire des photos de la ville.

Saint-André-de-Vézines

Dans les registres du diocèse de Vabres, est mentionné « Sancti Andrée de Ovesinis », en 1355 qui a été traduit par « Saint-André du Pays des Brebis ». Aujourd'hui, Saint-André continue à avoir comme activité prédominante l'élevage d'ovins pour la production de lait. Le village de Saint-André de Vézines, est situé sur le Causse noir, à 23 kilomètres au nord-est de Millau. C'est un typique village caussenard qui a conservé quelques belles maisons anciennes. Le four du village a été restauré. L'église primitive, romane, a dû être détruite vers 1823 et l'actuelle date de 1850. A l'intérieur on trouve un retable, un cathèdre en bois sculpté et un grand Christ. Dans le village, une croix de fer forgé est datée de 1786 et se classe donc parmi les plus anciennes de ce type en Rouergue, mais son socle est daté de 1813. A voir: la mare gallo-romaine, Roquesaltes et le Rajol, deux ensembles pittoresques de rocs dolomitiques ruiniformes qu'il faut voir (c'est la continuité de Montpellier le Vieux).

Fête votive du village, le 3e week-end d'août.

Vessac

Du point de vue architecture traditionnelle caussenarde, c'est le village « type », l'un des plus beaux du Causse noir. Au carrefour, une croix de pierre datée de 1665 est la plus ancienne que nous connaissions actuellement sur le Causse noir.

Montméjean, hameau accroché à la pente abrupte d'un piton couronné des ruines du château.

LA FONTAINE SAINT-MARTIN. Dans un ravin pittoresque, une belle extrusionr jaillit sous une roche en auvent. Le site est agréable et autour la flore est très riche. (sentier 200 mètres en dessous de la D29).

MONTPELLIER-LE-VIEUX ✆ **05 65 60 66 30.** *Site Internet : aven-armand.com. Ouvert du 19 mars au 13 novembre, tous les jours de 9h30 à 19h en juillet août (18h à partir de septembre). Tarif adulte 5,20 €, jeune 4,10 €, enfant 3,70 €. Supplément petit train adulte 3,40 €, autres 2,40 €. Possibilité de billets jumelés avec la visite de l'Aven Armand en Lozère.* Cet impressionnant chaos de rochers ruiniformes a été façonné par la nature. Une visite à pied permet d'en saisir toute l'ampleur et d'apprécier les senteurs qui combinées à l'aspect insolite des pierres, contribuent à rendre cette marche inoubliable. Compter entre 1h30 et 2h pour la promenade pédestre, mais beaucoup moins si l'on opte pour le petit train qui vous conduira sur un circuit sans effort. Pour l'anecdote, Montpellier-le-Vieux a aussi sa grande arche, elle s'appelle la « Porte de Mycènes ». Bien que Montpellier-le-Vieux soit sur le Causse noir, il est lié à l'état d'esprit qui prévaut dans les gorges de la Dourbie. Le minéral y règne en maître et n'allez pas imaginer que Montpellier-le-Vieux n'est qu'un simple chaos de pierre, c'est un univers complexe. La roche a pris à la suite d'une longue érosion, des formes uniques. Elle est sculptée naturellement par les millénaires et projette des formes animales, étranges. Un paysage qui a aussi su préserver des espèces végétales particulières. C'est un des rares endroits où le botaniste peut observer des pins sylvestres, des genévriers particulièrement bien développés, des anémones, des orchidées. Le site a toujours été occupé. Des fouilles ont mis à jour des vestiges ruthènes, gallo-romains. Lieu propice aux légendes, il y a moins de deux siècles Montpellier-le-Vieux était paraît-il le repaire des loups et des fées. Montpellier-le-Vieux a servi de décor à de nombreux films. Une scène devenue un grand classique du cinéma français, dans le film La Grande Vadrouille où Bourvil porte sur ses épaules Louis de Funès, a été tournée dans le chaos de Montpellier-le-Vieux.

Mur-de-Barrez

Cette cité, située à l'extrême nord du département, à 800 mètres d'altitude, tourne son regard vers le Cantal. Certes, la proximité et la facilité d'accès vers ce département y sont pour beaucoup, mais les racines n'y sont pas non plus étrangères. En effet, Mur-de-Barrez fait partie de la province du Carladez, dont la capitale était Carlat, village cantalien dominé par une puissante forteresse. En 1643, le Carladez est donné par le roi de France aux Grimaldi, ceux qui habitent sur le rocher de Monaco. Ainsi, ce petit village possède-t-il sa place de Monaco et sa tour Grimaldi. Les nombreux silex découverts dans le sous-sol des environs témoignent de l'occupation du lieu dès la préhistoire. On trouve la trace de Mur-de-Barrez en 1210, alors que la cité est occupée par les Albigeois. La ville obtient ses franchises 36 ans plus tard. En 1376, elle est attaquée et prise par les Anglais. Le comte d'Armagnac lui donnera ensuite l'autorisation d'ériger des fortifications pour protéger ses habitants, parmi lesquels de nombreux hommes de robe. La ville devient rapidement la place forte des calvinistes, de sorte que le roi de France ordonna, en 1620, la démolition des fortifications. Il faut, bien entendu, parcourir les rues anciennes, au cœur même de la ville, à l'intérieur des murs d'enceinte, afin de découvrir des pierres de taille, sûrement substituées au château démoli. Tout près de l'église se trouve la maison Barthélemy, avec de superbes fenêtres à meneaux et l'écusson de la famille de l'époque, la famille Canillac, représentée par un chien. L'église appelle à quelques commentaires. D'abord son porche, avec une série d'archivoltes, et surtout un coquillage retourné en haut de la porte. Au pied de l'escalier, l'église est romane dans cette partie ; anormalement carrée, elle donne l'impression d'avoir été tronquée. On admirera, au passage, les chapiteaux, la statue de saint Roch et le gisant en clef de voûte que l'on voit en se mettant dos au chœur, curiosité unique en Europe. Le chœur est bien plus petit qu'à l'origine, il est gothique et possède un beau plafond voûté avec des motifs en caisson. Ressortez de l'église pour la contourner complètement afin d'apprécier les modillons et surtout une des sept chapelles ayant survécu à la démolition, et qui se trouve isolée du reste du bâtiment. Enfin, il faudra passer sous la tour de Monaco, qui était en fait une des trois portes de la ville, gardée en permanence, et sur l'esplanade du château dont il subsiste quelques pans de murs en ruine. Depuis ce promontoire, on peut admirer les monts du Cantal, dont le repérage est facilité par une table d'orientation.

OFFICE DE TOURISME 12, Grand-Rue ✆ 05 65 66 10 16. *Fax : 05 65 66 31 90. Site Internet : www.nord-aveyron.com - E-mail : ot-murdebarrez@wanadoo.fr.*

Le couvert

RESTAURANT DE LA POSTE 8, avenue du Cardinal-Verdier ✆ 05 65 48 76 62. *Fermé le lundi soir.* Agréable et décontracté le restaurant qui vient de faire peau neuve, se divise en effet en deux parties bien distinctes. D'un côté, le café-brasserie, où l'on sert un honorable « menu ouvrier » à 10 €, aux plats simples mais corrects, et le côté restaurant proprement dit, où un beau feu de bois et une allure cosy accueillent les voyageurs désirant faire une halte plus conséquente. Là, plusieurs menus de 12 € à 25 € déclinent grillades et brochettes sur plusieurs tons : côte à l'os, saucisses aveyronnaises ou cochons de lait, tous saisis à point.

Le gîte

Hôtels-restaurants

AUBERGE DU BARREZ Avenue du Carladez ✆ 05 65 66 00 76.** *Site Internet : aubergedubarrez.com. Fermé du 9 janvier au 14 février. Chambres de 32 € à 78 €. Petit déjeuner 7 €. Menus 13 €, 21 € et 36 €.* Ce restaurant désormais célèbre dans l'Aveyron se situe un peu à l'extérieur du village, près de la gendarmerie, dans un écrin de verdure. Le cadre contemporain, dont la décoration a été pensée pour rendre les séjours agréables, donne une atmosphère particulière à des installations de grand confort. Les chambres sont assez grandes, les plus simples (une dizaine) ont tout de même bain, wc et télévision ; huit autres sont dotées, en plus, d'une douche à jets. De bois clair et de teintes chaudes, elles sont lumineuses et les plus agréables donnent de plain-pied sur le jardin. Les installations communes comprennent un salon avec cheminée et télévision. Le restaurant de Christian Gaudel et son épouse se veut le reflet de cette région gourmande, à laquelle il donne une touche gastronomique. Ses spécialités, toujours autant plébiscitées par ses clients : opus de fromage de chèvre aux jeunes poireaux, poirate du Carladez, tourte de canard, et sa fameuse cuisse de lapin farcie aux herbes, qui a obtenu le premier prix au concours national des Logis de France en 2002.

HOTEL DES BARRAGES Brommat ✆ 05 65 66 00 84. *Ouvert toute l'année, restaurant fermé le samedi. Chambres avec lavabo 20 €, avec douche et cabinet de toilette 30 €. Petit déjeuner 6 €. Menus de 10 € à 30 €.* Simple mais confortable, l'hôtel a été refait il y a une demi-douzaine d'années. Sur deux étages, auxquels une moquette garantit le silence, quatorze chambres de couleurs différentes ont été conçues pour une, deux ou trois personnes. Au rez-de-chaussée, ouvrant sur une grande terrasse ensoleillée, la salle de restaurant rustique se marie bien avec la cuisine familiale que l'on y sert : les produits du terroir y sont traités de bonne façon. En été, le mardi, on change légèrement de registre et le menu sert de base à une soirée auvergnate avec des spécialités comme la potée.

Chambres d'hôtes

DOMAINE DES HAUTES CIMES La Salesse ✆ 05 65 66 14 27. *Ouvert du 15 mai au 15 septembre. Chambre et petit déjeuner pour deux personnes à partir de 35 €.* Renée Prunet, retraitée agricole, propose cinq chambres d'hôtes dans cette grande maison de maître. Situées au premier étage, quatre se partagent des toilettes, mais ont chacune leur salle de bains. Elles sont conçues pour deux ou trois personnes et tous ces hôtes profitent d'un séjour et de salons privés. La grande cour est commune avec la maison de la propriétaire, toujours disponible pour conseiller une visite et parler de son pays. L'endroit est d'un calme olympien, à 9 kilomètres de Mur-de-Barrez.

JEAN LAURENS Vilherols ✆ 05 65 66 08 24. *Ouvert toute l'année. Chambre et petit déjeuner pour deux personnes de 46 € à 61 €.* Vilherols est une ferme du XVIIIe siècle aux environs de Lacroix-Barrez (sur la route de Mur-de-Barrez) ; là, des maisons restaurées ont retrouvé leurs murs de pierre et leurs toits de lauzes. Les quatre chambres, dont une est dans la maison des propriétaires, sont presque de petits appartements. Elles accueillent de deux à six personnes qui disposent de leur propre kitchenette et bien sûr de salle d'eau et wc. Elles partagent un séjour avec une immense cheminée, ainsi que le jardin en herbe et son mobilier qui permet de contempler à son aise un paysage aussi superbe que dégagé. En outre, une ancienne maison traditionnelle et rénovée comprenant quatre chambres se loue pour une nuit ou à la semaine.

Loisirs

Randonnées

Les sentiers de l'imaginaire, ce sont six balades magiques proposées aux petits et grands sur différents thèmes : les visiteurs sont guidés au travers des campagnes et des forêts par des sculptures, des cabanes, des passerelles, des enluminures, des lieux ludiques et bien d'autres surprises qui transforment une simple balade en un véritable sentier de l'imaginaire. Ce sont les habitants eux-mêmes qui se sont découvert des talents d'artistes et de poètes pour mieux raconter leur village et les richesses de leur région. Brommat a choisi le thème de l'eau, Lacroix-Barrez celui de la pierre, Mur-de-Barrez s'inspire de l'histoire, Murols s'intéresse au fer, Taussac au bois et enfin Thérondels a opté pour le thème de la flore. **Renseignements à l'Office du tourisme au 05 65 66 10 16.**

NATURA FITNESS Pléau - BROMMAT ✆ 05 65 66 22 11. *Ouvert de début février à fin octobre. De février à juin et de septembre à octobre, ouvert le lundi et le mercredi de 14h à 19h, le mardi et le jeudi de 14h à 21h, le vendredi et le samedi de 14h à 20h, et le dimanche de 17h à 20h.* Ce centre de remise en forme, entièrement dédié à votre bien-être, propose bains multijets et bouillonnants, hammam et sauna, aquagym et activités toniques, musculation et relaxation… Des forfaits sont possibles à la semaine, à la quinzaine, au mois ou à la saison.

Emplettes

CHARCUTERIE DU CARLADEZ 12, place de Monaco © 05 65 66 00 50. La maison de Lucien Albouze, « maître charcutier en Carladez », peut légitimement vanter les mérites de son jambon, de sa saucisse sèche et de ses saucissons séchés au feu de bois. Nombre d'Aveyronnais reconnaissent la haute qualité de ses produits et on vient parfois de loin pour y faire des Emplettes. A l'intérieur, il faut découvrir l'impressionnante étagère de conserves « maison », cous d'oies ou de canards farcis, jambonneaux, gésiers préparés, etc.

LES FROMAGES DE CHEZ NOUS Brommat © 05 65 66 16 99. La crémerie Bélard confectionne un cantal qu'elle laisse s'affiner dans des caves naturelles, que l'on peut d'ailleurs visiter. Une curiosité. Les horaires sont à demander à l'Office du tourisme.

► *Dans les environs*

Lacroix-Barrez

8 kilomètres au sud de Mur-de-Barrez sur la D904.

Situé aux confins de trois régions historiques, le Carladez, le Ruthène et l'Auvergne, ce village a de ce fait subi diverses administrations, tombant tantôt sous la juridiction des comtes de Rodez, tantôt sous celle du vicomte de Carlat ou de l'abbé de la Chaise-Dieu. Cette position, à l'intersection de trois routes, lui permit surtout de vivre de son artisanat et du commerce. Bien que le village ait jadis comporté un prieuré, l'église actuelle est toute récente puisque construite en 1932. Elle l'a été à la demande du cardinal Jean Verdier, enfant du pays, devenu archevêque de Paris. La crypte de la petite église renferme d'ailleurs une « exposition souvenir » dédiée à cet homme d'Eglise qui fut très populaire en son temps.

LA FERME DE DILHAC © 05 65 66 19 78. *Vente sur place du lundi au samedi. Visite de la ferme en juillet et août, mardi et vendredi à 17h.* Dans le hameau de Dilhac, Isabelle et Serge Rayrolles s'occupent d'un troupeau de vaches laitières ; ces bestiaux et les cochons de la ferme sont évidemment nourris à l'ancienne. Le goût subtil des produits laitiers vendus ici (beurre, crème fraîche, lait cru et fromages frais, en faisselle ou affinés) en témoigne. Quant à la charcuterie, on repartira avec jambon, saucisse ou pâté de bien bonne qualité. Surtout, ne pas rater le ragoût de porc aux châtaignes, plat cuisiné selon un savoir-faire d'autrefois, succulent et fondant. Notre conseil : en prendre plusieurs bocaux pour ne pas regretter une fois reparti…

Sainte-Geneviève-sur-Argence

20 kilomètres à l'est de Mur-de-Barrez sur la D900.

Plus que Sainte-Geneviève-sur-Argence, c'est le hameau d'Orlhaguet qui mérite une halte de par les nombreuses croix parsemant son territoire. Ce hameau possède une église fortifiée qui, avec sa grosse tour carrée, ressemble plus à un château qu'à un édifice religieux. Village voisin de Sainte-Geneviève, sur la route de Mur-de-Barrez, passer voir l'église fortifiée d'Orlhaguet et, à peine plus loin, le château de Gabriac, sorte de maison de maître venue s'appuyer à une tour carrée, le tout sis sur un promontoire, au bout d'une route bordée d'arbres moussus.

Thérondels

14 kilomètres au nord de Mur-de-Barrez sur la D900.

Véritable village auvergnat en Midi-Pyrénées, à la fois par sa situation à la pointe de l'Aveyron, cerné de toutes parts par le Cantal, et par son architecture et l'aspect de ses maisons grises, prévues pour affronter des hivers rigoureux. L'église romane n'échappe pas à cette règle. Elle date du XIIe siècle. Une partie a cependant été remaniée au XVe siècle. A droite de l'autel, une étonnante Trinité figurée par trois visages aux yeux communs pourrait être gauloise ; en tout cas, cette représentation reste unique en France. Le cœur du village s'ouvre sur une place immense bordée d'arbres. Il faut prendre le temps de pousser la porte de l'un des cafés pour discuter avec les habitants. L'économie locale est axée avant tout sur l'élevage bovin, mais se développe de plus en plus vers le tourisme de pleine nature. Il faut aller jusqu'à la presqu'île de Laussac, apparue après la mise en eau du barrage de Sarrans, pour admirer le paysage verdoyant de la vallée de la Truyère. L'église du village abrite les restes de saint Gausbert, fondateur de l'abbaye de Montsalvy, commune cantalienne voisine. Attention cependant, car longer les rives du lac peut se révéler dangereux, n'oubliez pas que ce lac est artificiel et destiné à alimenter l'usine électrique de Sarrans.

HOTEL RESTAURANT MIQUEL*** ✆ **05 65 66 02 72.** *Fermé du 16 décembre au 2 février. Chambres de 36 € à 57 €. Petit déjeuner 7 €. Menus de 9,80 € à 26 €.* Au cœur du Carladez, voilà une maison de tradition qui propose tous les ingrédients du bien-être. Terrasse, piscine, tennis, le tout à proximité du lac de Sarrans… Si l'on ne part pas à la découverte de la région, on trouve là un lieu de séjour reposant et confortable à souhait. On peut flâner au bord de l'eau ou dans le parc, ou farniente dans l'une des vingt-six chambres dont le confort est irréprochable. A l'heure du repas les réjouissances ne sont pas moindres et, dans un cadre presque exotique, on se délecte déjà de la lecture d'une carte prometteuse. Parfums du terroir et d'ailleurs se rejoignent dans des préparations subtiles et soignées, comme cette persillade d'escargots aux pleurotes et jambon d'Auvergne. Une cuisine vraiment inventive et rare dans son approche. Le repas se déroule sans fausse note et laisse un souvenir que l'on viendra raviver souvent…

CAMPING LA SOURCE** Presqu'île de Laussac** ✆ **05 65 66 05 62/05 65 66 27 10 (hors saison).** *Camping ouvert de fin juin à début septembre, locations d'avril à octobre. Forfait deux personnes de 11 € à 20 €. Appartements 4 personnes de 270 € à 460 € la semaine, chalet jusqu'à 5 personnes de 355 € à 600 € la semaine.* 4 étoiles, pas moins, pour un camping qui s'offre en plus un panorama à 360° (ou presque !) sur le lac de Sarrans. Il est aménagé en trois terrasses, partiellement ombragées, qui comptent une centaine d'emplacements, des chalets, des bungalows, six mobil-homes (pour 4 personnes) et deux maisons pour des appartements. Au-dessus du lac, des espaces jeux (ping-pong, pétanque, mini-golf…), un terrain multisports (football, volley, handball…), une piscine et le bar occupent un grand espace. Le ravitaillement se fait à l'épicerie du camping ou sur commande auprès du boucher et du boulanger ; sur place, snack, pizzeria, plats cuisinés…

Valon-sur-Truyère

13 kilomètres au sud de Mur-de-Barrez sur la D904.

Le château de Valon, perché sur son éperon rocheux, domine fièrement les gorges de la Truyère depuis le XIIe siècle. Mentionnée pour la première fois en 1150, cette forteresse médiévale est occupée pendant la guerre de Cent Ans par les routiers qui pillèrent la contrée. A partir de la Révolution, le château ne sera plus habité. Témoin inébranlable de ces époques lointaines, le donjon abrite trois salles superposées : on circule de l'une à l'autre en empruntant un étonnant escalier très étroit. Au sommet, la terrasse offre une vue panoramique sur les gorges, les monts, ainsi que sur le typique village de schiste qui s'étend au pied du château. En mai et jusqu'au 15 juin, ouverture les week-ends de 14h à 18h. Pendant les vacances de printemps et celles d'automne, ainsi que la deuxième quinzaine de juin et en septembre, ouvert de 14h à 18h. En juillet et août, ouvert de 10h30 à 13h et de 15h à 19h. Les visites peuvent être libres (le matin), guidées (l'après-midi) ou, pour les enfants, contées (les mercredis et vendredis, sur inscription). Entrée 2 €, visite guidée 3 €, enfants de moins de 12 ans 1 €. Hors saison, visites sur rendez-vous. Renseignements au 05 65 66 22 36 ou au 05 65 66 10 16 (Office du tourisme).

L'ATELIER DE YANN ✆ **05 65 66 26 04.** *Ouvert tous les jours de 10h à 20h de mai à mi-septembre ; hors saison, ouvert l'après-midi et pendant les vacances scolaires.* Dans son étrange atelier installé face au château de Valon et surplombant la Truyère, Yann a trouvé l'atmosphère propice à sa création, qui s'inspire largement du Moyen Age des troubadours. La première création de cet artisan bijoutier a d'ailleurs été un « lac d'amour », « lac », c'est-à-dire le « lacet » cher aux troubadours occitans qui le portaient noué en cordon à leur ceinture. Chaque nœud d'amour, noué et ciselé à la main, devient ainsi collier, bague, bracelet… A voir aussi, les autres créations de Yann : drapés, galets de Truyère, croix des troubadours et sarments multicolores (trois métaux mêlés), la nouveauté de l'atelier. Des bijoux allégoriques qui s'expliquent, s'admirent, se portent. Une exposition de poteries de grès, des plus classiques aux plus contemporaines, se tient aussi en permanence chez Yann.

Najac

Un des plus beaux villages de France. Najac fait partie de ces bastides caractéristiques du Rouergue, bien que son plan soit assez étendu en longueur, occupant toute la crête de la montagne, depuis le pied du château jusqu'aux constructions récentes. L'origine du site est gallo-romaine, mais l'activité la plus importante se trouve au Moyen Age. Un premier hôpital y fut construit en 1148, Raymond VII, comte de Toulouse, fit du village une bastide en 1247. Lors du rattachement de Najac au domaine royal, deux ans plus tard, la population montra quelques résistances, ce qui lui valut de prendre le siège de la sénéchaussée au profit de Villefranche-de-Rouergue et de voir son château transformé en forteresse royale par Alphonse de Potier, frère du roi. L'histoire du village est intimement liée à la vie de la forteresse qui protégeait les habitants et de nombreux notables. Parallèlement, ce dynamisme engendra la tenue de nombreuses foires qui ont contribué au rayonnement de la cité. La ville se compose d'un bourg, partie la plus ancienne développée au pied de la forteresse et d'un faubourg qui a pris l'aspect d'une bastide. Ce quartier fut construit au XIIIe siècle, il en possède les caractéristiques, comme le plan quadrangulaire et les couverts. Au fil des rues, dans lesquelles il faudra prendre le temps d'admirer l'architecture des maisons, on croisera le château des gouverneurs, résidence fortifiée du XIIIe siècle. Cette balade vous conduira jusqu'à l'église Saint-Jean que la population a dû construire en punition pour avoir « flirté » avec les Cathares.

Points d'intérêt

FORTERESSE ROYALE ✆ **05 65 29 71 65.** *Visite guidée tous les jours du 1er avril au 30 septembre. Avril, mai, septembre : de 10h à 13h et de 15h à 17h30. Juin jusqu'à 18h. Juillet, août, jusqu'à 19h. Adulte : 3 €, enfant : 2 €.* Construite en 1253 par Alphonse de Poitiers, frère de saint Louis, la forteresse, comme son nom l'indique, était destinée à héberger des militaires dépendant de la sénéchaussée de Najac. Le site, un promontoire rocheux abrupt, est particulièrement bien choisi car il surplombe le village et le domine. D'ailleurs, avant la forteresse, il existait déjà un château fort, construit en 1100 par Bertrand de Saint-Gilles, fils de Raymond VII, comte de Rodez. Simple tour carrée du XIIe siècle, la forteresse fut agrandie au XIIIe et devint la clé de voûte du pays. La visite commence par une évocation de l'architecture, montrant de nombreux détails architecturaux ainsi que les techniques de construction employées par les compagnons bâtisseurs, revenus des croisades. On y voit notamment la « signature » des différents corps de métiers. Une fois à l'intérieur, on admire l'architecture des salles bien conservées. Ainsi la chapelle, avec ses voûtes, ses chapiteaux sculptés ou, plus modestement, la grande cour, qui a subi les outrages du temps et le pillage de ses plus belles pierres. La visite est agréable et documentée, ponctuée d'anecdotes. Ainsi, vous apprendrez qu'après avoir accueilli les troupes anglaises, on les chassa de la forteresse en usant d'une technique bien de chez nous : soucieux de leur réserver le meilleur accueil qui soit, les propriétaires offrirent du vin à volonté à leurs hôtes, de sorte qu'ils n'eurent pas grande peine à les passer ensuite par-dessus les murs d'enceinte. Revanche de l'histoire, aujourd'hui cette région compte de nombreux sujets britanniques ayant choisi de s'installer en Aveyron. Il est fréquent pour ne pas dire quotidien d'entendre la langue de Shakespeare dans les boutiques et les rues de la ville. De nombreux commerçants n'hésitent pas signaler leurs prix ou autres annonce en anglais. Une bonne façon de voyager sans quitter le Rouergue.

L'EGLISE. Datant du XIIIe siècle, l'église de Najac, en contrebas du village, est une construction plutôt austère et d'une grande sobriété. Il s'agit là d'un bel exemple de l'art ogival méridional et devint la première église paroissiale gothique du Rouergue.

Le couvert

IL CAPELLO Route de la Gare ✆ **05 65 29 70 26.** *Ouvert à l'année, tous les jours en juillet et août fermé mercredi soir en basse saison. Menu de 13 € (le midi en semaine) à 20 €.* En contrebas du cœur du village, la pétulante et non moins charmante Loréna vous accueille dans cette petite salle où trône une authentique cheminée. Derrière le comptoir, la patronne s'affaire sur le four à bois. Ici, le maître mot est la convivialité, l'oeil se perd parmi tous les objets posés çà et là. En été, la terrasse ombragée, rafraîchie par une petite fontaine, permet de savourer agréablement la cuisine rustique et généreuse qui vous est proposée. Les mets traditionnels de l'Aveyron côtoient sur la carte les spécialités italiennes : l'astets de Najac (longe de porc farcie au filet mignon) et antipasti, carpaccio de Bresaola, pizzas et de belles grillades de Magret qui flattent l'odorat. Sans oublier les pâtes fraîches et le tiramisu maison. Un petit vin italien vient à propos accompagner ces dégustations. Possibilité d'accueil des groupes.

LA SALAMANDRE **Rue du Barriou** © **05 65 29 74 09.** *Fermé le mercredi en juin et septembre. Plat du jour : 8,50 €. Menu à 16 €.* A la belle saison, le plus bel atout de la Salamandre est sa jolie terrasse d'où on admire le château et la vallée. Pendant les frimas de l'hiver, on prend place dans une petite salle pour déguster le plat du jour ou l'une des spécialités annoncées sur la carte. Parmi celles-ci, la tarte Tatin aux tomates ou celle, plus étonnante, aux poires et roquefort. Le jarret de porc confit au miel et au thym est excellent. Les desserts faits maison, dont un moelleux au chocolat sont du même acabit. L'accueil est chaleureux et on ressort pleinement satisfait de cette adresse.

Le gîte

Hôtels-restaurants

HOTEL-RESTAURANT LE BELLE RIVE **Au Roc du Pont** © **05 65 29 73 90.** *Site : www.lebellerive.com. E-mail : hotel.bellerive.najac@wanadoo.fr. Ouvert du 1er avril à Toussaint. Chambres de 52 € à 56 €, la demi-pension par personne et par jour de 52 € à 55 €. Petit déjeuner buffet 9 €. Menu à 19 € à 49 €. Carte.* Tenue par la famille Mazières depuis cinq générations, le Belle Rive se situe en bas du village. La grande bâtisse blanche dans laquelle il est installé compte une trentaine de chambres confortables avec douche ou bain, télévision et téléphone, donnant côté rivière ou sur l'arrière, vers la montagne. Le restaurant déploie des tables sur une terrasse ombragée et propose des menus variés en fonction des saisons. Le fil d'Ariane reste pourtant la tradition. On retrouve dans les assiettes des spécialités locales telles que l'Astet najacois (rôti de porc farci avec un filet mignon en persillade), un tournedos de l'Aubrac au Roquefort et pignon, des goujonettes de perche sauce écrivisse ou un pavé de cabillaud au coulis de cresson. Le tout est accompagné de vins aveyronnais ou français. Afin de faciliter la digestion, on s'offrira ensuite une sieste au bord de la piscine, pendant que les enfants s'amusent dans une aire de jeux installée à leur intention.

L'OUSTAL DEL BARRY **Place du Bourg** © **05 65 29 74 32.** *Fermé de la Toussaint au 1er avril. Chambres de 51 € à 72 €. Petit déjeuner 8,70 €. Menu de 18,50 € à 49 €. 2 étoiles.* A l'entrée de la bastide, dans le «barry», le faubourg qui lui a donné son nom, cette maison (oustal) est fort douillette avec salon, terrasse et petit jardin. Ses chambres agréablement décorées donnent sur le village ou sur la vallée de l'Aveyron et offrent tout le confort nécessaire. Outre son accueil, la bonne réputation de l'Oustal vient de sa table. On découvre alors une carte toute en équilibres. Avec beaucoup de maîtrise, le chef Rémy Simon réalise des entrées telles que des escalopes de foie gras poêlées, pain d'épice braisé au miel, ou des plats raffinés comme une feuillantine de sandre au pavot, persillade de pieds de porc aux noisettes, perlée balsamique ou un pigeonneau du Mont Royal accompagné d'un Parmentier de pommes de terre au foie gras. Les desserts sont tout aussi recherchés et s'inspirent, comme le reste de la carte, des produits frais du marché et des herbes du jardin. Difficile de résister au délice praliné, amandes et noisettes grillées, caramel au café, croquant et sorbet au turon. Pour les amateurs de vins, un menu spécial à 49 € inclus de très bons nectars servis au verre en fonction des plats.

LES DEMEURES DE LONGCOL **D638 - LA FOUILLADE** © **05 65 29 63 36.** *Site : www.longcol.com. Chambres de 120 € à 130 € du 1er octobre au 31 mars. De 145 € à 160 € du 1er avril au 30 septembre. Menus 35 €. 3 étoiles.* Ce hameau médiéval des XVIIe et XVIIIe siècles est lové au cœur d'un parc arboré de 22 hectares, à deux pas de Najac. La nature environnante est d'une extrême beauté ; calme, paix et sérénité permettent un repos absolu. Une splendide piscine à débordement domine la boucle de l'Aveyron en contre bas. Les Demeures de Longcol sont décorées et aménagées dans un style particulièrement raffiné. 18 chambres de charme, dallées et ornées de mille objets d'art venus d'orient. Aux dehors, pour tous ceux qui veulent se détendre avec des activités de plein air : poney, pêche et randonnée. Ce site est entièrement non fumeur. En cuisine, le chef s'inspire des traditions culinaires des pays du pourtour méditerranéen. Ses réalisations sont raffinées et le plus souvent réalisées à base de produits biologiques. On se délecte de préparations telles qu'un tagine de canard, ou un potage marocain harira.

© CDT Aveyron / G. Tordjeman

Village vacances

VILLAGE VAL VACANCES BLEUES ✆ **05 65 29 74 31.** *Ouvert d'avril au 15 octobre. Pavillon 4 ou 5 personnes.* Les pavillons de ce village de vacances sont allés se percher au-dessus de Najac dans un parc de soixante hectares. Ils sont parfaitement équipés pour le séjour de quatre à cinq personnes et, comme le village dispose d'un restaurant, on peut les louer seuls ou opter pour la pension ou la demi-pension. Au centre du village, les installations communes comportent une piscine chauffée autour de laquelle se répartissent les salles de loisirs (bar, télévision), la salle de remise en forme avec hammam et Jacuzzi. Une autre zone est réservée aux activités sportives qui comprennent tennis, pétanque, ping-pong, volley, mini-golf. Les résidents ont enfin accès au centre équestre de Najac, situé à l'entrée du village de vacances. Et tout autour, les occasions de promenades à pied, en vélo ou à cheval sont nombreuses.

Camping

LE PAISSEROU**** ✆ **05 65 29 73 96.** *Ouvert du 30 avril au 30 septembre. Forfait deux personnes de 9 € à 16 €. Bungalows de 2 à 6 personnes de 119 € à 289 € la semaine.* On ne pouvait choisir meilleur emplacement. Les cent emplacements ont été installés sur la berge de la rivière, chacun étant délimité par une petite haie. Ils sont vastes et ombragés et ont accès à des installations de confort et de loisirs. On trouve à côté des sanitaires deux lave-linge et un lave-vaisselle et sur l'aire de jeux des terrains de sport. Une petite épicerie fournit l'indispensable. Un snack et une piscine sont également à la disposition des campeurs. La rivière se prête à toutes sortes d'activités sportives et ludiques. L'été, des animations sont organisées pour faire du séjour un moment des plus agréables. Le camping se complète de quelques bungalows pour deux, quatre ou six personnes, et un gîte pour randonneurs.

Loisirs

BAIGNADES ✆ **05 65 29 73 94.** *Ouvert de juin à septembre.* C'est au pied du château de Najac que se trouve la piscine chauffée ; elle est constituée de 3 bassins, une pataugeoire, un bassin d'entraînement et un autre avec plongeoir et fosse de plongée. La baignade est surveillée, les maîtres nageurs donnent des cours pendant toute la saison.

BASE NAUTIQUE ✆ **05 65 29 73 94.** *Ouvert toute l'année. Location pédalo, canoë-kayak, parcours de deux heures, découverte.* Sur l'Aveyron et le Viaur, des moniteurs diplômés sont là pour encadrer la pratique de différents sports nautiques : canoë, kayak, rafting, hot-dog (au printemps), ski de rivière et même vtt, à pratiquer le long des rivières et sur les pentes environnantes. Ils pratiquent la location ou encadrent groupes et individuels dans des séances d'initiation ou de perfectionnement. Les plus mordus se laissent tenter par des randonnées ou des stages multi-activités.

FERME EQUESTRE DE DAOUDOU Daoudou ✆ 05 65 29 74 11. *Ouvert toute l'année. Gîte à la semaine de 400 € à 500 € (juillet et août) ; de 215 € à 330 € (basse et moyenne saisons). Week-end de 130 € à 220 €.* Dans cette ferme (dont les bâtiments datent du XVIIIe siècle), à cinq kilomètres de Najac, Marie-Pascale et Pierre-Jean Bartheye s'occupent d'un élevage de chevaux fjord au caractère docile et généreux donc idéaux pour la promenade. Ils proposent à tous les amateurs, même débutants, des promenades aux environs de Najac et des balades en poney pour les tout-petits. On peut aussi préférer le charme désuet d'une calèche (65 € pour 1h30 jusqu'à cinq personnes) ou, au contraire, se laisser tenter par une randonnée de plusieurs jours (50 € la journée avec pique-nique compris). Enfin, Marie-Pascale et Pierre-Jean organisent des visites de leur ferme fromagerie qui se termine par un goûter entièrement basé sur leurs propres produits. Participation : 3,50 € par personne et gratuit pour les moins de 3 ans.

Emplettes

Artisanat

MAJOLIQUE POTERIES Place du Faubourg. Véronique et Alain présentent dans leur atelier leurs pièces de faïencerie tournées et décorées à la main. Une bonne façon de découvrir les techniques de la faïencerie, de l'émaillage à la cuisson.

Librairie

LIBRAIRIE MEDIEVALE Place du Faubourg. Cette petite boutique nichée dans une maison en plein centre du village présente de nombreux ouvrages régionaux ou sur l'époque médiévale. Une adresse intéressante et qui mérite qu'on s'y arrête.

Produits gourmands

LA TABLE GOURMANDE Monteils ✆ 05 65 29 62 39. *Visites du lundi au samedi. Repas sur réservation de 13,50 € à 19,50 €. Gîte de 130 € à 245 € la semaine.* La ferme Carles se déguste d'un bout à l'autre : lors d'une visite, on découvre l'élevage de canards et certaines étapes de la fabrication de produits goûteux. On passe ensuite à l'étape « pratique » au cours de laquelle on se fait une idée de quelques échantillons de confits, rillettes de canard, foie gras, saucisse de canard, etc. Histoire de digérer, avant ou après avoir rempli son panier, le visiteur se rend dans le musée des cuivres anciens que cette famille expose dans une ancienne étable restaurée, brillant maintenant de l'éclat rouge de nombreux ustensiles anciens. Pour parfaire la connaissance de ce monde, il restera volontiers le temps d'un repas à la table paysanne et pourra même s'installer avec sa petite famille dans Le gîte aménagé sur la propriété. Et l'on découvrira les petits secrets de fabrication de Jacques Carles : cet amoureux de la gastronomie fait sa cuisine à l'ancienne, dans des chaudrons de cuivre soumis à la flamme de feu de bois, comme la soupe aveyronnaise.

► *Dans les environs*

Saint-André-de-Najac

L'église du village date du XIXe, mais le bourg, composé d'habitations modernes et anciennes possède quelques maisons du XVIIIe siècle.

Nant

Le village était déjà occupé au VIIe siècle, mais ses habitants furent chassés par les Sarrasins. Des moines bénédictins s'y établirent de nouveau au Xe siècle et contribuèrent au rayonnement de la cité qui prit de l'importance, devenant un centre commercial accueillant de nombreuses foires. Le village doit aussi au travail soutenu des moines, le pont de la Prade (XIVe siècle), l'assèchement des marais et le creusement d'un réseau d'irrigation. En bordure de la place principale, trône une magnifique halle de pierre à arcades, voûtes d'arêtes et contreforts, construction typique du causse qui est un vestige de l'ancien monastère. L'église abbatiale Saint-Pierre, du XIIe siècle, est avec Conques un joyau de l'art roman rouergat. L'intérieur est remarquable par des chapiteaux à motifs stylisés sur des colonnes jumelées. Les environs de Nant sont riches en églises romanes qui ne manquent pas d'intérêt, comme celle des Cuns. Classée « Station Verte de Vacances », la petite bourgade bénéficie d'un riche environnement naturel : vallée de la Dourbie, source du Durzon, causses, flore variée d'influence méditerranéenne, faune d'une grande richesse (genette, écureuil, rapace, cincle-plongeur, castor).

OFFICE DE TOURISME Place du Claux ✆ 05 65 62 24 21. *Site Internet : www.ot-nant. Renseignements sur le circuit des 8 églises romanes de la vallée de la Dourbie ; visites guidées de l'abbatiale.*

Les malheurs de la statue de Louis XVI

Pierre d'Icher-Villefort a 22 ans, officier en 1789, émigre en 1791 et rejoint l'armée des Princes en Allemagne. Sous l'Empire, il rentre chez lui, à Nant, et se consacre au culte de Louis XVI.

En 1811 il fait sculpter à ses frais une statue de Louis XVI qu'il place dans le jardin de sa maison. (l'actuel presbytère), et fête l'événement avec quelques amis royalistes. Le sous-préfet de Millau surveille ce royaliste et transmet son rapport qui parvient au ministre de la police. L'ordre est donné de détruire la statue et de jeter en prison ce royaliste, qui va passer des prisons de Millau au château d'If. La statue, renversée, tombe sur le sol et sous le choc est décapitée. Le maire la met à l'abri. Libéré en 1815, Icher-Villefort fait réparer la statue et l'offre à la ville de Nant. On décide de l'élever au-dessus d'une grande colonne en pierre, sur la place, qui s'appellera la Place Louis XVI, jusqu'en 1831. Après la Révolution de 1830, dans la nuit du 18 au 29 mars 1831, la statue est décapitée pour la deuxième fois, la tête, jetée dans la rivière la Dourbie, n'a jamais été retrouvée. Icher reprend sa statue, lui fait sculpter une autre tête, et l'installe dans le petit jardin de sa maison, route de Millau. Il meurt en 1855, à l'âge de 88 ans. Pendant une nuit d'hiver, en 1989, la statue a été décapitée pour la troisième fois. On n'a pas retrouvé la tête. En 2001, la commune a acheté la statue, elle est exposée, sans tête, dans le hall de la mairie.

► Dans les environs

Cantobre

Son nom serait d'origine celte : Canto-briga, la forteresse brillante. Cantobre sur son rocher domine la confluence de la Dourbie et du Trévezel, une rivière qui descend en force des Cévennes après avoir creusé elle aussi des gorges profondes. Il ne reste rien de cette ancienne place forte, si ce n'est une porte fortifiée, quelques fragments de rempart et des ruelles tortueuses. Site remarquable, avec ses maisons accrochées aux rochers. Photo obligatoire.

Les gorges de la Dourbie

Les gorges de la Dourbie sont sportives. Sportives pour les pêcheurs qui doivent affronter des courants puissants. Sportives pour ceux qui optent pour les deux-roues, car arrivé au terme des gorges, il n'existe pas plusieurs alternatives : retourner en sens inverse ou partir à l'assaut du Larzac par une route pentue qui grimpe en lacets. Sportives pour le kayakiste qui doit affronter des courants vifs et des passages qui demandent une bonne technique. C'est le prix à payer mais la récompense en matière de sensations et de souvenirs est à la hauteur de l'effort. Autre petite merveille, les sources du Durzon. Une résurgence au pied du Larzac, juste à quelques kilomètres de Nant. Nature intacte, faune et flore méditerranéennes, truites mouchetées et sangliers en quantité. Les travers inextricables qui grimpent sur les plateaux sont quasiment vierges.

Une leçon de chose grandeur nature préservée par une conformation géologique empêchant à l'homme tout développement industriel ou agricole. Au-dessus de Nant, il y a près de 150 000 ans, une communauté d'hommes de Neandertal, s'installe aux Canalettes. Un abri situé au-dessus de Nant, sur le causse du Larzac. Une glaciation interrompt cette occupation et il faudra attendre environ moins 11 500 ans avant Jésus-Christ pour que l'on retrouve trace d occupation humaine aux Usclades, non loin de Nant, sur le causse, l'homme d'alors chasse l'auroch, le bouquetin. Les gorges de la Dourbie ont toujours été un lien entre Rouergue et Cévennes. Au Moyen Age, la rivière servait à transporter jusqu'à Millau les arbres coupés sur les flancs des causses. A Saint-Jean-du-Bruel, existait une activité tonnelière. Les guerres de Religion ont marqué ici de leur passage les villages. Nant, la catholique, Saint-Jean, la protestante, une lutte d'influence entre la famille des Roquefeuils et l'évêché.

LOCATION DE VELO. Les gorges de la Dourbie peuvent aisément se visiter en vélo si l'on se borne à faire l'aller-retour en suivant la route qui longe la rivière. Le circuit ne dépasse pas 65 kilomètres Millau-Nant-Millau. La location de vélo se fera au départ de Millau.

La Roque-Sainte-Marguerite

Le village est bâti à l'entrée du ravin du Riou sec (rivière sèche en occitan). Une magnifique chapelle romane est accessible par les ruelles tortueuses du village. Le village est dominé par les chaos ruiniformes de Montpellier-le-Vieux et du Rajol.

© Iconotec.com / Alamer

Vallée de la Dourbie à Najac

HOTEL-RESTAURANT DURZON ✆ **05 65 62 25 53.** *Ouvert de mars à octobre. Chambres 31 € (1 personne) à 84 € (chambre 3 personnes). Petit déjeuner 5,30 €. Menus de 12 € à 25 €. Demi-pension pour deux personnes 58 € (trois jours minimum). Pension complète pour deux personnes 78 €.* Une petite route conduit, à moins d'un kilomètre du village, vers la source du Durzon. Avant d'y parvenir, on rencontre les bassins d'une pisciculture, elle-même doublée d'un hôtel-restaurant. Il va sans dire que la table invite souvent dans ses assiettes truites et écrevisses, extra-fraîches et qui se trempent à plaisir dans plusieurs sauces. On s'en lèche les babines et les doigts… En entrée, la mosaïque de poissons met déjà bien en appétit. On appréciera aux beaux jours le service en terrasse près de l'eau. Les quatorze chambres sont simples et sans prétention, mais quel calme ! Avant ou après le repas, vous pourrez taquiner la truite sur le parcours de pêche attenant.

RELAISOLEIL - DOMAINE DU ROC NANTAIS ✆ **05 65 58 46 01.** *Résidence. Fermé de mi-novembre à avril (sauf vacances de fin d'année). Séjours été à partir de 385 € la semaine en pension complète pour un adulte (-15 % début et fin de saison) ; Séjours à la carte en 1/2 pension 45 € la journée, 53 € pension complète.* Situé au centre du village de Nant, au cœur d'un parc de 3 hectares aux arbres centenaires, le Domaine du Roc Nantais accueille familles, seniors et groupes dans une ambiance très calme. 85 chambres tout confort (télévision et téléphone) occupent un bâtiment moderne à un étage. Elles donnent directement sur la pelouse ou un balcon. Sur place, tout a été prévu pour des séjours agréables. Au-delà des parasols et des chaises longues, les résidents ont accès à un bar, un restaurant, une piscine, un tennis. Les groupes de travail se réunissent à leur aise dans trois salles de séminaire et une salle de congrès entièrement équipées. Mais si l'on est là pour la détente, l'équipe du Relaisoleil organise chaque jour des activités sportives et de loisirs, des animations, des sorties et des soirées animées diaporama, folklore, café-théâtre, karaoké… Elle peut répondre à toutes les demandes et concevoir des séjours à la carte. Mais le centre propose une formule originale : la carte multiloisirs remise à chaque résident, à partir de 13 ans, donne accès à une sélection d'activités (accro branches, canoë, parcours aventures, vtt, escalade, parapente, spéléologie, mini-golf, saut à l'élastique, rafting, découverte du patrimoine, circuits culturels…). Cette carte de 50 tickets est valable une semaine.

JOSEPH GELY Castelnau ✆ **05 65 62 25 15.** *Aire naturelle de camping. Ouvert d'avril à octobre. Location à partir de 120 € la semaine ; emplacement à partir de 10,50 € la journée.* Dans cette ferme, M. Gély élève bien évidemment des brebis Lacaune dont le lait est acheminé vers Roquefort. Heureusement, ces charmantes bébêtes laissent à la disposition des campeurs un grand terrain mi-ombragé et bordé par la Dourbie. Les équipements sont bien adaptés aux vingt-cinq emplacements disponibles (sanitaires, branchements électriques, lave-linge, barbecue…). Et Nant n'est qu'à trois kilomètres de là. Possibilité de location de caravanes.

LE VAL DE CANTOBRE** Domaine de Vellas** ✆ **05 65 58 43 00.** *Site Internet : www.valdecantobre.com. Ouvert de mi-mai à mi-septembre. Tarifs : forfait emplacement 2 personnes de à 31,50 € par jour selon saison ; location mobil-home 4 personnes 630 €, chalet 798 €.* Voilà un bien joli terrain situé dans la magnifique vallée de la Dourbie près du site exceptionnel de Cantobre.

Aménagé en terrasse, respectant les murs et l'habitat anciens, pourvu de tout le confort demandé à un « quatre étoiles », en parfaite harmonie avec la nature, il constitue un superbe lieu de séjour, loin de certains établissements de cette catégorie, formatés pour les tours-opérators étrangers, avec son restaurant traditionnel installé dans une ancienne grange, son bar typique dans la bergerie voûtée. Les animations sont multiples, en particulier pour les enfants : aire de jeux, piscine, baignade en rivière, canoë-kayak, ateliers de création, mini-golf, randonnée… Tous services sur place (épicerie, plats à emporter, livraison de pain, pizzeria…).

SANGLIER DARLEY Egalières ✆ 05 65 62 10 72. Producteur de lait de brebis, Eric Darley s'est pris de passion pour le sanglier et a entrepris l'élevage de l'animal. Membre de la Confédération paysanne, il les nourrit de grains entiers (orge, blé, triticale, pois), de petit-lait, de légumes divers, de pain sec, bannissant aliments préparés ou génétiquement modifié. Au final, une gamme de produits de charcuterie de haute qualité, pur sanglier : pâtés, rillettes, civets, saucisses sèches, saucissons secs.

AROMATIQUES D'HOMS Les Homs-du-Larzac ✆ 05 65 62 22 56. *Site Internet : www.pastis-des-homs.fr. Juillet et août, ouvert tous les jours de 10h à 12h30 et de 15h à 19h ; hors saison, du lundi au samedi de 10h à 12h et de 14h à 18h. Fermé le dimanche. Visite de la ferme sur rendez-vous sauf été.* Sur le causse du Larzac, de drôles d'agriculteurs ont entrepris de cultiver des plantes aromatiques : thym, romarin, lavande, sauge, basilic, origan poussent ainsi parmi d'autres plantes sauvages. Nourries de soleil et de vent, elles entrent ensuite dans la composition de différents apéritifs traditionnels, mis au goût des causses par Maria qui s'occupe des cultures, Pierre-Yves responsable de la fabrication et de la commercialisation et Didier l'homme des récoltes et de la fabrication. Lors de la visite, on déguste le pastis des Homs, parfumé d'une quinzaine de plantes, la « chantelune », apéritif à la gentiane, et « l'églantine des causses » aux notes fleuries ou fruitées. Des saveurs originales, qui se sont fait un nom dans la région. Dans la boutique, les amateurs de senteurs seront comblés par les plantes aromatiques (aubépine, basilic, lavande, marjolaine, mélisse, thym, sauge, menthe poivrée, romarin, sarriette, hysope, estragon, souci, origan, herbes de Provence…), les vinaigres (à l'échalote, au basilic, à l'estragon, au fenouil, à la menthe, à la sarriette, au romarin, au thym, à la lavande ou à la rose, au vin de muscat aromatisé à la fleur de sureau…), des eaux-de-vie (gratte-cul, mirabelle, prunelle…) et de nombreux produits du terroir.

MARIE-CHRISTINE BOUNIORT Egalières. Dans son atelier situé dans une ferme (brebis laitières et élevage de sanglier), Marie-Christine s'est spécialisée dans les grès utilitaires car, dit-elle, « j'aime embellir le quotidien ». Elle crée ainsi, dans cette matière qui rappelle la pierre et supporte des émaux haute température, bols, coupes, théières, cruches, vases, lampes à huile… toutes pièces uniques, porteuses chacune de leur propre histoire.

Saint-Jean-de-Bruel

Aux portes des Cévennes, ce petit village s'est bâti dans la vallée de la Dourbie qu'enjambent les deux ponts anciens. Le plus vieux s'est dressé sur une seule arche jetée haut au-dessus de la rivière au XIIIe siècle, le plus récent a accompagné le développement de la communauté au XVIIIe. Saint-Jean-de-Bruel s'est trouvé au cœur des guerres de Religion mais les deux églises ont fini par cohabiter en bonne entente et chacune a gardé son édifice cultuel. Le centre du bourg, restauré, montre de belles façades et les noms des rues rappellent les activités d'autrefois. Les halles, bâtiment du XVIIIe siècle, ont dû retentir des cris des marchands de châtaignes ramassées alentour et des fabricants de tonneaux, dont la ville s'était fait une spécialité. Village tranquille et pittoresque, on en connaît aujourd'hui les artisans charcutiers et l'espace d'exposition Noria, qui expose les liens de Saint-Jean-de-Bruel et de la Dourbie.

OFFICE DE TOURISME 32, Grand-Rue ✆ 05 65 62 23 64. *Visites guidées du village.*

NORIA L'ESPACE DE L'EAU ✆ 05 65 62 20 32. *Site Internet : www.noria-espacedeleau.com. Entrée adulte 7 €, enfant de 5 à 12 ans 5 €, famille 20 € (2 adultes et 2 enfants). Accès handicapés. Aide à la visite : Borne vidéo, documentation/plan, panneaux d'informations, visite balisée, vidéo salle, boutique.* En partenariat avec le Parc naturel régional des Grands Causses, un ancien moulin a été restauré et prête désormais ses murs à une exposition sur celle qui l'a fait vivre, l'eau. Un espace de 1 000 m^2 sillonné par la rivière « la Dourbie » qui présente, aux petits et aux grands, les mystères de l'eau. La spécificité de cette structure est qu'elle est destinée tout à la fois au grand public par le biais de nombreuses salles portant sur l'interaction entre l'homme et la rivière, mais aussi vers les scientifiques qui trouvent là un outil de travail particulièrement adapté à la recherche. De nombreuses salles permettent de découvrir l'élément précieux d'hier à aujourd'hui, à travers bonnes interactives, jeux (essayez donc de reconnaître différentes eaux minérales !), panneaux explicatifs, reconstitutions et maquettes… ainsi que les enjeux pour l'humanité à venir. Au final, un petit parc à thème à taille humaine, plein de charme, passionnant, où l'on apprend sans s'en rendre compte. A voir absolument quand on passe dans ce coin-là de l'Aveyron (Voir la rubrique « Séjours à la carte, parcs à thème »).

HOTEL DU MIDI PAPILLON** **Place du Manège ✆ 05 65 62 26 04.** *Site Internet : http://hotel-midi-papillon.com. Ouvert des Rameaux au 11 novembre. Chambres de 30 € à 54,30 €. Pension 41,90 € à 54 € et de 35,80 € à 48 €. Demi-pension 35,80 € à 48 €. Petit déjeuner 4,80 €. Menus de 13 € à 36,30 €.* Cette grande maison est dévolue à l'accueil depuis quatre générations. C'est dire que, depuis le temps où elle se nommait relais de poste, elle a eu le loisir de soigner son cadre et surtout ses services. La bâtisse de pierre donne d'un côté sur la Dourbie qu'elle domine. Dans un petit jardin à proximité de l'hôtel ont été installés une piscine et un Jacuzzi chauffés. L'intérieur est chaleureux, alliant le contemporain et l'ancien, les chambres ont été dotées du confort moderne sans rien perdre de leur charme. A votre arrivée vous serez conduit vers le bar ou vers l'un des salons puis convié avant de gagner l'une des salles à manger à une dégustation de produits du terroir. La famille Papillon est l'une des celles, fort réputées, qui produisent à Saint-Jean-de-Bruel une charcuterie et des pâtés de volaille et de gibier au goût préservé. La carte leur adjoint quelques poissons, des aromates et des épices, des viandes de qualité et des desserts fins. On prend alors le temps de vivre…

LE HAMEAU DU VIALA ✆ 05 65 62 11 28. *Location (la semaine) de 340 € à 520 € en été ; 285 € aux vacances de printemps. Week-ends d'automne (3 jours) 99 €. Hors saison 55 € la nuitée.* A 520 mètres d'altitude, au pied des Cévennes et au bord de la Dourbie, le Hameau du Viala se compose de 34 habitats en bois, légers et de loisirs pour 5 personnes, répartis sur un vaste espace gazonné, parfaitement équipés avec sanitaire complet et cuisinette équipée, idéal pour les amoureux de la nature, de la pêche et de la randonnée.

Sauclières

Le nom du village viendrait de « cerclarias » qui évoque les merrains qui servaient à fabriquer les cercles de bois employés en tonnellerie. A Sauclières, les artisans façonnaient les perches de jeunes châtaigniers, coupés pendant les mois d'hiver, refendus et travaillés à la plane afin d'obtenir la même épaisseur. Pour leur donner la forme d'un cintre, ils utilisèrent un « billard » puis une machine à cintrer. L'église romane date du XIIe siècle. Sa nef en berceau et son chevet sont un bel exemple de l'architecture romane.

MUSEE DES AUTOMATES **Le Bourg ✆ 05 65 62 11 81.** *Fermé en janvier. Fermé le samedi en février, mars, novembre, décembre. Durant ces mois ouverture de 14h à 17h. Avril, mai, juin, septembre, octobre ouvert tous les jours de 10h à 12h et de 14h à 18h. Juillet et août de 10h à 19h. Entrée adulte 3,70 €, enfant 2,30 €.* Spécialiste mondial des automates, M. Wurfel s'est installé dans ce petit village au fin fond de l'Aveyron. De son atelier, sortent santons animés et d'automates ; il en fait pour des vitrines de magasin, des particuliers et exporte d'ailleurs dans le monde entier. De la fabrication à l'exposition, il n'y a qu'un pas et il a voulu mettre en scène ses personnages. Le musée qui s'étend aujourd'hui sur plus de 1 200 m^2 et présente plus de 200 automates et 400 figurines, illustre la vie d'un village avec ses métiers d'antan. Le village est même séparé en deux, traversé par une voie de chemin de fer avec un train qui passe de l'un à l'autre ; un cours d'eau ajoute son bruit si vivant. Le souci du détail est remarquable, les personnages, les maisons sont d'un très grand réalisme. Une partie du musée est consacrée à des stands grandeur nature, autour du thème de la ferme. En décembre, période de Noël oblige, il propose une animation particulière : une crèche grandeur nature animée.

Naucelle

Naucelle dépendait des moines de l'abbaye cistercienne de Bonnecombe à Comps. Les moines construisirent une grange en briques à Bonnefon qu'ils fortifièrent ensuite. Mais la proximité de Sauveterre nuisait au développement de la cité. Finalement, l'essor arriva avec le développement du train, ce qui explique la présence du lieu-dit « Naucelle Gare ». Le bourg fut fortifié jusqu'au XVIIIe siècle et conserve cet aspect de cité massée autour de sa mairie et de son église construite en 1251. Le vaste édifice possède une crucifixion en bois polychrome et un retable du XVIIe siècle. Plus on s'éloigne du centre-bourg et plus la ville retrouve une physionomie contemporaine.

OFFICE DE TOURISME **Place de l'Hôtel-de-Ville ✆ 05 65 67 82 96.** *Fax : 05 65 67 82 91. Site Internet : www.naucellois.com - E-mail : mairie-naucelle@wanadoo.fr.*

Emplettes

Antiquités

ANTIQUAIRE EN VINS HERVE LORIN **Monrepos - CENTRES ✆ 05 65 72 04 87.** *Visite uniquement sur rendez-vous.* Hervé Lorin est, à l'origine, un collectionneur en vins. Millésimes anciens et crus recherchés n'ont plus de secret pour celui qui a longtemps animé une chronique sur le vin sur l'antenne de France-Inter. Si l'essentiel de son activité le conduit partout en France et en Europe, dans sa succession de caves aménagées au sous-sol d'une bâtisse aveyronnaise de caractère, ce puits de science est à l'écoute de tout amateur, néophyte ou éclairé. Il parle de ces breuvages avec science et passion, mais ne fait pas étalage de connaissances. Pour lui, connaître un vin, c'est connaître son terroir et l'homme qui l'a fait. Il parcourt inlassablement les vignobles, découvre de nouveaux talents et les fait partager. Si sa cave regroupe la majorité des grands millésimes, elle est ouverte à tout produit de qualité. Et comme le vin est un plaisir qui doit se partager, Hervé Lorin anime un club de dégustation et publie une « Feuille de vigne » où l'on suit ses découvertes ; à le lire, on goûte déjà l'entente de tel vin et tel fromage, on construit sa cave parfaite. Ce petit bulletin est un parfait préambule à la vente par correspondance que ce caviste pratique bien souvent.

Produits gourmands

LA NAUCELLOISE RN88 ✆ 05 65 69 20 20. Plat traditionnel élaboré à partir de panse de veau, les tripoux sont incontournables en Aveyron. Charles Savy a retrouvé la recette de ce plat synonyme de bonnes ripailles. Il le fait mijoter dans une sauce dont il a le secret depuis 1951, et qu'il conserve jalousement. Ses efforts ont été récompensés, puisque ses tripoux ont obtenu le premier Grand Prix National en 1966. On s'en procure directement au magasin de la conserverie ou sur le Net : naucelloise@wanadoo.fr. L'entreprise familiale prépare également une gamme de produits traditionnels en conserves particulièrement bien réussis.

► *Dans les environs*

Camjac

Village singulier par le fait que son cœur se trouve à la Croix Rouge près de la mairie. Cependant, dans le bourg, autour de l'église, se groupent quelques maisons. L'église a été construite en 1846. Elle possède une cuve baptismale du XVe siècle et une croix de procession de 1800. Dédiée à l'apôtre saint Pierre, elle a été restaurée dans les années cinquante par des élèves de l'école des beaux-arts de Clermont-Ferrand. Ils y ont réalisé des peintures murales étonnamment modernes.

LE CHATEAU DU BOSC Le Bosc ✆ 05 65 69 20 83. *Visite toute l'année et tous les jours de 9h à 19h. Adulte 5 €, enfant (de 10 à 15 ans) 3 €, groupe de plus de 15 personnes 3 €.* Le château date du XIIe siècle, mais il a été reconstruit au XVe siècle. Depuis toujours, il a appartenu à la même famille, les d'Imbert du Bosc, officiers au service du roi. Le dernier descendant de la famille n'ayant eu que des filles, les propriétaires du château changent de nom. Ils deviennent les de Toulouse-Lautrec, dont l'un des enfants n'est autre que le fameux peintre Henri. Cela fait maintenant plus de quarante ans qu'une cousine de la famille, Nicole Bérangère Tapié de Celeyran, ouvre ce qui fut le cadre familial du peintre aux visiteurs. Depuis le parc, on remarque un beau bassin ; l'édifice est rendu moins imposant par les fenêtres percées durant la seconde moitié du XIXe siècle. L'intérieur est empreint de la présence de l'artiste. C'est d'ailleurs avec un plaisir non dissimulé que la maîtresse de maison vous montrera les croquis qu'il réalisait, sur du papier ou à même les murs. Vous découvrirez la salle à manger avec la table et son pourtour en marbre et albâtre, sa faïence et sa porcelaine. Les salons sont restés intacts, avec de magnifiques plafonds à la française, des tapisseries d'Aubusson et une cheminée Renaissance. La chambre du peintre est encore imprégnée de l'ambiance que cet enfant prodige lui a insufflée. Notons que chaque année en été, une visite du château à la bougie est organisée. Pour connaître les dates de cette visite, il suffit d'appeler les châtelains.

CENTRES ET LE CHATEAU DE TAURINES. Le verre de fougère produit par les verreries de la vallée du Viaur était réputé et comptait de nombreux clients dans tout le pays, jusqu'au début du XIXe. Dans le hameau de Taurines, se trouve une église dans laquelle est représentée l'effigie d'un taureau. Quant à la forteresse du XIIIe siècle, elle a été remaniée aux XVe et XVIe siècles, puis est devenue la propriété d'une Américaine, pour finir en grange. Depuis 1982, date à laquelle la commune l'a rachetée, une action de restauration est entreprise. On peut visiter ce château librement en juillet et août, tous les jours de 15h à 19h et le reste de l'année sur rendez-vous.

FERME AUBERGE DE LA VIALETTE Frons ✆ 05 65 72 18 67. *Ouvert tous les jours en juillet et août sauf le lundi, le week-end et pour les groupes hors saison. Fermé en janvier et février. Repas 17,50 € (menu nature) et 14 € (menu terroir).* Marie-Hélène Cadars et James Albares ont une conception ouverte de leur métier, de leur mode de vie. Ils aiment à faire partager ce qui fait leur quotidien et le présentent sous son meilleur jour. Aussi leur exploitation s'organise-t-elle autour d'un corps de ferme traditionnel, dont on admire une belle charpente dans la salle à manger campagnarde. Et comme l'extérieur est aussi plaisant, ils ont adjoint une basse-cour d'ornement à leur élevage de volailles, lapins et brebis d'Ouessant. Les visiteurs peuvent voir des faisans, des paons, des canards, des cailles avant ou après un repas plantureux. De la cuisine s'échappent des fumets qui rappellent les plats de nos grand-mères : selon la saison arrivent sur la longue table une soupe d'orties, des pascadous, une terrine de lapin à l'eau-de-vie, un col-vert farci, un flan de légumes, des oreillettes ou du pain perdu. La pintade à la menthe est plus originale, mais aussi bien réussie et le tout laisse un goût et une impression que l'on a hâte de retrouver.

Pont-de-Salars

Comment se nomment les habitants de Pont-de-Salars ? Les Sarlasipontains. Le village tire son nom du pont qui enjambe le Viaur. Le centre du bourg est composé en fait de deux longues rues parallèles où les commerces occupent les rez-de-chaussée. Dès le XIIIe siècle, l'hôpital du Pont servait de refuge aux voyageurs. Le village s'est développé au Moyen Age sur la rive droite du Viaur et beaucoup plus sur l'autre rive à l'époque moderne ; un autre pont a même été construit au XVIIIe siècle. L'église du bourg possède un porche du XVe ; on peut y admirer de très beaux vitraux et un chemin de croix en pierre émaillée. En revanche la chapelle de Salars est bien plus ancienne. Cet édifice roman, situé sur une colline dominant de Pont-de-Salars, est accessible comme alors par un chemin de croix pentu. Après avoir été un lieu de grand passage, ce chef-lieu de canton à 1 414 habitants souffre un peu de son enclavement. Néanmoins, il a vu naître le festival folklorique international du Rouergue et le voisinage des lacs lui rend une part de son dynamisme. En effet, en été, les nombreux campings qui sont ouverts drainent moult touristes dans le village.

Le couvert

LES ROUSSELLERIES Plage de Pont de Salars ✆ 05 65 46 80 07. *Ouvert tous les jours du 1er juillet au 31 août, uniquement sur réservation en basse saison. Menu 11,90 €, 15,90 €. Menu enfant 7,50 €.* Le premier atout de cet établissement est sa belle terrasse dominant la plage et le lac de Pont de Salars. A l'ombre des érables, on déguste une cuisine régionale authentique et généreuse. La carte met à l'honneur des spécialités telles que le canard à l'orange, au foie gras ou aux pommes, le cou de canard farci au foie gras, l'agneau aux fines herbes de Provence, un sandre sauce meunière ou une très belle salade rouergate (gésiers, roquefort, jambon de pays, noix...). L'accueil de Mme Lassauvetat et de sa fille Magalie est attentionné et charmant.

LE LEVEZOU 2, avenue du Ségala - FLAVIN ✆ 05 65 87 27 75. *Ouvert tous les jours en saison. Fermé le lundi midi et le dimanche matin le reste de l'année. Menus de 11 € à 20 €. Menu enfant 8 €.* Cet établissement s'est fraîchement installé à deux pas de Rodez et du Lac du Levézou. En cuisine, on travaille des produits de la région tels que la côte d'agneau, le magret et le confit de canard. Des menus du terroir permettent de découvrir des spécialités aveyronnaises typiques. Pour varier les plaisirs, la carte propose également de belles pizzas à la pâte craquante. Le tout à déguster dans une ambiance détendue et bon enfant.

Le gîte

HOTEL LES VOYAGEURS 1, avenue de Rodez ✆ 05 65 46 82 08. *Chambre de 39 € à 50 €. Demi-pension de 40 € à 48 €. Petit-déjeuner 6 €. Menus de 11 € à 36 €. Etape affaire : 48 €. Deux étoiles. Deux cheminées Logis de France.* Cet établissement est entre les mains de la même famille depuis trois générations. C'est certainement pour cette raison que l'ambiance y est aussi chaleureuse et l'accueil attentionné. L'imposant bâtiment abrite 27 chambres confortables et équipées de tout le confort moderne (salle de bains privative, TV...). Le cadre est coquet. Dans un style traditionnel, la salle du restaurant est plutôt réussie. Le mobilier est rustique et les murs parés de bois et de pierres du pays. Sur les tables les produits du terroir sont à l'honneur.

Camping

PARC CAMPING DU LAC Pont-de-Salars ✆ **05 65 46 84 86.** *Ouvert d'avril à octobre. Emplacement à partir de 11 € (pour 2 personnes), chalet locatif à partir de 195 € la semaine. Restaurant : menu à 13 €, enfant 5,50 €.* Ce camping de 200 places est installé les pieds dans l'eau avec des emplacements en grande partie ombragés. 20 chalets sont aussi disponibles, une petite épicerie, un restaurant et une piscine sont à la disposition des campeurs. A la pleine saison, vous pourrez découvrir et pratiquer diverses activités sportives comme le canoë, le rafting, l'escalade... et de nombreuses animations sont organisées tout au long de votre séjour, soirées à thèmes, activités tous les matins pour les enfants. Bref, tout pour passer de bonnes vacances !

Gîte de France

CAMBOULAS ✆ **05 65 75 55 55 (n° de réservation AYG 6039).** *Ouvert du 2 avril au 30 septembre. Prix de 178 € à 356 € par semaine.* C'est un hameau de quelques maisons dont celle-ci, ancienne mais rénovée, désormais un gîte pour quatre personnes. Une grande chambre commune est installée en mezzanine (un grand lit et deux petits), un autre couchage a été prévu dans le salon. Le séjour et le coin cuisine sont réchauffés d'une cheminée. Aux premiers rayons de soleil on délaisse la télévision pour se prélasser dans la petite cour. La maison dispose d'un garage en rez-de-chaussée, où se trouve aussi un lave-linge.

Loisirs

Balade

LES ROULOTTES DU PRADAL Frayssinhes ✆ **05 65 46 89 08.** *Tarifs à la carte. Formules week-end, semaine ou plus. Semaine en roulotte de 686 € (hors saison), 808 € (moyenne saison), 860 € (haute saison), week-end roulotte (hors saison) 320 € (trois nuits deux jours) la journée supplémentaire 138 €. En chariot bâché semaine (haute saison) 960 €, (hors saison) 692 €. Cheval de selle 216 € la semaine, 54 € la journée, 30 € la demi-journée et 12 € l'heure. Randonnées en chariots western de 588 € la semaine en basse saison à 768 € en haute saison. Le week-end hors haute saison 236 €.* Jean-Louis Delmas, passionné de chevaux de trait, propose là des vacances originales. Les gens partent seuls avec leur attelage sur des routes aveyronnaises, les trajets sont fixés à l'avance. Les étapes (avec douches et sanitaires) se font progressivement, d'abord deux heures puis trois, etc., et permettent aux vacanciers de visiter un peu le coin. La famille Delmas vient aider parfois et peut amener le ravitaillement. Enfin, les promenades à la demi-journée ou à l'heure se font toujours avec un accompagnement.

PLAGE DU PONT DE SALARS Les Roussellerie ✆ 05 65 46 80 07. *Juillet et août ouvert tous les jours sans réservation. Animation le week-end en été, soirées à thème. Sur réservation hors saison. 180 couverts. Menu du jour et carte, menu groupe sur demande. Menu à partir de 12,50 €, menu du jour.* Au ras de la plage, sur les berges de lac de Pont-de-Salars. C'est un cadre agréable pour marier baignade, sports nautiques et gastronomie. Aligot tripous poule farcie, magrets de canard, canard à l'orange. Salades rouergates.

Stages

SCULPTURE SUR PIERRE 9, rue du Moulin ✆ 05 65 46 09 04. *Stages une fois par semaine en été, hors saison sur réservation.* Hélène Greck est sculpteur. Dans son atelier, derrière l'église, elle expose les bas-reliefs qu'elle fait naître de la pierre et prend le temps, en dehors des stages, de faire visiter les lieux. Afin de faire partager cet art, elle organise des stages de sculpture sur pierre à destination des enfants, dès 6 ans, et des adultes. Elle les guide dans le choix de la pierre (calcaire tendre, préconisé pour les enfants, grès ou marbre), leur enseigne le maniement des outils et conduit les premiers coups de ciseau le long du motif choisi. En une après-midi, on parvient à sculpter un petit motif à plat, que l'on a la fierté de rapporter victorieusement chez soi. Ceux que la technique intéresse choisissent souvent de passer une journée à réaliser un cadran solaire. Les maladroits ou contemplatifs se contentent tout autant des pièces décoratives réalisées par Hélène elle-même.

Emplettes

Artisanat

ATELIER DIFFERENCE 23, rue Neuve ✆ 05 65 46 86 55. *Ouvert du lundi au dimanche matin en été, du mardi au samedi hors saison.* Dans son atelier, Francis Boutonnet expose ses propres créations ainsi qu'un bel échantillon des produits de l'Aveyron. Lui-même est un potier qui travaille la terre de façon à en faire sortir des objets utilitaires ou purement décoratifs. Une fois la forme façonnée, il fait ressortir par la cuisson les couleurs ces différents émaux utilisés. Faïencier et céramiste tout à la fois, il recourt selon ses créations à l'une ou l'autre technique ; les pièces les plus contemporaines se parent de couleurs tranchées qui mettent en valeur des formes originales. L'espace de l'atelier différent lui permet de recevoir des éléments représentatifs des savoir-faire du département. Il expose des couteaux de Laguiole, des objets de cuir, des bijoux et des produits gourmands comme du miel ou du vin.

LE POTIER DE SEGUR Matrassou - SEGUR ✆ 05 65 47 81 12. *Ouvert toute l'année, hors saison sur rendez-vous.* Thierry Gay reçoit ses visiteurs dans son atelier. On peut avoir le plaisir de le surprendre en plein travail et de voir naître une forme, qui se retrouvera après décor et cuisson sur les étagères de l'exposition. Celles-ci présentent des objets décoratifs, de l'utilitaire (plats, soupières, carafes…) et des luminaires. Cet artisan travaille à la fois le grès et la porcelaine, sur laquelle il appose parfois des motifs légers. Les deux artistes artisans dont l'adresse suit sont associés dans la même démarche de promotion de l'artisanat d'art en Lévézou.

Produits gourmands

MARCHES DE PONT-DE-SALARS. *En été, marché traditionnel le samedi matin, marché des producteurs de pays le mercredi à partir de 18h. Toute l'année, foire le troisième jeudi du mois.*

LA FERME DU VIALARET Le Vialaret - SEGUR ✆ 05 65 70 70 82. *Ouvert du lundi au samedi.* Vente de produits gourmands (volailles prêtes à cuire, foies gras, pâtés, confits…) et dégustation pour certains. Dans cet espace sont aussi proposés des fils à tricoter en angora, en divers coloris, des pulls et accessoires très doux.

► Dans les environs

Arques

L'église fut donnée, en 1079 à l'abbaye de Conques par le vicomte Hugues de Millau, puis elle fut rattachée à La Chaise-Dieu. En revanche, l'église paroissiale actuelle date de 1560. Elle possède un superbe clocher et un retable en bois doré du XVIIe siècle. En 1789, le village fit de la résistance contre-révolutionnaire, sous l'influence de chouans établis dans les environs.

Arvieu

FERME DU BOSC Le Bosc ✆ 05 65 67 19 57/06 33 86 95 37. *E-mail : celinejeanjean@wanadoo.fr. Ouvert du 1er juillet au 31 août le jeudi après-midi. Autres jours et hors saison : groupes (10 personnes minimum) sur demande. Réservation obligatoire. Accueil de groupes. Prix par enfant : 4,50 €. Prix* *par adulte : 7 €. Prix par personne en groupe : 6 €.* Elevage de canards gras. Produits proposés : Conserves de canards gras, foie gras, divers pâtés, cous farcis, confits, gésiers, rillettes, fritons, cassoulet, manchons confits aux lentilles, magrets séchés. Visite du parc de canards, de la salle de gavage et de l'atelier de transformation. Un goûter est servi dans une ancienne étable rénovée : assiette composée avec foie gras, cou farci, pâté, fritons et gésiers de canard, gâteau à la broche ou fouace et sorbet.

MME VAYSSETTES La Calmette ✆ 05 65 74 26 07. *100 couverts. Ouvert toute l'année sauf le lundi. Animaux acceptés. Menu unique à 17 € avec choux farcis, soupe de campagne, pascade, volaille ou jambon roti au four. Sur réservation.*

M. ET MME FLOCHLAY Le Moulin de Fijaguet - VILLEFRANCHE-DE-PANAT ✆ 05 65 46 56 42. *Menus à partir de 15 € sur réservation. 20 couverts. Animaux acceptés.*

Canet-de-Salars

Le village est mentionné dès le début du Xe siècle. Eglise du XIVe siècle, retable de 1596. Non loin de là, au lieu-dit le Caussanel, on trouve de nombreux vestiges gallo-romains. Le village a deux visages. Celui de l'été, que lui donnent la proximité du lac et les plaisirs qu'il promet, Canet ressemble alors à une station de vacances entre baignade, pêche, sports nautiques et balades en campagne. Quand cette agitation retombe, on est plus enclin à remarquer l'église gothique et son original chevet plat. A l'intérieur, on découvre un retable du XVIIIe siècle. Parmi ces constructions anciennes, on remarquera l'oratoire de l'ancien cimetière, datant probablement du début du XVIIe siècle.

Montjaux

DOMAINE BERTAU Candas ✆ 05 65 58 18 56. *Fax : 05 65 58 18 56. Visites et dégustation de vin de pays rouge et rosé. AOC côtes-de-millau, toute l'année mais il suffit de téléphoner.*

Le Poujol

Encore une église romane remarquable. Perdue dans la verdure, elle présente un clocher-peigne et un chevet pentagonal.

Prades-de-Salars

Si ce village fut l'une des premières sauvetés du Rouergue, cela ne l'empêcha pas de tomber aux mains d'un brigand qui avait pris possession du château de Salles-Curan au milieu du XVe siècle. Le château de Prades s'élevait face à l'église. Il fut démoli et l'on retrouve ses pierres dans les murs des maisons alentour. L'église date du XIXe siècle, mais a conservé le clocher-peigne du premier édifice datant du XVIe siècle. Le village s'est également rendu tristement célèbre à la Révolution, puisque c'est ici que fut martyrisé le premier prêtre du Rouergue. Mieux vaut conserver le souvenir de ce troubadour du XIVe siècle, Daudé de Prades, dont les poèmes parlent notamment des oiseaux de chasse. Un hommage à la nature environnante.

BOULOUIS Prades-de-Salars ✆ 05 65 46 34 55. *Chambres d'hôtes et ferme auberge. Ouvert d'avril à septembre. Chambre et petit déjeuner une personne 36 € ; deux personnes 43 € ; trois personnes 56 € et quatre personnes 67 €. Repas 14 €. Ferme auberge ouverte en été, le soir du lundi au jeudi, midi et soir du vendredi au dimanche ; d'avril à juin, ouverte le week-end ; hors saison, ouverte pour les groupes ou les hôtes, sauf lundi midi.* A quelques centaines de mètres du lac, une belle ferme de pierres et de lauzes toute noyée de verdure ressemble à un décor idyllique. Les plaisirs que l'on y trouve sont pour leur part bien terrestres. Ceux de la bouche, d'abord, sont comblés par un repas dans la grande salle rustique, où l'on mange face à la cheminée sur des nappes à carreaux ; des jougs de bois et des casseroles de cuivres sont un reflet de l'activité de cette ferme : élevage de bovin et bonne cuisine. Anne Cluzel sert des repas qui commencent par une soupe campagnarde, continuent par des farçous aux herbes ou des salades aux gésiers, culminent avec des volailles rôties au feu et des pommes de terre gratinées. C'est bon et généreux, on en redemande... Si l'on souhaite faire une cure de ces bonnes choses, il ne reste qu'à réserver une des cinq chambres installées, confortablement (trois épis), dans une bâtisse attenante. Deux d'entre elles accueillent jusqu'à quatre personnes. Elles ont en commun un salon, une bibliothèque, les terrasses et le jardin. Anne et David ont même prévu les divertissements, sous forme de ping-pong, jeu de boules, jeux pour enfants...

Saint-Georges-de-Camboulas

Sur la route nationale qui conduit de Flavin à Pont-de-Salars, quelques kilomètres après le lieu-dit du Pouget, il suffit de tourner à droite pour découvrir ce site calme, reposant qui domine les gorges encaissées du Viaur. Un prieuré domine le site. Sur le portail de l'église qui date du XIVe siècle, on note la présence d'un fragment de tympan roman qui proviendrait de la cathédrale de Rodez. Le Christ qui y trône serait une copie de celui de Conques. A proximité de l'église, il existe un rocher où l'on voit une empreinte évoquant un sabot de cheval. La légende veut que ce soit la trace du cheval de saint Georges, lorsque ce dernier poursuivi par des bandits, franchit d'un saut la vallée. Des sarcophages sont présents tout autour de l'église. Un chemin descend au bord de la rivière. A quelques kilomètres à peine de Pont-de-Salars, ce hameau, au-dessus du Viaur, s'enorgueillit d'une belle chapelle romane isolée ; haute et massive, on en voit d'abord le clocher à arcades fortifiées. Son porche est orné d'une sculpture romane qui pourrait provenir de la cathédrale de Rodez. Tout autour, voir les sarcophages creusés dans la roche (entre le VIe et le Xe siècle) ; en contrebas, un oratoire a été édifié au XVIe siècle.

Le Vibal

Cette petite commune est typiquement rurale, avec un bourg assez petit à partir duquel rayonnent divers petits hameaux. Le « Mas-Bibal » était le nom primitif de cette paroisse dépendant de Saint-Martin-de-Cormières. Le comte de Rodez y avait un château avec une chapelle. Une chapelle indépendante fut autorisée en 1440 et l'église construite en 1862.

LA COSTE ✆ **05 65 46 84 14.** *Ouvert toute l'année. Chambre et petit déjeuner pour deux personnes 50 €. Repas 17 € uniquement en basse saison et sur réservation.* Il suffit, pour trouver la maison de Mireille et Michel Bedos, de se rendre à la gendarmerie : La Coste est en face. C'est une maison récente dont le rez-de-chaussée est divisé en trois chambres indépendantes qui ont chacune leur salle de bains et même la télévision par satellite. Elles donnent sur un agréable jardin avec chaises et tables. La table d'hôte reçoit hors été, mais on a toujours en libre accès un séjour commun et un réfrigérateur. Mireille a soigné le décor de ses chambres tout comme elle entend soigner ses hôtes. Elle connaît très bien sa région et propose des circuits de découverte. Animaux non admis.

LA MAISON CREATIVE ✆ **05 65 46 81 08.** *Ouvert de 11h à 12h30 et de 15h à 19h tous les jours en été. Hors saison, visite des ateliers des artistes sur rendez-vous. Visite 2,50 €, gratuit pour les enfants.* Avant tout lieu d'exposition, cette maison est l'univers voulu par le forgeron Claude Villefranque. Sa maîtrise des métaux et son sens artistiques se sont mêlés et lui servent à créer des personnages réalistes ou imaginaires, filiformes et soignés. A partir de la matière brute, il est capable de rendre un Charlot, un Popeye ou un Gainsbar aussi bien qu'un paysan ou un taureau de corrida qui l'emporte enfin sur le torero. Loin de son travail ordinaire sur les machines agricoles, le forgeron laisse libre cours à son imaginaire. Les sculptures sont d'ailleurs mises en scène grâce à un éclairage particulier et la diffusion de musique qui accompagne les textes du tourneur sur bois Jean-Louis Courtial. Au rez-de-chaussée, Claude, après avoir été guide, redevient forgeron le temps d'une démonstration.

TOURNEUR SUR BOIS. *Ouvert de 11h à 12h30 et de 15h à 19h tous les jours en été, en semaine hors saison.* Dans la famille de Jean-Louis Courtial, on est tourneur sur bois depuis cinq générations. Les outils se sont fait la main de chaque artisan qui a repris le flambeau, mais le geste, la patience et l'amour du métier restent inchangés. Même l'objet est héritier de la tradition, car Jean-Louis tourne les quilles et la boule du fameux jeu de quilles de huit Aveyronnais. Outre un sport qui signe son Aveyron, le jeu de quilles est un bel objet auquel le bois, le hêtre et le noyer, donne sa noblesse. La pièce la plus importante en est la boule, tournée de façon spéciale et ingénieusement évidée pour la rendre moins lourde tout en lui conservant sa solidité ; sa poignée est faite en dernier et ajustée à la main du joueur de bon niveau. Outre ses créations solides, le tourneur donne aussi naissance à des sculptures créatives réalisées dans des racines de noyer. Aussi souvent qu'il le peut, il initie les visiteurs au fameux jeu de quilles. Mais il a encore bien des talents à son actif et peut se transformer en poète, conteur et baladin. Il suffit pour s'en convaincre d'écouter ses textes diffusés à la Maison créative, ou avoir la chance de rencontrer le groupe populaire qu'il a créé avec sa femme.

Réquista

Les brebis et la production laitière sont au centre de l'économie de Réquista et permettent d'alimenter l'activité fromagère de Roquefort. En effet, 25 % de la production laitière du célèbre fromage est fabriquée à Réquista. Chef-lieu de canton particulièrement dynamique, Réquista fut depuis toujours une riche cité, comme l'indique son nom : lieu riche. C'est Henri II, comte de Rodez, qui fonde cette bastide au XIIIe siècle. Malheureusement, les Anglais, puis les guerres de Religion n'épargnèrent pas ce bourg, incendiant de nombreux édifices. Il en résulte peu de lieux témoins de ce tumultueux passé. Les amateurs de vieilles pierres devront alors pousser jusqu'à Lincou, charmant petit village situé sur les bords du Tarn, avec ses rues pavées et son escalier creusé dans la roche.

GALERIE DU MANOIR Lincou. Etrange Guy Savy ? Non, seulement passionné. Passionné d'histoire, de ces longs siècles qui ont fait de sa famille un peu la mémoire du pays. Passionné d'art. Aussi, il touche à tout. A la peinture, à la sculpture, à la photographie. Passionné des autres. Il décide un jour d'ouvrir une galerie d'art à Lincou. « Tout le monde pensait que ce projet n'était pas réalisable » explique-t-il. Pourtant, quelques années plus tard, la galerie du Manoir est ouverte et accueille de plus en plus d'artistes. Une galerie d'art incontournable pour qui veut véritablement connaître la production artistique aveyronnaise. Elle se visite comme une expo, comme un musée où aucune codification n'existe. Guy peut vous en faire la visite. Et ces jours-là il devient guide conteur, car il sait aussi manier le verbe, la parole, la rêverie.

Le gîte

AUBERGE DE LA PLANQUETTE Route de Rodez © 05 65 46 60 00.** *Chambres 37 € (une personne), 46 € (deux personnes), 57 € (trois personnes), 72 € (quatre personnes). Petit déjeuner 6,10 €. Menu à 10,50 € le midi du lundi au vendredi. Menus de 16,50 € à 22,50 €. Garage 5,60 €. Fermé du 21 décembre au 7 janvier. Fermé vendredi soir, samedi midi et dimanche soir hors saison.* Sur la route de Rodez, cette maison d'aspect moderne a repris les locaux d'une ancienne laiterie. Il en reste une belle salle de restaurant, en pierre et voûtée, sous laquelle s'alignent des tables dressées avec soin. A l'heure des repas, elle s'anime des conversations des habitués et des clients tombés sur cette adresse aussi accueillante que ses assiettes bien pleines. Isabelle et Charles-Henri Schmidt recommandent chaudement leur charcuterie puisqu'ils sont eux-mêmes fabricants, mais les ris d'agneau acceptent, grands seigneurs de partager la carte avec les autres vedettes de la cuisine traditionnelle ou les spécialités comme ce feuilleté de saumon à la sauce yola. L'été, le service peut se faire en terrasse pour profiter pleinement de la saison. L'hôtel se compose de dix-sept chambres récentes et confortables. Le petit plus : l'auberge est située près de la piscine municipale pour se rafraîchir lors des grosses chaleurs estivales !

Rieupeyroux

Ce chef-lieu de canton a prospéré au fil des ans, notamment grâce à la culture de la pomme de terre dont la qualité des plants l'a fait largement connaître. La création du village remonte au XIe siècle avec l'arrivée des moines bénédictins de Saint-Martial. Mais la fontaine gallo-romaine et les vestiges qui ont été découverts à proximité témoignent d'une activité encore plus ancienne. Réparties de part et d'autre de la rue Droite, qui traverse le village, des rues étroites le sillonnent ; celles qui descendent vers l'église sont bordées de maisons anciennes, bien restaurées : la maison des consuls, celles du juge et l'actuelle bibliothèque ont conservé des portes anciennes, des colombages remis en valeur. Trois fontaines parsèment la ville, comme celle de la Vierge, dont l'eau n'est pas potable, ou celle des Griffoul. En bas du village, l'église, à côté de laquelle est conservé un morceau du mur d'enceinte de la cité ancienne, possède un clocher octogonal, un porche latéral avec un oratoire. Construite entre le XIe et le XVIe siècle, l'église Saint-Martial comporte trois nefs, avec deux piliers romans. De beaux vitraux et un chemin de croix en bois polychrome en sont les ornements. Des reliques du saint, conservées là, sont réputées pour guérir des maladies de peau, mais le gros os exposé à côté de l'entrée est bien plus surprenant ; il s'agit sans doute d'un os de baleine, mais la légende en fait l'omoplate de quelque géant, Samson ou Gargantua, qui aurait aidé des villageois à bâtir l'église. Proche du village, sur un point culminant à 804 mètres, se trouve la chapelle Saint-Jean-Baptiste, qui possède une belle fresque mais qui est souvent fermée. Depuis le site, on pouvait admirer un panorama allant du plomb du Cantal aux Pyrénées, comme indiqué sur une table d'orientation, mais un réservoir, construit juste à côté, masque une partie de la vue.

Le gîte

Hôtels-restaurants

HOTEL-RESTAURANT DU COMMERCE 60, rue de l'Hom ✆ 05 65 65 53 06. *Site : www.logis-commerce-hotel.com - E-mail : hotel.j.b.delmas@wanadoo.fr. Fermé en janvier et dernière semaine de septembre. Chambres de 42 € à 53 €. Petit déjeuner 7 €. Menus de 17 € à 32 €. Soirée étape : 53 €. 2 étoiles. 3 cheminées (Logis de France).* Légèrement en retrait de la route, le Commerce est installé dans un bâtiment moderne, décoré de façon sobre mais chaleureuse. Les 22 chambres, des plus agréables, donnent sur le jardin ou la piscine Elles sont toutes d'un confort agréable. Dans son restaurant Bruno Delmas régale ses clients des produits du terroir, dont le fameux veau du Ségala, des brochettes géantes de veau d'Aveyron ou de bœuf d'Aubrac. Les préparations sont élaborées, bien réussies. La terrasse est particulièrement agréable à la belle saison.

Chambres et tables d'hôtes

LA FAGEOLE ✆ 05 65 65 59 25. *Chambres et table d'hôtes.* La Fageole est une ancienne ferme en pleine campagne, dans laquelle Marie-Christine et Pierre Gouirand ont réservé une chambre aux hôtes de passage. Elle peut accueillir deux à trois personnes et même se doter d'un lit pour bébé. La salle de bains/wc est individuelle, mais on partage une grande salle commune et surtout la cour et le jardin fleuri. Les repas se prennent parfois autour du barbecue et il n'est pas rare que Pierre conseille quelques balades à ses hôtes, notamment aux cyclistes.

CHAMBRES ET TABLE D'HOTE ATLANI Route du Ponteil - LA SALVETAT-PEYRALES ✆ 05 65 81 84 31. *Ouvert à l'année sur réservation. Chambres double à partir de 48 €. Repas : 19 € (vin et café inclus).* La maison offre un beau panorama sur le Ségala. Elle abrite deux belles chambres ouvertes aux visiteurs et décorées avec un goût très sûr. L'accueil est particulièrement attentionné. On sent que les hôtes des lieux aiment leur région et qu'ils n'hésiteront pas à vous faire partager leur amour. Si flâner en terrasse ou au bord de la piscine ne vous suffit pas, ils seront une source intarissable de conseils pour les randonnées ou les circuits touristiques aux alentours. Côté cuisine Daniel utilise principalement des produits de la région et des légumes en provenance directe de son jardin. Il propose ainsi à nos papilles des préparations savoureuses telles que le veau au marsala, chanterelles et son risotto, une saucisse de foie gras, porc, veau et aligot et en guise de dessert des profiteroles aux madeleines… Un petit bonheur !

► Dans les environs

Pradinas

Pradinas est un village rural qui a décidé de ne pas se laisser mourir. Certes, il n'y a plus autant d'habitants qu'au siècle dernier, époque durant laquelle ses foires aux oignons et aux cochons étaient fort réputées. Le village est paisible, mais regorge d'intérêts touristiques : un musée et un parc animalier sont issus du dynamisme des habitants et élus du village. Trace du passé, l'église date du XVe siècle : elle possède une vaste nef et de très beaux vitraux. Sur son flanc droit se trouve une tour, elle servait de grenier aux prêtres qui collectaient le grain. Au-dessus du portail se trouve le buste d'un abbé qui a marqué le village : Claude Peyrot, prêtre occitan, a contribué à l'épanouissement artistique des paysans de Pradinas. A la Révolution, il retourna à Millau d'où il était originaire et écrivit un poème en quatre chants sur la vie rurale de cette région.

Le château de Lacombe date du XIIIe siècle. Il s'agissait à l'époque d'une gentilhommière, ferme fortifiée appartenant à un petit seigneur local. Ce château, qui est resté dans la même famille depuis toujours, a subi de nombreuses modifications au cours des siècles, notamment au XIXe siècle où l'on y a ajouté des tours. Dans le hameau de Castelnau se trouve une tour en ruine, qui servait de guet à l'époque où le cœur de Pradinas se situait à cet endroit.

MUSEE DES TRADITIONS AGRICOLES DU SEGALA ✆ **05 65 69 98 92/05 65 69 94 52.** *Du 1er juillet au 15 septembre, de 14h à 18h et hors saison sur demande. Fermé le samedi. Adulte 3 €, groupe 1,50 €.* Associé au musée du Rouergue, le musée des Traditions agricoles du Ségala présente, presque en situation, le matériel agricole d'autrefois. Depuis sa création en 1989, ce musée occupe trois bâtiments à proximité de la mairie. Il raconte l'histoire du Ségala avant 1940, étroitement lié à quatre cultures dominantes : le chanvre, le seigle, la pomme de terre et la châtaigne. Dans une grange, la première salle présente les gros engins agricoles. On y voit une très rare batteuse à plan incliné datant de 1907, une javeleuse et l'ancêtre de l'autocuiseur de nos dames, un gros cuiseur à pommes de terre fonctionnant à la vapeur. Ces légumes, une fois cuits, étaient stockés dans des silos et servaient à nourrir les cochons. Le second bâtiment, situé au-dessus de l'atelier d'un charron, est consacré au grain. On peut y voir un poulailler portable que l'on déplaçait dans le champ fraîchement moissonné, afin que les poules glanent. On y verra également une machine à laver de 1914, un "amanadou", grande échelle employée à la cueillette des fruits, ainsi qu'une sulfateuse inventée par un paysan du village. La dernière salle se trouve au-dessus de la mairie. Elle montre les objets liés à la châtaigne, au chanvre et l'univers quotidien des fermiers à travers une pièce reconstituée à partir du mobilier d'une maison en ruine dans le village. Cet univers reconstitué et les visites guidées permettent de se faire une idée de ce qu'était la vie des paysans des siècles passés.

PARC ANIMALIER DE PRADINAS ✆ **05 65 69 96 41.** *Ouvert d'avril à mi-novembre de 14h à 19h, week-ends et jours fériés, de 11h à 19h. En juillet-août, ouvert de 10h à 20h. Adulte : 8 €, enfant de 3 à 14 ans : 4 €.* Constitué à partir d'un élevage de daims, ce parc très connu dans la région s'étend sur 20 hectares. Il s'enrichit chaque année depuis sa création en 1992, et compte aujourd'hui près de 300 locataires dont les enclos s'étalent entre prairie et pentes boisées. Trois kilomètres de chemins ont été aménagés et se parcourent à pied ou en petit train, selon la période. La promenade fait rencontrer des bouquetins, des chamois, des antilopes, des dromadaires, des bisons, placides dans leur vaste domaine. Plus loin, les lynx sont mieux protégés et se partagent la vedette avec des loups. On y trouve également des chèvres ; celles-ci sont fort rares et viennent de l'Himalaya car le parc présente des espèces de pays lointains. Les cervidés sont nombreux et, à la fin de la visite, on peut s'étonner devant une collection de bois. La promenade a été conçue pour être familiale et les enfants apprécient particulièrement la ferme miniature qui regroupe des animaux nains. Dans la salle d'exposition, à côté de la collection de bois de cerfs, des bornes interactives et une vidéo sont consacrées aux cervidés et aux autres locataires de l'endroit. Aire de pique-nique et snack-bar complètent les installations.

Vabre-Tizac

Rassemblement de deux hameaux, le village de Vabre, fortifié au XIIIe siècle, possède un charme indéniable. On prendra plaisir à parcourir ses ruelles bordées de maisons anciennes et passer du fort à la place de l'Eglise par une porte voûtée. Avec un peu d'imagination, on sera vite transporté à l'époque médiévale.

Rignac

Rignac est un chef-lieu de canton situé à mi-chemin entre Rodez chef-lieu du département, et la sous-préfecture Villefranche-de-Rouergue. Ecartelée entre ceux deux villes plus importantes dont il est distant également de six lieues (25 kilomètres), ce gros bourg de 1 900 habitants a cependant conservé toute sa personnalité au milieu d'un paysage bocager.

Rignac est situé au centre d'une pléiade de petits villages disséminés sur le plateau ou bien lovés dans la vallée encaissée de l'Aveyron avec lesquels ce village pimpant constitue une communauté rurale fort dynamique. Belcastel et son château en forme de nid d'aigle qui domine l'étroite vallée de la rivière Aveyron qui a donné son nom au département ; Auzits avec son église possédant une crypte du XIe siècle et des peintures moyenâgeuses ; Anglars et son église avec un retable du XVIIe, des peintures moyenâgeuses, son curieux bénitier à 4 têtes d'anges et un baptistère du XVe-XVIIe siècles ; Mayran et sa tour carrée de Ruffepeyre (La Pierre Rouge) ; Goutrens lieu de tournage par le cinéaste Georges Rouquier en 1946 du mythique documentaire « Farrebique » chronique des jours, des travaux et des saisons d'une ferme. Suivi en 1986 par « Biquefarre » du même cinéaste ayant convaincu ses cousins d'être les acteurs de cette épopée paysanne où les enfants du premier documentaire ont pris le relais des agriculteurs désormais disparus. Situé à une altitude de 500 mètres Rignac a longtemps été réputé pour ses marchés et ses foires où un bétail de races locales (Aubrac ou Salers) était acheté par des maquignons aux vastes blouses bleues avant d'être expédié vers Toulouse ou les abattoirs de la Villette. Mais ce qui a subsisté malgré la mécanisation progressive des petites exploitations vouées à la polyculture c'est un art de vivre certain, fait de la juxtaposition du dur travail de la terre alternant avec des fêtes et des cérémonies familiales telles que les baptêmes ou les mariages donnant lieu à des agapes champêtres au son de la cabrette. Au hasard des rues on croise ici une fontaine, là de solides bâtisses qui servaient de granges et les anciens ateliers témoins des activités d'antan, maréchal-ferrant, bourrelier, épiciers, cafés et auberges où se mêlaient laboureurs, voyageurs de commerce de passage ou enfants du pays ayant émigré vers les grandes villes et revenus au terroir natal le temps des vacances. Rignac est un village fleuri avec ses jardinières et ses charrettes d'antan fleuries, avec son coquet jardin public et son étang. Ce village qui pourrait être l'archétype des villages aveyronnais a cependant une longue histoire. Il fut chef-lieu de viguerie carolingienne puis tomba sous la coupe des puissants comtes de Rodez avant d'échoir aux Cassagnes-Beaufort puis à la famille des Buisson de Bournazel dès le XVIe siècle. Son ancien château a appartenu à Eustache de Beaumarchais et son église, spécimen des églises rurales aveyronnaises a hérité en 1999 d'un orgue à deux claviers de 112 notes et pédale à 30 notes provenant curieusement de l'église cannoise de Notre-Dame du Bon Voyage pour lequel il avait été construit en 1979. Longtemps le maire de ce village a été Jean Puech, actuellement président du conseil général de l'Aveyron et ancien ministre de l'Agriculture. Histoire de conforter son enracinement il a su gâter le village qui l'a élu maire puis conseiller général. Rignac qui pourrait être écartelé par la présence de deux voisins expansionnistes a su conserver son authenticité. C'est ce qui fait son charme fait de simplicité et où les villageois « d'al brès à la toumbo » (du berceau à la tombe) ont su garder l'art de vivre inimitable des paysans laboureurs ou éleveurs qui furent leurs ancêtres et dont ils ont gardé la démarche et le goût pour un bon friton ou un bon vin de Marcillac.

OFFICE DE TOURISME DU PAYS RIGNACOIS Place Charles-de-Gaulle © 05 65 80 26 04. *Fax : 05 65 64 45 45. Site Internet : www.pays-rignacois.com - E-mail : ot-pays-rignacois@wanadoo.fr.*

Le gîte

HOTEL BROCANTE-MARRE 12-14, allée du Ségala © 05 65 64 51 56. *Ouvert à l'année. Chambre de 34 € à 40 €. Petit-déjeuner : 5,50 €.* Sur la route de Belcastel, cet hôtel est tenu depuis trois générations par la même famille. Doté de deux étoiles l'établissement est confortable, la décoration est simple mais l'accueil se montre vraiment à la hauteur. Les chambres s'ouvrent sur un petit jardin accessible aux résidents. L'originalité : il abrite également une brocante riche de beaux objets, de vieilles plaques émaillées, de meubles et de bibelots. Un parking fermé est là pour votre véhicule.

HOTEL RESTAURANT CAFE R. DELHON 8-10, avenue du Ségala ✆ 05 65 64 50 27. *Ouvert à l'année, fermé samedi et dimanche soir d'octobre à juillet. Menu de 12 € à 26 €. Chambres de 27 € à 46,50 €.* D'apparence modeste, cette auberge d'antan, située sur la route de Belcastel, est tenue par la mère et la fille. Le petit hôtel abrite 14 chambres simples, il date de 1880 et a tout d'une pension de famille. Au rez-de-chaussée se trouvent le bar et la salle du restaurant. Là vos yeux peuvent contempler des photos, tableaux et autres objets anciens qui suscitent notre curiosité. Passons à la carte. Elle est essentiellement composée de produits du terroir : tête de veau sauce rémoulade, croustade au ris d'agneau : des mets et entremets simples et efficaces qui ne vous laisseront pas sur votre faim. A l'étage, la terrasse avec vue sur le village est un lieu agréable pour savourer le charme d'une fin de journée. L'ambiance est détendue et le séjour agréable.

Camping

MONIQUE ET ANDRE PRADEL La Garissonnie ✆ 05 65 64 53 25. *Camping à la ferme et chambres d'hôtes. Emplacement à 2,50 €. Adulte : 2 €. Enfants moins de 10 ans : 1,50 €. Forfait caravane de 20 € à 26 €. Chambres d'hôtes et petit déjeuner 38 € pour une personne, 44 € à 47 € deux personnes, 56 € trois personnes et 66 € quatre personnes. Lit supplémentaire 12 €.* Sur un terrain mi-ombragé, herbe et arbres sont le repos de six emplacements. Les quelques vacanciers installés là se partagent une salle commune, des appareils électriques (réfrigérateur, congélateur, lave-linge), un barbecue et l'indispensable mobilier de jardin. Des branchements électriques permettent de recevoir des camping-cars. Les locataires des trois chambres d'hôtes (trois épis) se divertissent eux aussi près de l'étang (pêche) ou envisagent des promenades à cheval. Le soir, Monique Pradel organise souvent un apéritif commun ou un repas fait de grillades.

Sorties

THE MUPPET SHOW CAFE Place du Sairail ✆ 05 65 64 45 58. *Menu midi 11 € service tardif.* Un coup de baguette magique et en avant la musique. Voici une adresse rock'n'roll dans cette petite ville de Rignac. Café, certes mais pas seulement, petits-déjeuners un dimanche par mois (ne mangez pas la veille) et midi et soir, surprise au menu, Térésa et d'Eric cuisinent à base de produits du marché. On y retrouve le plus souvent des grillades de magret, d'entrecôtes ou de côtes d'agneau avec un mot d'ordre : la fraîcheur. Cet endroit est agréable au possible sur un fond de musique entraînante et on s'y sent bien.

Emplettes

Produits gourmands

MAISON BANCAL Avenue de la Promenade ✆ 05 65 64 51 66. *Fermé le lundi.* Cette maison fête ses 60 ans cette année. Son secret pour durer : la qualité bien sûr ! Pâtissiers, chocolatiers et boulangers, beaucoup de spécialistes jouent des coudes en cuisine. Derrière les vitrines, fouasse, brioches aux fruits, l'échaudé à l'anis (petite bouchée craquante et dorée) et le pavé de Rignac ou l'association caramel et chocolat surprennent vos papilles. Les pains aux céréales, aux figues et aux fruits ne sont pas en reste. Le Petit Futé vous conseil de goûter au Régalou, un pain 100 % aveyronnais dont vous ne reviendrez pas. Une adresse tout en sourire, qui allie à la fois tradition et créativité. Gourmands et amateurs avertis, faites-y une halte. Vous serez surpris.

MAISON FRAYSSE Avenue de la Promenade ✆ 05 65 64 58 88. *Fermé dimanche midi et lundi.* Selon les gens du coin, l'adresse est fameuse. Une fois à l'intérieur, face aux mets proposés, mais encore plus après les avoirs goûtés, cette boucherie-charcuterie-traiteur s'avère être à la hauteur de sa réputation. Saucissons secs aux noix, au Marcillac, tripous, conserves de foie gras, cou farci et autres confits sont déjà un régal pour les yeux. Et la spécialité le pavé de Rignac, gorge de porc et foie de canard. Les gésiers ont même obtenu le premier prix Palmipèdes. Inutile de préciser que tout ici est fait maison.

Rodez

Le promontoire (piton pour les Ruthénois d'aujourd'hui) sur lequel les Ruthènes ont décidé de créer leur cité fut un atout important dans le développement de la ville. Très vite, à l'abri derrière ses remparts, la ville, profitant des avantages de sa situation élevée, voit sa population grandir au point de compter parmi les cités moyennes, dès l'époque gallo-romaine. Le Moyen Age va compliquer la vie des habitants, la cité étant alors convoitée par les comtes et l'Eglise. La famille d'Armagnac défiant le royaume de France, vint également s'installer dans la cité. Ainsi vivait paisiblement Rodez, au risque même de se faire rafler le titre de capitale du département par Villefranche-de-Rouergue. L'arrivée du chemin de fer ne donna guère plus d'élan à cette cité qui restait un peu à l'étroit derrière son enceinte, la gare étant située bien loin du centre. La ville se réveilla après la Seconde Guerre mondiale et entreprit de rattraper rapidement son retard.

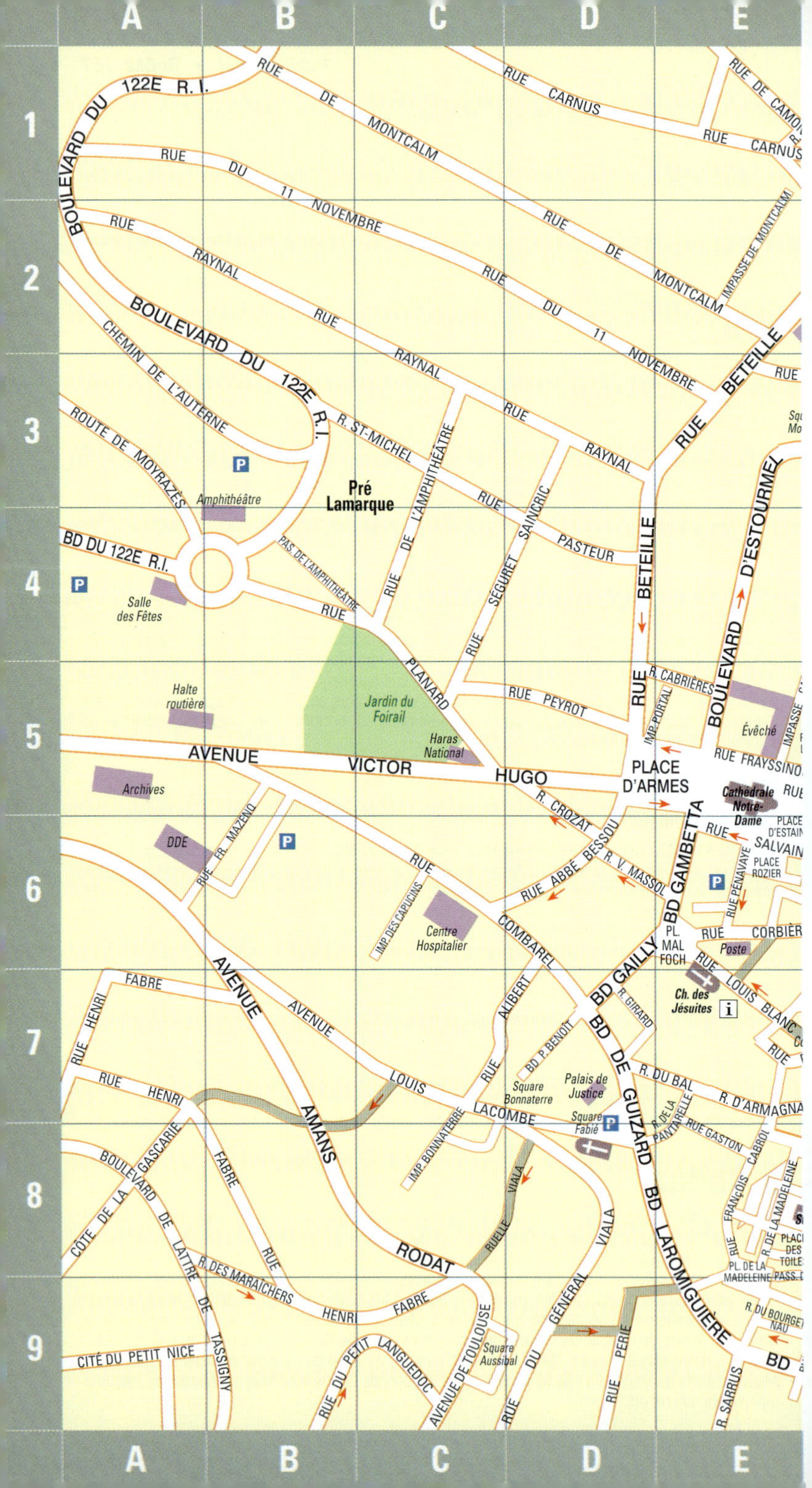
A
B
C
D
E
1
2
3
4
5
6
7
8
9
BOULEVARD DU 122E R.I.
RUE DE MONTCALM
RUE CARNUS
RUE DE CAMON
RUE CARNUS
RUE DU 11 NOVEMBRE
RUE RAYNAL
IMPASSE DE MONTCALM
RUE DE MONTCALM
BOULEVARD DU 122E R.I.
CHEMIN DE L'AUTERNE
RUE RAYNAL
RUE DU 11 NOVEMBRE
RUE BETEILLE
ROUTE DE MOYRAZÈS
R. ST-MICHEL
RUE DE L'AMPHITHÉATRE
RUE RAYNAL
Pré Lamarque
Amphithéâtre
BD DU 122E R.I.
RUE PASTEUR
RUE SÉGURET SAINCRIC
RUE BETEILLE
BOULEVARD D'ESTOURMEL
PAS. DE L'AMPHITHÉATRE
Salle des Fêtes
RUE PLANARD
Halte routière
Jardin du Foirail
R. CABRIÈRES
RUE PEYROT
IMP. PORTAL
Évêché
Haras National
AVENUE VICTOR HUGO
PLACE D'ARMES
RUE FRAYSSINOUS
Archives
Cathédrale Notre-Dame
R. CROZAT
PLACE D'ESTAING
RUE SALVAING
DDE
RUE FR. MAZENQ
RUE ABBÉ BESSOU
R. V. MASSOL
BD GAMBETTA
RUE COMBAREL
PLACE ROZIER
RUE PÉNAVAYE
IMP. DES CAPUCINS
Centre Hospitalier
PL. MAL FOCH
RUE CORBIÈRES
Poste
RUE FABRE
RUE HENRI FABRE
AVENUE AMANS RODAT
AVENUE LOUIS LACOMBE
RUE ALIBERT
BD GAILLY
R. GIRARD
RUE LOUIS BLANC
Ch. des Jésuites
BD P. BENOÎT
BD DE GUIZARD
R. DU BAL
R. D'ARMAGNAC
Palais de Justice
Square Bonnaterre
Square Fabié
R. DE LA PANTARELLE
RUE GASTON CABROL
IMP. BONNATERRE
BOULEVARD DE LATTRE DE TASSIGNY
CÔTE DE LA GASCARIE
RUELLE VIALA
RUE FRANÇOIS
R. DE LA MADELEINE
PLACE DES TOILES
PL. DE LA MADELEINE
PASS.
R. DES MARAÎCHERS
RUE HENRI FABRE
RUE DU GÉNÉRAL VIALA
BD LAROMIGUIÈRE
R. DU BOURGUET NAU
CITÉ DU PETIT NICE
RUE DU PETIT LANGUEDOC
AVENUE DE TOULOUSE
Square Aussibal
RUE PERIE
R. SARRUS
BD

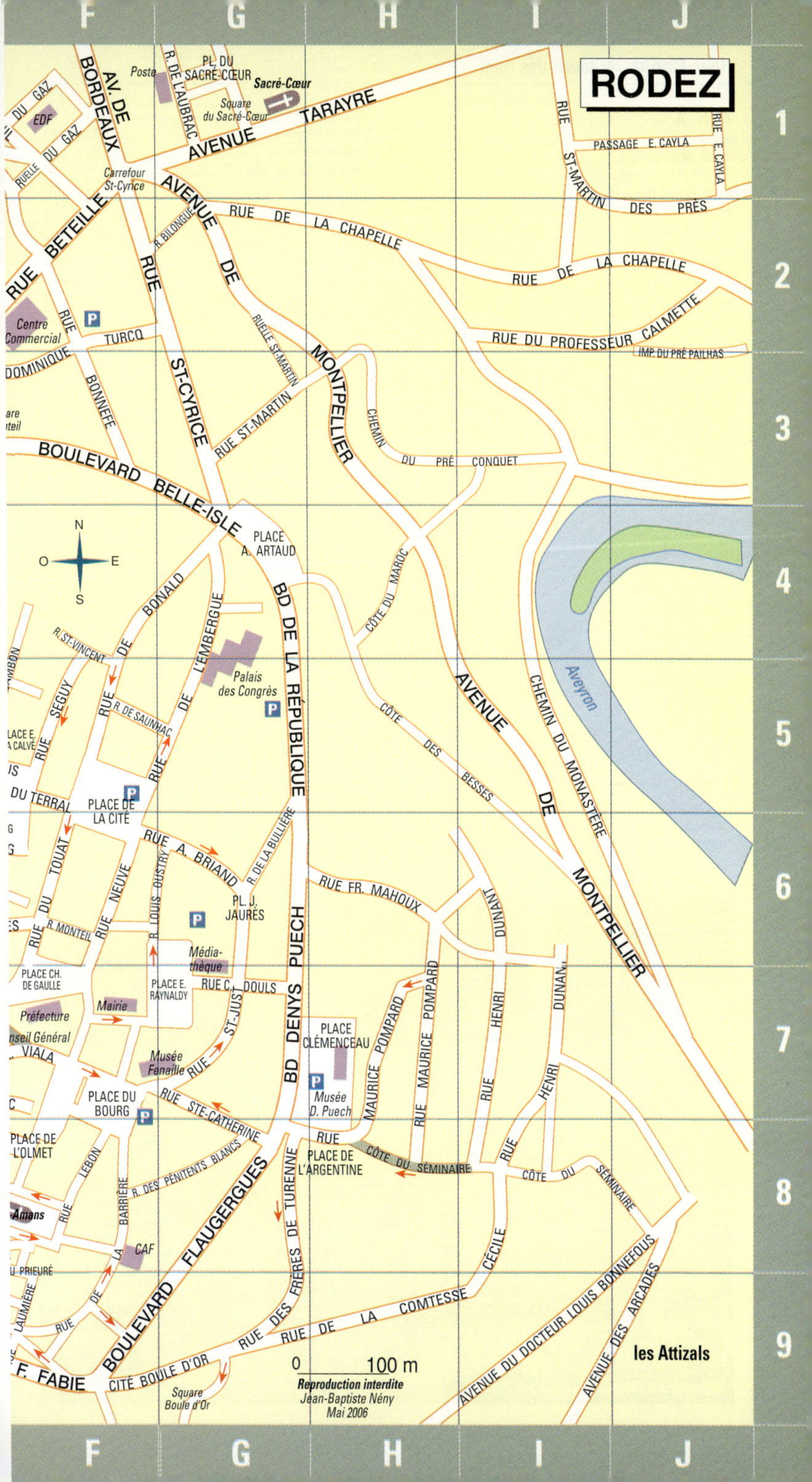
RODEZ
F
G
H
I
J
1
2
3
4
5
6
7
8
9
AV. DE BORDEAUX
Poste
R. DE L'AUBRAC
PL. DU SACRÉ-CŒUR
Sacré-Cœur
Square du Sacré-Cœur
AVENUE TARAYRE
DU GAZ
EDF
RUELLE DU GAZ
Carrefour St-Cyrice
AVENUE DE MONTPELLIER
RUE DE LA CHAPELLE
R. BILONGUE
RUE BETEILLE
RUE ST-CYRICE
RUE E. CAYLA
PASSAGE E. CAYLA
RUE ST-MARTIN DES PRÉS
RUE DE LA CHAPELLE
RUE DU PROFESSEUR CALMETTE
IMP. DU PRÉ PAILHAS
Centre Commercial
RUE TURCQ
DOMINIQUE
BONNEFÉ
RUELLE ST-MARTIN
RUE ST-MARTIN
CHEMIN DU PRÉ CONQUET
BOULEVARD BELLE-ISLE
N
O
E
S
PLACE A. ARTAUD
BD DE LA RÉPUBLIQUE
CÔTE DU MAROC
RUE DE BONALD
RUE DE L'EMBERGUE
R. ST-VINCENT
Palais des Congrès
AVENUE DE MONTPELLIER
CHEMIN DU MONASTÈRE
Aveyron
CÔTE DES BESSES
RUE SEGUY
R. DE SAUNHAC
PLACE DE LA CITÉ
DU TERRAL
RUE DU TOUAT
RUE NEUVE
RUE A. BRIAND
R. DE LA BULLIÈRE
RUE FR. MAHOUX
R. LOUIS OUSTRY
PL. J. JAURÈS
R. MONTEIL
Média-thèque
BD DENYS PUECH
RUE DUNANT
PLACE CH. DE GAULLE
PLACE E. RAYNALDY
RUE C. DOULS
Mairie
Préfecture
RUE ST-JUST
PLACE CLÉMENCEAU
RUE MAURICE POMPARD
RUE HENRI DUNANT
VIALA
Musée Fenaille
Musée D. Puech
PLACE DU BOURG
RUE STE-CATHERINE
PLACE DE L'OLMET
RUE LEBON
R. DES PÉNITENTS BLANCS
PLACE DE L'ARGENTINE
CÔTE DU SÉMINAIRE
RUE CÉCILE
Amans
RUE DE LA BARRIÈRE
CAF
BOULEVARD FLAUGERGUES
RUE DES FRÈRES DE TURENNE
DU PRIEURÉ
LAUMIÈRE
RUE DE LA COMTESSE
AVENUE DU DOCTEUR LOUIS BONNEFOUS
AVENUE DES ARCADES
les Attizals
F. FABIE
CITÉ BOULE D'OR
Square Boule d'Or
0 100 m
Reproduction interdite
Jean-Baptiste Nény
Mai 2006

La cour de l'Hôtel de Jouéry à Rodez

Façade de la rue Sainte-Catherine à Rodez

© Jean-Mary Marchal

Des bâtiments furent construits sur la périphérie et la ville fut une des premières à s'associer avec les communes qui l'entouraient. Cette histoire quelque peu recluse a permis à la ville de conserver de nombreux vestiges de son passé. La ville de Rodez possède de nombreux bâtiments dont la valeur architecturale mérite l'intérêt qu'on lui porte. Il faudra prendre la peine de parcourir les ruelles étroites ou les grands axes pour les découvrir, principalement dans le centre-ville. Citons ainsi l'évêché et sa terrasse fortifiée, ainsi que le palais épiscopal (boulevard d'Estourmel) construit en 1694, avec un escalier monumental à double révolution, inspiré de celui de Fontainebleau ; la maison canoniale, ancienne habitation du XVe siècle destinée aux chanoines de la cathédrale ; la tour Raynaldy, vestige des remparts de la ville, défendue, par trente tours de ce type. Rue Bosc, la maison Benoît du XVe siècle possède une très belle cour intérieure. Place de l'Olmet, la maison d'Armagnac, fort belle résidence d'un riche marchand du XVIe siècle, marie les styles gothique et Renaissance. Place d'Estaing, entrer sous le porche pour admirer la cour intérieure avec balcon à gargouilles et arches gothiques. La partie gallo-romaine est restituée à travers le rempart de Ségodunum et le forum gallo-romain découvert sous la place Raynaldy. Citons également l'amphithéâtre romain, daté du premier siècle et capable d'accueillir 15 000 spectateurs, preuve supplémentaire de l'importance de Ségodunum. Un circuit dans le vieux Rodez est facilement accessible par un fléchage en 29 points. Il permet de découvrir les richesses architecturales de la cité et de parcourir les petites rues piétonnes. Le cœur de Rodez, où se développe le commerce, activité non négligeable de la ville, a conservé l'exacte place qu'il occupait au Moyen Age. Il suffit pour s'en rendre compte d'aller sur la place de la Cité, d'où partent les rues commerçantes. Cette même place délimite le centre-ville en deux types d'activités. Rue de Bonald et rue de l'Embergue, se sont développées des activités artisanales (luthier, encadreur, tailleur, etc.). De l'autre côté, rue du Touat et rue Neuve, un commerce plus traditionnel occupe les rez-de-chaussée. Ces quatre rues sont architecturalement intéressantes et forment ce que l'on nomme la Cité. Au bout, à la jonction de la rue Neuve et de la rue du Touat, c'est l'autre Rodez qui se découvre : le Bourg. La place du même nom assurant la limite de ces deux entités parfaitement marquées. Entre les deux, le nouveau quartier de la mairie offre un espace particulièrement prisé de la jeunesse (médiathèque, cafés, lycées…). Le quartier du Bourg, comme d'ailleurs l'ensemble des quartiers qui forment la ville, possède une entité propre. Dans la capitale du Rouergue, on revendique son appartenance à un quartier. Il est fréquent d'entendre les gens se présenter comme étant du Faubourg, de Camonil, de Gourgan, etc. Découvrir Rodez prend du temps. La ville connaît au fil des saisons des atmosphères différentes. Si l'été, il est agréable de flâner aux terrasses des cafés, l'hiver y est particulièrement rigoureux. Cependant la ville possédant une forte population de jeunes venus de tout le département pour effectuer des études, le centre est souvent plus animé durant la période scolaire qu'en période estivale. Pour bien pénétrer l'âme des Ruthénois, il faut, le samedi matin jour de marché, parcourir les étals de la place de la Cité et de la place du Bourg, prendre le temps de discuter avec les producteurs du coin, et sacrifier à l'immuable rituel d'un bon apéritif en fin de matinée dans un des cafés de la ville. La rivière Aveyron qui serpente au pied de Rodez mérite un détour, en particulier à Layoule (ne pas confondre avec Laguiole !). Un sentier tranquille et facilement accessible suit le plan d'eau. Des aires de pique-nique avec table en bois y sont aménagées.

OFFICE DE TOURISME Place Foch ✆ 05 65 75 76 77. *Fax : 05 65 68 78 15. Site Internet : www.ot-rodez.fr ou www.grandrodez.com - E-mail : officetourismerodez@wanadoo.fr.*

Points d'intérêt

LA CATHEDRALE. En saison, de jeunes bénévoles de l'association « Les amis de la cathédrale » proposent chaque jour des visites gratuites du bas de l'édifice (renseignements sur place). Par ailleurs, également en juillet et août, une visite guidée du clocher est organisée par l'Office de tourisme. Départ place Foch, à côté de l'office. Attention, il est indispensable de réserver au 05 65 75 76 77. Cette visite permet de monter tout en haut du clocher, par étape, et de découvrir l'histoire merveilleuse de la cathédrale tout en admirant un point de vue saisissant sur le Grand Rodez. Petite recommandation, prenez des chaussures plates et évitez les jupettes, peu pratiques ! A l'emplacement de l'actuel édifice s'élevait une cathédrale romane du Xe siècle dont il ne restera rien après 1276. Aussitôt, l'évêque de l'époque, Raymond de Calmont d'Olt, fait appel à un célèbre architecte, Jean Deschamps qui conçoit un bâtiment grandiose dans le style gothique alors en vogue dans le nord de la France. Ce projet ambitieux donna forme à une construction dont les dimensions surprennent : 107 mètres de long et 36 mètres de large. La voûte en croisée d'ogives domine à 30 mètres. Mais aussi, trois siècles et 18 évêques passèrent avant de parachever l'ouvrage ! Le clocher, véritable dentelle de pierre, est plus tardif. Un incendie détruisit en 1510 le clocher en bois et lames de plomb, et un nouveau en pierre fut financé par l'évêque François d'Estaing. Le Rouergat Antoine Salvanh va réaliser ce chef-d'œuvre en 13 ans (1513-1526) avec une centaine d'ouvriers. Haut de 87 mètres, il se termine par un campanile surplombé d'une statue de la Vierge. Ses gigantesques proportions permettent à la cathédrale de se voir de très loin, à plus de 30 lieues disait-on par le passé. Les tours situées de part et d'autre de l'austère façade ouest, faisant partie des remparts, n'ont pas été terminées. Les travaux se sont arrêtés en 1562. L'intérieur surprend par sa grandeur et par le dépouillement de ses formes élancées qui contraste avec la riche décoration des 27 chapelles rayonnantes. A l'origine, le chœur était fermé par un jubé, visible aujourd'hui dans le transept sud. Il est meublé de magnifiques stalles à miséricordes sculptées par André Sulpice, un menuisier lozérien réputé. Après avoir impérativement levé les yeux pour admirer le buffet d'orgues en bois sculpté du XVIIIe siècle, certaines chapelles méritent qu'on s'y attarde. Ainsi, la chapelle Gaillard Roux, du nom du chanoine qui la décora, possède un superbe retable abritant une mise au tombeau polychrome avec des personnages grandeur nature. Au-dessus de cette scène, trois épisodes de la vie de Jésus, ont été reproduits. Le tout est couronné par la résurrection. Sur les douze sibylles disposées dans des niches, il ne reste que quatre exemplaires. La chapelle de tous les saints possède de belles fresques du XVe siècle et face à elle, une bande dessinée retrace la vie de saint Eloi. La grande chapelle du Saint Sacrement, quant à elle, possède deux belles voûtes surbaissées et abrite le trésor du saint Soulier. Cet objet insolite proviendrait des reliques exhumées en 1276 et aurait appartenu à la Vierge. La légende situe l'autre soulier au Puy.

MUSEE DENYS PUECH Place Clémenceau ✆ 05 65 77 89 60. *Ouvert le mardi de 14h à 18h, du mercredi au samedi de 10h à 12h et de 14h à 18h, dimanche de 14h à 18h. Adultes 2,50 € ; étudiants 1,50 €. Billet couplé avec le musée Fenaille 4 € (valable 48h). Abonnement 4,50 €. Gratuit le mercredi pour les étudiants et le vendredi pour tout le monde, ainsi que le 1er dimanche de chaque mois.* L'imposante bâtisse fut construite pour recevoir les sculptures des plus grands, et principalement de celui qui a marqué de son talent la ville, Denys Puech. Né en 1854, à Gavernac, hameau situé sur la commune de Bozouls, il se découvre une passion pour la sculpture en gardant les moutons de la ferme parentale. Après avoir été placé auprès d'un artisan marbrier de Rodez, Denys Puech monte à Paris pour exercer son talent et sa maîtrise de la matière. Ses œuvres sont superbes, tant par la précision des détails, que par la finesse des courbes. Il s'accommode parfaitement du marbre, du bronze, ou du plâtre, allant même jusqu'à peindre certains modèles, ce qui renforce le réalisme. Force est de reconnaître que le travail de l'artiste est particulièrement bien mis en valeur par l'architecture du musée, qui offre des espaces bien dimensionnés, un escalier monumental donnant sur une verrière dévoilant un panorama remarquable sur une partie de la ville. Tout au long de l'année, le musée accueille d'autres expositions, avec une prédilection pour les œuvres des années cinquante ou carrément contemporaines. Des ateliers et des conférences sont également organisés.

MUSEE FENAILLE 14, place Eugène-Raynaldy ✆ 05 65 73 84 30. *Ouvert le mardi, jeudi, et vendredi de 10h à 12h et de 14h à 18h. Le mercredi et le samedi de 13h à 19h. Le dimanche de 14h à 18h. Fermé le lundi. Adultes 3 €. Abonnement annuel 10 €. Gratuit pour les moins de 18 ans. Billet couplé avec le musée Denys Puech 4 € (valable 48h).* Après quatorze ans de fermeture, le musée Fenaille d'archéologie et d'histoire du Rouergue allie aujourd'hui deux univers : l'hôtel de Jouéry, ancien bâtiment légué par Maurice Fenaille et qui accueille le musée depuis 1937 et les nouveaux locaux, reflets de l'hôtel particulier dans sa version moderne. Fondé en 1836 par quelques érudits de la Société des Lettres Sciences et Arts de l'Aveyron, le musée s'est patiemment construit au fil des différentes donations. Actuellement, la collection compte près de vingt mille pièces. A travers un dédale de petites salles, de couloirs et de grands espaces, la visite se fait chronologiquement. En commençant au troisième étage, les statues-menhirs installées dans un espace minéral très éclairé accueillent le visiteur et le renvoient cinq mille ans en arrière. Si les statues, les plus anciennes d'Europe occidentale, sont au centre de la collection, (et parmi ces statues, la fameuse Dame de Saint-Sernin, la plus connue et si chère à Pierre soulages, peintre originaire de Rodez), d'autres vestiges archéologiques sont exposés là comme une dent de lait datant de 90 000 ans, retrouvée près de Sébazac. La visite se poursuit au deuxième étage avec la collection gallo-romaine dont l'incroyable mosaïque mise à plat dans un environnement vaste et qui a été découverte il y a plus de vingt ans. La partie ancienne de l'hôtel particulier accueille des trésors du Moyen Age et quelques éléments de la cathédrale. Enfin, au premier étage sont évoqués le XVIe siècle et la Renaissance à travers vitraux, sculptures, tapis… Puis la visite s'achève par les expositions temporaires. Un espace est également réservé aux enfants, avec des jeux en libre-service permettant de découvrir la collection du musée. A noter enfin que la visite peut se faire au gré des affinités grâce à un fléchage.

HARAS Rue Eugène-Loup ✆ 05 65 75 76 77 (informations et réservations). *Visite en saison estivale seulement (environ 1h30). Adultes : 4 €, de 10 à 18 ans 3 €. L'Office de tourisme de Rodez propose aussi une visite guidée, au cours des mois de juillet et août (réservation obligatoire).* A l'origine, le Haras était installé rue Combarel, dans les écuries de l'hôpital Sainte-Marthe. Devenu national, l'espace manquait, c'est alors qu'en 1809, le dépôt d'étalons s'installa dans l'ancienne chartreuse de Rodez. Ces bâtiments des XVIe et XVIIe siècles, au cœur de la ville, font bénéficier au haras de six hectares de terrain. On entre par les grandes portes de l'entrée principale pour arriver sur un porche conduisant à la « cour d'honneur » datant de 1749. Trois écuries accueillent les étalons : la plus ancienne date de 1513, une série de boxes date du XVIe siècle et la dernière série date du XVIIIe. Lors de la visite, on peut admirer la forge ainsi qu'un manège couvert du XVIIIe siècle. Selon les cas, on peut assister aussi au dressage, à l'attelage, ou à l'insémination. Le haras de Rodez mérite un détour, de par ses bâtiments, mais aussi par ses étalons. Les chevaux de trait sont également bien implantés, chevaux qui correspondent parfaitement à l'environnement rural de la région.

Le couvert

AU GRAIN DE SEL 2, rue de la Viarague ✆ 05 65 68 17 31. *Fermé dimanche, lundi et jours ferrié. Le midi de 14 € à 22 €. Menus de 16,50 € 18,50 €.* A deux pas de l'église Saint-Amans, le Grain de Sel est déjà une adresse de référence parmi les tables ruthénoises. Le chef, Antoine, a fait ses armes dans de grands établissements de la Capitale et de l'Aveyron. Il concocte une cuisine authentique, fine et parfumée à l'image de cette excellente fricassée de ris d'agneau sautés, touche d'huile verte ou ce feuilleté d'écrevisses parfumé au fenouil et au cumin. Les amateurs de viandes rouges apprécieront le filet de bœuf poêlé, réduction d'échalotes au vinaigre balsamique. Les desserts, dont un délicieux fondant au chocolat, éclats de fruits secs torréfiés et coulis de banane sont à tomber à la renverse. L'accueil attentionné de Candie et la qualité de la cuisine font du Grain de Sel une adresse qui vaut son pesant d'or !

AU 16 DE LA REPUBLIQUE 16, boulevard de la République ✆ 05 65 42 18 58. *Fermé le dimanche et le lundi soir. Formule de 9 € à 20 €.* Sur le tour de ville de Rodez, Jocelyne et Laure, mère et fille, accueillent leurs clients avec le sourire dans un cadre au décor sobre mais assez classe. Le midi une clientèle à majorité féminine se retrouve ici autour de belles tartines ou d'une copieuse salade gourmande. On peut également y déguster des plats du terroir nettement plus consistants. Les appétits les plus aiguisés apprécieront sans aucun doute un tartare de bœuf bien frais, un aligot ou de belles grillades du pays avant de craquer pour un pastis quercynois ! Une bonne adresse pour les petits ou les gros appétits.

L'AMARANTE 5 bis, rue de Bonald ✆ 05 65 68 50 72. *Fermé dimanche et lundi, ainsi qu'en janvier et février. Du mardi au samedi inclus, seulement le midi (le soir, uniquement les groupes sur réservation). Formule 9,30 €, menus de 10,80 € à 15,50 €.* Dans le vieux Rodez, cette maison classée est devenue un splendide restaurant bio-végétarien agrémenté de pierre et de bois, mais aussi d'œuvres d'artistes accrochées aux murs. Ici, tout est bio et végétarien, de l'apéritif au vin en passant par le café. Les plats savent aiguiser la gourmandise, que l'on choisisse une brochette de légumes au tofu, une fondante pascade de chou, ou d'autres assiettes plus exotiques. Gardez un peu de place pour le crumble aux fruits de saison. Cette adresse fait la part belle à la créativité, aux couleurs, mais aussi à la gentillesse de la patronne.

L'ARMORIQUE 39, rue Saint-Cyrice ✆ 05 65 78 38 41. *Fermé le dimanche et le lundi. Vente à emporter. Menu (midi) 10,50 € (avec salade, galette, crêpe et cidre). Carte de plus de 35 galettes allant de 5,50 € à 11 € (galette au bacon, chèvre et manchons de canard). Salades composées à partir de 6 €.* Tables en bois, deux grandes salles, un décor de vraie crêperie bretonne. La carte particulièrement variée offre de nombreuses possibilités. De plus, l'ambiance est familiale : Guy et Séverine sont attentifs au confort de leurs clients et leur proposent une terrasse calme et ombragée en été.

L'AUBRAC **8, place de la Cité ✆ 05 65 72 22 91.** *Fermé le dimanche et les jours fériés. Menus de 19 € à 25 €.* Annie et Philippe Bourel proposent, dans ce restaurant situé dans le cœur de ville, un décor, une ambiance et des menus dédiés à l'Aubrac. Dans deux salles comptabilisant 110 couverts, les clients peuvent déguster de la viande d'Aubrac, bien sûr, mais aussi du foie gras mi-cuit, des ris d'agneau avec une pascade aux herbes, des truites façon auvergnate ou encore des escargots à l'ancienne. Autant dire qu'ici, chacun trouvera un plat à son goût.

LE BISTROQUET **17, rue du Bal ✆ 05 65 68 74 75.** *Menus à 11,50 €, 13,50 € et 15 €.* C'est la chaleur de la cheminée qui, dès l'entrée, se fait sentir ici comme chez soi. La salle de 38 couverts s'organise autour d'un bar convivial animé par Bertrand, aux commandes de l'établissement depuis bientôt deux ans. Celui-ci propose notamment des fondues bourguignonnes, à base de bœuf et de veau ; mais c'est surtout pour le choix des salades et la qualité des viandes cuites au feu de bois que l'on vient ici. Grillades ou aiguillettes de canard accompagnées d'aligot ou de pommes de terre poêlées, ces plats du terroir font les délices des amateurs de la cuisine régionale. Les tartes (saumon, oignons, roquefort…) sont savoureuses, et en dessert, on conseille la tarte aux myrtilles.

BRASSERIE DE L'AGRI **8, boulevard de Laromiguière ✆ 05 65 75 92 39.** *Fermé le dimanche et le lundi soir. Plat du jour + dessert 9,40 €.* Les maîtres des lieux, Florence et Alain font découvrir aux habitants de Rodez et aux voyageurs les spécialités culinaires de la montagne. L'entrecôte de l'Aubrac y est fondante et l'aligot hors du commun. On se régale aussi de bonnes pâtisseries faites maison qui peuvent être emportées. On peut d'ailleurs commander les pâtisseries d'Alain à l'occasion de fêtes familiales. A cela s'ajoute la gentillesse des patrons, aux petits soins avec les clients, et ne négligeant pas la quantité servie. Depuis peu la maison propose aussi des barquettes d'aligots à emporter pour les plus pressés.

Maison de l'Annonciation - place du Bourg à Rodez

© Jean-Mary Marchal

LA CANTINA 14, boulevard François-Fabié ✆ 05 65 68 23 70. *Fermé le dimanche et le lundi.* Un tex-mex vrai de vrai. La salle est couleurs mexicaines, le patron connaît la cuisine de là-bas pour la bonne raison qu'il a travaillé dans le pays des cactus géants : cela se reconnaît dans l'assiette avec des spécialités comme les fajitas aux gambas (un vrai délice). La carte est variée et les prix agréables avec des plats qui oscillent entre 9 € et 10,50 € maxi pour une assiette plus que copieuse. Fernand prend le temps de vous expliquer chaque plat et chaque ingrédient, et il est attentif au confort et au bien-être des clients. Un lieu où l'on se régale mais où l'on se sent aussi bichonné. Si l'on découvre ici une belle carte de bières, des vins mexicains sont également disponibles.

CHEZ SIMONE Place du Bourg ✆ 05 65 68 06 51. *Fermé le dimanche. Menu du jour 8 €.* En plein cœur de Rodez, Simone tient un petit bar-restaurant comme on n'en trouve plus guère. Un vrai café de quartier où l'on peut goûter au savoir-faire culinaire de Simone qui sert encore des plats comme de la langue de veau sauce aux câpres, des pieds de cochons ou des choux farcis, saveurs que l'on a tendance à oublier faute de pouvoir y goûter. Cuisine rouergate, mais aussi des plats comme le couscous, les magrets au miel. Côté desserts, Simone propose des mousses de fruits frais et des tartes maison, petits bonheurs de saveurs. Un lieu convivial, familial, où le fils Fabien tient le bar, et où les figures qui font le quartier se retrouvent autour de la personnalité de la patronne, véritable âme de l'établissement. Les repas sont servis uniquement à midi en semaine mais sur demande, Simone déroge à la règle et concocte pour l'occasion des repas du soir. En été, grâce à la terrasse, les capacités du petit restau sont multipliées par 5.

LE FRISTY GRILL 40, rue de l'Embergue ✆ 05 65 42 55 23. *Ouvert tous les jours sauf le dimanche. Menus 11,50 € (midi), à 18 €.* Dans le vieux Rodez, ce petit restaurant décoré de bois et de poutres apparentes propose des plats du pays ainsi que des viandes et des brochettes grillées. Ici tout est régional, de l'apéritif avec le pastis de l'Hom (Larzac) au digestif, et le sourire de Chantal, la patronne, met d'emblée les visiteurs de bonne humeur.

LA GUINGUETTE L'AUTREC Rond-point de la Mouline ✆ 05 65 78 07 12. *Ouvert du lundi au vendredi le midi, du mardi au samedi soir. Plat du jour : 8 €. Menus de 12 € (le midi) à 17 €. Carte.* Cet établissement, bien connu pour sa programmation musicale et ses soirées animées vaut aussi le détour pour sa cuisine. A l'abri d'une belle bâtisse du XIVe siècle, Jean-Marc et David accueillent leurs clients dans deux belles salles de pierre et de bois. Dans les assiettes, les produits du terroir tiennent la dragée haute. Les portions sont généreuses et un effort certain est porté sur la présentation. La carte annonce de copieuses salades dont la délicieuses l'Autrec (gésiers de foie gras, magret fumé), un confit de canard, une entrecôte ou un civet de biche. Les desserts tels que la tarte Tatin ou le nougat glacé sont classiques mais tiennent bien la route. A noter : une belle carte de vins de la région.

GOUTS ET COULEURS 38, rue de Bonald ✆ 05 65 42 75 10. *Fermé dimanche et lundi. Menus de 30 € à 70 €.* Derrière ce nom, prometteur de délices universels, se dévoile un restaurant gastronomique. On est accueilli dès l'entrée par un vitrail coloré et un décor aux tons d'épices qui rappellent la cannelle et le safran. Sur les murs, d'étonnantes toiles dissymétriques retiennent l'attention : elles sont signées par le chef qui officie en cuisine, Jean-Luc Fau. Visiblement, cet homme aime l'art : derrière ses fourneaux, il prépare des ris d'agneau Allaiton en brochette de cannelle, des canetons de Vendée « en deux cuissons », des chocolats aux herbes et aux fleurs… Les goûts sont finement relevés, les mets travaillés avec un soin extrême. Les associations vont de la cuisine classique à des plats d'une grande originalité, comme ce carpaccio de gambas à l'huile de fleurs de sureau ou le magret de canard mariné au gingembre. La salle se prolonge par une terrasse calme et pleine de charme, et le service impeccable fait du Goûts et Couleurs une grande table ruthénoise.

HONG LINH 14, rue de la Madeleine ✆ 05 65 68 29 50. *Fermé le dimanche soir et le lundi. Menu à 10,50 € (midi).* Depuis 16 ans ce restaurant installé dans la vieille ville est presque devenu une institution. Les spécialités vietnamiennes et chinoises se bousculent sur la carte : légumes, viandes, poissons, crustacés s'accommodent de mille parfums. Le service impeccable et l'équipe accueillante permettent de mieux profiter encore de ce moment dépaysant, dans ce petit coin d'Asie en plein coeur de Rodez. Hong Linh possède également un point de vente pour les produits d'épicerie et les plats à emporter, juste en face du restaurant, 7 place de la Madeleine (05 65 75 97 92).

LE KIOSQUE Avenue Victor-Hugo ✆ 05 65 68 56 21. *Fermé dimanche soir sauf de juin à octobre. Menus de 13 € à 38 €.* Brasserie chic, ce restaurant de 160 couverts s'est réservé une place de choix dans le grand parc public qui borde l'avenue. En saison, les tables investissent une terrasse ombragée, le soir elles se replient en deux salles, dont l'une entièrement vitrée. Moquette, nappes bleues et blanches, bar rutilant et chaises bistrots forment un bel ensemble qui convient à la cuisine bistrot grand genre du lieu. Le chef Philippe Arnaud insiste sur la carte de l'écailler, qui propose différents plateaux de coquillages et fruits de mer venus de Méditerranée ou d'Atlantique, dont un superbe plateau rouge présentant homard, langoustine, araignée… Les menus sont aussi gourmands, qu'ils sentent l'iode ou le sous-bois : filets de sandre à l'orange, aspic de maquereau, bar au safran sont aussi tentants que le suprême de pintade au genièvre ou un cassoulet maison. La carte de vins fait un tour de France bien choisi, avec un petit penchant pour le sud-ouest et un bel assortiment de champagnes et whiskys. On pourrait toutefois regretter un manque d'enthousiasme dans l'accueil.

EL MITICO CAFE Place de la Mairie ✆ 05 65 78 31 99. *Ouvert tous les jours sauf le dimanche et les jours fériés. Plat du jour 7,50 €.* En plein centre de Rodez, cet établissement vous emmène dans une ambiance mexicaine, entièrement parée de bois et agrémentée de vraies selles de chevaux… Une table conviviale permet aux VRP (ou aux célibataires !) de briser leur solitude. Au menu : des spécialités tex-mex mais aussi aveyronnaises, ainsi que des plats du jour sympas. A goûter au chapitre des douceurs, la tarte Tatin, le fromage blanc au sirop d'érable ou encore le crumble aux fruits rouges. Une des adresses incontournables pour connaître la vie ruthénoise.

PASTA BAR - IL MOMENTO 4, rue Louis-Oustry ✆ 05 65 78 94 61. *Fermé le dimanche et le lundi. Formule presto à emporter : 6,90 €, formule momento : 8,90 €, formule bambino : 7,90 €.* Benjamin et Nicolas, dits Luigi et Mario, ont récemment ouvert un petit morceau d'Italie en plein Rodez. Dans un cadre moderne, fait de zinc et de tableaux contemporains, ils préparent des spécialités italiennes 100 % maison : des antipasti aux pâtisseries en passant par les pâtes. Parmi les plats annoncés sur la carte on trouve des Gnocchis au gorgonzola, des Assiettes de charcuterie italienne, des bruschettes, des pâtes al pesto, au saumon aneth et citron, parmesan… En dessert, les curieux oseront les quenelles au chocolat, les moins téméraires opteront pour un classique tiramisu ou un fondant au chocolat. Côté boissons, la péninsule est également à l'honneur avec du vin - bien sur ! - mais aussi la bière. L'accueil est détendu et chaleureux. Le Pasta Bar est le style d'adresse ou l'on revient sans se lasser.

LA MAISON DE CECILE ET AIME 8, rue Louis-Oustry ✆ 05 65 69 57 97. *Ouvert du mardi au samedi de 9h à 18h. Petit déjeuner de 6,50 à 7,50 €. Assiettes, salades, tartes de 6 € à 10 €. Goûter de 4,80 € à 5,80 €.* Deux sœurs ont rénové cette maison d'habitation située en plein centre ville pour y créer un restaurant à l'ambiance pleine de charme. Le décor des deux salons dans lesquels sont accueillis les clients rappelle celui d'une maison de poupée. En été, ils peuvent également s'installer en terrasse. Pour le petit déjeuner, le déjeuner ou le goûter, la carte propose des tartes salées, des assiettes variées ou des salades, simples mais bonnes. Les desserts sont de délicieux gâteaux maison qui accompagneront à merveille les nombreux thés ou tasses de chocolat chaud. Le Petit Futé vous conseille sans réserve de délicieux crumble salés ou sucrés, dont le pomme fruits rouges ou le pomme pain d'épice, un régal !

LE MUSEE 15, boulevard Denys-Puech ✆ 05 65 42 19 03. *Fermé le dimanche et le lundi. Menus (le soir) de 16 € à 26,50 €. Formules du midi : 9,50 € ou 13,50 €.* Dans un cadre au charme d'antan, Christine et Laurent reçoivent leurs clients avec sourire et gentillesse. Christine officie en salle ou en terrasse, dans un petit jardin privé, et assure un service diligent. Laurent s'est fait maître des cuisines où il décline les recettes régionales et les classiques de la cuisine française. Tout cela est réalisé avec de bons produits, préparé avec soin et servi dans de belles assiettes appétissantes. Il n'y a qu'à passer à l'acte et se régaler. C'est un plaisir que l'on s'accorde d'autant plus volontiers que le plat du jour est à lui seul un petit repas bien suffisant et que la carte est fréquemment renouvelée.

LE PASSIFLORE 5, rue Sainte-Catherine ✆ 05 65 87 24 41. *Deux formules le midi à 12,50 € et 16 € et une le soir à 22,50 €.* Si la rue ne paye pas de mine, une fois la porte poussée, c'est un décor tout autre qui apparaît, simple, cosy et chaleureux, avec une dizaine de tables dressées dans une salle unique aux murs de pierres. Idéalement placé non loin des musées Fenaille et Denys-Puech. Le choix des formules est assez restreint et l'accompagnement est le même pour tous les plats, mais tous les goûts sont pris en compte, avec par exemple ce filet de sabre au beurre blanc ou ce mignon de porc. Tout est cuisiné à l'huile d'olive. En dessert, la coupe glacée confiseur marie glace et sauce caramel, crème fouettée, meringue brisée, amandes et pistaches grillées. Les menus sont savoureux et copieux, les mélanges des parfums subtils.

LE PETIT CREUX 36, rue de Bonald ✆ 05 65 78 31 86. *Ouvert tous les jours sauf le dimanche midi et lundi soir. Formule 9,80 €, menus de 10,50 € à 22 €.* Cathy et Christophe vous reçoivent dans cette maison classée du XVe siècle, en plein centre du vieux Rodez. Dans ce restaurant convivial, les cuisines sont ouvertes sur les salles, dont l'une épouse la voûte pour lui donner l'apparence d'une grotte. De ses années bruxelloises, Christophe a ramené toutes sortes de recettes de moules, mais les spécialités « terroir » ne sont pas en reste. On peut également déguster de belles assiettes de crustacés et de viandes. Le week-end, les clients s'attardent parfois ici jusqu'au bout de la nuit…

PIZZERIA LA ROMAINE 9 rue Lebon ✆ 05 65 68 45 02. *Fermé le dimanche midi et le lundi. Menu de 10,50 € (le midi) à 15 €.* A deux pas de la place du Bourg, Stéphane et son équipe accueillent les habitués depuis 16 ans dans une salle qui ne manque pas de charme. La décoration est simple mais les murs en pierres apparentes donnent au lieu un cachet certain. Dans une atmosphère détendue et chaleureuse, on déguste de bonnes pizzas, cuites au feu de bois. La carte affiche également des lasagnes, des grillades de magret ou de gambas… En été, tout est à déguster en terrasse mais la tranquillité du lieu se savoure ici toute l'année.

PIZZERIA LES MACONS Place des Maçons ✆ 05 65 68 33 33. *Fermé le dimanche et le lundi soir. Formule 9 € et 10 € le midi et de 13 € à 22 € le soir. Carte.* En plein centre ville, cette pizzeria est le genre d'endroit fréquenté par une clientèle d'habitués, ce qui est plutôt un très bon signe. On y sert de savoureuses et copieuses pizzas, des pâtes et des salades idéales pour les déjeuners d'été. Installé en salle ou sur une petite terrasse, c'est le parfait endroit pour une halte repas entre deux emplettes. Toute l'équipe est au petit soin et le sourire est de mise.

LE RESTO GRILL **Rue des Miroitiers - Z.A. Bel Air ✆ 05 65 42 18 41.** *Ouvert la semaine à midi. Soir et week-end : pour les groupes, sur réservation. Formules à 10,90 €, 11 €, 14,50 €.* Sur la route de Decazeville, cet établissement se décline en deux formules : le resto et le grill. Le resto est le plus rapide et le plus économique. On peut notamment y déguster un copieux menu entrée, plat, fromage, dessert, café et vin pour un excellent rapport qualité-prix. Le grill est plus petit mais bien plus confortable. Les clients ont l'habitude de s'y attarder davantage. Les assiettes, plus traditionnelles mais non moins généreuses, sont riches de produits du terroir tels que des aiguillettes de canard ou des entrecôtes grillée. Le restaurant peut accueillir les groupes, autocaristes et associations.

LE ROUERGAT **48, avenue Tarayre ✆ 05 65 67 04 12.** *Fermé le samedi midi et dimanche. Menu 11 €. Petit déjeuner (samedi matin) 11 €.* Un café de quartier comme il n'en existe plus beaucoup. Un long comptoir, des tables alignées le long du mur, et une clientèle d'habitués. Le café est resté tel qu'il était il y a des décennies et c'est cela qui fait en grande partie son charme. Une ambiance sans chichi, où vous pouvez goûter une cuisine familiale de qualité. Un repas au Rouergat est chose mémorable, car tout ce qui est servi est fait maison, à commencer par la soupe obligatoire en début de repas. Ne cherchez pas la carte, il n'y en a pas. Et c'est très bien, le repas varie selon l'inspiration de la patronne et le moins que l'on puisse dire c'est qu'elle sait cuisiner. Le Rouergat est une véritable institution, ceux qui ont eu le bonheur d'en franchir une fois la porte ne mettent pas longtemps à y revenir. Un havre de bonheur. Côté prix, difficile de trouver mieux. La formule comprend vin et café. Pour 4 € de plus, on peut demander des hors-d'œuvre supplémentaires, ce qui, vu la quantité, demande un appétit féroce.

LA TAVERNE **23, rue de l'Embergue ✆ 05 65 42 14 51.** *Site : www.tavernerodez.com. Fermé dimanche, jours fériés et une semaine en septembre et en mai. Menus 11 € (midi) et 17 € (menu régional).* Adresse authentique par excellence, la Taverne sent le terroir à plein nez. Solidement campée dans un intérieur campagnard, avec une belle cave voûtée, presque champêtre en terrasse (à l'abri de la rumeur de la ville, sur une place intérieure), la carte est comme un portrait de famille de toutes les spécialités régionales : tripoux et aligot, picaucel, coufidou, ou encore farçous ou choux farcis. La viande, fondante, est cuite à point, le magret en cocotte ne perd rien pour attendre. La formule a su en séduire plus d'un, comme en témoignent les nombreux dessins que de fameux auteurs de BD ont laissés en témoignage de leur satisfaction. Cet ancrage local n'empêche d'ailleurs pas le chef d'organiser en hiver quelques soirées plus « exotiques », mettant alors à la carte une raclette savoyarde, une fondue bourguignonne ou une choucroute alsacienne.

AUX TROIS MULETS **31, rue Saint-Cyrice ✆ 05 65 67 20 55.** *Fermé dimanche soir, lundi et mercredi soir. Menus de 12,50 € à 30 €.* En bas du boulevard de ceinture (autrefois il y avait des mulets pour aider les voyageurs à grimper la côte !), l'auberge a son histoire, qu'elle raconte fièrement : Mandrin, le bandit des grands chemins qui fit tourner en bourrique la maréchaussée du XVIIIe siècle, aurait fait escale ici et même prit la poudre d'escampette par la porte du jardin. Quoi qu'il en soit, les casseroles chantent quant à elles une chanson dont on ne se lasse pas depuis des années. Tout sourire, Colette Loustalet présente un déballage de charcuterie (les rillettes d'oie et le pâté de foie de volaille sont excellents), un foie de veau parfait, des salades gourmandes, une truite des sources que prépare son fils en cuisine… Deux ou trois bons bouts de canard, une côte de veau aux morilles, une poêlée de champignons et des grillades au feu de bois qui parlent aux oreilles avant d'enchanter le palais, sans oublier une très bonne sélection de vins de Marcillac, voilà à quoi tiennent la réussite et la longévité de ces Mulets-là. Un rapport qualité prix à ne pas manquer.

LE VICTOR **19, avenue Victor-Hugo ✆ 05 65 68 14 59.** *Ouvert tous les jours sauf le dimanche. Plat du jour à partir de 6,50 €. Menu (midi) 10 €.* Face au jardin du foirail, le Victor est un café-restaurant particulièrement agréable dirigé par François, tout aussi accueillant que son établissement. Celui-ci est fréquenté aussi bien par des habitants du quartier que par des cadres : ici, jeunes et moins jeunes se côtoient, ce qui est suffisamment rare pour être signalé. Une terrasse couverte et une salle au premier étage permettent de prendre des repas classiques mais séduisants, comme des viandes aux saveurs légèrement épicées, du porc au caramel ou du sauté de veau à la chinoise. La carte des salades est étoffée, la déco soignée et chaleureuse, l'adresse à retenir.

Cathédrale de Rodez

© CDT Aveyron / G.Tordjeman

LE VOL-AU-VENT 63, rue Saint-Cyrice ✆ 05 65 70 16 39. *Fermé le samedi midi et le dimanche. Menu du jour à 16,50 € (midi) avec quart de vin et café compris. Menus jusqu'à 25 €.* La salle, d'une cinquantaine de couverts, réchauffe les visiteurs par ses couleurs claires. Le patron, Alexandre, aime définir sa cuisine comme « simple mais juste » : dans l'assiette, on découvre des saveurs subtiles qui se déclinent notamment autour du poisson. Le chef change sa carte chaque trimestre, mais pas son succulent vol-au-vent aux fruits de mer.

LA TOURTELIERE D994 - AMPIAC ✆ 05 65 69 34 27. *Ouvert toute l'année. Menus ouvrier 8,50 €, 10 € en semaine et 17,50 € le week-end.* On vient dénicher à dix minutes de Rodez ce petit restaurant de campagne. Les deux menus, à prix d'ami, se sont fait les chantres de la cuisine aveyronnaise, simple et conviviale jusqu'aux desserts, parmi lesquels on aura remarqué un nougat glacé « maison ». Une fois par mois, le dimanche à midi, La Tourtelière prend des allures de guinguette et l'on danse au son d'un orchestre après le repas. Le restaurant organise sur demande des grands repas pour banquets, fêtes familiales, etc.

LES JARDINS DE L'ACROPOLIS Rue d'Athènes - BOURRAN ✆ 05 65 68 40 07. *Fermé le lundi et le dimanche soir. Menu spécial retour du marché 39 € (le week-end uniquement) ; menu bistrot (midi) 15,30 € ; menu affaires 21 € ; menu découverte 27,90 € ; menu traditions et terroir (quatre plats + fromage et dessert) 37 € et 44 €.* Considéré comme l'un des meilleurs restaurants ruthénois, les Jardins de l'Acropolis offrent un cadre particulièrement soigné, très chic. Le moindre détail est pensé et abouti, de l'organisation de la table à la présentation des plats. La cuisine est raffinée, inventive et propose des plats très élaborés, tel ce filet de gros rouget au jus de langoustine et sa tarte fine façon pissaladière aux olives. Décidément, Dominique et Christiane Panis savent nous mettre l'eau à la bouche…

Cafés-brasseries

CAFETERIA FOCH 10, boulevard Gally ✆ 05 65 68 08 10. *Ouvert tous les jours. Menus de 4,80 € à 13 €.* Une bonne adresse à connaître. Ici, les tables sont dressées pour vous accueillir dès 11h30. Des plats simples, bons, copieux et variés (quatre plats cuisinés par jour et de nombreuses grillades), que l'on peut aussi emporter. Des menus, spécial enfant ou ado, en font aussi un lieu de retrouvailles familiales. Evitez la bousculade du midi (viennent les gens qui travaillent à proximité), décalez vers une heure, c'est plus tranquille. Dans l'après-midi, la cafétéria devient salon de thé et l'on peut y déguster une crêpe ou une glace, selon ses envies. Un service traiteur est également proposé.

CAFE DU COMMERCE **place de la Cité ✆ 05 65 42 53 47** *Ouvert toute l'année. Menus 8 à 16 € (avec l'aligot).* La plat du jour du café commerce, établissement repris il y a trois ans par Philippe, fait l'unanimité à Rodez. Il sert en toute simplicité une cuisine du marché, viande de qualité, légumes de saison. Le menu du jour offrent une délicieuse blanquette de veau, l'aligot à la saucisse. Les tripoux, truffade, tartiflette, couscous le jeudi régalent toujours autant les clients, qui en redemandent. Ambiance chaleureuse, assiette pleine et appétissante, tels sont les ingrédients que marie avec bonheur ce café, recommandable et recommandé.

CAFE DE LA PLACE D'ARMES **1, boulevard d'Estournel ✆ 05 65 68 02 33.** *Plat du jour : -,30 €. Ouvert tous les jours de midi à minuit. Formules : 8,50 €. Menus à 10,70 €, 17 € et 25 €.* A la belle saison il est difficile de résister à un petit verre ou à une glace sur la grande terrasse du Café de la Place d'Arme. Pourtant, l'adresse conserve toute sa valeur à l'heure du déjeuner. Les assiettes et le chef font honneur aux produits du terroir pour un prix vraiment raisonnable. On se régale de belles assiettes de tripoux rouegats, d'un cœur de rumsteak ou d'une tête de veau ravigote, de confits ou de très copieuses salades. Ce café est une très bonne adresse pour goûter aux saveurs du pays sans se ruiner.

LES COLONNES **Place d'Armes ✆ 05 65 68 00 33.** *Fermé le dimanche. Plat du jour 8,50 €. Menus de 10 € (midi) à 19,50 €.* Plantée face à la cathédrale, cette grande brasserie attire bon nombre d'habitués qui, en terrasse ou en salle, viennent déguster une pizza ou une spécialité de l'établissement, comme une côte de bœuf ou une côte d'agneau. Depuis 1969, Jeannot le patron veille au grain et n'hésite pas à venir bavarder avec ses clients. Au sous-sol, un bar musical vient d'ouvrir.

BRASSERIE JO DE BRUGES **Rond-point de la Gineste ✆ 05 65 78 60 80.** *Ouvert à l'année, fermé le dimanche. Formule rapide midi à partir de 10 €.* Dès notre entrée, nous sommes séduit par les lieux, un grand comptoir et des voûtes d'abbaye belge font de la salle un endroit chaleureux. Sur chaque table, des saladiers vides, pas de doute, la Belgique est déjà là. Les moules frites se déclinent de huit façons différentes et sont généreuses à souhait. Vous seront proposées également, une belle carte de salade, ainsi que des grillades. Ceci s'accompagnera très bien d'un bon cru de la région ou d'une bière à la pression. Le service est rapide et bienveillant et « la gaufre de Jo », glace vanille, chocolat chaud et chantilly, raviera les gourmands pour clore le repas.

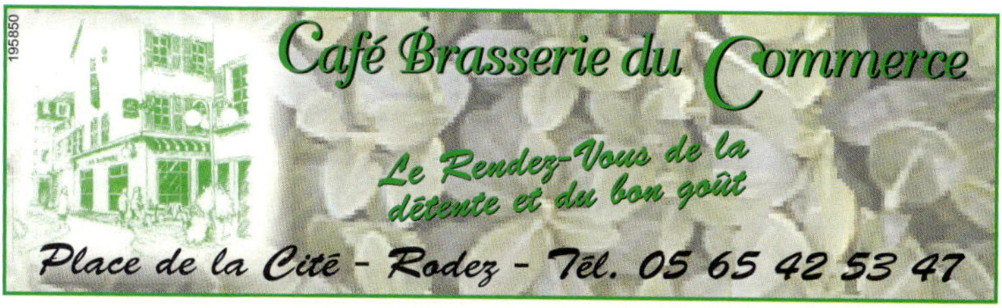

LE DIVAN 71, rue Béteille ✆ 05 65 68 63 30. *Ouvert tous les jours. Plat du jour 6,80 €.* Quartier général des étudiants et lycéens en période scolaire, lieu incontournable pour rencontrer la jeunesse ruthénoise, le Divan est aussi l'endroit où l'on vient le soir écouter de la bonne musique, boire un coup, manger un morceau (les repas déclinent plat du jour, pizzas, salades variées et pâtes fraîches et l'on sert à toute heure une planche de charcuterie robuste). L'établissement fait partie intégrante de la vie nocturne ruthénoise et peaufine plusieurs projets d'agrandissement, dont une salle dans laquelle on servira du fast-food à base de produits locaux.

LE PARC 1, place d'Armes ✆ 05 65 68 04 69. *Fermé le dimanche, sauf en période estivale. Brasserie uniquement à midi, sauf juillet et août ouvert midi et soir. Plat du jour 6,60 €. Aligot-saucisses 10,50 €. Menu enfant 7 €.* En plein centre-ville, face à la cathédrale, le café du Parc travaille essentiellement en cuisine des produits frais. La carte propose des spécialités locales telles que les tripoux, confit de canard et de très bonnes pâtisseries maison. Pour ne rien gâcher au plaisir, les propriétaires ont le sens de l'accueil. Vous avez aussi la possibilité de déjeuner à toutes heures et joindre ainsi l'utile à l'agréable.

LE SOUQUET'S 23, avenue Victor-Hugo ✆ 05 65 68 06 58. Situé entre la place du Foiral et le centre-ville, ce bar-brasserie offre une petite halte tranquille pour siroter son café ou son demi. On peut aussi s'attabler devant un plat du jour préparé en cuisine par Anne-Marie.

LE TEX-MEX 1, avenue Tarayre ✆ 05 65 67 00 01. Situé à l'intersection de la rue Beteille et Saint-Cyrice, les amateurs d'ambiance chaleureuse et de cuisine pimentée trouveront ici leur bonheur. Le Tex Mex accueille dans une ambiance festive une clientèle principalement composée de jeunes. Lycéens et étudiants s'y retrouvent tous les soirs jusqu'à 1h du matin. Les jeudis, vendredis et samedis le bar reste ouvert jusqu'à 2h, au plus grand plaisir des noctambules.

Le gîte

Hôtels-restaurants

HOTEL IBIS 46, rue Saint-Cyrice ✆ 05 65 76 10 30.** *E-mail : h2748-gm@accord.com. Ouvert toute l'année. Chambres de 56 € (le week-end uniquement) à 65 €. Petit déjeuner (buffet à volonté) 7 €. Menus de 9,50 € à 15 € (uniquement le soir).* L'établissement, anciennement le Libertel, installé à proximité du centre-ville (et d'un parking municipal), ne manque pas d'avantages. L'intérieur est moderne, le décor sobre met l'accent sur le bois blond et les couleurs discrètes. Les quarante-cinq chambres donnent une impression de bien-être et sont rendues accueillantes par un tableau et un éclairage indirect. Toutes ont la climatisation, une salle de bains, un téléphone direct, une télévision par satellite ainsi qu'un accès wi-fi.

HOTEL KYRIAD 38, avenue du Maréchal-Joffre ✆ 05 65 87 11 00.** *Ouvert toute l'année, sauf 15 jours fin décembre début janvier. Chambres de 51 € à 60 €. Petit déjeuner 7,50 €. Demi-pension 72 € par personne.* Facilement accessible en voiture (parking public gratuit en face mais possibilité de garage fermé payant 8 €) ou en train puisqu'il fait face à la gare, cet hôtel est avant tout un établissement de qualité. Moderne et accueillant, il a été refait dans des tons clairs auxquels le bois donne de la chaleur et un certain cachet. Ses quarante chambres sont climatisées et équipées d'une salle de bains, d'un téléviseur (satellite et Canal+) et d'un téléphone direct. Parmi les petites attentions plaisantes, on trouve un plateau permettant de se préparer une boisson chaude. L'accueil de Chantal Fournier est tout sourire, elle invite ses hôtes à découvrir le restaurant La Soupière qui propose un buffet, des menus ou une bonne carte. Une salle de réunion complète les installations communes et l'hôtel est d'autant plus pratique qu'un service de réception par carte bancaire le rend accessible 24h/24.

HOTEL DU MIDI 1, rue Béteille ✆ 05 65 68 02 07.** *Fermé du 17 décembre au 5 janvier. Chambres de 40 € à 56 €. Petit déjeuner 6,50 €. Menus de 10,50 € à 25 €. 2 étoiles, 2 cheminées (Logis de France).* Situé face à la cathédrale, cet hôtel possède quelques chambres qui donnent directement sur ce bel édifice. Les 34 chambres sont équipées de téléphone, télévision (Canal+) et salle de bains complète ; elles présentent, comme le restaurant, une décoration claire, avec quelques touches de couleurs. On mange là une cuisine traditionnelle, comme des plats aveyronnais typiques servis sur une planche. L'hôtel du Midi est couplé avec l'hôtel Concorde, situé un peu plus bas dans la même rue ; les résidents se voient proposer les mêmes services, y compris la pension ou demi-pension dont les repas sont assurés au Midi.

HOTEL CAUSSE COMTAL* Route d'Espalion - GAGES © 05 65 74 90 98.** *L'hiver, fermé du vendredi soir au dimanche inclus. Chambres de 105 € à 210 €, petit déjeuner inclus. Demi-pension étape 69 €. Menus de 22 € à 36 €. Menu enfant 10 €.* Situé à dix kilomètres de Rodez, sur le causse, cet ensemble hôtelier procure à ses hôtes les moyens d'un séjour de détente complet en pleine nature. La silhouette allongée du bâtiment récent se conclut par une tour ronde, qui marque l'entrée du restaurant, et sous ses toits d'ardoise, ce Best Western a choisi une dominante jaune. L'hôtel entretient la bonne humeur de ses clients par une multitude de services et aménagements : une piscine couverte qui se prolonge par une salle de remise en forme avec spa, solarium, sauna et hammam, trois courts de tennis, une salle de billard, des excursions organisées… On peut même s'offrir, en été, des soins de remise en forme et un massage dans le centre de phytothérapie intégré à l'établissement. Une douzaine de salles de réunions peuvent être agencées à la demande, et le repos se prend dans l'une des 120 chambres modernes et parfaitement équipées. Les plus grandes sont adaptées au séjour de quatre personnes et certaines sont même communicantes. Le restaurant offre, dans un décor printanier, une cuisine traditionnelle de bonne qualité. Le Causse Comtal s'adapte aux besoins et a étudié pour ce faire plusieurs formules de séjour.

HOTEL-RESTAURANT LES VOYAGEURS 22, avenue du Maréchal-Joffre © 05 65 42 08 41. *Chambres de 20 € à 35 €. Petit déjeuner 5 €. Restaurant fermé le dimanche soir. Menus de 11 € à 22 €. Formules midi à partir de 7 €.* Juste en face de la gare, Virginie et René mènent leur affaire dans une ambiance familiale qui fait plaisir à voir. Les dix chambres sont simples et certaines n'ont pas de douche privative, elles sont tout de même équipées de la TV et du double vitrage. Dans sa cuisine, Fabrice, le chef, se consacre à une cuisine simple et efficace qui sait mettre à profit la qualité des produits du terroir aveyronnais. On se régale de spécialités très réussies (salade aveyronnaise, carré d'agneau en croûte…). Il serait injuste de s'arrêter là, Fabrice est également doué en ce qui concerne les desserts. Le Petit Futé vous conseille d'essayer quelques une des gourmandises chocolatées de la carte, un délice ! A noter : pour les déjeuners estivaux, la maison propose un buffet de crudités servi à volonté. Cet établissement offre un excellent rapport qualité prix.

Impasse Cambon à Rodez

© Jean-Mary Marchal

Hôtels

LE BINEY 7, boulevard Gambetta ✆ 05 65 68 01 24. *Ouvert toute l'année. Chambres de 68 à 135 €. Suite : 155 €. Petit déjeuner (buffet) 9 €. 3 étoiles.* Installé dans une bâtisse bourgeoise du centre de Rodez, cet établissement créé en 1863 est idéalement situé à deux pas de la cathédrale et des quartiers historiques. Il était à la fin du XIXe siècle le rendez-vous de la bonne société. Ses différentes pièces ont conservé de cette époque faste de belles proportions, mais l'ambiance à été revue dans un style provençal lumineux et chaleureux. Les 27 chambres du Biney sont toutes sont différentes, mais elles ont en commun le charme d'un décor personnalisé (meubles de styles différents, tableaux au mur…). Confortables, elles sont équipées d'une salle de bains complète, de la télévision et Canal+ et sont desservies par un ascenseur. L'accueil de Pascale et Françoise, propriétaires de lieux est au petit soin. Le petit déjeuner prend la forme d'un buffet surabondant, mais les excès peuvent rapidement disparaître dans le hammam ou le sauna…

GRAND HOTEL BROUSSY 1 avenue Victor Hugo ✆ 05 65 68 18 71. *Site : http://hotel.broussy.monsite.wanadoo.fr. Ouvert toute l'année. Chambres de 69 à 135 €. Petit déjeuner (buffet) : 11 €. Plat du jour : 9,50 €. Formule à partir de 13 €. Menus de 21 € à 35 €. Garage fermé : 7 €.* Le Grand Hôtel Broussy vient de faire peau neuve et son propriétaire a rénové toutes les chambres dans des styles différents (1930, Napoléon 3…). Il faut dire que cet établissement, situé tout près de la cathédrale, doit être à la hauteur de sa réputation puisqu'il occupe l'un des plus beaux immeubles de Rodez, avec sa façade en mosaïques de style art déco, et son livre d'or qui porte de prestigieuses signatures… Le restaurant fermé pendant un temps a réouvert ses portes. Le chef, Pascal, puise son inspiration dans le terroir aveyronnais - bien sûr - mais n'hésite pas à regarder aussi du côté du lyonnais, l'autre grande région gastronomique française. La carte enchaîne des spécialités raffinées qui vont des ravioles aux fruits de mer à l'infusion d'aneth en entrée, à une belle bavette d'aloyau ou un filet de bar de ligne grillé. Deux menus thématiques, "Le Bouchon lyonnais" et "Le Dégustation terroir" enrichissent la carte. Des vins du Sud sont servis au verre ou à la bouteille.

HOTEL DU CLOCHER 4, rue Séguy ✆ 05 65 68 10 16.** *Ouvert toute l'année. Chambres de 40 € à 60 €.* Dans le cœur historique de Rodez, non loin de la place de la Cité, l'hôtel du Clocher est réputé pour son calme et le décor intérieur de cette très vieille maison pourvue d'un bel escalier, de hauts plafonds et de boiseries. Les vingt-cinq chambres sont spacieuses et agréables.

Auberge de jeunesse

AUBERGE DE JEUNESSE LES QUATRE SAISONS 26, boulevard des Capucines ✆ 05 65 77 51 05. *Ouvert toute l'année, 24h/24. Nuit et petit déjeuner 16,40 € (la première nuit) puis 13,60 €.* Attention, il est indispensable d'avoir la carte FUAJ. Regroupant soixante lits, cette auberge fournit non seulement Le gîte mais aussi Le couvert et quelques divertissements. Le premier se fait en chambres de 2 à 5 lits, avec douche et wc ; le second prend la forme d'un self-service (qui propose aussi des plats régionaux) ou d'une cafétéria (qui ne sert pas d'alcool), les troisièmes s'organisent en des soirées animées, des parties de billard ou ping-pong. On peut même prévoir ses visites en s'informant dans l'espace documentation et en se renseignant auprès de l'équipe d'animation de l'auberge.

Chambres d'hôtes

MARIELLE GONZALEZ Route d'Onet-le-Château - SALLES-LA-SOURCE ✆ 05 65 74 78 16. *E-mail : marielle.gonzalez@wanadoo.fr. 3 chambres d'hôtes 3 épis au Gîte de France.* Accueil chaleureux, prestations haut de gamme. Une adresse à retenir. A 8 kilomètres de Rodez, un petit nid douillet vous attend dans le petit village traditionnel de Souyri. Trois chambres avec douches ou baignoire et sanitaires privatifs, salon commun avec cheminée, salon de jardin, jardins avec jeux d'enfants. Rénovation de grande qualité et décoration haut de gamme. Au centre de l'Aveyron, Rocassiera vous permettra de rayonner vers tous les hauts lieux touristiques de l'Aveyron à moins d'une heure (viaduc de Millau, Villefranche de Rouergue, Les Templiers…). 56 € la nuit avec le petit déjeuner copieux et spécialités aveyronaises garanties. L'hébergement idéal pour profiter des charmes d'un village rouergat et tout cela à cinq minutes du centre-ville de Rodez.

Loisirs

Cinéma

Rodez est doté de trois cinémas, dont deux sont situés en centre-ville. Dix salles qui permettent une diversité de programmation assez importante pour une ville de la taille de Rodez. De plus, des séances art et essai sont à l'affiche le mardi à 18h.

LE ROYAL 15, boulevard Belle-Isle 08 92 68 27 45 • LE FAMILY Passage des Maçons 08 92 68 01 14 • LE CLUB 37, avenue Tarayre 08 92 68 01 26.

Sports

BOWLING DU ROUERGUE Route d'Espalion - Espace Saint-Marc - ONET-LE-CHATEAU ✆ 05 65 67 08 15. *Ouvert tous les jours à partir de 14h. 4,50 € avant 20h, 5 € après, 3,50 € pour les étudiants, location de chaussures 1 €. Formule jeune du lundi au jeudi : une partie, une saucisse-aligot et une crème brûlée, 17 €.* Ce bowling a donné son nom au complexe hôtelier dont il fait partie, mais on l'appelle aussi du nom de Bastide, comme l'hôtel… Tous deux sont d'ailleurs reliés par un couloir vitré qui conduit vers les douze pistes. Le lieu est en même temps un espace de détente avec d'autres jeux (billard, jeux électroniques…), un bar et un restaurant. Une foule jeune et moins jeune en a fait ses quartiers.

GOLF DU GRAND RODEZ Route de Conques ✆ 05 65 78 38 00. *Ouvert toute l'année. Prix du green-fee en semaine de 29 € à 34 €. Possibilité de forfaits sur plusieurs jours avec hébergement. Réductions jeunes et étudiants.* Sur le domaine de Fontanges, un immense domaine est dévolu au sport. La reine est la petite balle blanche, que l'on promène sur deux parcours vallonnés de 6 et 18 trous, avec vue panoramique sur la campagne. On a toutefois laissé pas mal d'espace aux courts de tennis couverts ainsi qu'à huit terrains de badminton. Possibilité de restauration sur place.

Sorties

CAFE LE BROUSSY 1, avenue Victor-Hugo ✆ 05 65 68 18 71. Autrefois il s'appelait le café Riche, c'est-à-dire dans les années 1930, en pleine époque du modern'style. Aujourd'hui, il porte le nom de la famille qui possède tout l'immeuble Arts-Déco. Le Broussy n'est pas un café comme les autres. Déjà par son cadre rétro, mais aussi par l'esprit insufflé par Nico et Murielle. La musique que l'on y entend, on la doit souvent à la Callas dont la patronne est une fan. Lorsque c'est du flamenco qui est diffusé, c'est du Paco de Lucia. Ici, on ne sert que du bon et on n'y écoute que du bon. Il suffit de goûter une seule fois au café pour se rendre compte de la sélection : du Blue Mountain, cru rare de Jamaïque. Même rigueur en ce qui concerne le thé. Et en hiver, une petite merveille de chocolat que Nico vous sert avec une pointe de cannelle.

LE CAFE DE LA PAIX 2, place Jean-Jaurès ✆ 05 65 42 56 22. Le café de la Paix est une véritable institution à Rodez malgré son apparente décoration marginale. C'est par excellence le lieu branché ayant conservé le look des années 1970 : vieilles tables de bois, lambris, murs en pierre, arrière-salle qui n'est pas sans évoquer un pub irlandais, le tout dans un clair-obscur enfumé pour bien marquer l'âme du lieu. On peut y déguster une trentaine de bières différentes, dont la spécialité du lieu, la fameuse pression « de la paix ». Ici, on écoute de la musique, surtout du rock (amateurs de techno, passez votre chemin), et des concerts sont régulièrement organisés le soir. C'est le lieu idéal le matin pour prendre un café croissant au calme, ou pour lire le journal, et en fin d'après-midi pour trouver une ambiance détendue.

LE SAINT JUST 23, rue Saint-Just ✆ 05 65 42 54 63. *Ouvert tous les jours.* Ce bar-tabac branché est le rendez-vous de toute une jeunesse (au sens large !) ruthénoise qui en a fait son antre. L'établissement a été relooké par un architecte toulousain : dans un décor de bois et de zinc, derrière le comptoir clouté, Jean-Luc et son équipe veillent à l'ambiance musicale et organisent les soirées à thème.

La préfecture de Rodez

© Jean-Mary Marchal

PUB LE WHITE ROSE **2, rue Bonald © 05 65 68 04 21.** Situé en plein centre-ville, le pub tenu par Jérôme offre une multitude de bières. Lieu de prédilection des fans de rugby, le lieu qui sert accessoirement de fief à l'équipe locale du SRRA reste très proche de l'ambiance anglaise ô combien chaleureuse. Avec un large éventail de bières à disposition les soirées au White Rose se prolongent généralement jusqu'à « pas d'heure » comme peuvent en témoigner les amateurs de l'ovalie.

LA GUINGUETTE L'AUTREC **Rond-point de la Mouline © 05 65 78 07 12.** *Ouvert du mardi au samedi soir.* Bar musical, café-concert et restaurant, Jean-Marc et David ont décidément plus d'une corde à leur arc ! Chaque fin de semaine, ils proposent un concert aux oreilles des amateurs de musique. Tous les styles sont les bienvenus du rock au blues en passant par des musiques électroniques ou des mix. Un seul mot d'ordre : la qualité. La salle est dotée d'un grand bar le long duquel on peut siroter l'une des nombreuses bière de la carte en grignotant quelques tapas. Cette guinguette vaut définitivement le détour !

Emplettes

CULTURE BD **13, place du Bourg © 05 65 42 45 69.** *Ouvert le lundi de 14h à 19h du mardi au samedi de 10h à 12h et de 14h à 19h.* En plein cœur de Rodez, sur la place du Bourg, voici déjà 5 ans que Rodolphe fournit les Ruthénois en bandes dessinées. C'est l'unique librairie du genre en ville. Sur des étagères bien chargées, on y trouve des BD, des cartes de jeux des mangas, des figurines ou des affiches sérigraphiées. Les amateurs de dessins animés ne seront pas en reste puisque Rodolphe propose une sélection de DVD animation japonais (GTO, Kenshin, Ghost in the shell…) Le conseil est expert, l'accueil vraiment sympathique. Demandez le programme, Culture Bd accueille régulièrement des séances de dédicaces pour rencontrer les auteurs.

Artisanat et cadeaux

ARTISANS DU MONDE **5, rue du Bal © 05 65 68 74 23.** Dans cette petite boutique tenue par des bénévoles, on trouve aussi bien du café d'Ethiopie que du sucre, des épices, des instruments de musique, des objets artisanaux ou des vêtements, le tout étant basé sur le commerce équitable.

COUTELLERIE CALMELS **2, rue du Bosc © 05 65 68 54 33.** En Aveyron, on a coutume de dire qu'il y a les Laguiole et le Calmels ! Depuis 1927, cette boutique qui offre la production de la famille Calmels de Rodez est un lieu incontournable pour tous les vrais Ruthénois. Coutelier de père en fils, de père en fille devrait-on dire, puisque aujourd'hui, c'est Calmels fille qui travaille à la fabrication des couteaux et la mère qui tient boutique. Celle-ci propose également un grand choix d'étains.

FRUIT ARTISAN **3, rue de Corbière © 05 65 75 21 07.** *Ouvert tous les jours sauf dimanche et jours fériés.* Récemment implantée dans le centre-ville de Rodez, cette nouvelle enseigne se concentre exclusivement sur la thématique du fruit. Salades, confitures, sirops, nectars, sorbets, ici les fruits se déclinent sous toutes ses formes.

LIBRAIRIE ANCIENNE **Place du Bourg © 05 65 42 95 21.** Rendez-vous des amoureux, des amateurs ou des collectionneurs de livres anciens, cette petite boutique qui fleure bon le cuir usé et le vieux papier propose une impressionnante collection d'ouvrages sur l'histoire ou sur l'art, ainsi que des livres rares, des éditions anciennes… La propriétaire, Catherine Gil, personnage incontournable de la place, organise régulièrement dans le quartier des « salons » spécialisés (brocantes, cartes postales anciennes, etc.).

MAISON BASTIDE **5, rue d'Armagnac © 05 65 68 00 50.** *Fermé le lundi.* Cette boutique, qui se dresse fièrement dans le centre-ville depuis 1889, est dirigée par la même famille depuis 5 générations. Autrefois simple quincaillerie, elle offre aujourd'hui une palette d'articles qui ferait pâlir d'envie plus d'un grand magasin parisien : cadeaux, art de la table, décoration, électroménager, bricolage, luminaire… le choix et la surface de vente sont impressionnants mais surtout, on trouve ici une multitude d'objets originaux.

Produits gourmands

L'AVEYRON GOURMET Place de la Mairie ✆ 05 65 78 67 38. Il n'y a qu'à pousser la porte et voilà tout l'Aveyron à portée de main. La boutique tient les promesses de son nom et présente toutes les gourmandises du département. On commencera la visite par une revue détaillée de la charcuterie campagnarde, suivie par une investigation parmi le foie gras, les confits… Vient ensuite le tour des fromages, à accompagner d'un tour d'horizon dans les vignobles aveyronnais. Le rayon boissons se porte d'ailleurs fort bien et regorge d'apéritifs et liqueurs parfumées. Finir par un gâteau typique (à la broche) et une douceur (chocolat, miel, confitures…), sans oublier l'outil indispensable : un couteau de Laguiole. La boutique propose même des paniers composés, à emporter ou à faire expédier partout en France.

CAFE RUTHENA 6, place Charles-de-Gaulle ✆ 05 65 68 01 15. De grosses boîtes rouges sur l'étalage accueillent celui qui pousse la porte du torréfacteur ruthénois. Elles sont remplies de saveurs multiples : thé vert, aux fruits rouges, earl grey, darjeeling… Les variétés sont nombreuses pour satisfaire tous les goûts en café, thé et tisane. Derrière le comptoir, le traditionnel café Ruthéna, torréfié sur la zone artisanale de Rodez, offre plusieurs subtilités, du doux à l'expresso. Sur les rayons, on trouve également un grand choix de théières, cafetières, tasses et boîtes à café ou à thé, autant d'idées cadeaux pour les amateurs.

JEFF DE BRUGES 22, place Raynaldy ✆ 05 65 42 53 77. Située sur la place de la Mairie, cette chocolaterie-salon de thé vante les mérites de la célèbre marque. Avant toute autre dégustation, il est conseillé ici de savourer un vrai et délicieux chocolat chaud. Puis on découvre tous les trésors qui s'offrent à nos yeux émerveillés, saveurs tantôt à la cannelle, tantôt au gingembre ou à l'orange : marrons glacés, pâtes de fruits, ainsi que toutes les déclinaisons de la précieuse fève de cacao, sans oublier une belle sélection de thés… à moins que l'on ne préfère déguster en terrasse une crème glacée. Accueil sympathique et conseils de spécialistes assurés.

MARCHES DE RODEZ. Le mercredi et le samedi matin, la place du Bourg se remplit des marchands forains venus apporter un air de campagne à la ville. Sans pousser le dépaysement, on est cependant sûr d'y trouver tous les produits traditionnels. Il y a là des volailles fermières, des petites pommes non traitées, tous les fruits et légumes de saison, des fleurs, des confitures, des truites vivantes (ou les filets prêts à cuire), du pain de campagne, l'indispensable fouace et même les petits farçous, faits sur place et que l'on emporte tout chauds. La plupart des marchands sont eux-mêmes producteurs et le choix est toujours assuré. On retrouve la même ambiance le vendredi après-midi, place du Sacré-Cœur, et le samedi matin, place de la Cité et place Emma-Calvé.

PASSAGE DU MAZEL. Coincé entre la rue Touat et la rue Neuve, dans le centre piétonnier, cet étroit passage couvert, et souvent fort encombré, est l'archétype de la gourmandise ruthénoise. Ici, on trouve de quoi se faire un panier gourmand sur mesure : charcuterie, viande labellisée, crémerie bien achalandée, poissonnerie, fromagerie, boulangerie… rien ne manque, sauf un peu de place pour circuler !

PATISSERIE CONORT 20, rue Béteille ✆ 05 65 68 05 80. L'adresse, qui existe depuis 42 ans, a ses adeptes inconditionnels. On sait de source sûre (et de palais gourmand) qu'ils viennent chercher là les spécialités de la maison Conort. Et celles-ci ne manquent pas d'humour : voyez ce couteau gourmand de Laguiole qui cache une mousse de gentiane sous une enveloppe de chocolat noir, ou encore ces confiseries déguisées en tripoux, en petit bleu, en haricots blancs ou en pommes de terre… Les nougats maison font merveille, au même titre que les rocailles chocolat, miel et noix, les charlottes ou le « brameloup », un gâteau associant chocolat, framboise et Chantilly. A ceux qui dédaigneraient le chocolat, on recommande les pâtes de fruits, la fouace « grand-mère » ou le pain d'épice.

AFG - LE RELAIS DE MERLIN 80, avenue de Rodez - LA PRIMAUBE ✆ 05 65 59 56 56. A la fois traiteur et fabricant de conserves traditionnelles, cette maison bien visible au bord de la route est capable de faire faire quelques folies gourmandes à tout un chacun. Elle met à portée de main des foies gras d'oie ou de canard, des confits de celui-ci, des cous farcis de celle-là, des gésiers de dinde, des cailles farcies, des pâtés de lapin, de lièvre, de sanglier, de chevreuil et quelques spécialités maison comme les magrets de canard fourrés au foie gras ou aux cèpes. Enfin Mme Douls ne manque pas de conseiller les indécis face au large choix de coffrets cadeaux. Les plus convaincus auront recours au service de vente par correspondance.

UNICOR FOIE GRAS Route de Conques ✆ 05 65 67 27 00. Cette bonne adresse correspond à un groupement de producteurs de canards de l'Aveyron, obéissant à un cahier des charges très strict. Tous les produits dérivés du canard sont proposés dans cette petite boutique : foie gras entier, confits, canards entiers, magrets, aiguillettes, ainsi qu'un beau rayon de conserves, sans oublier non plus les plats cuisinés (cous farcis, cuisses confites…) En plus de la grande qualité des produits proposés, l'endroit possède un autre atout : les conseils de préparation et les recettes grâce auxquels on savourera pleinement tous ces achats.

Dans les environs

Avec 53 000 habitants, la communauté d'agglomérations de Rodez est le véritable poumon du secteur. Huit communes forment, tout autour de la préfecture, le « Grand Rodez », qui permet de développer des infrastructures importantes, tant au niveau commercial, qu'au niveau culturel et social. Ainsi, le Grand Rodez dispose entre autres, d'un amphithéâtre, d'un golf, d'un domaine équestre, d'un réseau de transports urbains assurant un maillage des huit communes. Il est très difficile de se rendre compte que l'on sort d'une commune tant la proximité des huit agglomérations est faible. Il était indispensable d'effectuer ce regroupement pour éviter une perte d'entreprises (faute d'infrastructures) vers des départements limitrophes. Toutefois, chaque commune possède une entité propre. La proximité de la ville centrale n'a pas ôté à certaines communes un aspect rural. C'est le cas par exemple de Druelle, Luc, Sainte-Radegonde. L'Office de tourisme du Grand Rodez propose un circuit découverte de 75 kilomètres, qui permet en voiture, d'apprécier rapidement quelques sites de la communauté d'agglomérations.

Druelle

8 kilomètres à l'ouest de Rodez sur la D67.

En fait, la commune se compose essentiellement de trois villages : Druelle, Ampiac, Le Pas. Trois villages, trois entités bien distinctes. Druelle, en premier lieu le vieux village, est intéressant pour les bâtisses imposantes que l'on retrouve au centre de la cité. Non loin du bourg, la RAGT (premier producteur français de graines et de semences) a installé des serres et un laboratoire de recherche sur les nouvelles plantes destinées à l'agriculture. Plus en contrebas, à flanc de colline, sur les bords de l'Aveyron, le village d'Ampiac mérite le détour. Il offre de nombreuses possibilités de promenades grâce à des sentiers pédestres dont certains longent la rivière Aveyron. Le Pas est, quant à lui, bien plus petit que ses deux grands frères, et possède la particularité d'être coupé en deux territorialement. Une partie étant commune de Druelle, l'autre de Balsac. Il faut quitter la nationale qui conduit à Villefranche et pénétrer dans le village pour découvrir d'anciennes bâtisses architecturalement intéressantes (cour intérieure, escaliers, séchoirs à châtaignes, etc.). Essentiellement rurale, la commune de Druelle voit sa population s'agrandir d'année en année grâce à sa proximité de la ville de Rodez. Des quartiers neufs jouxtant la nationale Rodez-Villefranche voient pousser les maisons comme des champignons. En longeant la rivière, on peut découvrir de nombreux moulins en parfait état (moulin du Rivals) ainsi que des vieux ponts franchissant l'Aveyron, mais aussi les petits ruisseaux descendant des flancs des gorges de la vallée de l'Aveyron et qui ont pour nom les maresques.

Inières

Dans la plaine, entre Rodez et Pont-de-Salars, Inières mérite un détour pour ces efforts, payés de réussite, de restauration. Sur la place du village s'offre aux regards une charmante fontaine à la couverture en lauzes calcaires et calade en rosace. Les quelques maisons, rendues à leur beauté première, se sont construites de part et d'autre d'une église fortifiée du XVe siècle. On a peine à croire à la vocation religieuse d'une telle tour, massive et haute ; et de fait les étages au-dessus de la nef avaient été construits pour servir de chambres-refuges. Au plus haut, la tour cerclée de mâchicoulis et de quatre échauguettes : son toit est partagé par un clocher surmonté d'une toiture en lauzes à larges bords. L'intérieur, hormis l'escalier de cent marches, reflète des préoccupations spirituelles : les ornements sont constitués de peintures murales et d'une Annonciation polychrome du XVe siècle destinée à l'origine à la cathédrale de Rodez.

Luc-la-Primaube

10 kilomètres au sud de Rodez sur la D67.

Luc-la-Primaube est formé de deux entités distinctes, ce qui n'est pas évident lorsque l'on veut garder une unité communale. Luc, la partie la plus ancienne, forme un gros village bâti autour de l'église. Le bourg primitif a gardé un charme ancien avec son église XVe siècle renfermant quelques fresques médiévales et une pietà polychrome. La vie y est celle d'un village bien que le bourg soit très proche de Rodez. Une bonne partie de la population est originaire du lieu. A l'inverse, la Primaube distant de Luc de plusieurs kilomètres ne possède que peu de bâtiments anciens. Le gros de la ville s'est développé dans les années soixante-dix. Le centre est constitué de bâtisses neuves abritant des commerces. La Primaube, au fil des années, a su se créer une dynamique et une histoire grâce à la présence de nombreuses associations. C'est ainsi, par exemple, que l'on dénombre uniquement pour l'apprentissage des danses traditionnelles, pas moins de deux associations regroupant plus de trois cents personnes. Tous les dimanches matin, un marché de producteurs s'installe sur la place de l'Eglise. Pour les amateurs de pêche, il faut pousser la porte du magasin Horizon Loisirs pour découvrir le plus gros brochet jamais pêché en Aveyron (en 1992) égalant pratiquement le record de France, voire même d'Europe. Naturalisée et exposée dans une vitrine, la bête en question mesure 1,37 mètre pour un poids de supérieur à 19 kg... La Primaube est en fait un véritable carrefour entre le Sud-Aveyron, l'ouest du département et au-delà (Albi et Toulouse), le Villefranchois et le nord du département via Rodez. Les amoureux d'histoires locales ne doivent pas hésiter à pousser la porte du magasin Bébé Love et à demander Gilles Pignède, véritable collecteur de l'histoire du coin.

AU PARFUM D'AVEYRON 3, avenue de Rodez - LA PRIMAUBE ✆ 05 65 71 40 31. *Ouvert le midi et le soir du jeudi au samedi inclus. Fermé le dimanche. Formule : 9 €. Menus : 10,50 €, 16 €, 21 €.* Voici un petit bar-restaurant idéal pour se rassasier d'excellentes spécialités à peu de frais. Lionel accueille les clients avec le sourire et sélectionne pour eux des produits régionaux de qualité. Le repas commence par une salade Pascadou à base de petites crêpes traditionnelles ou par une plus rustique tartine aveyronnaise pour continuer par un pavé d'Aubrac ou un filet de Sandre. Les plus gourmands pourront terminer sur une pâtisserie maison. Au total le Petit Futé apprécie la qualité de la cuisine pour un excellent rapport qualité prix.

Le Monastère

3 kilomètres au sud de Rodez sur la D12.

Il doit son nom à l'abbaye Saint-Sernin, monastère de bénédictines au IXe siècle. De ce petit hameau médiéval ne subsiste qu'un pont gothique surmonté d'une croix qui enjambe l'Aveyron, près duquel sont groupées quelques belles demeures, certaines à colombages. L'église gothique et ses deux portails ne manquent pas d'attrait. Elle conserve un très beau retable XVIIIe, un maître-autel ossuaire, un baptistère, deux vieilles fresques XVe ou XVIe siècle. Des tanneries occupaient les rives de l'Aveyron à cet endroit. Aujourd'hui, il n'en reste qu'une seule : la maison Arnal. La commune rattachée au district de Rodez s'est développée sur le versant sud de la vallée encaissée et ses lotissements ont rejoint la ville.

DOMAINE DE COMBELLES ✆ 05 65 77 30 00. Ce domaine est non seulement un centre équestre mais aussi un village de vacances installé dans un parc de 120 hectares, à 5 kilomètres au sud de Rodez. Côté équitation, il propose toute l'année des cours, des stages, des initiations, et des promenades pour enfants et adultes de tous niveaux. Certains de ses chevaux sont même spécialement entraînés pour la randonnée et d'autres réservés aux attelages. On y pratique le dressage, le saut d'obstacles et la voltige. Les résidents trouvent sur place piscine, animations, ping-pong, parcours vtt, tir à l'arc, tennis, restauration... De plus, de nombreuses compétitions régionales, nationales voire internationales se déroulent sur le domaine.

Muret-le-Château

20 kilomètres au nord de Rodez sur la D988.

Les vestiges du château XIe siècle, réparé au XVe, et sa tour, dominent le village blotti au pied du rocher, dans un site pittoresque. L'église, reconstruite à la fin du XVIIIe siècle conserve un retable ancien et un baptistère. Le Douzes, petit ruisseau qui traverse le village, disparaissant çà et là sous certaines maisons, se jette en cascade à quelques centaines de mètres du bourg dans un cirque aux falaises calcaires. Après une forte pluie, la vue est évidemment des plus saisissantes.

Olemps

5 kilomètres au nord de Rodez sur la D67.

Commune de plus de 3 000 habitants, elle est appréciée pour son aspect résidentiel. Les deux tiers de son espace sont consacrés à des activités agricoles, ou préservés en zones naturelles, dont la magnifique vallée de l'Aveyron. Son économie en fait un important pôle d'emplois de services (deux hôpitaux), commerciaux, ou industriels (mécanique de précision). Le village neuf s'est construit autour de la place et du château de la famille De Rodat, construit en 1580. Cette famille a marqué l'économie et la politique locales durant de nombreux siècles. Le nom de De Rodat évoque des hommes politiques, mais aussi des personnages de l'histoire religieuse comme Emilie de Rodat (enterrée à Villefranche-de-Rouergue, fondatrice de la Sainte-Famille, et dont la maison se trouve dans le village voisin de Druelle) ou encore du milieu artistique tel que Toulouse-Lautrec, issu de cette famille.

LA BODEGA **La Broussine** **✆ 05 65 75 69 72.** *Fermé lundi soir, samedi midi et dimanche midi. Menus de 10 € (le midi) à 20 €.* La Bodega a élu domicile dans une bâtisse moderne ouverte sur le panorama ruthénois, à 5 minutes du centre de la ville. On s'installe à l'étage dans une grande salle lumineuse pour déguster les petits plats concoctés par Brice, un chef qui connaît les traditions aveyronnaises sur le bout des doigts. Il cuisine à la perfection de belles côtes de bœuf ou des filets de l'Aubrac mais ses talents, il les applique aussi à des produits plus exotiques tels que de délicieuses gambas à la créole ou de plus simples rougets à la plancha. Le résultat : une adresse qui ne désemplit pas, en particulier les vendredi, samedi et dimanche soirs où le rez-de-chaussée accueille une discothèque.

LA RENARDIERE **✆ 05 65 68 11 91.** *Site : larenardiere-12.com. Fermé le mercredi soir en saison, mardi soir, mercredi soir et samedi midi le reste de l'année. Plat du jour : 9 €. Menus de 13,50 € à 18 €.* A deux minutes du centre de Rodez, cet établissement est installé sur une colline, dans un cadre de nature enchanteur. Les clients sont accueillis sur une belle terrasse dominant l'Aveyron ou dans une salle au style champêtre aménagée dans une grange du XIXe siècle. La carte propose des spécialités très terroir dont un délicieux parfait de chèvre, un savoureux faux-filet et un excellent velouté de cèpes. La nouvelle équipe à la tête de La Renardière a réussi à donner un second souffle à ce lieu au charme unique.

DISCOTHEQUE LA BODEGA **La Broussine** **✆ 05 65 75 69 72.** *Ouvert vendredi, samedi et dimanche soir.* La Bodéga est un des lieux incontournable des nuits ruthénoises. Deux bars, une décoration sympa et une ambiance détendue sont les atouts de cette boîte. La clientèle vient pour une musique variée avec un petit penchant pour les eighties. Régulièrement l'équipe de la Bodega organise des soirées à thème qui valent le détour, à ce qu'on dit…

Onet-le-Château

4 kilomètres au nord de Rodez sur la D988.

La commue d'Onet-le-Château est, après Rodez, la plus importante de la communauté d'agglomérations. Depuis le début des années soixante-dix elle n'a de cesse de s'accroître et atteint aujourd'hui une population dépassant les 10 000 habitants ce qui en fait la troisième ville du département, jouant cette place au coude à coude avec Villefranche-de-Rouergue. L'étendue de la commune est telle qu'elle enserre pratiquement les deux tiers de celle de Rodez. Sa superficie a permis la création de nombreuses zones commerciales et artisanales, et a longtemps rivalisé avec la préfecture. Onet-le-Château est en fait constitué de plusieurs entités distinctes. Les Quatre-Saisons où l'on trouve la mairie, les centres sociaux, le gros de l'activité commerciale et artisanale ; le quartier des Costes-Rouges perché sur une colline et plusieurs bourgs satellites historiquement plus anciens comme Onet-Village. Une façon simple pour se repérer lorsque l'on cherche une adresse sans connaître la ville, consiste à se déplacer avec le nom des rues. Les Quatre-Saisons ont dédié leurs artères aux fleurs et aux végétaux, les Costes-Rouges aux oiseaux et au règne animal. Côté historique, on dénombre sept châteaux. Le plus ancien reste celui du bourg, construit au XIIIe siècle pour le chapitre de Rodez. Une église y est intégrée. Elle renferme un bénitier et un ancien chapiteau roman. Le château de Fontanges, avec une tour du XVIe siècle, aujourd'hui devenu hôtel, le château de Canac, qui date de la même époque et qui est toujours habité, le château de Labro est de style Renaissance. Quant aux châteaux de Vabre et de la Roquette, ils datent tous deux du XVIIIe siècle. Notons enfin le donjon carré situé à Limouse. Il a été légué aux Templiers par le comte de Rodez.

HOSTELLERIE DE FONTANGES* Route de Conques et Marcillac ✆ 05 65 77 76 00.** *Site Internet : www.hostelerie-fontanges.com. Ouvert toute l'année. Chambre une personne 53 €, deux personnes 59 €. Suite deux personnes à partir de 120 € et appartement 153 €. Demi-pension 80 € par personne (hors saison) et 89 € en pleine saison. Formule green pass (3 jours de golf et 2 nuits) 155 €. Petit déjeuner 9 €. Etape VRP 71 €. Menu étape 19,50 € du lundi au vendredi et menus de 24 € à 53 €. Menu enfant 13 €.* Tout près de Rodez, Fontanges est un château du XVIIe siècle admirablement reconverti en hôtel moderne. A notre époque, il concède le confort aux 46 chambres bien équipées, au passé il emprunte les salles à la charpente de bois, les plafonds à la française, les grandes cheminées. Le mobilier respecte ce style de même que la mise en table, très digne sur des nappes blanches ; des rideaux fleuris, une terrasse donnant sur la piscine, le calme des lieux augure d'un moment agréable. La cuisine reste dans le ton, les menus du chef sont généreux, aussi à l'aise dans le répertoire viande que poisson. Citons une estofinade façon Fontanges et son blanc de morue fraîche, un râble de lièvre flambé au capucin et son saupiquet, un filet d'agneau rôti et beurre aveyronnais… Un chariot de fromages et une carte de desserts concluent dignement ces agapes que l'on peut même s'offrir lors d'un déjeuner rapide. Cet art de vivre se cultive tout aussi bien sur le parcours de golf, dans la piscine, le sauna, que dans le parc ou au bar. Ce cadre superbe permet en outre de marier travail et plaisir et propose des salles de réunions et différents types de forfaits.

HOTEL BASTIDE Route d'Espalion - Espace Saint-Marc - ONET-LE-CHATEAU ✆ 05 65 67 08 15. *Ouvert toute l'année. Chambres à 65 € (avec climatisation), suites de 55 € à 120 € en fonction du nombre de personnes. Menus du lundi au vendredi midi 18 € et 23 € le week-end (menu amélioré). Formules de 20 € à 25 €. Réservation conseillée.* Cet établissement trois étoiles est l'une des institutions de Rodez. Les clients sont accueillis par Gilbert Bastide et son équipe dans les 38 chambres d'un bâtiment construit dans les années 70. Assez spacieuses, elles ont toutes été rénovées dans un style simple mais fonctionnel qui garanti un séjour tout confort. Le restaurant de l'Hôtel Bastide ne décevra pas les amateurs d'une cuisine régionale authentique et généreuse. Parmi de grand choix de spécialités locales on peut goûter d'excellents produits charcutiers du pays servis sur planche, une estofinade, une truffade, une viande aligot ou de savoureuses spécialités à base de canard. La grande capacité de l'établissement fait qu'il peut également accueillir une clientèle de professionnels pour l'organisation de séminaires ou congrès (6 salles de capacités différentes qui peuvent accueillir jusqu'à 100 personnes). A noter : plusieurs séjours pour découvrir la région sont organisés au départ de l'hôtel.

LA BRIQUETTERIE **Route d'Espalion ✆ 05 65 67 10 35.** *Fermé le dimanche. Menu 10 € (midi).* Gérard, le maître des lieux, a misé sur l'ambiance et la convivialité : côté jardin, bar intérieur et extérieur, terrasse ombragée, terrain de pétanque… l'agréable décor est planté. Côté assiette, les plats du terroir, préparés à partir des produits du marché, se découvrent sur une ardoise. L'hiver, la soupe de campagne mijote près de la cheminée. Ici, à chaque saison ses charmes !

LA CASCADE **La Roquette - Route de Laissac ✆ 05 65 67 12 31.** *Chambres 34 €. Petit déjeuner 5 €. Menu 9,50 € (midi).* A 5 minutes de Rodez, on se sent rapidement à l'aise dans ce bar-hôtel-restaurant, tenu depuis cinq générations par la famille de Jean-François, un patron souriant et prévenant. Parmi les 12 chambres, toutes équipées d'une salle de bains, wc et tv, préférez celles, plus calmes, qui donnent sur l'arrière du bâtiment. Côté cuisine, les spécialités du terroir se taillent la part du lion avec des plats simples, copieux et bien préparés.

LE CRYSTAL **Route d'Espalion ✆ 05 65 74 91 49.** *Chambres de 28 à 32 €. Soirée étape 40 €. Pension de 42 € à 45 €. Demi-pension de 35 à 38 €. Menus 11 € à 15 €.* Aux portes de Rodez, le Crystal abrite 19 chambres simples et confortables. Côté restaurant, les clients sont accueillis dans une nouvelle grande salle éclairée par une vaste baie avec une vue imprenable sur Rodez. Dans les assiettes pas de grand changement. La cuisine reste traditionnelle : tripoux, charcuterie, pavé de boeuf, aligot, canard, civet… A midi, c'est ici le rendez-vous des routiers, ouvriers et autres VRP qui veulent manger bien et à bon prix. Le soir, l'ambiance plus relax. L'accueil est décontracté et le service efficace.

LE LAURY'S **Route d'Espalion ✆ 05 65 46 60 60.** *Site : www.lelaurys.com. Restaurant fermé le samedi midi. Discothèque ouverte du mercredi au dimanche. Chambres 40 €. Soirée étape 49 €. Petit déjeuner 5 €. Menus de 16 à 23 €.* Cet établissement installé sur la route de Sébazac est un véritable petit complexe dédié aux loisirs. Dans un style moderne entouré de verdure, il propose à ses clients un hôtel de 19 chambres confortables, un restaurant et un club séparés par un parc et une belle terrasse. Dans les assiettes du restaurant, des produits du terroir tels que l'aligot, des viandes d'Aubrac grillées ou du gibier. Côté club, le Laury's n'a pas grand-chose à envier aux plus grands établissements du littoral. L'espace est vaste et l'équipement, notamment en matière de lumière est impressionnant.

LA ROCADE **La Roquette ✆ 05 65 67 17 12.** *Chambre de 30 € à 35 €. Petit déjeuner : 5,80 €. Demi-pension de 29 € à 44 €, pension complète de 32 € à 47 €. Restaurant ouvert tous les jours d'avril à octobre sauf vendredi soir, samedi soir et dimanche soir. Menus de 9,50 € (le midi) à 19 €.* L'ambiance de cet hôtel est familiale. Les 14 chambres sont confortables même si certaines ne disposent pas de salle de bains privatives. Côté restaurant, on est reçu dans une vaste salle dotée d'une cheminée, ouverte sur un jardin et sur le fleuve Aveyron. Dans les assiettes, les portions sont conséquentes. La carte affiche un grand choix de spécialités le plus souvent régionales telles qu'un copieux steak d'Aubrac grillé, un l'aligot, des côtes d'agneau à l'ail, des escargots farcis ou une belle salade aux ris d'agneau. En dessert, le Petit Futé conseille un délicieux vacherin garanti fait maison.

MARIUS BONAL **18, route d'Espalion ✆ 05 65 67 00 58.** Dans tous les coins de l'Aveyron, on retrouve le nom de Marius

Bonal. Ce drôle d'alchimiste a réussi à élever ses produits au rang de spécialité régionale, alors une petite visite à la maison-mère s'impose. C'est là que sont élaborées les multiples recettes de sirops et alcools qui composent la gamme Bonal. L'histoire a commencé en 1938 et depuis, il semble qu'il n'y ait pas une plante aveyronnaise qui ne donne là son parfum à une crème, une liqueur ou une eau-de-vie. Parmi les bouteilles les plus connues on trouve les différents pastis, le fameux ratafia, la liqueur de fraise de Saint-Geniez ou l'eau de coing. L'Aubrac fournit la gentiane et le fameux thé d'Aubrac, dont sont issus quelques nectars, et le moins étonnant n'est pas une liqueur de châtaigne ou une eau de noix. Ces produits de qualité, disponibles en plusieurs conditionnements, sont également vendus dans le centre de Rodez, par « La Cave de Marius » 6, place de la Cité.

Sainte-Radegonde

7 kilomètres au nord de Rodez sur la D12.

Cette commune, située sur un plateau offrant une vue magnifique, et notamment sur la préfecture rouergate, tient son nom d'une cousine éloignée de Clovis dont une relique est conservée ici. L'église fortifiée, point de mire du village, fut construite au XIIIe siècle. Aux XVIe et XVe siècles les paroissiens, pour se protéger des luttes intestines, des invasions anglaises et des pillages, ont surélevé les murs, construit deux tours et ont transformé les alentours en place forte en construisant une enceinte. Le clocher-donjon, très massif, compte six étages. Quarante pièces furent aménagées au-dessus de la nef correspondant au nombre de familles de l'époque qui venaient s'y réfugier (c'est également le cas dans l'église d'Inières, hameau situé à quelques kilomètres). L'intérieur de l'édifice religieux de Sainte-Radegonde se compose notamment d'une fresque du XIVe siècle qui représente des pèlerins venant implorer la sainte de les soulager de leur misère, en échange de quoi ils laissaient là leur béquille. Une statue de sainte Radegonde et un reliquaire de sainte Tarcisse font également partie du patrimoine à découvrir. Autour de l'église, un groupe de maisons forme un enclos accessible par un porche. Vous verrez la maison Yence de style Renaissance avec ses fenêtres à meneaux entourées de grès rouge, ainsi qu'une autre avec tourelle, sur la place. Mais Sainte-Radegonde fut également le théâtre d'un épisode tragique le 17 août 1944, dernier jour de l'occupation allemande de Rodez. Trente otages furent fusillés par la Gestapo. Une stèle, sur la butte de tir située à un kilomètre du village, a été érigée en souvenir des résistants et chaque année a lieu une cérémonie commémorative. Dans un tout autre registre, cette commune organise depuis peu, chaque printemps, un salon « bio ».

LE SALOON Landervier ✆ 05 65 42 47 46. *Demi-pension : 70 € par jour et par personne. Formule 3 jours, 2 nuits : 250 €. 150 € la journée supplémentaire. Site : www.le-saloon.com.* L'idée d'installer un "guest ranch" à quelques kilomètres de Rodez peu paraître un brin saugrenue. Et pourtant, à bien y regarder, les grands espaces de l'Aveyron ont plus d'un point commun avec le middle west américain ! Alain et Paule, les maîtres des lieux, accueillent leurs invités dans un cadre assez exceptionnel. Sur un domaine de 130 hectares, la vocation première du Saloon est de faire partager la passion des chevaux et du travail de l'élevage bovin. Les chambres d'hôtes, bien tenues, ont un charme teinté d'Amérique bien dépaysant. La table d'hôtes ravira les appétits les plus aiguisés (viandes grillées, spécialités aveyronnaises ou mexicaines...). Une adresse idéale pour les amateurs de vacances hors normes.

Sébazac-Concourès

8 kilomètres au nord de Rodez sur la D988.

Sur la route conduisant à l'Aubrac, Rodez s'étire jusqu'à la commune de Sébazac. Il existe certes un vieux village, mais la ville est essentiellement constituée de quartiers résidentiels. Il faut emprunter la route qui traverse Sébazac en direction de Muret pour découvrir à la sortie du village le Causse Comtal. Non loin de Sébazac, sur cette même route, existe un circuit de moto-cross géré par le moto-club ruthénois. Régulièrement, des compétitions y sont organisées. Sur ce même causse, on trouve le Tindoul de la Vayssière, un gouffre devenu lieu d'entraînement des spéléologues et des amateurs d'escalade. Chaque année, depuis 1999, des jeunes de Sébazac ainsi que le comité des fêtes organisent une manifestation musicale qui compte désormais au rang national. Pendant deux jours, ce festival appelé « Skabazac » accueille des artistes allant de Sergent Garcia à Placebo, de LKJ à la Rukétanou. De nombreux jeunes - et moins jeunes ! - viennent de toute la région lors de ces festivités.

L'ELDORADO Route d'Espalion ✆ 05 65 46 99 77. *Site : www.leldorado.com. Ouvert toute l'année. Chambres de 35 à 55 €. Petit-déjeuner 6 €. Soirée étape VRP 52 €. Menu brasserie de 9,50 € à 13,50 € et restaurant de 17,50 € à 27 €. 2 étoiles. Accueil 24 h sur 24.* On ne vient pas à L'El Dorado pour son environnement car l'établissement est installé dans une zone commerciale à la sortie de Rodez. Le point fort de l'adresse est l'accueil chaleureux et dynamique de son équipe. A l'étage d'une imposante bâtisse contemporaine, les hôtes sont accueillis dans 22 chambres modernes et bien équipées. Chacune est dotée d'une salle de bains, de la télévision (satellite et Canal+), du téléphone et d'un minibar. L'hôtel ne compte pas moins deux salles de restaurant. La première se consacre à la restauration rapide. On y sert une cuisine simple faite de grillades, salades… La seconde offre un cadre plus feutré et propose une carte riche de spécialités de l'Aveyron. L'ensemble des prestations offertes est satisfaisante pour un bon rapport qualité-prix.

CHEZ MARYSE 1, avenue Tabardel ✆ 05 65 74 92 41. Tout en haut du village de Sébazac, une bâtisse refaite à neuf sert de lieu de rendez-vous incontournable pour les jeunes de la commune. Dans ce café, on parle de moto, de chasse, de musique, bref tout ce qui fait la vie sociale du village. Un café tout de bois vêtu, ouvert de 7h à 20h, avec des tables où l'on peut se mettre à plusieurs, des photos au mur et un accueil très chaleureux.

Roquefort

L'histoire de ce village, qui a donné son nom à un fromage, est directement liée au bouleversement géologique qu'il a subi et à son élevage pastoral. En des temps immémoriaux, la montagne s'est effondrée, donnant un « combalou », nom qualifiant une étendue d'éboulis rocheux. Par extension, la montagne devint le combalou. L'éboulis de rochers a créé des failles internes dans lesquelles l'air circule au gré de la différence de températures entre l'intérieur et l'extérieur. Ces failles sont des diaclases, que l'on appelle plus communément « fleurines ». L'air venu de la montagne du Larzac, qui circule à l'intérieur, est particulièrement favorable à l'affinage du fromage. La légende raconte qu'un jeune berger aurait abandonné son pain de seigle et son caillé de brebis pour aller courir après une jeune demoiselle. A son retour, le pain avait moisi et transmis son bleu au fromage. Ainsi serait né le roquefort. On raconte même que Jules César en personne aurait écrit avoir mangé du fromage ressemblant étrangement à du roquefort lors du siège d'Alésia. Quoi qu'il en soit, le village se développe autour des caves bâties sur l'éboulis, afin de profiter de l'effet bénéfique des « fleurines ». Dès 1407, le roi Charles VI autorise la ville à élire ses consuls, sous le prétexte de faciliter le commerce local. En 1666, le parlement de Toulouse décide de punir les marchands de faux roquefort. Plus près de nous, en 1925, une loi définit les caractéristiques du fromage qui devient une AOC (appellation d'origine contrôlée). Aujourd'hui, le village, malgré son aspect paisible, continue à employer de nombreuses personnes, qui travaillent sous terre, dans les caves, comme de véritables fourmis. Et la fabrication et l'affinage du roquefort sont devenus un vrai produit touristique, comme en témoignent les milliers de visiteurs qui chaque année animent les rues du village. Visites des caves de deux entreprises : Société et Papillon ; visite d'un écomusée : Gabriel Coulet ; les autres entreprises ne sont ouvertes qu'à la vente.

OFFICE DE TOURISME Avenue de Lauras ✆ 05 65 58 56 00. *Site Internet : www.roquefort.com.*

Le gîte

Hôtel-Restaurant

HOTEL-RESTAURANT LE COMBALOU Lauras ✆ 05 65 59 91 70. *Fermé janvier et février. Le reste de l'année, fermeture tous les vendredis sauf juillet et août. Chambres de 27 € à 40 €. Petit déjeuner 4,50 €. Menu du terroir à 17 €, menu du jour à 14 € la semaine et 16,20 € le week-end, menu* *terroir à 17 €.* Face à ce bout de montagne, ce combalou qui veille sur le village de Roquefort, cet hôtel-restaurant accueille ses hôtes sans faire de manières. Dans cette maison familiale, installée dans une grande maison en retrait de la route, on a l'habitude de recevoir les groupes aussi bien que les voyageurs de commerce et les touristes venus visiter les caves. Tous se retrouvent dans une grande salle de restaurant et apprécient la cuisine régionale, l'indispensable feuilleté au roquefort, mais aussi la charcuterie, une daube mijotée ou un sauté d'agneau. Une bonne table à retenir.

Emplettes

Devant la diversité de ce roi des fromages, l'équipe du Petit Futé de l'Aveyron a réuni un aréopage compétent (de fins gourmets et deux spécialistes des fromages) et entreprit la dégustation des roqueforts. Les critères et le vocabulaire sont un peu similaires à ceux utilisés pour le vin : il y a l'aspect, le parfum, la matière en bouche et les saveurs. Les spécialistes affinent chacun de ces critères, mais nous n'en étions pas là. Consommateurs chanceux, attablés devant le plus beau plateau de fromages, nous avons testé avec nos moyens et… notre gourmandise !

FROMAGERIES OCCITANES Lauras ✆ 05 65 59 90 34. *Site Internet : www.les-fromageries-occitanes.fr. Ouvert du lundi au vendredi de 8h à 12h et 13h30 à 18h.* Filiale du Groupe « 3A », les Fromageries Occitanes regroupent différents établissements dans le pays d'Oc, Cantal, Aveyron, Lozère, Haute-Garonne pour fabriquer des fromages issus de ses régions. Pour le roquefort, la fabrication est réalisée à la laiterie de Montlaur et l'affinage dans leur cave de Roquefort. Le fromage est commercialisé sous la marque « La vie de château », conçue pour la restauration hors foyer.

GABRIEL COULET 2, avenue de Lauras ✆ 05 65 59 90 21. *Site Internet : www.gabriel-coulet.fr. Eco-musée « Exposition Terroir » avec dégustation gratuite, tous les jours de 10h30 à 13h30 et de 14h30 à 19h30, de fin mars à fin novembre. Gratuit.* Dans la maison Coulet, le roquefort est l'enfant de la famille depuis 1872. A cette date, Guillaume Coulet découvre par hasard une fleurine en construisant sa cave à vin ; elle changea dès lors d'attribution et sert depuis à l'affinage. Ce roquefort prit le nom du fils du fondateur, Gabriel, qui transmit ensuite l'entreprise à son gendre, Francis Laur. Pierre et André Laur sont les représentants de la quatrième génération et conduisent fermement cette entreprise qui a triplé sa production en quinze ans pour atteindre les 1 800 tonnes en 2003. Ici, le roquefort est élaboré grâce à 172 producteurs de lait et l'ensemencement se fait par un pénicillium roqueforti sous forme liquide, avant le caillage ; il est moulé à la main, salé et piqué avant de partir en cave d'affinage. En plus de ce roquefort de qualité, présenté en différents conditionnements, l'entreprise Coulet produit d'autres fromages au lait de brebis (tomme, féta, agnelet).

PAPILLON Rue de la Fontaine ✆ 05 65 58 50 08. *Site Internet : www.roquefort-papillon.com. Fermé le 1er janvier et le 25 décembre. Gratuit pour tous. D'octobre à mars, visites tous les jours de 9h30 à 11h30 et de 13h30 à 16h30. D'avril à juin et en septembre tous les jours de 9h30 à 11h30 à et de 13h30 à 17h15. Juillet et août tous les jours de 9h30 à 18h30 non-stop. Visites à heures fixes : 15 minutes de film, visite de 30 minutes environ, puis dégustation.* Au cours de la visite, qui raconte l'épopée de ce produit d'exception, on découvre la qualité de la souche de pénicillium roqueforti ici utilisée, cette cave étant en effet la seule à fabriquer le pain de seigle dont il est issu. Après affinage, au moment du conditionnement, la cave Papillon vérifie l'ensemencement de ses pains ; selon ce dernier, tout à fait aléatoire, le demi-fromage sera classé en noir (plus persillé, donc plus corsé) ou en rouge, le premier étant vendu exclusivement en crémerie, le second en grande distribution. Il existe une troisième variété, issue d'un lait de culture biologique, repérable à son emballage vert. Il existe des coffrets de dégustation qui permettent de comparer les trois ; curieusement et sans que rien ne l'explique, le bio est toujours plus doux que le traditionnel.

ROQUEFORT VERNIERES Quartier Saint-Jean ✆ 05 65 59 90 23. *Site Internet : perso. wanadoo.fr/vernieres.roquefort.* Créée en 1890, cette petite entreprise familiale compte une trentaine de salariés qui traitent environ 8 tonnes de fromage par jour dans l'unité de fabrication de Villefranche de Panat, l'affinage se déroulant dans deux caves à Roquefort pour une capacité d'affinage de 1 300 tonnes, dont 40 % partent à l'exportation. Au final, un seul produit (excepté des petits pots de pâte de roquefort), décliné sous plusieurs conditionnements, savoureux et qui a gardé un caractère d'authenticité.

ROQUEFORT CARLES **6, avenue de Laura** ✆ **05 65 59 90 28.** *Vente ouverte toute l'année.* Roquefort Carles est la dernière entreprise artisanale à produire le roi des fromages bleus. Créée en 1938, cette entreprise familiale a réussi à imposer son nom dans le haut de gamme des plateaux de fromages. On retrouve ses productions chez les meilleurs fromagers et dans les restaurants les plus courus. Leur secret : des méthodes de moulage à la main et un savant dosage entre lait de pâturages d'altitude et celui des vallées à l'herbe grasse et aux essences aromatiques parfumées. Sans oublier un respect scrupuleux du savoir-faire appris des anciens et un affinage dans des caves naturelles pendant 3 à 5 mois. Jacques Carles et sa fille Delphine défendent ainsi leurs traditions. Il n'est besoin que de goûter le roquefort qu'il signe pour se convaincre de leur bien-fondé.

ROQUEFORT SOCIETE ✆ **05 65 58 58 58.** *Site : www.roquefort-societe.com. Visite des caves (renseignements au 05 65 58 54 38). Adultes 3 €. Enfants : gratuit. Groupe (à partir de 10 personnes) 1,60 € par personne. Visite toute l'année de 9h 30 à 12h et de 13h30 à 17h 30.* De la légende à la réalité, il n'y a qu'un pas que vous franchirez sous les voûtes de pierre creusées dans l'éboulis du Combalou, à la découverte du Roquefort. Blottis dans le ventre de la terre, les pains de Roquefort font l'objet de soins quotidiens d'hommes et de femmes qui ont su accorder leur savoir-faire aux éléments naturels de ces caves magiques. De maquette en vidéo, de salles en caves, tout vous sera raconté sur le penicillium roqueforti, les fleurines, le travail des cabanières et des maîtres-affineurs. Lorsque la savante transformation du roi des fromages n'aura plus de secret pour vous, viendra le moment de la dégustation. Délicatesse, équilibre ou puissance, chacune des caves Société est dotée de son caractère et donnent aux fromages qui y mûrissent sa saveur particulière. Avis aux amateurs !

LE VIEUX BERGER **Avenue du Combalou** ✆ **05 65 59 91 48.** *Site Internet : www.le-vieux-berger.com.* Le roquefort d'Yves Combes s'est vu récompensé en 2000 d'une médaille d'or au concours général agricole de Paris. Cette distinction reconnaît les mérites d'un fromage fabriqué à la main dans une petite entreprise artisanale. Le lait de vingt et un producteurs est traité à la laiterie des Farguettes ; ensemencé dès son arrivée d'une souche du fameux pénicillium sélectionnée pour donner un bleu non piquant, il subit les transformations qui amènent jusqu'aux pains. Ceux-ci ne seront piqués qu'une fois arrivés à la cave, puis mis à l'affinage. Le travail de la petite équipe (neuf personnes) et surtout son résultat, font la fierté de cet artisan fromager dont la famille travaille ainsi depuis 1923. La fabrication traditionnelle assure une pâte moelleuse, onctueuse et non agressive.

▶ *Dans les environs*

Saint-Jean-d'Alcas

Bien que proche de Roquefort, ce village pourrait être rapproché de Sainte-Eulalie-de-Cernon car on le classe habituellement parmi les forteresses templières et hospitalières du Larzac (voir la rubrique « Séjours à la carte »). En apparence, le cas de Saint-Jean est identique : le village a été fortifié à la même époque, au XVe siècle, mais il appartenait à l'abbaye cistercienne de Nonenque. On pense que cette influence cistercienne peut expliquer le plan quadrangulaire adopté : à l'intérieur de son enceinte à quatre tours, le village s'articule autour de deux rues parallèles. Les maisons de ce village taillé au cordeau sont presque identiques.

MAISON DE PAYS ✆ **05 65 97 61 07.** *Information touristique et accueil. Des visites guidées sont proposées de Pâques à la Toussaint ou sur réservation hors saison : 4 € par personne, 3 € pour les groupes (+ de 10), gratuit pour les moins de 16 ans, réduit 2 €. Parking sur place, aire de camping-car ; 3 gîtes et 1 restaurant à proximité.*

LA POURTANELLE ✆ **05 65 49 44 87.** *Fermé en janvier et tous les lundis. Menus de 13,50 € (midi en semaine) à 35 €.* En plein cœur du vieux village, cette ancienne maison a été réaménagée pour offrir 2 belles salles autour du bar. Dany et Didier Vialettes y concoctent des produits du terroir, cuisinés avec soin, tels les ris d'agneau aux cèpes et truffes noires, le coufidou ou le feuilleté de roquefort. Installé en terrasse, on admire le charme des vieilles pierres en dégustant une flaune maison et on repart comblé.

Saint-Rome-de-Cernon

Massé le long de la D992, qui constitue la véritable épine dorsale du village, Saint-Rome-de-Cernon a l'aspect d'un village moderne. Il faut se rendre sur les hauteurs pour découvrir les vestiges d'un château du XIIIe siècle. L'église du XIXe possède, au-dessus du chœur une fresque de Nicolas Greschny (crucifixion), artiste qui a beaucoup créé dans la région.

CHATEAU DE MELAC ✆ 05 65 62 31 38. *Ouvert de juillet à septembre le vendredi, samedi, dimanche et jours fériés. Autres jours sur rendez-vous. Tarif 4 €.* Repaire de chevaliers, Mélac fut construit au début du XIVe siècle par la famille Gozon. Il protégeait le chemin conduisant de la vallée du Cernon au plateau du Larzac. De sa riche et tourmentée histoire, il faut se rappeler qu'il fut pris par les Huguenots en 1581 et vendu à la Révolution. Il reste un témoin essentiel de l'architecture du Sud-Rouergue avec sa belle cour intérieure, sa tour Renaissance, la salle des gardes, que l'on découvre au terme d'une visite conviviale.

HOTEL-RESTAURANT DE LA GARE ✆ 05 65 62 39 78. *Ouvert tous les jours sauf samedi. 8 chambres de 22 € à 37 €. Menus de 10,90 € à 19,80 €.* D'apparence modeste, la bâtisse abrite un restaurant étonnant. Franck cuisine produits du cru avec un mélange de saveur et de « texture » de façon excellente comme dans la salade de magrets fumés et copeaux de foie gras, les queues de langoustines et saumon fumé ou les farçous aux pruneaux et jus de lard fumé. Le reste est de la même facture et toujours aussi bon : le croustillant de canard confit au chou braisé avant de déguster une soupe de fruits rouges et mousse de menthe. Bref tous les habitués sont d'accord : il faut y revenir…

Tiergues

La région de Roquefort et de Saint-Affrique comporte une vingtaine de monuments mégalithiques. Sur le causse, à Tiergues, se trouve le dolmen le plus grand de cet ensemble, constitué de grosses plaques de rocher soutenant un rocher pouvant faire plusieurs tonnes. Un peu plus loin, à Crassous, on retrouve un monument similaire.

Vue générale de Roquefort

Tournemire

Si Tournemire, cité cheminote, a perdu son faste d'antan que symbolisaient sa gare fourmillante, sa marquise au-dessus des quais, son dépôt de belles machines à vapeur… elle garde néanmoins son charme de petit village (416 habitants) qui voit passer quotidiennement ses deux trains Béziers/Paris et ses navettes entre Béziers et Millau. Situé entre le combalou de Roquefort et le plateau du Larzac, Tournemire est un village paisible et ensoleillé, dont le point d'attraction majeur est le cirque de Brias par lequel on rejoint à pied (petite randonnée de 1h30) le plateau du Larzac. On l'atteint par le centre du village (vers la poste ou vers le couvent) ou alors en prolongeant la route en voiture vers le Viala-du-Pas-de-Jaux. Arrivé à la Croix de Crépounac, on domine le cirque, en surplomb de Tournemire et Roquefort, avec une vue imprenable sur la vallée. La commune est aussi connue comme le site de découverte du célèbre plésiosaure, retrouvé sur ses marnes grises (une maquette est exposée à la mairie, l'original est déposé au musée de Millau). Mais Tournemire est encore célèbre pour ses fêtes : la brocante du 14 juillet rassemblant plus de 300 exposants, avec son exposition de voitures anciennes et de pièces détachées - une animation des plus prisées en Sud-Aveyron - la fête de la Moisson (le 2e dimanche d'août) qui, entre course de tracteurs anciens et traction animale (bœufs et chevaux), plonge avec force et curiosité dans un passé pas si lointain.

Saint-Affrique

L'histoire de la ville remonte à la préhistoire, période qui a laissé de nombreuses traces dans le sous-sol. Des sanctuaires, mais surtout des mines de cuivre témoignent de l'occupation gallo-romaine. L'évangélisation de cette partie du Sud-Aveyron serait attribuée à saint Fric, qui aurait donné son nom à Saint-Affrique. Cette explication fait partie de tant d'autres : Curie, Africanus… Les traces de l'histoire de cette ville sont plus précises au haut Moyen Age. D'abord, il y a les châteaux voisins qui ont tenu un rôle primordial dans les divers conflits entre les Français et les Anglais. D'ailleurs, en 1345, la ville subira des invasions anglaises et ces derniers construiront remparts et tours. En 1368, les Anglais sont chassés. Les troubles religieux n'épargneront pas Saint-Affrique qui sera prise par les Protestants qui en feront une place forte, à tel point qu'en 1628, les troupes royales catholiques assiégeront la ville. Redevenue catholique, la ville sera débarrassée de ses fortifications. La ville prendra ensuite doucement son essor, caractérisé par l'édification de ponts sur la Sorgue ou la construction de fontaines dans lesquelles l'eau est distribuée. L'église actuelle date de 1894, avec sa flèche mesure plus de 71 mètres de haut. A l'intérieur, on peut admirer une statue de Notre-Dame datant du XVIIe siècle. Saint-Affrique, ville aux cinq ponts. Le pont vieux est classé Monument historique et fut construit en 1270. Le pont neuf, quant à lui, date de la fin du XVIIIe siècle. A ceux-là il faut ajouter le pont du Centenaire qui doit son nom à la date de sa réalisation, 1989, soit exactement un siècle après la Révolution française. Le pont du Chemin de Fer a, quant à lui, la particularité de n'avoir jamais vu passer un train. Construit en 1932, il ne reçut jamais la voie qui lui était destinée. Enfin, le plus récent, le pont de la Résistance qui fait figure de petit dernier avec seulement 32 ans d'existence.

OFFICE DE TOURISME Boulevard de Verdun ✆ 05 65 98 12 40.

Points d'intérêt

LA MAISON DE LA MEMOIRE 6, place Painlevé ✆ 05 65 49 07 31. *Ouvert mardi, jeudi, vendredi de 14h à 18h ; mercredi et jeudi de 9h à 13h.* Au milieu du XIXe siècle, le notaire protestant Peyre-Cadias légua cette maison située près du Temple, au Consistoire protestant. Emile Borel (1871-1956) savant mathématicien et homme social naquit dans cette maison. Devenue à la fin du XIXe siècle siège de la Sous-préfecture, la « maison Borel » perdit cette fonction en 1926. L'ouverture en 1994 de la Maison de la Mémoire du Pays Saint-Affricain au public fait côtoyer dans le bâtiment passé et avenir. Elle accueille les archives de la ville, une bibliothèque spécialisée en histoire régionale et trois expositions permanentes : l'une consacrée à Emile Borel, l'autre à l'imprimerie à Saint-Affrique, la dernière à la découverte des dolmens de la région.

PASTORALIA **La Cazotte ✆ 05 65 98 10 23.** *Ouvert tous les jours de mai à septembre, de 10h à 18h. De mi-septembre à Pâques, du lundi au vendredi de 10h à 12h et de 14h à 18h. Entrée 4,50 €, enfant de 6 à 12 ans 3 € et gratuit pour les moins de 6 ans. Groupe (10 personnes) adulte 3 €, enfant 2,50 €.* En fait l'espace rénové a été divisé en deux parties : le rez-de-chaussée est réservé à un centre de documentation (le centre de ressources C3R) sur le pays de Roquefort à l'usage de professionnels et de scolaires. A l'étage, Pastoralia est une immense exposition sur le monde de la brebis qui complète les visites des caves de Roquefort. On y trouve toutes les informations souhaitées sur les fameuses brebis Lacaune : l'origine de la race, l'élevage, la fabrication du fromage et l'utilisation des autres ressources des brebis, la viande, la laine et la peau. Cette exposition a été conçue à l'image de l'espace Noria, à Saint-Jean-de-Bruel, ce qui explique le mariage des panneaux explicatifs et des bornes interactives par lesquelles une masse d'informations techniques sont vulgarisées. Les panneaux forment une sorte de labyrinthe dans lequel la découverte de ce monde se fait de façon ludique, par une sollicitation de quatre des cinq sens. Pour satisfaire le goût, il ne restera qu'à faire une halte à la boutique de vente.

Le couvert

BRASSERIE LE GRAND CAFE **14, boulevard Charles-de-Gaulle ✆ 05 65 99 07 04.** *Ouvert tous les jours. Menus 9,70 € (le midi), 14 € (le soir et le week-end).* En plein centre de Sainte-Affrique, cette belle brasserie est une adresse qui ne désemplit pas d'habitués. On peut y boire un verre le long de son long comptoir ou s'installer dans une grande salle entièrement rénovée où trône une belle cheminée. L'été on profite d'une vaste terrasse. Sur la carte se côtoient des spécialités terroir telles qu'un magret au miel ou des préparations plus méridionales telles qu'une assiette de poisson à la plancha, des gambas ou une parillada. Le service est efficace et l'accueil convivial.

LES OLIVIERS **53, boulevard de Verdun ✆ 05 65 49 41 57.** *Fermé le dimanche. Menu à 10 €, Carte.* Facile à trouver, juste en face de l'Office de Tourisme, les Oliviers est l'une de ces adresses pour les amateurs de pizzas, de salades ou de grillades qui souhaitent se restaurer sans se ruiner. La cuisine est simple mais la qualité est au rendez-vous. Les pizzas sont copieuses et peuvent être emportées. Et comme à chaque saison correspond sa cuisine, Cyril Seguier prépare des spécialités locales qui tiennent bien au corps pour l'hiver (civet de biche, tête de veau ravigote…). Une adresse recommandable pour son bon rapport qualité prix.

Le gîte

HOTEL LE MODERNE **54, avenue Alphonse Pezet ✆ 05 65 49 20 44.** *Chambre de 1 à 4 personnes de 38 € à 70 €. Petit déjeuner-buffet : 7 €. Menus de 14 € à 53 €. A quelques encablures du centre ville, l'Hotel moderne offre 28 chambres entièrement rénovées et plutôt cosy (salles de bains privatives, WC, télévision avec canal+).* Dans les assiettes, le chef prépare une cuisine régionale agrémentée d'une petite touche personnelle. Il met notamment à l'honneur le Roquefort au travers des recettes gourmandes telles qu'un pavé de semoule, un soufflé, une salades ou une entrecôte... On apprécie également d'autres spécialités telles qu'une papillote de saumon aux légumes, un magret de canard aux champignons ou un demi-pigeonneau en feuilletage.

Emplettes

ROTISSERIE AZAIS 12, rue Gambetta ✆ 05 65 99 07 99. Dans cette petite boutique en plein centre-ville, la vitrine brille autant que celle d'un joaillier. Les bijoux maison sont choyés depuis leur élaboration jusqu'au moment où ils sont remis entre les mains de l'heureux acquéreur et gourmand. Toutes ces merveilles sont faites maison, du gâteau classique aux petits gorgés de fruits, en passant par les spécialités régionales et chocolats.

▶ *Dans les environs*

Le rocher de Caylus

Situé à 2 kilomètres du centre-ville, le site du rocher de Caylus conserve les vestiges du château médiéval qui, autrefois, dominait la ville. Il ne subsiste que la citerne, car le comte de Toulouse l'aurait fait détruire afin de faire avorter tout risque d'insubordination. Autour de ce rocher, un jardin botanique a été aménagé. Il permet de découvrir des plantes et des arbustes aromatiques, poussant au milieu des restes de murs anciens. Une escapade jusqu'à ce site permet, en outre, d'apprécier le panorama sur la ville, la vallée de la Sorgues et les sept collines.

Vabres-l'Abbaye

Le village de Vabres l'Abbaye, situé entre Roquefort et Sylvanès, a une histoire riche, comme en attestent ses monuments. En 862, le comte de Toulouse, Raimond Ier, donne ses terres de Vabres à une communauté de moines bénédictins chassés du Périgord par les invasions normandes. En 1317, le pape Jean XXII, second pape d'Avignon, choisit l'abbaye de Vabres l'Abbaye comme siège d'un nouveau diocèse, le diocèse de Rodez étant jugé trop vaste. Pendant les guerres de Religion, en 1568, l'armée protestante de Jacques de Crussol d'Uzès prend Vabres d'assaut, détruisant la cathédrale, le Palais épiscopal et la Cité. Puis en 1790, est créé le département de l'Aveyron, le diocèse de Vabres est alors de nouveau réuni au diocèse de Rodez. De ce passé religieux, il ne reste qu'une cathédrale de style gothique languedocien datant du XIVe siècle. Elle abrite un magnifique retable avec des colonnes de marbre encadrant un tableau du Christ. Cette église fut reconstruite en 1594, après que les Protestants l'eurent brûlée. Elle possède un superbe buffet d'orgues datant de 1761. Du palais épiscopal, il ne subsiste qu'un bâtiment aujourd'hui reconverti en maison de retraite. Au hasard des rues, vous rencontrez quelques beaux vestiges du riche patrimoine architectural de la ville, comme la maison des échevins, datant du XVIIe siècle.

Saint-Félix-de-Sorgues

Au XIIe siècle, le site fut conquis par les Hospitaliers de Saint-Jean. Ils y fondèrent une commanderie et le fortifièrent, comme en témoignent la tour gothique et les restes de fortification du XVe siècle. Le village vécut de la proximité d'une source et de son activité artisanale, sur la route entre le Larzac et Saint-Affrique. En amont et en aval du village, la vallée de la Sorgues, large et verte, se prête à la promenade ; voir notamment la forêt domaniale et le bois de Ginestoux, près de la source.

▶ *Dans les environs*

Cornus

Ce chef-lieu de canton a connu une activité florissante par le passé, grâce aux deux rivières qui le traversent. Dès le Moyen Age, des tanneries ont vu le jour sur les rives de la Sorgues. Puis ce furent des moulins, des filatures et même des papeteries. De cette industrie, il ne subsiste plus rien. Dans l'église du XIXe siècle se trouvent un retable en pierre et une statue de la Vierge à l'Enfant en bois du XVIIIe siècle.

MUSEE DES TRADITIONS DU SUD-AVEYRON ✆ 05 65 97 56 50. *Fax : 05 65 97 56 50. Ouvert uniquement dimanche et jours fériés à partir de mai, juillet et août ouvert tous les jours. Adultes : 4, 50 €. Enfants : 3 €.* Le long d'une rue imaginaire d'un village du Sud-Aveyron, de nombreux personnages grandeur nature invitent petits et grands à découvrir, le charme des commerces d'antan, l'ambiance nostalgique de l'école communale et le savoir-faire des arts et des traditions populaires. Un voyage magique et insolite dans le quotidien de nos aïeux. Un lieu très sympathique et original pour découvrir le quotidien de nos aïeux : une rue imaginaire d'un village du Sud-Aveyron a été reconstituée et de nombreux personnages grandeur nature retracent la vie et l'ambiance des commerces d'antan, de l'école communale ou des ateliers d'artisans. Sur place, possibilité d'achat de produits du terroir et visite d'une mini-ferme.

CHATEAU DE SORGUES ✆ **05 65 97 50 21.** *Site : www.chateaudesorgues.fr. Ouvert toute l'année. Chambre deux personnes de 95 € à 134 €. Formule repas 22 € et 30 €.* Il est difficile de ne pas succomber à la beauté de ce lieu d'exception restauré par Yvonne et Patrick Giansily. Ils y ont aménagé quatre chambres très confortables dont une de 35 m² avec cheminée, une salle de bains complète et même un dressing. Chacune reprend un thème précis : Hospitaliers, Noria, Templiers, Micropolis… A disposition aussi : salon privatif, salle de jeux, bibliothèque, parc ombragée, piscine et rivière. Sur réservation, il est possible de se restaurer à la table d'hôte. Madame y concocte une cuisine à base de produits du terroir, sans se priver de quelques touches méditerranéennes bienvenues. Les produits sont frais et le résultat se montre à la hauteur du standing de l'établissement. Filet de loup en écaille de pomme de terre, agneau de lait à la broche, gambas en Kadaïf de crème de houmous poivrons rouges grillées… un délice ! L'accueil attentionné et la beauté du lieu font du Château de Sorgues une excellente adresse.

HOTEL-RESTAURANT DU NORD Avenue docteur Andrieu ✆ **05 65 99 38 70.** *Site : www.hdno.free.fr. Menus à 12 € à midi, 18 € et 25 €. Chambre double à partir de 50 €.* Le chef de l'Hôtel du Nord prépare aux gourmands de bons produits dans la plus pure tradition. C'est avant tout le travail de produits régionaux frais dont le chef tire la quintessence comme par exemple un classique confit de canard ou un plus rare confit de poule. Certains produits d'exception tels que le pâté en croûte aux champignons et foie gras, des gibiers et plats de saison sont également disponibles sur commande. Naturellement les pâtisseries sont exclusivement maison dans cette entreprise familiale (depuis 1922) où chacun s'efforce de rendre le séjour agréable et convivial. Un lieu de vacances simple, qui donne envie d'y revenir, avec des chambres à l'unisson, simples mais confortables (TV, téléphone…), calmes et bien tenues.

Fondamente

L'église romane du XIIe siècle est un chef-d'œuvre qui attire les amateurs d'art. Son chevet plat a été remanié au XVIe siècle. Dans une niche, se trouve une étrange croix cerclée, identique à celle située dans le village. A l'intérieur, une Vierge à l'Enfant date du XVIIe siècle.

HOTEL-RESTAURANT BALDY ✆ **05 65 99 37 38.** *Menus de 22 € à 35 €. Restaurant fermé le lundi. Formule à 15 € en semaine à midi. Chambres à partir de 41 €.* En amont de la vallée de la Sorgues, la 5ème génération de la famille propose des chambres soignées, personnalisées et d'un bon confort. La cuisine du terroir n'est pas en reste et elle aussi fait l'unanimité de la vallée et même au-delà. La belle salle à manger est décorée de fresques représentant les villages alentours et on y déguste confits, foie gras, ris d'agneau en persillade ou à la crème. Si la simple lecture de la carte vous fait saliver, ne craigniez rien : les assiettes sont à la hauteur de ces promesses. Les conserves maison (poitrine de mouton farcie, coufidou, crêpes au roquefort) sont à emporter pour garder un souvenir gourmand de cette adresse incontournable.

Versols-et-Lapeyre

CHATEAU DE MONTALEGRE Route de Gissac ✆ 05 65 97 58 06. *Site : chateaudemontalegre.free.fr. Gîte pour 6/8p, 840 € (sans piscine) et 1 500 € avec piscine en juillet/août. Chambres d'hôtes de 40 à 140 € la nuit selon la capacité et le niveau de confort. Petit déjeuner 8 €. Table d'hôte vendredi et samedi : 22 €.* Depuis plus de 800 ans le château domine avec fierté la vallée de la Sorgues de sa masse compacte, encadrée de tours rondes. Aujourd'hui il est aménagé en gîtes de charme. Katy et Eric vous feront partager leur amour des vieilles pierres et le plaisir des veillées au salon, des longues après-midi ensoleillées sur la terrasse panoramique ou encore vous proposerons de multiples activités : piscine, vélos, ping-pong, billard, baby-foot, pétanque, promenades pédestres dans une nature généreuse et sauvage. A moins que vous ne préfériez taquiner la truite ou profiter des nombreuses ressources culturelles de la région. A l'intérieur tout n'est que charme et raffinement, mélange superbement orchestré entre vieilles pierres et mobilier ancien ou contemporain.

Saint-Chély d'Aubrac

Bien qu'il soit situé dans la vallée, ce petit bourg présente toutes les caractéristiques des villages de montagne. En hiver, Saint-Chély voit arriver les skieurs, bien que ceux-ci se fassent désormais plus rares dans la petite station. La belle saison revenue, les skieurs font place aux randonneurs. C'est alors une joie pour eux de séjourner dans les nombreux gîtes de qualité qui se trouvent sur la commune. Sur le plan architectural, il faut se pencher sur l'église, qui possède un remarquable cadran solaire, un clocher du XVe siècle (une ancienne tour de défense), ainsi qu'une vaste nef avec quatre chapelles latérales. Au bas du village, sur le parapet du pont en dos-d'âne qui franchit la Boralde, une croix en pierre présente un pèlerin tenant son bâton d'une main et un chapelet de l'autre.

Aubrac : la reine aux yeux noirs

Les yeux noirs, ce n'est pas seulement une romance chère à l'âme slave : c'est aussi le signe de reconnaissance de cette magnifique vache de montagne au regard délicatement cerné de noir. On retrouve la trace de l'espèce dès le XVIIe siècle, où les vaches d'Aubrac étaient sans doute essentiellement élevées par les moines Bénédictins du village d'Aubrac. Alors que le cheptel comptait encore près de 300 000 bêtes après guerre, la race fut bien proche de s'éteindre dans les années soixante. Aujourd'hui, « l'Aubrac » est sauvée et son élevage complètement relancé. Pour la plus grande joie des petits et des grands qui ne se lassent pas de croiser ces doux regards dans les pâturages d'Aveyron. Après de longs mois d'hivernage, les vaches prennent le chemin de la « Montanha » (montagne) : c'est la transhumance. La « Montada » (montée) s'effectue autour du 25 mai, la « Devalada » (descente) autour du 13 octobre, avant la neige.

Le couvert

BAR-BRASSERIE LE GLACIER 19, boulevard de la République ✆ 05 65 99 14 89. *Ouvert tous les jours sauf dimanche. Menus, formule 10 € à midi, carte.* Situé sur la route traversant Saint-Affrique, il est impossible de louper ce sympathique établissement. Thierry et son épouse, toujours souriants, tiennent ce bar fréquenté par bon nombre d'habitués et à l'ambiance jeune. Ils proposent une petite carte, brasserie et crêpes, grosses salades… dans une salle ou le patio à côté de la fontaine. A côté une petite salle abrite jeux, flipper, baby-foot, billard et certains soirs se transforme en salle de concert (rock, salsa, techno…) de bonne qualité. Les lumières habillent l'endroit et l'ambiance se fait plus festive et chaleureuse.

BAR-BRASSERIE LE TEX@CO Avenue Jean Jaurès ✆ 05 65 49 15 88. *Fermé dimanche midi. Plat du jour 7 € ; menus à partir de 11 €. Carte. menu enfant 6 €.* Le tex@co n'est pas seulement un bar à thème où la plupart des jeunes aiment se retrouver avant de sortir le soir, c'est aussi une brasserie aux couleurs chaudes, où l'on sert des plats simples : salades, belles entrecôtes, magrets et confits de canard et de petits plats du jour bien mitonnés. Les gérants sont pour beaucoup dans l'ambiance du lieu, toujours d'humeur égale. MCM diffuse les tubes du moment et le soir la température monte tandis que la lumière baisse et, lors des soirées à thème, les assiettes et la musique s'animent à l'unisson. Billard, flipper, baby-foot et point d'accès Internet sont aussi proposés. Bref une atmosphère pleine de vie !

LE CHAT QUI DORT 25, place François-Fabié ✆ 05 65 49 05 94. *Menus de 15 € à 35 €. Fermé dimanche soir et lundi hors saison.* En s'avançant dans les petites rues, on débouche sur cette place allongée ; au bout, le chat se prélasse parfois en terrasse, quand le soleil lui permet de sortir ses tables.

L'intérieur de cette maison rénovée est sobre, la décoration discrète ne détourne pas l'attention des menus. La cuisine, classique, passe par des saveurs bien françaises auxquelles on apporte le soin nécessaire : salades gourmandes ou feuilleté en entrée, sandre, filet de lotte à la sauce écrevisse ou Saint-Jacques du côté poisson, lapin, canard ou entrecôte du côté viande, sans oublier la pointe de roquefort qui accompagne si bien ces mets. Florence et Thierry changent régulièrement leurs menus, pour la plus grande satisfaction de leurs clients. On passe là un moment agréable, se restaurant au mieux, pour un prix tout à fait raisonnable.

LA TABLE GOURMANDE 7, boulevard Emile-Trémoulet ✆ 05 65 49 46 30. *Ouvert tous les jours en saison ; hors saison fermé dimanche soir et lundi. Menus à 16 € et 37 €.* Dans leur restaurant situé à deux pas de la Sorgue, Jean-Pierre et Martine Lautier proposent et déclinent le poisson et les fruits de mer aux arômes et saveurs méditerranéennes. Fille de patron-pêcheur, Martine prépare la macaronade de fruits de mer ou les queues de lotte à la sétoise. Cette inspiration languedocienne ou provençale et, n'ayant pas peur de le dire, carrément sétoise, fait briller gambas, loups, soles… bien que quelques carnivores puissent trouver leur bonheur avec le carré d'agneau au jus corsé de thym et d'ail confit. Tout y est fait maison, telle la délicieuse feuilletine de bricks aux fraises ou le gratin de fruits exotiques. Vous pourrez à loisir emporter ou déguster en terrasse un copieux plateau de coquillages ouverts devant vous. Une adresse de famille où le choix est déchirant et où l'on se prend à rêver de la « Pointe Courte ».

Le gîte

Hôtels-restaurants

HOTEL-RESTAURANT LE MAJESTIC Route d'Albi ✆ 05 65 99 00 07. *Ouvert toute l'année. Menus 12 € (midi) et de 17 € à 30 €. Chambres de 32 € à 38 €.* A la sortie de la ville, le Majestic offre sa terrasse au visiteur ou sa belle salle donnant sur la campagne ; ici on sert une cuisine traditionnelle et le repas commence par un étonnant petit apéritif à la truffe. Le choix ensuite, sur une carte bien fournie, est très difficile : feuilleté d'escargots sauce roquefort, ris d'agneau persillé, tripoux, confits ou bourride de lotte. Tout y est fait maison, du foie gras aux desserts comme la savoureuse « flaune ». A midi, la salle ne désemplit pas tant ici on est choyé et satisfait. Un conseil : réservez en saison.

HOTEL DU PONT NEUF 3, avenue Charles-de-Gaulle ✆ 05 65 99 02 33. *Fermé pour les fêtes de fin d'année. Chambres de 31 € à 57 €. Petit déjeuner 6 €. Menus de 10,50 € (midi) à 30 €.* L'hôtel se situe comme on le devine au bord de la rivière, en plein centre de la ville. L'immeuble qui l'abrite a été totalement rénové, l'intérieur est moderne. Les douze chambres sont dotées de sanitaires privés. De taille moyenne, elles ont heureusement un double vitrage qui leur garantit toute tranquillité. Le décor est moderne, sans effet de style particulier, le fait qu'il n'y ait que douze chambres en ferait presque une pension familiale. Au rez-de-chaussée, le restaurant sert des menus simples, où viandes et poissons permettent de répondre à tous les goûts. Quelques plats au roquefort complètent la carte.

Chambres d'hôtes

DOMAINE DU VERN Route d'Albi ✆ 05 65 49 34 39. *Site Internet : perso.wanadoo.fr/gayraudlevern. Ouvert toute l'année. 5 chambres de 27 € à 53 € (2 personnes). Petit déjeuner 4,50 €.* Vous tomberez sous le charme de cette ancienne maison de maître au milieu de la verdure, située à la sortie de Saint-Affrique sur la route d'Albi, avec ses chambres aménagées avec goût par France Gayraud. Vous y trouverez à disposition une grande salle commune, télévision, piscine et à l'arrière une belle terrasse pour le farniente. Ne ratez pas le petit déjeuner où vous pourrez déguster les confitures réalisées par la maîtresse de maison, toujours bienveillante et aux petits soins.

LES ENFRUX, chez GALTIER SAINT CHELY D'AUBRAC ✆ 05 65 48 29 77 *email : gerard.galtier@free.fr. Tarif : 50 € la nuit pour 2 personnes, petit déjeuner 5 €.* Les Enfrux, situé à 1200 m d'altitude, au coeur de l'Aubrac propose une chambre d'hôte de plain pied. Indépendante, confortable pour deux personnes, avec sa salle de bain, elle est décorée avec originalité dans des tons de bleu apaisant. Le petit déjeuner peut être servi avec une pâtisserie maison, et surtout avec une belle vue sur la plaine.

Gîtes

LES GITES DU GUILHAUMET ✆ **05 65 49 37 96.** *Site : francelocationvacances.com. Ouvert toute l'année. Gîte 2 chambres (7p) de 270 € le WE ; de 370 € à 520 € la semaine. Gîte de 3 chambres (11p) 340 € le week-end ; de 470 € à 680 € la semaine.* A la sortie de la ville, entourée de bois, cette ancienne bergerie restaurée abrite deux très grands gîtes de 130 et 180 m², dotés de tout le confort en pleine nature où les enfants s'en donnent à cœur-joie. On se sent un peu chez nos hôtes, la convivialité est de mise, et la Sorgues, à 200m en contrebas ravira les amoureux de la pêche, de la baignade et des balades. Une adresse trois étoiles où l'espace est superbe.

Loisirs

Cinéma

LE MODERNE Boulevard Carnot ✆ **05 65 99 02 10.**

Emplettes

FROMAGERIE DE LA POSTE 34, boulevard de la République ✆ **05 65 49 05 32.** *Fermé en saison le dimanche après-midi, hors saison dimanche et lundi.* En plein centre de la ville, Mme Renaud dévoile ses trouvailles, que des fromages fermiers, en provenance de toutes les régions françaises, traitant directement avec les producteurs ou les maîtres affineurs. Pérail, tome, roquefort, et la fameuse « recuite » sont proposés à vos yeux et à votre nez. Depuis 17 ans, la qualité des fromages fait l'unanimité, ce qui lui vaut de faire partie de la très sélective « Guide des Fromagers ». Vous y trouverez aussi foie gras, charcuterie artisanale et de divines confitures, et aussi un petit coffret cadeau si vous voulez emporter un souvenir gourmand de la région.

MARC VIGNESSOULE CAVISTE 3, rue Bardin ✆ **05 65 49 46 10.** *Fermé dimanche, lundi et jours fériés. Ouvert de 8h30 à 12h15 et de 14h30 à 19h15.* Non vous ne rêvez pas, un tel nom était prédestiné à la vigne et au vin. Marc, ancien maître de chai propose une belle gamme de vins du Languedoc, n'hésitant pas à aller dénicher les domaines dont il rapporte les précieux breuvages. Bordeaux, bourgognes et champagnes ne sont pas en reste. Depuis 1996, cette petite cave regorge de très bons produits, whiskys, cognacs, absinthes et coffrets cadeaux, qui permettent de garder un souvenir savoureux de cette bonne adresse.

Sainte-Eulalie-de-Cernon

Cette commanderie médiévale est le plus grand siège templier et hospitalier du Sud de la France. Remarquable exemple de place fortifiée, Sainte-Eulalie est formée d'un réseau de rues et ruelles médiévales. Elle a conservé en intégralité son enceinte austère, faite d'une muraille et de tours élevées au XVᵉ siècle par les Hospitaliers. La porte principale conduit vers la demeure des commandeurs. Au XVIIᵉ siècle, l'un d'eux en fit une résidence plus confortable que la construction médiévale. Il faut voir, encore aujourd'hui, la cage d'escalier ornée de fresques, la cheminée centrale, les grandes fenêtres et le balcon. L'église, contre laquelle on jouait au Jeu de paume, a gardé un chœur primitif mais a été percée d'une grande porte pour ouvrir sur la place de la Fontaine. On remarquera une Vierge tout droit venue de Gênes qui surmonte cette entrée. En été, des visites guidées de la commanderie et de la maison des commandeurs sont organisées sur place.

REPTILARIUM DU LARZAC ✆ **05 65 61 32 08.** *Fax : 05 65 61 32 08. Adulte : 7 €. Enfants de 3 à 14 ans : 5 €.* Le monde des reptiles à découvrir en toute quiétude. Pythons de 80 kg, boas, caïmans, anacondas, iguanes, caméléons, tortues géantes… et aussi les bébés de la nurserie. C'est l'un des plus beaux reptilarium de France. Situé à l'entrée de la cité templière de Sainte-Eulalie de Cernon. Propose également des stages de formation pour le certificat de capacité.

POINT D'ACCUEIL ✆ 05 65 62 79 98. *Ouverture de Pâques à Toussaint tous les jours de 10h à 12h et de 14h à 18h (juillet et août de 10h à 19h). Hors saison sur rendez-vous.* Vous y trouverez des petits documents sur 8 randonnées possibles à partir de la commanderie (de 30 minutes à 7h). Vous pouvez aussi suivre un guide naturaliste (mai et juin) pour des randonnées à thème (botanique, géologie) afin d'admirer la flore, le monde des orchidées et vous initier à l'interprétation du paysage.

Le gîte

AUBERGE LA CARDABELLE ✆ 05 65 62 74 64. *Ouvert toute l'année. Chambre double de 40 € à 44 €. Demi-pension pour 2 personnes 80 €. Pour 1 personne 59 €. Petit déjeuner 5,50 €. Carte-menu : 16 € (Potage + 1 plat + fromage + dessert), 22 € (idem + une entrée), 28 € (idem avec 2 plats). Salades 15 €. Plateau (charcuterie ou fromage à toute heure) 17 €.* A l'entrée de la commanderie, dans les anciens faubourgs, la Cardabelle fait comme son emblème, cette sorte de chardon, et s'épanouit au soleil. En hiver, elle se replie autour de sa grande cheminée où les grillades sont flambées au flambadou, en été, elle colonise une petite terrasse ombragée qui donne des envies de « farniente ». Alors on se laisse vivre dans ce décor refait à neuf, on goûte à une cuisine sans artifice, qui décline les produits régionaux. 4 entrées originales sont proposées : Cocktail de crevettes à la téquila, millefeuille de foie gras aux artichauts aux achards de figues, farsou aux pruneaux et au lard salade de printemps. A goûter la coufidou et son millat, les truites à la plancha à la crème d'écrevisse et bien sûr les tripoux aveyronnais. Les chambres à l'étage ont eu droit au même bain de jouvence que toute l'auberge et sont d'un séjour agréable, auquel rien ne manque.

Chambres d'hôtes

CHAMBRES D'HOTES VINAS Les Clauzets ✆ 05 65 62 71 26. *36 € la nuit pour 2 personnes.* Depuis 20 ans, Monique et Henri vous accueillent chaleureusement dans leurs trois chambres d'hôtes, avec en fonction du séjour, la possibilité de la mise à disposition d'une cuisine et d'un grand jardin. Enfants du pays, les époux Vinas vous seront aussi de très bon conseil pour les circuits pédestres et autres balades autour des sites templiers du Larzac. Le calme et l'accueil en font une adresse sûre.

M. ET MME FERRARI Grand-Rue ✆ 05 65 62 77 56/06 89 75 94 72. *Site Internet : http://christian.ferrari.free.fr - E-mail : christianferrari@noos.fr. Chambre 40 € - 2 petits déjeuners inclus. Lit supplémentaire avec petit déjeuner 15 €. Ouvert aux hôtes du 1er mai au 30 septembre, pour d'autres périodes téléphoner.* Cette maison de tradition est située au cœur d'un village templier du Larzac (sud Aveyron). A l'ombre des remparts dans une des ruelles étroites de cette cité édifiée dès le XIIe siècle, vous résiderez à deux pas de la Commanderie, de l'église romane et de la fontaine.

DOMAINE DE LA BARRAQUE ✆ 05 65 62 77 33. *Site Internet : domaine-barraque.com. Ouvert de Pâques à Toussaint, hors période sur réservation.* Dominant la vallée du Cernon, face à Sainte-Eulalie, la Barraque est un vaste domaine restauré avec grand soin qui propose 7 chambres et 2 gîtes décorés avec beaucoup de goût et meubles anciens. Dans la salle de restaurant, sur deux niveaux, décorées de dizaines de tableaux et d'objets nous ramenant parfois aux temps des chevaliers, la cuisine fait la part belle aux traditions du cru. Simple et de qualité, elle s'enrichit de l'atmosphère de bois et de pierre des lieux. Toute prête au farniente sur la belle terrasse du restaurant, avec vue sur la vallée, le pré et les chevaux qui paissent paisiblement. Pour les plus actifs, le GR71 passe tout près et offre de belles randonnées sur le causse. Le lieu est aussi un gîte équestre, rendez-vous des amateurs de balade à cheval. Le domaine offre la possibilité de location de chevaux, de poneys, de vtt et propose baignade, pêche, tennis de table… Les enfants peuvent ainsi s'essayer aux poneys ou jouer en toute tranquillité. Menu des Enfants à 9,99 €. Menu de Pays à 17,90 €. Le Menu Gastronomique à 49,90 €. Une adresse de charme dans un lieu tout simplement magnifique. C'est bon les vacances !

GITE D'ETAPE les Clauzets ✆ 05 65 62 79 00. *Site Internet : www.giteulalie.com. Ouvert toute l'année. Nuit 13 € (11 € en groupe) minimum 8 personnes ; petit déjeuner 4 €.* Ce superbe gîte d'étape municipal de 32 lits occupe deux tours et une partie des remparts de l'enceinte fortifiée bâtie par les Hospitaliers au XVe siècle. Dans ce lieu où l'on sent encore la présence des chevaliers, tout est fait pour proposer une étape agréable avec un aménagement de grande qualité, doté de tous les équipements modernes, tout en respectant l'architecture médiévale. La salle de repas commune d'une surface de 30 m^2 est aménageable à la demande. La cuisine (en libre-service) aménagée dans la tour est équipée de fours et fours micro-onde, de plaques chauffantes, de réfrigérateurs, d'un lave-vaisselle et d'ustensiles de cuisine. Deux salles d'activités meublées dont une équipée de la télévision, d'une bibliothèque et de jeux sont à disposition.

CHAMBRES D'HOTES PELISSIER Place de l'Eglise - LAPANOUSE-DE-CERNON ✆ 05 65 62 12 07. *Ouvert à l'année. 40 € pour 2 personnes ; 15 € le lit supplémentaire, petit déjeuner compris.* Disposant de 4 belles chambres, vastes et joliment décorées, M. et Mme Pélissier vous reçoivent dans cette ancienne bergerie de 300 m^2, disposée autour d'un beau jardin. Au petit déjeuner, fouasse et confitures maison. Agréées Gîtes de France, ces chambres d'hôtes sont un excellent point de départ pour les randonnées dans la vallée du Cernon. Jacques Pélissier ne manquera pas de vous indiquer tous les circuits à pied ou à vtt, les orchidées, les champignons, la pêche… n'ayant aucun secret pour lui.

Loisirs

VELO-RAIL DU LARZAC Gare de Sainte-Eulalie ✆ 05 65 58 72 10. *Toute l'année sur réservation. Ouvert en permanence de Pâques à la Toussaint. 12 € et 14 € ; - de 12 ans gratuit. Réservation obligatoire.* Voilà une façon originale de découvrir la vallée du Cernon, en parcourant une ancienne voie ferrée pleine de charme et de mystère. 2 parcours sont proposés : les orchidées et les papillons, où le tunnel et le viaduc raviront les plus petits. Accessible à tous, la balade dure environ deux heures et l'on peut à loisir s'arrêter (pas trop longtemps car d'autres vélo-rail suivent...), prendre une photo de la vallée en contrebas. Au retour, un petit snack, dans la petite gare rénovée (bravo au propriétaire pour la sauvegarde du patrimoine ferroviaire), permet de se restaurer et de se rafraîchir après cette randonnée originale et amusante.

LE DOMAINE DE LA BARRAQUE ✆ 05 65 62 77 33. *Fax : 05 65 62 77 44. E-mail : infos@domaine-barraque.com.* Le Domaine de la Barraque, situé au cœur du Larzac Templier et Hospitalier, dans le Parc naturel régional des Grands Causses, sur le GR71 et à la croisée d'itinéraires de randonnées balisés, vous accueille de Pâques à la Toussaint et sur réservation en dehors de cette période. Amoureux de quiétude, de paysages magnifiques, de nature authentique, de balades équestres, petits ou grands, le Domaine de la Barraque est fait pour vous. Balades « nature » dans le Parc régional des Grands Causses, carrière, écuries et sellerie pour nos amis cavaliers, location de chevaux et de poneys, pêche durant l'ouverture, pétanque, ping-pong, vélo ou vtt, etc.

Goûter à la ferme

MARTINE FABREGUES Ferme du Frayssinet - GAEC des Issards ✆ 05 65 62 76 19. *Groupe toute l'année 4 € visite découverte et 6,50 € visite et goûter. Individuel : 15 juin au 15 septembre le mardi, mercredi, jeudi et vendredi. Visite plus goûter 7 € par adulte et 4,50 € pour les moins de 10 ans.* Roquefort flan au lait de brebis, confiture, gâteau au lait de brebis tarte au caillé, vin et pain, un vrai menu pour régaler toute la famille.

► *Dans les environs*

Le Viala-du-Pas-de-Jaux

La route depuis Sainte-Eulalie monte sur le plateau et s'étire sur une dizaine de kilomètres entre lande et rocher. Aussi voit-on de loin le hameau du Viala. Il attire l'œil d'une tour rectangulaire, haute de 25 mètres, qui rompt soudain l'infini du causse. Jusqu'à la Révolution, le Viala dépendait des commandeurs de Sainte-Eulalie qui avaient là des bâtiments d'exploitation autour desquels s'étaient rassemblées quelques maisons. Cette tour (la plus grande construite sur le Larzac) fut bâtie au XVe siècle pour servir de grenier à blé et aussi de refuge aux habitants pendant les périodes troublées du Moyen Age (accès libre toute l'année). Non loin du village, qui se trouve sur une draille (chemin de transhumance), les lavognes de pierre servent encore d'abreuvoir aux troupeaux. Au fait, les allées de buis « les boissieras » que l'on trouve alentour n'avaient pas un but esthétique, mais servaient à abriter hommes et animaux du vent, du soleil et de la pluie.

LA TOUR DU VIALA DU PAS DE JAUX ✆ 05 65 58 91 89. *Fax : 05 65 58 91 89. La Tour est ouverte toute l'année de 10h à 12h et de 14h à 18h. En juillet et août, de 10h à 19h.* Au cœur du Larzac Templier Hospitalier, sur la Route des Seigneurs du Rouergue, La Tour du Viala du Pas de Jaux propose des conférences et des expositions temporaires.

Saint-Georges de Luzençon

Saint Georges est situé sur l'axe Millau-Albi à 11 kilomètres de Millau et à 20 kilomètres de Saint-Affrique. Il subsiste de la vieille ville, une belle porte d'entrée et des maisons à tourelle. Le village de Luzençon, au sommet de sa colline d'où l'on a une vue panoramique possède une chapelle romane, les châteaux de Luzençon et de Saint-Geniez de Bertran et les berges du Cernon. A ne pas manquer : l'impressionnante montée sur le plateau du Larzac, par Saint-Geniez de Bertrand, vers la ferme de Labro, où l'on a une vue remarquable vers le plateau du Lévézou.

Le gîte

AUBERGE DU SANGLIER Ségonac ✆ 05 65 62 38 40. *Ouverture sur réservation tous les soirs. Fermeture annuelle du 30 septembre au 1er avril. 6 chambres 50 € nuit (pour 2 personnes) avec petit déjeuner. Ouvert : du 1er avril au 30 septembre. Piscine privée. Capacité d'accueil : 20 personnes avec réservation obligatoire.* A tout juste deux kilomètres, au pied du viaduc de Millau, en direction de Saint-

Affrique. Au menu : volaille et produits régionaux, confits, magrets, tartes maison : 15 €. Le soir, pour les résidents en chambres d'hôtes. Deux salles aménagées dans un bâtiment de caractère ouvrant directement sur l'espace vert. Spécialités : Quiche et omelette au roquefort, pâtés maison, confit et magret de canard, pintade au genièvre, canette, pâtisseries maison.

Emplettes

DOMINIQUE ET ISABELLE POTTIER **Craissac ✆ 05 65 62 38 73.** *Fax : 05 65 62 38 73. Visite toute l'année sur rendez-vous. En juillet-août : ouvert tous les jours sauf mardi et vendredi matin. Accueil de groupes (30 personnes au maximum).* Vin des « côtes-de-millau ». Vin de pays de l'Aveyron. Mousseux « Les Pottier de Condatomag » (méthode traditionnelle). Apéritifs traditionnels et apéritifs « maison ».

Saint-Léons-en-Lévézou

Le village s'est refait une beauté pour accueillir un peuple miniature et ses visiteurs à Micropolis. Du coup, le nom de l'entomologiste du XIXe siècle, Jean-Henri Fabre revient dans les mémoires et le personnage apparaît comme l'inspirateur de ce qui fait maintenant la renommée du village. Une statue en bronze, échappée de justesse de la fonte pendant la guerre, le représente. Au fond de leur vallon, les ruelles ont été restaurées et un parcours fléché conduit jusqu'à la maison du grand homme, transformée en musée, et au château, étroit et haut, qui domine l'ensemble. Pour profiter au mieux des nouvelles dispositions, il est recommandé d'aller stationner son véhicule sur les parkings aménagés même s'ils semblent excentrés. Une grande bestiole, (à laquelle on a oublié de demander son petit nom…) en marque l'entrée, à partir de laquelle on emprunte les larges trottoirs, tout neufs, qui mènent à l'antre des insectes. Saint-Léons fut d'abord une abbaye, fondée semble-t-il par Saint-Léonce, évêque de Bordeaux, à la fin du Ve siècle, puis un village fortifié s'est développé autour d'elle. Sa situation est privilégiée, en amphithéâtre exposé au sud. Comme en témoignent les nombreux sarcophages et dolmens, l'occupation de ce site est ancienne, à une époque où il s'appelait Nobilacum. Le château date du XVe siècle, il fut érigé par la fondation des prieurs disciples de Léontius. Les guerres de Religion troublèrent le village lorsqu'un prieur décida de devenir protestant. Il transforma le couvent en forteresse. Ce geste conduisit les catholiques à assiéger le village et les combats firent de nombreux dégâts. Le village ayant retrouvé une vie paisible, l'activité des meuniers se développa le long de la Muse. A travers ruelles et escaliers, on peut rencontrer de belles fontaines et de nombreuses enseignes d'auberges sur les vieilles façades. Mais écoutons les souvenirs d'Henri Fabre, ils font naître en deux mots une image enchantée : « Au couchant mon village croule en cascade de jardinets où mûrissent la prune et la pomme. De petits murs ventrus, noircis par la lèpre des lichens et des mousses, soutiennent les terres étagées. Au bas de la pente est le ruisseau. Presque partout, d'un élan, on peut le franchir. Aux endroits étalés en nappe, des pierres plates à demi exondées servent de passerelle… « Cher ruisselet, si frais, si limpide, si tranquille, j'ai vu depuis des fleuves majestueux, j'ai vu la mer immense. Rien dans mes souvenirs ne vaut tes humbles cascatelles. Ton mérite est la sainte poésie des premières impressions ».

Cétoine

VISITE DU VILLAGE. Une balade d'une heure est désormais organisée pour visiter le village de Saint-Léons. Un circuit qui permet non seulement d'avoir une vue magnifique sur l'ensemble du village et la vallée de la Muse, mais qui permet également de s'arrêter près des vestiges du passé. Vous y découvrirez les fontaines hydrauliques qui alimentaient le village en eau potable, le château Saint-Martin et sa chapelle, mais aussi des sarcophages présumés du Ve ou VIe siècles. Le point de départ se fait du parking et un plan permet de suivre tranquillement la visite.

MICROPOLIS © 05 65 58 50 50. *Fax : 05 65 58 50 58. Site Internet : http://www.micropolis.biz - E-mail : resa@micropolis.biz. Visite libre adulte : 10,90 €. Enfants : 7,40 €. Gratuit si âge inférieur à 5 ans. Durée de la visite : 3h.* Espace unique en Europe, entre Rodez et Millau, Micropolis vous invite dans l'univers vivant de l'infiniment petit. Une découverte inédite et riche, ludique et attractive au travers des 15 espaces thématiques scénographiés d'une surface de 2 400 m². Tout est organisé pour qu'enfants et adultes découvrent ce monde de l'extraordinaire. Basé à Saint-Léons, dans la patrie même de l'entomologiste, Micropolis se veut un lieu unique, où grâce à une scénographie exceptionnelle, l'homme se retrouve plongé dans l'univers des insectes, dans une approche tant pédagogique qu'émotionnelle. A mi-chemin entre musée et parc à thème, vous découvrirez 11 espaces thématiques et interactifs. Micropolis vous entraîne dans le petit monde du « Peuple de l'Herbe ».

Nouveauté 2006 : la promenade en plein air vers le Carnaval des Insectes.

MUSEE JEAN-HENRI FABRE © 05 65 58 80 54. *Ouvert tous les jours, en juillet et août de 10h à 19h, en juin et septembre de 10h à 12h30 et de 13h30 à 18h, de mars à mai et d'octobre à décembre de 11h à 12h30 et de 13h30 à 17h. Fermé en janvier et février. Adultes 3,50 € ; groupes (à partir de 20 personnes) 3 € ; enfants 2 €.* Grâce à la patience d'une institutrice, Marie Gavalda, et à l'association des Amis de Jean-Henri Fabre qui a suivi l'intérêt qu'elle a manifesté pour le grand homme et son village dès 1968, on a pu sauver ce qui restait de la maison de la famille Fabre. L'unique pièce principale a été reconstituée autour de la haute cheminée et de la grande table, avec les ustensiles de la vie quotidienne. En 1994, ce premier petit musée a pu être doublé d'un bâtiment récent, intégré à l'environnement, où sont abordés plus largement les thèmes de la vie de Fabre. Grâce à des vidéos et des panneaux de présentation, on s'informe sur l'entomologie, ses objets, ses méthodes ; sont exposés des aquarelles et des manuscrits de Fabre, d'autres d'une artiste contemporaine, et des collections d'insectes (vivants, en saison) ; de nombreux ouvrages, savants ou simplifiés, donnent accès à ce monde miniature. Le travail des bénévoles de l'association ne s'arrête pas là et ils invitent les visiteurs à parcourir le sentier botanique du village (parcours balisé d'1h30, brochures explicatives) ; à rencontrer Jean-Henri Fabre lui-même racontant sa vie provinciale et son goût pour l'observation naturaliste ; à découvrir l'histoire des petites bêtes durant une heure au jardin des insectes. De quoi faire naître des vocations…

Dans les environs

Saint-Laurent-de-Lévézou

La présence de trace humaine à l'emplacement de ce village remonte à l'époque gallo-romaine. La communauté dépendit ensuite de la seigneurie du monastère bénédictin de Saint-Léons et devint une commune à part entière en 1790. Les habitants de Saint-Laurent et Mauriac, deux hameaux de la commune revendiquèrent leur indépendance, obtenue le 7 avril 1869. Au début du siècle, la commune décide la construction de fontaines et d'un lavoir. A Mauriac, se trouve une église romane du XIIe siècle. Le pic du mont Seigne culmine à 1 128 mètres. Il offre un superbe panorama sur l'Aubrac et les alentours.

Vezins du Lévézou

LE CHATEAU DE VEZINS © 05 65 61 87 02. *Ouvert du 1er avril au 31 octobre de 10h à 12h et de 14h à 19h, sauf mercredi ; ouvert hors saison pour les groupes sur réservation. Adultes 5 €.* Parmi les châteaux des seigneurs du Rouergue, celui de Vezins a eu une destinée bien particulière. Il est le seul qui, depuis sa fondation vers 1120, a toujours appartenu à la même famille. Aussi M. Ludovic de Vezins est-il héritier non seulement d'un bâtiment imposant mais aussi de toutes les histoires dont ces murs ont été témoins. Bâti dans une gorge, mais dominant le cours d'eau, ce château se présente aujourd'hui selon un plan initial en fer à cheval, fermé par un mur d'enceinte. Répondant jadis à un but défensif, son architecture a été modifiée au cours des siècles, pour des raisons de commodité ou de nécessité. La tour primitive avait été entourée de fortifications pour faire face aux désordres de la guerre de Cent Ans ; cette construction médiévale fut en partie rasée par un incendie en 1642. Après cet accident, on reconstruisit sur les fondations et les salles basses du Moyen Age mais selon le style Renaissance. Les dernières modifications seront dues au Marquis de Vezins qui, influencé par Viollet-Le-Duc, fit percer les murailles de portes et fenêtres. La demeure allait en se détériorant quand le comte actuel et sa famille entreprirent une restauration de longue haleine. Leur acharnement et leur investissement apparaissent aujourd'hui comme un travail remarquable. Au cours de la visite, le maître des lieux commente vie et

Château de Vezins

© Château de Vezins

événements : le porche et les façades de différentes époques, la cuisine, avec meubles, ustensiles et cheminée monumentale, la salle à manger classique, la petite galerie néogothique, la grande galerie qui renferme de précieuses tapisseries des Flandres ou la « chambre rouge », cette reconstitution XIXe siècle de la chambre où Henri IV aurait dormi. Le mobilier encore présent, les collections d'objets, de peintures, donnent vie à ces pièces séculaires. La visite ne saurait oublier les hôtes, cette famille de Luzençon de Lévézou qui compta de grands hommes jusqu'au père du comte actuel, Renaud de Vezins. Homme d'art, artiste lui-même, il fut l'ami et le disciple d'Eugène Viala : la salle de garde a été transformée en galerie d'exposition où l'on admire des eaux-fortes de cet artiste célèbre ainsi que les aquarelles et une série d'eaux-fortes de Renaud de Vezins. Cette visite laisse un sentiment particulier, sans doute parce ses hôtes, érudits et passionnés de leur histoire, montrent leur château pour ce qu'il a toujours été, un lieu vivant.

LE RELAIS DU BOIS DU FOUR Le Bois-du-Four © 05 65 61 86 17.** *Fermé de décembre à mars, fermé dimanche soir et mercredi. Chambres de 49 à 60 €. Petit déjeuner 6,50 €. Demi-pension à partir de 54 €. Menu terroir à 24 €. Menus de 11 € à 26 €. Fermeture du 15 novembre au 1er avril. Le reste de l'année dimanche soir et mercredi.* L'étang ombragé qui lui fait face a vu la renaissance de cette grande maison. Il faut dire que toutes les générations de la famille Rodier s'y sont employé. Cette année l'établissement repris par les enfants a été totalement rénové. Une grande fresque représentant les paysages de l'Aveyron a été peinte a l'étage. Au Bois du Four on s'affaire entre salle et fourneaux sans jamais oublier le sourire, et les galopades des enfants y apportent un brin de fantaisie.Passé l'étonnement, on goûte au calme de ce lieu, on se régale d'une bonne cuisine aveyronnaise. La charcuterie du Lévézou et le filet de brochet gratiné au Laguiole sont parmi les grands classiques de ces assiettes copieuses. Les séjours y sont d'une grande douceur (l'hôtel est aussi accueillant que les hôtes eux-mêmes), on y apprécie les charmes de la conversation et l'humour d'un menu « micropolis » qui mettrait dans les assiettes fourmis, sauterelles et les comparses coccinelles !

Saint-Sernin-sur-Rance

Saint-Sernin est connu pour être le pays de « l'enfant sauvage » : en 1800, un enfant sourd et muet, vivant dans les bois alentour s'était réfugié dans une des maisons de la commune. Cet enfant, qui attira à lui la curiosité, inspira le cinéaste François Truffaut qui en fera le sujet d'un film. Cependant, l'histoire de Saint-Sernin ne se limite pas à cet événement. Riche d'un passé qui remonte aux temps préhistoriques, durant lesquels des artistes ont décoré une pierre-menhir devenue célèbre, les stratèges du Moyen Age ont su profiter de cette place forte qui domine la vallée de la Rance. On peut encore apprécier les ruelles aux accents du passé, admirer les quelques maisons à colombages ou plus simplement la mairie qui s'est installée dans l'ancienne maison du prévôt, datant du XVe siècle. La collégiale est de style gothique. Elle renferme une Vierge en bois peint et des retables.

Le gîte

HOTEL-RESTAURANT CARAYON Place du Fort ✆ 05 65 98 19 19.** *Site Internet : perso. wanadoo. fr/hotel. carayon. Ouvert toute l'année. 60 chambres de 36 € à 120 €, petit déjeuner 8 €. Pension de 54 € à 104 € ; demi-pension de 40 € à 90 €. Menus à 15 €, 23 €, 25 €, 28 € et 54 € ; menus en duo 52 € ; menu du moment 29 € (en fonction de la saison) ; menu enfant 9 €.* La famille Carayon est installée à Saint-Sernin depuis 1876 ; sans doute est-ce grâce à cela qu'elle a eu le temps de prendre ses aises et d'occuper aujourd'hui un grand hôtel et ses dépendances au cœur du village. Ce sont d'abord des chambres de grand confort (deux ascenseurs, téléphone, télévision, mini-bar…), dont les plus agréables donnent sur le jardin en premier plan et la vallée, plus loin. C'est ensuite un restaurant où Pierre Carayon, représentant de la cinquième génération, est partout présent et jette l'œil du maître sur tout. Aussi rien n'est-il laissé au hasard et sur les tables impeccables sont servis les meilleurs produits de la région ; les menus s'articulent d'ailleurs autour de ses produits phares : l'agneau et le mouton du Larzac, le bœuf d'Aubrac, la volaille fermière (oie et canard, confits, rôtis…) ou encore les écrevisses en saison et le homard que l'on choisit avant le repas dans le vivier. Les préparations sont soignées et le choix vaste, jusqu'au menu duo qui marie les saveurs et que l'on peut savourer en terrasse. Enfin la maison Carayon est un lieu de séjour, et de séjour plaisant ; dans le bâtiment lui-même ou dans le parc en contrebas, qui se poursuit jusqu'au parking privé et à la rivière, les installations de loisirs se succèdent : deux piscines, dont l'une couverte, un mini-golf, un court de tennis, une table de ping-pong et un boulodrome, une salle de fitness, un sauna, un billard et le solarium parfait pour un moment de farniente. Pour peu que l'on veuille s'agiter, le personnel propose vtt, pédalo ou barque. Dans le parc de l'hôtel, une résidence de 14 appartements, équipés d'une kitchenette pour des séjours en famille, qui pourront profiter des équipements d'animation gratuits de l'hôtel.

HOTEL-RESTAURANT DU FORT ✆ 05 65 99 62 48. *Ouvert toute l'année. Chambres à 30 €. Petit déjeuner 5 €. Menus 10 €, 14 €, 18 €.* Angélique et Bruno Capron réservent un accueil attentionné à leurs clients. Pour preuve le petit nombre de chambres (quatre) à prix unique. C'est au restaurant que Bruno prendra soin de faire la différence. Le canard y est à l'honneur sous toutes ses formes. Le chef peut également présenter quelques plats sur commande, comme la soupe au fromage.

Village de vacances

VALRANCE Laval ✆ 05 65 98 18 60. *Ouvert de mars à octobre. La semaine en pension complète 265 € (adulte) ; en formule gîte 422 € pour 4 personnes.* Surplombant la vallée verdoyante du Verdançon, le relais s'élève sur trois niveaux dans une ancienne bâtisse rénovée au centre du village. Il abrite 18 logements de 4 à 8 personnes. Obligation de réserver en groupe de 10 personnes minimum. Chacun d'eux dispose d'un séjour/cuisine, d'une ou deux chambres et d'une salle de bains. Pour ceux qui ont choisi la formule pension complète, les repas sont servis dans une salle de restaurant 50 places. A noter les nombreuses possibilités d'activités (billard, baby-foot, ping-pong, pétanque, parc animalier, équitation, randonnée pédestre, soirée dansante, grillades) et un programme très bien étudié pour les enfants (animations nature, activités manuelles, jeux de plein air, piscine, spectacle de chants et danses, chasse au trésor).

Chambres d'hôtes

ANDREE ET PIERRE VILLENEUVE Route de Guergues ✆ 05 65 97 54 23/06 85 53 34 49. *2 épis nouvelle norme. Ouvert de mars à octobre. 4 chambres 36 € pour 1 personne, 41 € pour 2 personnes, 56 € pour 3 personnes, et 68 € pour quatre personnes (2 chambres familiales).* Andrée et Pierre vous accueillent avec plaisir et gentillesse dans leur maison. Les chambres sont indépendantes et bénéficient de tout le confort (salle de bains, tv dans les chambres). Ils mettent à la disposition de leurs hôtes un salon privatif avec billard, une piscine et le jardin attenant (jeux pour enfants). Trois gites de France 2 personnes, classés 2 épis.

Dans les environs

Balanguier-sur-Rance

Ce village ayant appartenu aux comtes de Toulouse a, au fil du temps, changé de rive. Au XIIIe siècle, un château occupait la rive droite de la rivière. Un pont du XVe siècle relie cet ancien site à l'actuel village implanté sur la rive gauche. Il comporte encore un petit château carré avec quatre échauguettes, plus petit que le bâtiment primitif et construit probablement à la fin du XVIe siècle. L'église date du XIXe, mais elle a conservé une clef de voûte de l'ancien bâtiment, représentant une Vierge à l'Enfant.

NOTRE-DAME-D'ORIENT. Isolée, propre au recueillement que cherchent les Bénédictines qui l'occupent, cette belle église du XVIIe siècle mérite le détour sur les pentes douces de ce vallon. Elle fait partie d'un petit domaine, propriété de l'ordre dont l'un des murs s'orne d'un cadran solaire. On y pénètre par un porche qui s'ouvre sur la nef. Voir les voûtes et le beau plafond de bois à chevron ; retable et peinture liturgiques, quatre chapelles et… silence, car il y a toujours un membre de la communauté en prière.

Saint-Côme-d'Olt

Les rives du Lot sont décidément bien joliment ornées… Comme Sainte-Eulalie en amont et Estaing en aval, Saint-Côme fait partie des plus beaux villages de France. Plusieurs éléments sont remarquables. Tout d'abord, ce bourg a conservé un tour de ville intact, quasi-circulaire ; hormis les fossés comblés transformés en un large boulevard, et les murailles percées de fenêtres, il dessine toujours le même plan depuis le Moyen Age. En parcourant ce dédale de rues, venelles, places bordées d'anciennes et élégantes demeures, vous vous croirez revenus au XVIe siècle… Les origines de la ville remontent à l'époque gallo-romaine, comme en témoignent les noms se terminant en « ac ». La vie à l'époque s'était développée un peu plus au nord, autour de la chapelle des Pénitents, qui constituait la première église de la cité. Saint Côme, patron des médecins, donna son nom à l'hospice qui accueillait les pèlerins descendus de l'Aubrac. Aujourd'hui encore, les pèlerins font souvent une halte ici, pour admirer les hôtels particuliers du XVIe siècle. Au XVe siècle les seigneurs de Calmont, qui étaient aussi ceux de Saint-Côme, firent restaurer et modifier le château autour duquel s'était construit le village. Ce dernier s'était entouré de murailles percées de trois portes fortifiées, chacune protégée par un pont-levis. Aujourd'hui encore, elles permettent d'accéder au centre du village. Cette maison forte, le manoir de sires de Calmont, garde à l'arrière deux tours défensives du XIVe ; l'avant est une façade Renaissance, dont les ouvertures ont malheureusement été refaites. A côté du château, l'église date de 1522. Construite pour agrandir une chapelle romane, elle est l'œuvre d'Antoine Salvanh, l'architecte rouergat qui a bâti le clocher de la cathédrale de Rodez. Elle est de pur style gothique flamboyant, avec une nef élancée. L'architecte l'a ornée d'un portail sculpté et surtout, ce qui fait la fierté des habitants, d'un clocher flammé ainsi qualifié parce qu'il est vrillé sur lui-même ; on ne sait d'ailleurs si cette forme est volontaire ou due à une déformation de la charpente. Toujours est-il que cette silhouette surprenante est l'un des rares exemples du genre en France. L'église abrite un Christ en bois de noyer du XVIe siècle et ses portes en chêne sculpté sont classées Monument historique. Chacune d'entre elles présente 365 clous en fer forgé.

Le Lot, la ville et le clocher de l'église à Saint-Côme d'Olt

Saint-Geniez-d'Olt

A mi-chemin entre les causses du Sud et le plateau de l'Aubrac, Saint-Geniez-d'Olt attire un nombre croissant de touristes durant la période estivale. Il faut dire que ce village présente une belle palette d'atouts : sa situation géographique, sa coquetterie, sa douceur de vivre mais aussi son patrimoine historique. C'est au Moyen Age, grâce à la protection du château des comtes du Rouergue qui contrôlaient la route entre les causses et l'Aubrac, que le village s'est développé. Une fois l'église bâtie, le village a pris de l'importance et les maisons se sont construites sur la rive droite du Lot ; on voit encore, dans ces quartiers, des façades à encorbellement, d'autres à colombage. Un pont de bois franchit la rivière et seules quelques maisons sont bâties sur l'autre rive. En 1671, ce pont de bois fut remplacé par un pont en pierre pour faire face à la prospérité du village, notamment grâce aux activités en partie liées à l'eau : la tannerie, la clouterie, et surtout la draperie. Aux XVIIe et XVIIIe siècles, le quartier rive gauche vit la construction de riches maisons bourgeoises et d'hôtels particuliers. Saint-Geniez devint la troisième ville rouergate après Rodez et Villefranche. La Révolution, en supprimant les privilèges que la ville détenait depuis 1345, bouleversa l'organisation politique de la cité. Un capucin du nom de François Chabot, par idéal révolutionnaire ou ambition politique, fut à l'origine de l'agitation qui régna durant quelques années. L'industrie est malgré cela restée florissante jusqu'au début du XXe siècle. A son déclin, elle a été quelque temps remplacée par une culture rendue possible par la qualité de son terroir, celle de la fraise. Bien des visiteurs croient aujourd'hui encore qu'ils pénètrent dans le royaume de la fraise : las ! la culture de la « Sannié » a désormais cessé…

Sur la place centrale, à côté de la mairie, Saint-Geniez affiche un côté méridional avec son boulodrome où se pratiquent la pétanque et la boule lyonnaise. A la sortie de Saint-Geniez, direction Sainte-Eulalie, le Pont Neuf enjambe la rivière Lot. Rive droite, à l'extrémité du pont, légèrement en contrebas, on trouve une des rares sources de l'Aveyron d'eau ferrugineuse. Autrefois, les habitants de Saint-Geniez (qu'on appelle les Marmots) venaient le dimanche pour recueillir cette eau. Laissée un moment à l'abandon, cette source est désormais réhabilitée.

OFFICE DE TOURISME INTERCANTONAL SAINT-GENIEZ - CAMPAGNAC 4, rue du Cours © **05 65 70 43 42.** *Fax : 05 65 70 47 05. Site Internet : www.st-geniez-dolt.com - E-mail : office.tourisme.saintgeniez@wanadoo.fr.*

Points d'intérêt

LA CHAPELLE DES PENITENTS NOIRS 4, rue du Cours © **05 65 70 43 42.** *Ouvert le matin, sauf le dimanche. Ouvert également l'après-midi en saison.* Actuellement occupé par l'Office du tourisme, ce bâtiment est construit sur un terrain ayant appartenu aux Augustins. Il fut achevé en 1705. S'il est vrai qu'il n'offre pas l'aspect d'une chapelle, à cause de sa nef rectangulaire et son abside peu profonde, le décor de son plafond permet de confirmer cette vocation première. Il a été peint par Jean Grandon et son fils, qui s'installèrent ensuite à Lyon. Près de la porte se trouve l'autel de la chapelle (XVIIIe siècle).

LE CLOITRE - LA CHAPELLE DES AUGUSTINS Place de la Mairie. Erigé en 1347 par les Augustins, le cloître sert en partie d'hôtel de ville. Néanmoins, il demeure un bel exemple de l'architecture des XIVe et XVe siècles. Une chapelle contiguë avait été construite pour servir d'annexe à l'église de la rive gauche. Elle a conservé ses ornements, dont un superbe triptyque du XVIe siècle, en bois sculpté. Il représente l'adoration des Mages en son centre, la circoncision et la présentation au Temple sur les deux volets peints. Voir, à l'intérieur de l'hôtel de ville, la salle des Illustres ainsi nommée parce qu'y sont exposés les portraits des grands hommes de la ville : l'abbé Guillaume Raynal (philosophe du XVIIIe siècle), l'abbé Bonnaterre (étudia le comportement de l'enfant sauvage), Pierre Thédenat (mathématicien), le comte de Frayssinous…

L'EGLISE Place de la Halle. L'édifice est roman d'origine, mais a été remanié au XVIIIe siècle par l'architecte Jean Parate. On y accède par un escalier à balustres à double révolution et l'on remarque encore la nef romane primitive où se trouve un retable baroque avec ses colonnes torses datées du XVIIe siècle. La chapelle de gauche accueille une pierre tombale et un mausolée sculpté.

LE MONUMENT TALABOT. Situé sur les hauteurs de la ville, à l'endroit où s'élevait l'ancien château féodal, ce mausolée du XIXe siècle, œuvre des sculpteurs Denys Puech et Louis Barrias, est consacré à une pauvre fille, originaire de la commune, qui épousa un ingénieur des Chemins de Fer. Désormais riche et introduite dans la bonne société, cette Mme Talabot revint dans son village natal, mais la bourgeoisie locale battit froid à cette « parvenue ». Vexée et en colère, elle jura qu'elle dominerait les Marmots, fût-ce après sa mort. Ainsi fit-elle en acquérant les restes du château Rey, au-dessus de la ville, en le rasant et en commandant ce monument à son souvenir. Décédée en 1889, elle ne le vit pas achevé mais, plus d'un siècle après, il domine toujours Saint-Geniez.

LES HOTELS PARTICULIERS. Trois ont été construits au XVIIe siècle sur les plans de Jean Parаté, élève de Mansard. On passe, rue du Ravieux, devant l'hôtel du Grand Rivié (maison privée), construit pour un protégé de Louvois. Rue Hygonet, l'hôtel de Ricard est de la même époque. Il s'y tint de somptueuses fêtes au XIXe siècle. Rue de l'Hôtel-de-Ville, l'hôtel de Fajole est gardé par une porte cochère en bois et renferme un bel escalier de pierre. Ces hôtels particuliers ne se visitent pas, sauf si d'aventure les propriétaires vous invitent à découvrir leur bien… Au cours de la promenade, on croise les maisons hautes et étroites du quartier des tanneries et plusieurs édifices religieux qui témoignent de l'ancienne prépondérance du clergé tout comme de l'importance de la cité.

Le gîte

HOTEL DE FRANCE 18, place du Général-de-Gaulle ✆ 05 65 70 42 20.** *Fermé de novembre à mars. Chambres de 47 € à 53 €. Petit déjeuner 5,60 €. Menus de 11 € à 32 €.* L'Hôtel de France est une grande maison traditionnelle, au centre du village. Une cinquantaine de chambres se répartissent dans tout le bâtiment, qui peut ainsi recevoir les groupes. Ceux-ci, comme tous les clients, ont d'ailleurs à leur disposition un salon d'animation, deux salons-bars, une terrasse. En outre, ils peuvent accéder aux installations de loisirs du Marmotel, le club de vacances situé à la sortie du village où se trouvent piscines, tennis, terrain multisports, espace de jeu… Les chambres ont bien sûr douche et wc, téléphone, télévision et… confort ! Comme on envisage ici des vacances pleines et entières, la salle de restaurant ne sera pas négligée : son décor avoue son âge, mais elle le porte sans une ride. Sur les nappes blanches, on voit arriver les spécialités du terroir, ces recettes traditionnelles qui prennent toute leur saveur quand elles sont, comme ici, cuisinées avec soin et à partir d'ingrédients de qualité.

HOSTELLERIE DE LA POSTE - RESTAURANT LE RIVE GAUCHE* Place du Général-de-Gaulle ✆ 05 65 47 43 30.** *Ouvert de mi-mars à mi-novembre. Chambres de 32 € à 110 € pour une suite. Menus de 15 € à 48 €.* La toute jeune maîtresse des lieux, Isabelle Caulier, règne sur cet établissement avec une aisance toute naturelle, et pour cause : c'est son arrière-grand-mère qui l'a fondé. Aujourd'hui, Isabelle a repris le flambeau, aidée par son compagnon, le non moins jeune chef Alexandre Bousquet. L'établissement est vaste, l'éventail de ses possibilités large : deux salles de restaurant ainsi qu'une vaste salle réservée aux pensionnaires, une terrasse extérieure donnant sur la piscine, 20 chambres à la décoration « rustique », 30 chambres plus contemporaines dans les tons jaune-orangé, un jardin au calme, des petits coins salon… Côté cuisine, le chef originaire du Tarn propose, dit-il, de la nouvelle cuisine traditionnelle, avec beaucoup d'herbes (sauge, coriandre…), et un grand choix de poissons : dos de sandre aux cèpes, filet de cabillaud avec sa boulangère de panais et potimarron, truites du pays d'Olt… Les amateurs de viande ne sont pas oubliés, avec un filet de bœuf de l'Aubrac au caramel de Banyuls et sa truffade. Bref, un établissement distingué.

Gîte

LES CHARLOTTES ✆ 05 65 75 55 55. *Ouvert toute l'année. Trois gîtes de quatre à sept personnes. Semaine de 180 € à 360 €.* Dans ce petit hameau, à deux kilomètres de Saint-Geniez, en direction de Saint-Saturnin, une maison ancienne a été rénovée et divisée en trois gîtes à étage. Le chauffage central les rend accueillants en hiver, à la belle saison on profite d'une terrasse et de la cour. Lave-linge et lave-vaisselle allègent les tâches ménagères, télévision, salon de jardin et grand air sont là pour les loisirs.

Façade de l'église à Saint-Geniez-d'Olt

© OT Saint-Geniez d'Olt

Camping

LE MARMOTEL ✆ **05 65 70 46 51.** *Site : www.marmotel.com. Ouvert du 10 mai au 10 septembre 2006. Forfait camping 2 personnes de 17,30 € à 30,00 € - 40 emplacement avec sanitaire privé sur l'emplacement. Mobil-home 5 places de 330 € à 675 € (haute saison). Chalet 3 places de 220 € à 375 € (haute saison), chalet 4 places de 300 € à 632 € (haute saison), chalet 7 places de 500 € à 970 € (haute saison).* A la fois camping, club de vacances et centre de loisirs, le Marmotel met tout le nécessaire et l'agréable à la disposition des campeurs. Rien de spartiate dans ce grand terrain de 5 hectares, mais au contraire des installations prévues pour des vacances en famille. Le terrain comporte trois zones : une pour les tentes et caravanes avec des emplacements de 90 m^2 ; une autre zone d'emplacements de 110 m^2 pourvus chacun d'un bloc sanitaire (lavabo douche et WC, évier et prise électrique à l'extérieur) ; la dernière est parsemée de mobile homes et de chalets (avec sanitaires, chambre, séjour, terrasse, cuisine équipée, télé, barbecue). Cet ensemble bien organisé est bordé par le Lot, peu profond à cet endroit et accessible à la baignade. Le village est tout près, mais on trouve sur place une gamme de loisirs étendue : bar-restaurant, discothèque privée, piscines avec jets et toboggan, terrains de tennis, de volley, de pétanque et tables de ping-pong, jeux pour enfants, animations pour enfants et adultes… Quant aux services, le Marmotel fournit l'indispensable (buanderie, vente de pain). Un cocktail de bienvenue est offert tous les dimanches midi (haute saison) avec présentations des activités de la semaine du Marmotel ainsi que toutes les activités proposées dans le village.

Hôtel / Restaurant

LION D'OR place de l'Hotel de Ville ✆ **05 65 47 43 32** *leliondor.geniez@wanadoo.fr. Ouvert toute l'année. Chambres 45 à 55 €. Menus 11 à 28 €. Demi-pension 45 à 60 €. Traiteur.* En centre-ville à côté de la mairie, ce Lion est un établissement bien agréable. Derrière ses murs de pierre, il abrite sept chambres de bon confort aménagées avec goût. Sonia et Jérome veille à ce que les hôtes de ces lieux y trouvent une expression parfaite de l'hospitalité ; pour ce faire, l'accueil est attentionné et la cuisine délectable. Sur des tables bien mises, nappes blanches et les plats se succèdent avec goût : viandes de l'Aubrac permet de goûter à l'appellation d'origine contrôlée locale (par l'entremise d'une entrecôte), ainsi qu'aux spécialités régionales ; le choix est très varié et l'on peut citer truite pays d'olt, salade ce cabecou... Deux salles et une terrasse ont la capacité d'accueillir de grands repas. L'accueil souriant rend le séjour plaisant.

Loisirs

LES IFERS Route de Saint-Martin ✆ **05 65 70 60 60.** *Ouvert tous les jours de mi-mai à mi-septembre. Adultes 19 €, enfants jusqu'à 16 ans 15 €, enfants 11 €.* Les Ifers, c'est une grande forêt de feuillus qui domine Saint-Geniez-d'Olt. Ici, les enfants peuvent jouer à Tarzan dans les « arbres de l'aventure » : on se balance, on crapahute, on glisse, on grimpe grâce aux échelles, aux lianes, aux ponts, aux passerelles... Pour les enfants, les modules placés dans les arbres sont sécurisés en permanence, sans décrochage des mousquetons. Un bar et une brasserie (ouverture non-stop de 9 à 18h) permettent à toute la famille de se remettre de ses émotions.

Balade

TOURISME VERT. *Chaque jour, en juillet et en août, la mairie de Saint-Geniez propose des animations originales et dépaysantes : visites de moulins ou de fermes, traites des vaches ou des brebis, randonnées, sorties vtt... Pour y participer, il suffit de s'inscrire à l'Office du tourisme. Environ 2 € la sortie.*

Stages

LA PETITE ECOLE D'ART Place de l'Eglise ✆ 05 65 52 75 13. *Fermé 15 jours à Noël.* Frank Kiowski a installé son atelier d'artiste à deux pas de l'église, en bordure du Lot, dans l'ancienne école du village, une ravissante demeure du XVIIe siècle flanquée d'une très jolie petite tour. La salle d'exposition montre ses tableaux, tandis que son atelier s'ouvre à tous les amateurs qui auraient envie de passer à la pratique. Il organise à leur intention des cours et des stages de dessin et de peinture. La Petite Ecole d'art abrite également un laboratoire photo et un magasin de produits beaux-arts.

Emplettes

Artisanat

EULALIE D'ART Espace Louis-Marcilhac ✆ 05 65 47 82 68. Une ancienne grange, située à l'entrée du village près d'un grand parking, accueille un groupement d'artisans d'art ainsi que leurs ateliers : vitraux, vanneries, sculptures sur bois ou sur métal, bijoux... Les artistes travaillent ici devant les visiteurs, dans un environnement reposant et propice à la création. Le même bâtiment abrite le syndicat d'initiative.

Cadeaux

L'AME D'OLT 14, rue de l'Hôtel-de-Ville ✆ 05 65 70 43 40. Ce coutelier mérite un détour car il propose une sélection de Laguiole mais aussi des couteaux d'autres pays particulièrement bien choisis. Il travaille en étroite collaboration avec un fabricant de Laguiole et réalise sur demande des pièces originales.

PRESSE TABAC BORIES 11, place du Marché ✆ 05 65 47 44 74. La librairie Bories dispose d'un rayon important d'ouvrages régionaux. De plus, les propriétaires de cette entreprise familiale connaissent bien le coin et sont toujours enclins à expliquer les possibilités de découverte des environs.

La Poule Un

Chaque année à la Toussaint, depuis la nuit des temps, se tient sur la place du village, à Sainte-Eulalie-d'Olt, une curieuse vente aux enchères baptisée la « Poule Un ». Pourquoi ce nom ? Tout simplement parce que le premier « lot » proposé à la vente est... une poule vivante. Les lots suivants ne sont pas plus habituels, et tous sont offerts à l'occasion de cette vente publique par les paroissiens eux-mêmes : eau-de-vie, œufs, noisettes, volailles, châtaignes, noix, gâteaux, fouace, fleurs séchées, tableaux... L'argent récolté (on parle encore ici bien souvent en... anciens francs !) est destiné à la paroisse afin de payer les messes pour les défunts.

Produits gourmands

BRASSERIE D'OLT Rue Sannié ✆ 05 65 52 75 03. *Sur rendez-vous.* Depuis 1998, Sébastien Blaquière produit artisanalement une bière blonde, une bière ambrée et une bière blanche, à raison d'environ 800 hectolitres par an. Cette « bière de l'Aubrac » est issue d'une double fermentation. La brasserie se visite, durant une heure : 1,50 €. Dégustation comprise.

LES DELICES DES MARMOTS Lotissement le Central ✆ 05 65 42 97 94. *Sur rendez-vous.* Sylvie Benoît propose ses confitures, gelées, sirops et autres délices, tous de confection artisanale. Des produits sucrés qui fleurent bon l'Aveyron.

RUCHERS DU VAL D'OLT Presbytère d'Estables ✆ 05 65 70 45 77. *Ouvert tous les jours de juin à mi-septembre, de 10h à 12h30 et de 15h à 19h30. Hors saison : sur rendez-vous.* Ici, les petites abeilles produisent du bio, rien que du bio, et leur miel est exclusivement issu de fleurs sauvages. Au cours d'une visite gratuite, qui dure entre 1h30 et 2h, on apprend comment on extrait le miel, on découvre tous les produits dérivés du miel (bougies, savons, bonbons...), on déguste, et on peut acheter tous ces produits qui ont désormais livré leurs secrets.

Dans les environs

Cabanac

Cabanac est un hameau au bout du monde. A la sortie de Sainte-Eulalie-d'Olt, la route grimpe sur la colline avant de redescendre sur l'autre versant et venir se terminer au bord du lac dans le hameau de Cabanac. Pour le non initié, ces quelques maisons ne sont qu'un hameau de plus. En revanche, dans le milieu de la pêche en France et en Europe, Cabanac est considéré comme un haut lieu européen de la pêche des carnassiers et de la carpe. La famille Vaylet est connue de tout pêcheur qui se respecte car elle accueille dans ses gîtes et son camping les passionnés du loisir halieutique. C'est un des rares campings du département qui ne ferme que quelques semaines dans l'année.

Campagnac

Gros bourg, qui connut autrefois une certaine prospérité marchande, on en retient aujourd'hui les grosses maisons de pierres taillées, parfois blondes, qui témoignent de la prospérité du XVIIIe siècle. Quelques marchands et bourgeois avaient fait fortune dans le commerce des grains, activité que rappellent de vieilles mesures à blé, en pierre, restaurées et exposées sur la place centrale. L'occupation du site est assez ancienne et s'est accentuée avec l'installation d'un prieuré bénédictin au IXe siècle. Pour la petite histoire, les « louvetiers de Campagnac » étaient autrefois célèbres dans tout le Rouergue pour leur aptitude à éloigner les loups des maisons isolées. Pour se faire récompenser de leurs efforts, ils se faisaient remettre des œufs, du lard ou de la filasse qu'ils portaient sur l'âne qui les accompagnait. Mais certains semble-t-il abusèrent de la générosité dont on leur témoignait, et cette pratique fut sévèrement réglementée. Le village de Campagnac est le berceau de la famille du célèbre libraire-éditeur Privat. C'est aussi ici que la famille Serpantié s'est installée au milieu des années 1800 et un des descendants, Roger Serpantié, s'illustra dans les arts picturaux au travers de nombreuses expositions internationales. Surplombant Campagnac, sur la route qui conduit à Saint-Urbain, se garer en sommet de côte. Emprunter un petit chemin de terre sur la droite qui vous amène à l'église de la Capelette. Cette église dite du Saint-Sépulcre date du XVIe siècle pour sa partie la plus ancienne. Bâtie sur un promontoire rocheux, elle domine toute la vallée et permet de voir les contreforts de l'Aubrac. Ce lieu fut de tout temps visité par les hommes comme en témoignent les nombreuses traces du passé : pointes de flèches, perles de verre… Sur les murs de l'église, des générations sont venues marquer leur passage, leurs amours, leurs espérances. Certaines de ces inscriptions sont attribuées à des confréries de métiers telles celle des scieurs de long dont le symbole se retrouve à plusieurs endroits de l'édifice. La porte d'entrée de l'église est sculptée de symboles n'ayant pas à ce jour livré leur secret.

EGLISE DE CANAC. L'endroit fut occupé dès le Ier siècle et se vit doté d'une belle église romane, construite entre le XIe et le XIIe siècle. Elle a été en partie restaurée au siècle passé.

BOULANGERIE-PATISSERIE CAVALIER Le Bourg ✆ 05 65 70 42 34. Immanquable, la fouace de Campagnac. Voilà quatre générations (et bientôt cinq, le petit dernier va prendre la relève !) que la famille Cavalier a mis au point cette recette de brioche à la fois gonflée et généreuse, avec ce petit goût particulier qui a fait sa réputation. Tout aussi immanquable, la grande boulangerie pâtisserie, rutilante, située au centre du village, qui attire les gourmands comme un pot de miel les ours alléchés…

Corbières

Le petit village de Corbières est perché au-dessus de Saint-Geniez sur l'Aubrac. Il n'y a que quatre ou cinq maisons, mais le site est intéressant. La légende dit que le village fut bâti sur un ancien volcan que l'on trouve quelques mètres au-dessus. Le point de vue y est magnifique. C'est aussi le lieu qui a inspiré l'écrivain Henri Jurquet pour son ouvrage Appolonia : récit de la vie d'une des femmes du village.

Pierrefiche-d'Olt

A 7 kilomètres de Saint-Geniez.

Ce village de 300 âmes surplombe la vallée du Lot. Il faut se rendre au trou du Souci pour voir le ruisseau de la Serre, très prisé des pêcheurs, disparaître dans les entrailles de la terre. La rivière ressurgit sous le nom de ruisseau de Glassac, en contrebas du village. A gauche du cimetière, un chemin conduit au fond de la combe où sont nichés les anciens moulins toujours alimentés par ce ruisseau. L'église Saint-Pierre, qui date du XIIe siècle, fut donnée en 1177 à l'abbaye de Bonneval. A quelques kilomètres du bourg se trouve le village de Galinières où subsiste un château qui s'avère être une grange fortifiée appartenant également à l'abbaye de Bonneval. On y admirera le superbe donjon.

Saint-Laurent-d'Olt

Bâti sur un promontoire rocheux dans une boucle du Lot, qu'il domine d'au moins 50 mètres, ce village mettra vos mollets à rude épreuve. Il faudra du muscle pour gravir l'unique rue en pente qui mène au château des Hermaux du XIIIe siècle, et reconstruit au XVIIIe siècle. De riches demeures étalent leur architecture et l'ornement de leurs portes. C'est dans les proches environs que l'on peut découvrir une « Vierge noire » d'époque romane parmi les plus anciennes du Rouergue, dans la chapelle XIIe siècle du site gallo-romain d'Estables.

Saint-Saturnin-de-Lenne

Le village se signale par une belle église de grès rose. Elle a été bâtie aux XIIe et XIIIe siècles, grâce à une donation des seigneurs de Calmont-d'Olt à l'abbaye de Conques. Elle surprend par cette belle couleur et la coupole qui la coiffe.

Saint-Rome-de-Tarn

L'origine du bourg remonte à l'époque gallo-romaine, Roma ad Tarnum. Des mines d'argent étaient autrefois exploitées, ce qui permet de comprendre pourquoi Saint-Rome-de-Tarn a toujours connu une activité humaine importante. Evangélisé par saint Amans, le village doit, dès le Xe siècle, repousser les assauts des envahisseurs. Les habitants décident donc de construire un château fort et des remparts, dont on peut encore voir les portes fortifiées. Un pont datant du XIe siècle permettait d'entrer dans la cité. Il en reste quelques vestiges. Les guerres de Religion seront particulièrement dévastatrices pour le village, principalement pour l'église qui ne sera reconstruite qu'en 1734. Débarrassée des menaces, à la faveur de temps meilleurs, la ville va se développer hors de ses remparts. C'est ici qu'est né Monseigneur Affre. Il fut archevêque de Paris et fut tué sur les barricades de la Révolution de 1848. Aujourd'hui Saint-Rome bénéficie d'un impact touristique non-négligeable apporté par le lac qui se forme à ses pieds. Une promenade dans les rues permettra de franchir les portes fortifiées pour découvrir un patrimoine architectural remarquable, comme les façades sculptées de la rue de la Renaissance. Près de la place, se trouve un lavoir alimenté par un petit cours d'eau qui tombe en cascade dans le Tarn, juste avant le pont. A voir également la tour de l'Horloge, avec à proximité, quelques jolies maisons de style provençal. L'église recèle, au fond d'une vaste nef, un superbe maître-autel avec de belles colonnes en marbre. Le chemin de croix est présenté par des toiles, doublé par un symbolisme moderne, réalisé suivant les techniques de l'art contemporain. Le clocher est déporté. Une cascade, des rues agréables, une place où il fait bon flâner en été, une base de loisirs où l'on peut faire ses premières armes de marin en louant un canoë, bref un lieu où il fait bon vivre. Le lac s'enfonce entre les flancs de la montagne, et le paysage n'est pas sans évoquer quelque peu un fjord norvégien. Il faut, rive droite, suivre la route qui longe la rivière et se rendre au Mas Nauq pour embarquer à bord d'un bateau promenade « le héron des Raspes » et découvrir dans le moindre détail ce paysage grandiose. Les guerres de Religion ont laissé ici de nombreuses traces. Maurice Genevoix a planté dans cette région les décors de son roman « La motte rouge ». La base nautique permet d'accueillir les amateurs de sports aquatiques. Large, profonde, la rivière canalisée s'enfonce entre des berges pentues et inextricables. C'est par voie d'eau qu'il faut découvrir le paysage. Pour le pêcheur, le lac est intéressant à plus d'un titre. Carpes, brochets, sandres, perches peuplent les eaux.

POINT INFO TOURISME Kiosque - Place du Terral ✆ 05 65 62 50 89. *Ouvert en saison.*

Le gîte

Hôtel-Restaurant

L'AUBERGE DE SAINT-ROME Place Terral ✆ 05 65 62 53 07. *Fermé en janvier. Chambre double de 35 € à 45 €. Petit déjeuner 5 €. Soirée étape 40 €. Menu de 11 € (le midi) à 18 €. Carte.* Sur la place du village, cette auberge récemment rénovée est le fief de bon nombre d'habitués et de touristes venus se rassasier d'une cuisine familiale. Sur les tables se côtoient des spécialités du crus telles qu'un savoureux ris d'agneau persillé ou un copieux mix-grill (3 viandes sur planche), des pizzas et de belles salades, parfaites pour un déjeuner estival. Le soir après le repas l'ambiance devient volontiers festive. L'auberge reçoit régulièrement des groupes qui viennent y pousser la chansonnette. Greg et son épouse accueillent les visiteurs dans une dizaine de chambres bien tenues et récemment remises à neuf. L'endroit est agréable décontracté et on est reçu avec le sourire.

Camping

CAMPING ET GITE D'ETAPE DE LA BASE NAUTIQUE ✆ 05 65 58 14 69. *Ouvert d'avril à octobre. Site : www.c-v-v.com. Emplacement de 10 € à 15 €. Chalet de 220 € à 585 €. Gîte : 13 € par personne. Demi- pension : 29 €. Petit-déjeuner : 5 €.* Annie, Laurent et Boris, les nouveaux responsables de ce camping, ont donné un second souffle à cette adresse. Les vacanciers profitent toujours d'une situation exceptionnelle en bordure du Tarn, idéale pour pratiquer des activités de plein air (VTT, canoë, canotage, pédalo, foot…). Pour camper, 50 emplacements sont abrités du soleil par de grands arbres. Les chalets qui peuvent accueillir de 2 à 5 personnes sont confortables et tous dotés d'un séjour avec coin cuisine, d'une salle d'eau, de 2 chambres, d'un chauffage et d'une terrasse ombragée. Face au plan d'eau, le gîte offre des chambres de 2-4 personnes et des dortoirs de 5-6 personnes.

► Dans les environs

Le Truel

L'empreinte médiévale de ce village est encore nettement présente comme en témoignent des maisons à colombages parfaitement restaurées. A moins d'un kilomètre du village subsiste une maison forte bâtie au XVe siècle sur une petite éminence ; La Montellerie a conservé son enceinte fortifiée carrée. Voir également, à proximité, la chapelle de Saint-Cyrice de l'Infernet (XVe siècle) et celle de Saint-Etienne-de-Rouffignac (édifice roman remanié aux XVe et XIXe siècles). Le Truel s'était développé comme point de passage sur les rives du Tarn. Une activité commerciale s'était établie en plus des cultures fruitières et viticoles très répandues dans cette partie de la vallée. La construction d'une usine hydroélectrique a évité au village de s'étioler.

CENTRALE HYDROELECTRIQUE Le Pouget ✆ 05 65 46 65 00. *Visite tous les jours en été, sur rendez-vous hors saison.* Construite en 1950, cette centrale utilise la force des eaux des 5 lacs du Lévézou. Elle produit en moyenne 350 millions de kWh, grâce au système de turbines que l'on voit en fin de visite. Celle-ci commence par une première exposition où des panneaux et des animations montrent comment EDF produit de l'énergie dans ce type de centrale et expliquent le rôle quelles tiennent, à la fois dans le système global de fourniture d'énergie (en tant que système facilement malléable, permettant de répondre rapidement aux demandes d'énergie) et dans le domaine de l'environnement et du tourisme. Une vidéo d'une vingtaine de minutes et un tableau animé résument l'action de tout le groupement comprenant le barrage de Pont-de-Salars, Pareloup, Villefranche-de-Panat et Le Truel. Après ces explications, on se rend dans la salle des machines : au fond d'un puits sphérique de 25 mètres de profondeur, on peut apercevoir un robinet de vanne de fond et des turbines. La visite s'achève par la projection d'un film sur l'énergie de loisirs rappelant l'usage de l'eau au quotidien. Cette visite complète, par un exemple grandeur nature, la vision d'ensemble que l'espace Noria, à Saint-Jean-de-Bruel, donne de l'utilisation de la force hydraulique (les périodes de visites peuvent être annulées lors de l'activation de certains degrés du Plan Vigipirate).

LES LACS. Toujours dans le même esprit, la visite se conclut aux « sources » mêmes de la vie du village, par une promenade sur les bords des lacs de Saint-Amans et du Truel. Le premier alimente l'usine du Pouget et se trouve au nord du village ; le second s'est formé par une retenue sur le Tarn, en amont du Truel, à hauteur de Pinet. On peut se promener sur les rives de l'un et de l'autre, pêcher, mais pas se baigner (les barrages peuvent faire varier le niveau d'eau de façon brutale et donc dangereuse).

Salles-Curan

Bien qu'il n'en reste pas de vestiges, la commune existait cependant déjà à l'époque celtique. L'ère médiévale laissera de nombreuses traces, sûrement à cause du rayonnement de la cité à cette époque. Elle était, en effet, propriété épiscopale et il était fréquent que les évêques de Rodez y séjournent. Guillaume de la Tour édifia un château au XVe siècle, duquel subsiste une très belle porte sculptée. Il abrite aujourd'hui une hostellerie réputée. L'église date également du XVe siècle, mais a été embellie au XVIe par François d'Estaing. De style gothique, son portail et un bénitier sont de style roman. Elle possède de superbes stalles classées et finement ciselées. Parmi les autres perles architecturales, se trouve la grange aux dîmes avec de superbes fenêtres à meneaux. Il faut aller jusqu'au hameau de Cabanières où se trouvait une commanderie des Templiers. Le cimetière conserve une superbe croix templière classée. L'été, Salles-Curan est une cité touristique animée du Lévézou grâce à la proximité du lac de Pareloup. Sortir du bourg par la D993 en direction de Rodez puis prendre à gauche vers les Vernhes : cette route longe et domine une partie du lac et donne le meilleur aspect du site. Le lac de Pareloup : Lac de 1 300 hectares avec 120 kilomètres de berges.

Le couvert

LE SANDRE ✆ **05 65 46 31 04.** *Fax : 05 65 46 05 18. Menus brasserie de 15 € à 37,50 €. 200 couverts.* Sur les berges du lac de Pareloup aux Vernhes avec une terrasse panoramique face au lac ce restaurant est une halte de fraîcheur. Au menu de la cuisine traditionnelle.

LA PIERRADE Rue de la Confrérie ✆ **05 65 46 02 51.** *Ouvert toute l'année. Menus de 10 € à 32 € (menu régional à 15 €).* Avec un nom pareil, on ne sera guère étonné de trouver à la carte et dans les menus des pierrades à la viande, mais aussi un grand choix de pizzas. La chose est parfaitement assortie au cadre, celui d'une ancienne cave toute en voûte et en pierre. Le plus étonnant est un puits dont l'ouverture, à même le sol, a été fermée d'une dalle vitrée. Vous pourrez aussi déguster votre repas dans une deuxième salle aux allures de chalet savoyard. L'été, on mange en terrasse où l'on savoure une glace en plein après-midi. Le restaurant sert en toute saison une cuisine classique et propose même un service de plats à emporter.

Le gîte

Hôtels-restaurants

HOSTELLERIE DU LEVEZOU** ✆ **05 65 46 34 16.** *Site Internet : www.hostelleriedulevezou.com. Ouvert d'avril à octobre. Chambres de 31 € à 53 € selon la saison. Petit déjeuner 7 €. Formule rapide 13,50 €. Menus de 20 € à 45 €. Carte gourmande à 30 €. 17 chambres classées 2 étoiles de 31 € à 53 €.* A un kilomètre du lac de Pareloup, l'Hostellerie s'est installée dans une magnifique demeure du XIVe siècle, à la façade cachée par la végétation. De belles chambres tout confort, à la décoration classique vous offriront un très agréable séjour. Côté restauration le plaisir sera le même car l'Aveyron et ses parfums s'invitent dans votre assiette. Composée autour de produits frais, la carte suggère un tronçon de sandre et ses ravioles au fenouil dans une infusion orange romarin, un râble de lapereau grillé et flambé au capucin servi avec une sauce saupiquet, à savourer après s'être ouvert l'appétit de foie gras frais et figues, de gambas à la noix de coco ou d'un feuilleté de roquefort à la sauce au vin de noix. Après les repas gourmands, des soirées à thème sont parfois organisées. Le petit plus, des forfaits découverte avec Micropolis sont proposés.

LE RELAIS CHAMPETRE **Les Canabières** ✆ **05 65 46 39 37.** *Fermé du 24 décembre au 1er mars. Chambres de 27 € à 33 €. Petit déjeuner 5 €. Menus de 10 € à 14 €. Demi-pension 38 €. Etape VRP : 35 €.* Il porte bien son nom et l'on pourrait même lui rajouter « familial ». L'endroit met à l'aise qui cherche un petit hôtel tout simple ; il y a là juste cinq chambres, dont Paulette Berthomieu soigne les occupants et une salle de restaurant qui se termine par une grande véranda. On y mange le nez en l'air, le regard perdu dans le paysage reposant qui l'entoure. La table ne fait pas plus de manières : les menus respirent leur terroir et du coup le servent dans l'assiette. Selon l'inspiration du jour et du marché, la patronne sert de la charcuterie, une quiche maison, des ris de veau, un rôti de bœuf à point, parfois un confit de canard, le tout entouré des légumes de saison. Et pour faire bonne mesure, le repas s'achève sur fromage et dessert. Rien d'extravagant, mais des valeurs sûres.

LE RELAIS DE LA SOURCE **Bouloc - ✆ 05 65 46 39 48.** *Fermé de mi-décembre à mi-janvier et tous les lundis après-midi. Menu de 12,50 € à 22 € (midi et soir). Chambres de 27 € à 34 €.* Dans une belle bâtisse au centre du bourg, ce Relais est une adresse parfaite pour les budgets modérés. Le confort des 10 chambres est un peu sommaire mais l'ambiance a le mérite d'être typique. Cinq d'entre-elles sont équipées de d'une salle de bain privative. Côté restaurant, la carte affiche de savoureuses spécialités régionales telles qu'une pintade au genièvre, un ris d'agneau, un confit de canard ou des spécialités charcutières du cru. L'endroit est un tantinet désuet mais c'est tout ce qui fait le charme de l'adresse.

LES TILLEULS DU PARELOUP **Place de la Mairie ✆ 05 65 46 33 08.** *Site : www.hotel-des-tilleuls.fr. Menus de 10 € (midi en semaine) à 28 €. Menu enfant : 7 €. Chambres de 36,50 € à 45 € pour deux personnes. Petit-déjeuner 6 €.* En plein centre du village, ce bel hôtel 2 étoiles, refait entièrement il y a 3 ans, offre sa terrasse aux visiteurs fatigués. Quinze chambres et un petit studio soignés bénéficient de tout le confort. Pour y accéder, vous traverserez un puits vitré et illuminé. Marrant ! Côté restaurant, la pierre et le bois du plafond rendent le lieu chaleureux et les spécialités du terroir sont à la fête : tripoux, aligot ou ces superbes cailles farcies au foie gras. C'est le cas aussi pour le pavé de sandre au beurre et au citron : tout simple, mais quand les produits sont bons, on en redemande. Ambiance familiale, classé Logis de France, l'accueil et la situation du lieu en font un bon point de chute pour rayonner autour du lac. A l'arrière du bâtiment, un petit jardin peut accueillir les enfants.

HOTEL-RESTAURANT AUX BERGES DE PARELOUP **Saint-Martin-des-Faux ✆ 05 65 46 35 09.** *Ouvert toute l'année sauf durant les fêtes de fin d'année. Chambres de 25 € à 33 €. Petit déjeuner 6 €. Menus de 11 € à 17 €.* A s'éloigner de la pleine chaleur tout l'été. Les amateurs de nature en font un départ de randonnée, un rendez-vous de chasse ou de pêche et apprécient grandement l'accueil et la cuisine familiale. Martine et Gilles reçoivent les habitués au bar (le restaurant sert des repas ouvriers plus que corrects) où l'on taille un petit bout de causette avant de s'installer dans la salle claire et conviviale. Les spécialités régionales sont toutes au rendez-vous et les menus du jour font alterner des plats simples mais frais, copieux et bien préparés. On lézarde sur la terrasse ensoleillée, on prend pension dans des chambres simples (douche ou bain, wc, télévision), ou on pique une tête dans la toute récente piscine.

HOTEL-RESTAURANT GAUBERT-LACAZE **Saint-Martin-des-Faux ✆ 05 65 46 35 00.** *Ouvert à l'année, 7j/7. Menu de 10 € à 17,50 €. Carte. Chambre 34 €, demi-pension 33 €, pension complète 37 €. Petit déjeuner 5 €. Studios 290 € la semaine.* A moins d'un kilomètre du lac, voici une maison de famille bien sympathique tenue par Isabelle et sa mère, comme l'avaient fait avant elles leurs grands-parents. A l'heure du déjeuner, la terrasse se remplit d'ouvriers, d'habitués et de petits futés qui ont su dénicher cette adresse. Ils s'y régalent d'une bonne tête de veau sauce gribiche, de magrets de canard rôtis, de tripoux et d'autres spécialités locales. Les portions sont généreuses et le rapport qualité prix imbattable. Sans compter le sourire d'Isabelle qui n'enlèvent rien au charme des lieux. L'hôtel de 14 chambres est simple mais confortable. Certaines chambres peuvent même accueillir les familles nombreuses.

Gîte

LE ROUVE *Service de réservation : 05 65 75 55 55. Ouvert toute l'année. Semaine de 200 € (basse saison) à 467 € (très haute saison).* Il faut passer par le service départemental de réservation - et s'y prendre à l'avance - pour obtenir ce gîte, classé trois épis. Il occupe une maison ancienne dans un hameau à six kilomètres de Salles-Curan. Dans un environnement calme, un grand terrain lui sert de jardin où l'on s'installe volontiers, sur le portique ou dans un fauteuil, tout dépend son âge… A l'intérieur on compte, entre l'étage et le rez-de-chaussée, trois chambres et une salle d'eau, un séjour avec un coin cuisine attenant dans lequel on a réussi à caser lave-linge et lave-vaisselle. Le lac n'est pas bien loin et les possibilités de balades nombreuses.

Camping

CAMPING BEAU RIVAGE**** ✆ **05 65 46 33 32.** *Site Internet : www.beau-rivage.fr. Ouvert du 1er mai au 1er octobre pour le camping et d'avril au 31 octobre pour les locations. Emplacement pour 2 personnes de 11,50 € à 24 €. Location de chalets et mobil-homes : tarifs week-end pour 2 personnes à partir de 59 € ; tarifs semaine à partir de 198 € jusqu'à 625 € suivant la saison.* La proximité du lac se prête à l'hôtellerie de plein air. Comme ses confrères, ce camping dispose de sa plage et de toutes les commodités. Ses 80 emplacements, en terrasse face au lac, sont en partie protégés des ardeurs du soleil par des arbres, mais on apprécie ses rayons aux bords de l'eau ou de la piscine. Rien n'a d'ailleurs été oublié et les résidants profitent d'une panoplie d'animations et de services complète : plage naturelle en bordure du camp, piscine, volley, jeux, animations, snack, bar, plats à emporter, alimentation, machine à laver le linge, sèche-linge, tv, activités pour les petits, jeux, tournois pour les ados… Soirées et divertissements pour toute la famille. Pour ceux qui recherchent plus de confort, l'établissement dispose d'un choix de chalets et de mobil-homes. A noter, une politique tarifaire très dynamique, variant au fil des saisons, proposant des promotions (week-end, couples…), internautes à vos claviers pour pister les bons plans. Et une nouveauté pour 2006 : un parcours d'aventure sera installé à l'entrée du camping.

CAMPING DU CHARROUZECH Lac de Pareloup ✆ **05 65 46 01 11.** *Ouvert de juin à septembre. Réservation hors saison au 05 65 77 36 00. Emplacement forfait 2 personnes de 13 € à 23,50 €. Edéna (structure en toile rigide, 2 personnes, kitchenette) : de 203 € à 547 € la semaine. Mobilhome 5 personnes de 254 € à 599 € la semaine. Camping trois étoiles.* Lové sur une presqu'île, le parc de Charrouzech est le lieu idéal pour profiter du lac de Pareloup et de ses plages. Les activités sont nombreuses : sports nautiques, jeux de plage, piscine, terrains de volley, Ping pong, aquagym, randonnées en VTT… Les pêcheurs et les amateurs de voile ne seront pas non plus en reste. Ce camping est un lieu idéal pour ceux qui recherchent plus que des vacances de farniente.

Loisirs

Balade

BATEAU PROMENADE « L'EMMANUEL III » Les Vernhes ✆ **05 65 46 31 04.** *Ouvert tous les jours de mai à octobre, dîner du 15 juin au 15 septembre. Promenade, adulte 6,60 €, enfant 4 €, moins de 3 ans 2,50 €. Repas et bateau entre 33 € et 38 € (en fonction du menu). Groupe (repas + bateau) 28,80 € (vins et café compris).* L'Emmanuel III est une pénichette qui prend du service dès que la saison donne envie de fraîcheur. Son originalité, outre ses promenades d'une trentaine de kilomètres tout autour du lac, est d'y associer un repas que l'on prend au fil de l'eau. Deux de ces cinq départs journaliers agrémentent le parcours, qui dure 1h45, d'un repas soigné préparé directement sur le bateau. Depuis la salle de 70 places, entièrement vitrée, on regarde défiler les paysages et il semblerait même que l'allure paisible ait un petit effet apéritif puisque l'on mange d'un bon appétit un carpaccio de saumon frais, une terrine de queue de bœuf en sauce ravigote, une fricassée de coq au cidre ou une « layolette », sorte de gratin de pommes de terre au fromage jeune de Laguiole. Le temps de savourer un fondant chocolaté et sa sauce anglaise au rhum et revoilà le ponton. Le voyage n'a été que de 2h30, mais il fut dépaysant. Les promenades du soir ont un petit côté romantique, mais peuvent aussi devenir dansantes, sur demande.

GARAGE JOHNSON BESSET ✆ 05 65 67 20 61/06 07 19 66 62 (été). Ce garage, spécialiste de bateaux, pratique la location de toutes sortes d'embarcations équipées d'un moteur. Cela laisse le choix entre des barques de pêche, des bateaux à moteur sans permis, pour la promenade, d'autres avec permis adaptés au ski nautique. On peut même passer là son permis fluvial ou maritime et, heureux propriétaire d'une embarcation, la faire hiverner aux bons soins de ce garage.

Sports

CENTRE YACHTING VOILE PARELOUP Route de Saint-Martin-des-Faux ✆ 05 65 63 33 06. *Base ouverte en été. Planche à voile, catamaran, optimist, dériveur, canoë-kayak. Location possible de l'heure à la semaine ainsi que des stages de six jours.* Ce centre possède une certification d'école de voile de la Fédération française de voile. Tout cela pour dire que l'on y pratique dans des conditions optima ces activités nautiques qui font pleinement apprécier le lac. Les stages s'entendent avec trois heures de cours et trois heures de pratique par jour. De quoi repartir avec le pied marin.

LOCATION DE BATEAU PARELOUP Besset - Anse de Salle-Curan 05 65 67 20 61 • ADALPA Base nautique de l'Adalpa - Base des Vernhes 05 65 46 33 33 • PASIELSKY MICHEL Plage des Vernhes 05 65 46 00 48 • PASIELSKY MICHEL Saint-Martin-des-Faux 05 65 46 36 53 • POUJADE YAMAHA MARINE Avenue de Rodez 05 65 46 36 75.

LOCATION DE PEDALOS PARELOUP : PASIELSKY Les Vernhes 05 65 46 00 48 • FOL Base nautique Charouzeth 05 65 46 01 11 • SYNDICAT D'INITIATIVE D'ARVIEU Plage de Pareloup 05 65 46 00 07.

Randonnées

Topo-guides : en vente librairies, syndicat d'initiative et Office de tourisme du Lévézou.

Monts et Lacs du Lévézou, édité par le SIM des Monts et Lacs du Lévézou : 6,10 € • Arvieu-Pareloup : Guide randonnée. 1,55 € • Pont-de-Salars (Arques, le Vibal, Trémouilles Prades de Salars) : 2, 20 € • Canet-de-Salars : 1, 60 € • Villefranche-de-Panat-Alrance : 3 € • Canton de Vezin (Saint-Laurent, Saint-Léon Ségur et Vezins) : 2, 50 €.

Emplettes

FERME DU BOSC Arvieu ✆ 05 65 67 19 57/06 33 86 95 63. *Visite guidée gratuite de l'élevage, du gavage et de l'atelier de transformation. En juillet et août : tous les jeudis de 15h à 18h30. Autres jours et hors saison sur réservation. Vente des produits de la ferme. Goûters à la ferme : adulte : 7 €, enfants : 4 €.*

MARCHE DE SALLES-CURAN. *En été, marché traditionnel le samedi matin, marché de produits régionaux et artisanaux le mardi à partir de 19h. Toute l'année, foire le premier samedi du mois.*

Dans les environs

Curan

Cette commune est née en 1952. Elle émane de la volonté des conseillers municipaux qui, depuis 1947, revendiquaient l'indépendance de leur section. Cette démarche tendait à redonner une indépendance à la commune, indépendance qu'elle avait perdue après la Révolution. Son église gothique possède de beaux culs-de-lampe sculptés.

ROUTE DES LACS. *L'Office de tourisme de Salles-Curan - Pareloup propose des itinéraires pour admirer toutes les beautés de cette région des lacs.* D'une longueur de plus ou moins 100 kilomètres, ils tournent autour des lacs, conduisent d'une part dans le haut Lévézou (de Pont-de-Salars à Castelnau-Pégayrols), d'autre part dans le bas Lévézou (de Pont-de-Salars à Salmiech). **Renseignement à l'Office de tourisme au 05 65 46 31 73. Voir la rubrique « Séjours à thème ».**

Sauveterre-de-Rouergue

La bastide mérite plus qu'une simple visite. Ce joli village demande une attention particulière pour découvrir de-ci, de-là, des pierres taillées ou sur lesquelles une main anonyme est venue graver un épisode du passé. Le village est harmonieux, avec de beaux exemples architecturaux. Ici et là se trouvent des passages voûtés, des panneaux qu'il faudra prendre le temps de lire afin de mieux comprendre la vie de la cité. Le Sauveterre, lieu de paix protégé par des croix est fondé en 1281 par Guillaume de Macon, sénéchal du Rouergue. La bastide est construite sur l'emplacement du château de Lusuffre, suivant un découpage parfaitement symétrique, en neuf parcelles. On accède à la cité par quatre portes. Des douves défendues par des tours d'enceinte entouraient la ville. La ville obtient très rapidement sa charte, fondation de l'organisation de la vie dans la bastide, garantie des libertés. Elle devient le siège d'un important bailliage. En 1313, l'église est fondée. Son clocher sera très utile pour repousser les attaques durant la guerre de Cent Ans. Le village a été par deux fois décimé par des épidémies de peste. La Révolution de 1848 donna l'occasion au maire de l'époque de s'illustrer pour défendre la Constitution, ce qui lui valut d'être déporté au bagne de Bône en Algérie. L'église n'a pas toujours été à l'emplacement qu'elle occupe actuellement. Au début, elle se trouvait un peu plus près du mur d'enceinte. Déplacée, tout en conservant son orientation, elle devient collégiale en 1514 sur l'initiative de François d'Estaing. Son clocher carré mesure plus de 30 mètres de haut. De part et d'autre du portail, sont sculptés les visages des consuls administrant la ville. L'intérieur surprend par la beauté du retable maître-autel et la clarté de l'édifice, particulièrement bien mis en lumière par de superbes vitraux. Le visiteur est complètement subjugué par la beauté des pièces décorant les chapelles. Ainsi, un maître-autel finement travaillé se trouve dans la troisième chapelle de droite, assez récente et dans le chœur des stalles en chêne du XVIe siècle.

OFFICE DE TOURISME Rue des Arcades ✆ 05 65 72 02 52. *Fax : 05 65 72 02 85.*

Le gîte

HOTEL-RESTAURANT LE SENECHAL* ✆ 05 65 71 29 00.** *Fermé de janvier à mi-mars. Fermé le lundi, mardi midi, jeudi midi (sauf jours fériés), le lundi midi en juillet et août. Chambres de 105 € à 148 €. Petit déjeuner 15 €. Menus de 25 € à 110 €.* Le Sénéchal, ce sont en fait trois établissements en un : l'hôtel de charme trois étoiles, l'hôtellerie traditionnelle deux étoiles et un restaurant, sous la houlette de Michel Truchon. Le grand hôtel s'est installé hors les fossés de la bastide, mélange d'architecture traditionnelle et contemporaine. Sur le devant de l'établissement, une sorte de patio en hauteur permet de choisir sa table de petit déjeuner entre ombre et soleil. Le restaurant est sur le pourtour de la bastide, au rez-de-chaussée de l'auberge. Derrière ses fenêtres à petits carreaux, le grand bar précède une salle d'aspect campagnard où les tables sont mises avec le plus grand soin : cristal et grandes assiettes sont là pour des préparations qui mettent les petits plats dans les grands. La cuisine de Michel Truchon est une promenade gastronomique entre terre rouergate et influences méditerranéennes, une balade sur des accords sucrés salés. Ces agapes mémorables s'accompagnent d'une très belle carte des vins et de plaisirs fugaces empruntés à celle des cafés du monde ou à la cave à cigares. Cette escale haut de gamme est délectable.

Emplettes

LA LICORNE Place aux Arcades ✆ 05 65 72 02 48. *Ouvert tous les jours.* On comprend le nom de cet atelier d'art dès le premier regard. Sont exposées sur les murs de pierre des reproductions des tapisseries anciennes, dont la fameuse Dame à la licorne. Car cet atelier artisanal s'est spécialisé dans les tapisseries exécutées au pochoir. Ce travail haut de gamme est hérité d'une tradition artisanale séculaire, que l'on découvre par l'intermédiaire d'une vidéo et grâce à la visite de l'exposition. Les lourdes étoffes, très décoratives, sont présentées comme des tableaux ou utilisées pour la réalisation d'objets tels coussins et sacs.

L'ATELIER DE SAUVETERRE Boulevard La Pérouse ✆ 05 65 72 04 83. Cet atelier de coutellerie reprend une fabrication traditionnelle très ancienne. En effet, la fabrication de couteaux est attestée dans la bastide depuis le XIVe siècle. Elle fut même si importante que le village compta au moins cinq moulins couteliers un siècle plus tard et jusqu'à seize artisans. Cet artisanat a décliné dès le XVIe siècle et se serait perdu sans l'ouverture de ce nouvel atelier. On y assiste à la fabrication du « sauveterre », un couteau aux lignes droites, sobres, dont le manche se décline aujourd'hui dans les matériaux traditionnels et les nouvelles matières composites. Ils parent d'ailleurs les tables du Sénéchal.

► *Dans les environs*

Quins

9 kilomètres à l'est de Sauveterre-de-Rouergue.

Cette commune possède de nombreux petits hameaux, sûrement issus de sa tradition agricole. Dans l'un deux, Verdun, se trouve la superbe chapelle préromane Saint-Clair. Elle date du XIe siècle et sa restauration a permis de la sauver d'une disparition certaine. A l'intérieur, on peut y admirer de très belles peintures murales du XVe siècle. La chapelle romane de Lugan mérite également une visite. D'abord restaurée au XVIIe siècle, puis au XXe, elle renferme un retable et un tabernacle, ainsi qu'un bénitier taillé dans la pierre.

La Salvetat-Peyralès

17 kilomètres à l'ouest de Sauveterre-de-Rouergue sur la D71.

LABO DU HAUT SEGALA La Gaffardie © 05 65 81 43 12. Depuis 1996, le Labo du Haut Ségala produit des eaux florales par distillation, des huiles végétales, des huiles de massage, ainsi que toute une gamme de produits de soins du corps. Cinq personnes y travaillent pour élaborer ces différents produits distribués en pharmacie et en parapharmacie dans l'ensemble de la France. La philosophie maison est avant tout d'élaboration de produits de qualité, et la direction attache une importance capitale à l'écoute des clients. Une visite gratuite peut s'effectuer sur simple demande. Elle vous permettra de rentrer, par les explications données, dans la complexité de la mise en œuvre de ces produits. Une bonne façon de faire du tourisme culturel intelligent.

Verdun

Sur la route qui conduit de Baraqueville à Naucelle, il suffit d'emprunter la voie qui conduit à Saint-Clair-de-Verdun. Le site est intéressant à plus d'un titre. Sur un même lieu se sont superposées des pratiques cultuelles et culturelles de plusieurs millénaires. L'origine de Verdun semble remonter à l'époque gauloise puisque l'on retrouve des traces d'oppidum. Au Moyen Age un petit château est bâti sur le site. Il sera détruit en 1703. Il reste une tour et des murs qu'une association s'emploie à sauvegarder. Au bas du rocher supportant les ruines, un petit chemin circule et permet de faire le tour du site. Des entailles mystérieuses et encore non expliquées (probablement d'origine celte) sont visibles. A voir, la chapelle préromane, remaniée au XIe siècle.

Séverac-le-Château

Comme sa terminaison en « ac » le laisse supposer, Séverac semble avoir été occupé dès l'époque gallo-romaine. La fontaine romaine est le témoin de cette époque, on découvre combien les Romains étaient passés maîtres en matière de canalisation de l'eau grâce à une minuterie qui éclaire le fond de cette fontaine. Les premières traces de l'existence de Séverac remontent à l'an 1030, époque où Gui Ier de Séverac fit édifier un château féodal sur la motte. En contrebas, un village se développa, protégé par un haut rempart et une douve. Quatre portes avec herses et ponts-levis donnaient accès au village. On accède d'ailleurs encore aujourd'hui au cœur de Séverac par deux de ces portes perçant le rempart, la porte du Latazou et la porte du Peyroux. On découvre alors un véritable bijou du patrimoine architectural, avec l'une des plus anciennes maisons du Rouergue, datant du XIIe siècle. Il s'agit de la maison de Jeanne qui, durant l'été, abrite des animations sur le thème du Moyen Age. D'autres maisons sont à encorbellement ou à colombages. La maison des Consuls (ouverte en saison, et sur rendez-vous hors saison) est l'une des mieux conservées de la cité : à l'intérieur, on découvre une maquette du château tel qu'il était au XVIIe siècle, des textes anciens, des diaporamas, une vidéo virtuelle sur la construction du château. En se promenant encore, des ouvertures en arc gothique témoignent de l'activité commerciale du lieu ; parfois il faut passer sous une maison que l'on qualifie de traversière, permettant de joindre une rue à l'autre par un passage voûté. De nombreuses rues sont pavées, et l'absence de voitures permet de mieux apprécier l'atmosphère médiévale qui se dégage de ce lieu. La découverte de ce village est facilitée par la présence de nombreux panneaux jalonnant la promenade et mis en place par l'Association des Amis du château. De l'église monastique de 1103, il reste à peine quelques colonnes. La nouvelle fut reconstruite en 1620, comme en témoigne le portail de style Renaissance. Cette église est massive, avec sept chapelles. On y trouve un tableau en bois du XVIIe siècle représentant la crucifixion, ainsi qu'une statue de Notre-Dame-de-Lorette du XVIIe également. Pour visiter la ville, on peut emprunter durant l'été un petit train qui effectue un parcours de 45 minutes.

LA CITE MEDIEVALE. En se baladant dans les ruelles, on peut admirer les passages voûtés, les maisons à colombage, les échoppes, le marché couvert… Le « passeport estival » permet de découvrir plusieurs animations et visites parmi lesquelles la maison de Jeanne (ouverte le matin, avec une animation sur l'époque médiévale), la maison des Consuls (bâtisse Renaissance avec une cheminée du XVIIe siècle), le cabinet de curiosités, le château et le musée archéologique. Ce billet unique (il n'y a pas de billet individuel) permet également d'assister aux animations et spectacles de l'été : les contes et légendes, et le grand spectacle des maîtres fauconniers, en costume médiéval, dans la cour d'honneur du château.

CHATEAU DE SEVERAC © 05 65 47 67 31. *Fax : 05 65 47 65 94. Voir sites immanquables.*

MUSEE ARCHEOLOGIQUE 5, rue des Douves © 05 65 47 67 31. *Ouvert du 4 juillet au 27 août. Entrée 3 €. Hors saison, visite possible pour les groupes (à partir de 15 personnes) sur rendez-vous.* Ce musée a pris ses quartiers dans un bâtiment situé sous l'Office de tourisme où les découvertes les plus récentes sont présentées en projection vidéo. La visite débute par une explication de ce qui a constitué la butte castrale de Séverac. On passe ensuite d'une pièce à l'autre, mais à l'inverse de nombreux autres musées de ce type, ici on remonte le temps. La visite débute donc avec l'époque médiévale. Véritable voyage dans le temps, on y découvre une collection d'objets de 180 000 avant Jésus-Christ jusqu'au XVe siècle, objets quotidiens des paysans, des chasseurs, ou des constructeurs : armes, parures, céramiques, pierres polies et outils, balance romaine…

Le gîte

HOTEL-RESTAURANT LE COMMERCE Rue du Barry © 05 65 71 61 04.** *Chambres de 39 € à 66 €. Petit déjeuner 6 €. Menus de 10 € à 34 €.* Voilà ce que l'on peut nommer une vraie entreprise familiale, car parents et fils travaillent tous dans cet établissement qui a pris place en contrebas du château, en retrait de la route. Sur l'arrière, un jardin, une terrasse extérieure et une piscine offrent un moment de tranquillité. Deux salles peuvent accueillir des séminaires, et en sous-sol, une belle salle voûtée, ancienne bergerie, reçoit les groupes ou les repas à thèmes. La table réserve de bonnes surprises comme la truite façon mémé Germaine (ça ne s'invente pas), ou la pascade aux ris d'agneau, la spécialité de la maison.

Sauveterre-de-Rouergue et ses environs

Chambres d'hôtes et gîtes

DOMAINE DU BOIS DE COURSAC Coursac ✆ 05 65 58 80 61. *Chambres d'hôtes fermées de la mi-novembre à la mi-mars. Chambres et petit déjeuner pour deux personnes 42 €. Table d'hôte 20 €. Week-end (sauf juillet et août 3 jours 2 nuits) pour 4 personnes 142 € et 153 € pour 6 personnes. Gîte 4 personnes de 203 € à 405 € la semaine, 6 personnes de 218 € à 435 € la semaine.* A 15 kilomètres au sud de Séverac, le domaine d'Esmeralda et Xavier Lemaire s'étend sur pas moins de 7 hectares et comprend une ancienne ferme et sa bergerie, un parc ombragé, un bassin, des étangs… La maison des propriétaires abrite trois chambres aux meubles anciens, deux autres, doublées d'un salon, sont installées dans le bâtiment voisin. Toutes ont leurs propres sanitaires et la décoration est à la fois simple et soignée. On a grand plaisir à prendre ses repas sous la véranda qui ouvre sur le jardin, où se retrouvent les hôtes privilégiés de ce lieu. La bergerie voisine a été rendue habitable et accueille maintenant deux gîtes bien agencés, disposant de tout le confort (cuisine équipée, lave-linge, chauffage) ; l'un compte deux chambres, l'autre trois et l'on peut éventuellement se serrer en faisant usage des canapés-lits de la salle de séjour. A l'extérieur, on profite des salons de jardin, des barbecues et de la table de ping-pong. De là, on part en balade, on organise une partie de pêche ou l'on planifie… sa sieste !

FAMILLE SEGUIN Blayac ✆ 05 65 47 62 91/05 65 78 94 40. *Gîtes ruraux : 3 personnes de 206 € à 316 € la semaine, 7 personnes de 385 € à 592 €, 7 à 8 places de 400 € à 509 €.* Sur cette ferme des environs de Séverac, au centre d'un village de 35 habitants, trois gîtes ont pris place dans les anciens bâtiments de la ferme. Dans cette architecture traditionnelle, dont les murs épais préservent de la chaleur en été, le premier des gîtes s'est réservé le premier étage d'une ancienne bergerie ; là, une grande chambre, une pièce principale (coin cuisine équipé et salon avec canapé-lit), une grande terrasse avec son salon de jardin. Trois à quatre personnes peuvent s'y sentir à l'aise. L'autre gîte s'étend sur deux niveaux et un demi-étage : on trouve la cuisine et la salle d'eau, le tout bien équipé. Au-dessus, le salon (avec télévision) et à l'étage deux chambres. Ce gîte a sa cour privée et tout ce qu'il faut pour manger autour du barbecue. Le troisième gîte, qui peut contenir 6 à 7 personnes, possède également une cour privée. A l'extérieur, des jeux permettent d'occuper les enfants. L'ambiance champêtre est encore renforcée par les visites de l'élevage de brebis et de la laiterie que la famille Seguin propose à leurs hôtes (voir « Emplettes »). On en profite pour faire goûter à tous les fromages, et on repart avec plein d'idées de recettes…

ARMELLE ET HENRI COSTES Rue des Rosiers - LAPANOUSE ✆ 05 65 71 64 40. *Ouvert toute l'année. Chambre et petit déjeuner pour deux personnes 45 €.* Au cœur du village, toute une grange a été transformée en chambres d'hôtes. Les propriétaires y ont fait tenir une chambre pour deux personnes et deux autres familiales, l'une de quatre personnes avec mezzanine et l'autre en duplex, pour cinq personnes. Elles sont décorées dans une couleur pastel dominante, avec beaucoup de soin et de goût. La plus grande possède même un coin cuisine. Les trois chambres disposent librement d'un

Le village et son château - Séverac-le-Château

séjour avec bibliothèque, d'une terrasse et d'un petit jardin avec ses meubles et son barbecue. Dans ce petit village plein de charme, la maison, vers laquelle on est guidé par un logo en forme de trèfle, invite au repos et à la détente.

Camping

FERME DE LA BLAQUIERE Verrières ✆ 05 65 47 69 66/05 65 47 69 52. *Camping ouvert de Pâques à la Toussaint, gîte ouvert toute l'année. Emplacement 4 € par adulte, 3 € de 10 à 16 ans, 2,50 € moins de 10 ans. Nuit en gîte 14 €.* Dominique et Jean-Baptiste Castanier, producteurs de lait de brebis, proposent une aire naturelle de camping sur un terrain calme et isolé, dans un bois de chêne. Le terrain est équipé d'un bloc sanitaire comprenant cinq wc, cinq douches et lavabos. Le gîte de 24 lits a pris place quant à lui dans un ancien corps de ferme, avec six chambres qui possèdent toutes leurs sanitaires. Les visiteurs peuvent acheter sur place des fromages de brebis ainsi que du miel.

Loisirs

LES CHEVAUX DU RONC Bellas ✆ 05 65 71 68 91/06 81 70 57 86. *Ouvert toute l'année. Promenade à cheval 24 € les deux heures, 53 € la journée, promenade en calèche 12 € l'heure. Semaine de randonnée de 409 € à 550 €.* Sur le causse, entre Séverac et Le Massegros, les buts de promenade ne manquent pas. Laurent Fages parle avec plaisir de son élevage de chevaux et signale aux cavaliers des itinéraires en direction des crêtes qui dominent les gorges du Tarn ou, à l'opposé, vers les contreforts du Lévézou. Cet accompagnateur diplômé se met à la portée de tous (même des débutants) et fait varier l'intensité des plaisirs : ce peut être une balade à cheval ou une promenade dans le confort désuet d'une calèche, une randonnée d'un jour ou un séjour en gîte prévu pour faire des randonnées en étoile à partir de la ferme équestre.

MEHAREES DES GRANDS CAUSSES Verrières ✆ 05 65 47 69 66/05 65 47 69 52. *Toute l'année sur réservation, en fonction des conditions météo. Une heure 20 € par dromadaire, deux heures 35 €. Demi-journée 50 € par dromadaire (2 personnes par dromadaire), journée à 90 € par dromadaire, repas facultatif à 10 € spécialités locales. Bivouac de 2 jours 110 € par personne avec repas et petit déjeuner. Nuit en abris sous roche ou en gîte.* Plus dépaysant qu'une randonnée en vtt, moins cher qu'une traversée du désert, voici les méharées des Grands Causses : à 15 kilomètres de Séverac, la ferme de la Blaquière possède une dizaine de dromadaires et propose une balade aux amateurs, à raison de deux cavaliers par animal. Bien coincé entre les bosses, on jouit alors d'un beau panorama, à un rythme lent et reposant… On peut même partir deux jours et passer la nuit dans un abri-sous-roche.

GOUTER A LA FERME Le Bousquet ✆ 05 65 47 69 40. *Ouvert en saison, sur réservation uniquement, le mercredi de 15h à 17h. Possibilité de visite pour les groupes toute l'année. Adulte 7 € ; enfant de moins de 10 ans 4,50 € ; groupe (10 personnes) 6,50 €.* L'objectif d'Isabelle Anglars, c'est avant tout de faire découvrir son métier : producteur de lait de brebis. Elle met ses visiteurs en appétit en les entraînant d'abord dans une visite de la ferme : les bâtiments puis le troupeau où l'on assiste, selon le moment, à l'agnelage, la traite, les soins… On s'installe ensuite dans une ancienne grange autour d'une table bien garnie de roquefort, de desserts au lait de brebis, de confitures et de gâteaux maison. Des sirops, eux aussi maison, ou du vin de pays accompagnent le casse-croûte.

Sorties

LE CAFE DES REMPARTS ✆ 05 65 47 81 96. *Ouvert tous les jours en saison ; hors saison, ouvert le week-end et les vacances scolaires.* Si l'ambiance médiévale de Séverac commence à vous peser un peu, pourquoi ne pas aller faire un tour dans un café branché, situé juste en face de l'Office du tourisme ? Les grafs, le billard, les jeux vidéo, et bien sûr la musique vous replongent aussitôt dans une ambiance nettement plus contemporaine. Rendez-vous des musiciens locaux, ce café organise également des concerts toute l'année.

Emplettes

FROMAGES FERMIERS DE BREBIS Blayac ✆ 05 65 47 62 91. *Vente sur place tous les jours en été et sur rendez-vous hors saison. Visites guidées en été tous les jeudis à 16h, hors saison pour les groupes sur rendez-vous.* Dans cette grande ferme caussenarde, à 5 kilomètres de Séverac, le conte cruel ne s'est pas reproduit et M. et Mme Seguin veillent avec le plus grand soin sur leurs troupeaux d'agneaux et de brebis. Ces dernières se plaisent sur les causses et donnent en abondance un lait que les fermiers utilisent, cru et entier, à la fabrication de divers fromages. Dans la laiterie et la cave, que l'on visite après l'élevage, on apprend les secrets du bleu de Séverac, héritier des traditions paysannes, du « pitchounet », un fromage à pâte fine et fondante, de la tomme des Grands Causses dont la pâte pressée a un petit goût de noisette, ou encore du caillé du père Seguin, à servir avec de la confiture ou salé avec des fines herbes. On se régale de goûter, puis l'on fait son choix.

Dans les environs

Buzeins

Le village aurait pris le nom du propriétaire du domaine qu'il y avait là vers les IIIe ou IVe siècles. L'église romane du XIIe siècle, remaniée au XVe, possède une belle tour-clocher. Construit sur un plateau calcaire à la flore et la faune remarquables, Buzeins est dominé par le « puech », ancien volcan dont on peut voir les orgues basaltiques culminant à 864 mètres. De là, beau point de vue. Si le bourg a gardé l'aspect de village ancien avec ses belles façades et ses anciens lavoirs, l'intérêt historique réside en ses alentours où de nombreux vestiges gallo-romains sont encore visibles. Le circuit des dolmens vous emmènera sur un parcours de 40 kilomètres (compter 6h à vélo et 4h en voiture) à travers les hameaux, de Buzeins à Surguières, à la découverte de 17 dolmens. Un panneau d'information se trouve sur la place, et dans le village, la maison des dolmens propose une exposition sur les mégalithes. Un autre circuit de 55 kilomètres permet quant à lui de découvrir les fontaines voûtées du Séveragais.

Lapanouse-de-Séverac

De « Panus » jusqu'à « Lapénousia », ce village doit son nom à sa fondation par les moines panetiers, cultivateurs de blé et fabricants de pain, à l'époque du Moyen Age. De sa partie primitive du IXe siècle, l'église romane garde un chœur extérieur avec fenêtre axiale. Construite au sein de l'enceinte fortifiée, on peut admirer une vierge dorée, un reliquaire médiéval et un retable. Lapanouse est la patrie du philosophe Guillaume-Thomas Raynal, né en 1713, dont on peut voir encore la maison natale. A quelques encablures, le long de la RN88, se dresse le château de Loupiac datant de 1443, avec ses quatre tours d'angle.

Saint-Grégoire

Le village de Saint-Grégoire est bâti en retrait de la nationale conduisant de Rodez à Séverac-le-Château. On y accède par le village de Lapanouse. Construit à flanc de colline, Saint-Grégoire s'étire et offre aux visiteurs une splendide vue sur la vallée. Les habitants se font un point d'honneur à fleurir leurs maisons, ce qui ne manque pas de faire la joie durant la période estivale des amateurs de peinture ou de photographie. Au cœur du village, une église à demi effondrée ne laisse debout que son narthex et ce dernier mérite la visite. Tout l'intérieur est couvert de bas-reliefs représentant des entrelacs d'inspiration celte. Dans le narthex sur la droite, des marches taillées dans la roche conduisent à une voûte couvrant une rivière souterraine. C'est cette même rivière qui alimente la fontaine installée en contrebas de l'église sur la place du village. Cette eau était déjà vénérée à l'époque gallo-romaine comme en témoignent des fragments d'objets trouvés sur les lieux. Le parvis de l'église possède un dallage en parfait état et permet de se faire une véritable idée de l'importance de cet édifice.

Ségur

Sécurus locus = « Lieu sûr ». A l'origine, Ségur était un château des comtes de Rodez, bâti sur un éperon barré non loin de la rivière Viaur. L'église Saint-Pierre était l'ancienne chapelle du château, ce qui explique sa situation dominant le village. Le village se fortifie aux environs de 1368. La route Rodez-Millau a entraîné une activité commerciale importante. Dans l'église il existe une dalle de chancel (balustrade du chœur d'une église) carolingienne, située dans la dernière chapelle à gauche. Elle sert de fond ornemental à une niche en accolade juste au-dessus de l'autel.

LA FERME DU VIALARET ✆ **05 65 70 70 82.** *Site Internet : www.ferme-du-vialaret.com - E-mail : la-ferme-du-vialaret@wanadoo.fr. Tous les jours de 10h à 19h sauf le dimanche.* Laine angora, foie gras, pâtés, volailles, vente à la ferme de produits paysans, le lieu idéal pour acheter quelques souvenirs.

Sylvanès

Le village est célèbre par son abbaye, qui paradoxalement fut érigée par un noble chevalier, devenu brigand, Pons de Leras. A la fin de sa vie, jugeant qu'il était grand temps de racheter sa mauvaise conduite, il fonda, au XIIe siècle, au milieu de nulle part, mais près d'une source dont la qualité des eaux a vite acquis une bonne réputation, une abbaye, avec l'argent de ceux qui subirent ses attaques. L'édifice est massif et possède des lignes à la fois pures et majestueuses. Lors de sa création, les moines y vivaient nombreux, au fil du temps, la communauté s'étiola. Sylvanès après avoir connu des heures de gloire va sombrer lentement dans l'oubli. La Révolution française termine le travail en démantelant certaines parties des bâtiments. Il faut attendre 1854 pour que le site suscite l'intérêt qu'il mérite et qu'il soit classé Monument historique. La commune de Sylvanès va enfin, en 1970, racheter l'abbaye. Aujourd'hui, c'est devenu un centre culturel et spirituel de renommée internationale sous la direction du père André Gouze et du compositeur Michel Wolkowitsky. Les concerts qui y sont donnés attirent toujours de nombreux spécialistes de la musique sacrée. On y enregistre des disques, on y fait des stages, on y vient simplement aussi pour écouter. Non loin de l'abbaye, à moins de 5 kilomètres, une chapelle en bois, de style orthodoxe, se visite.

Points d'intérêt

ABBAYE CISTERCIENNE ✆ **05 65 98 20 20.** *Site Internet : www.sylvanes.com. Ouvert toute l'année, horaires variables en fonction des saisons. Attention ! pas de visite les après-midi de concert (dimanches en juillet et août) et durant les offices. Visites libres (2 € par personne) ou guidées 4,50 € par adulte, 3,50 € de 13 ans à 18 ans ou étudiant. Du 5 janvier au 15 décembre de 9h15 à 12h30 et de 14h à 18h. Gratuit pour les moins de 13 ans.* La visite de l'église abbatiale permet d'apprécier tout l'art des moines bâtisseurs. Le chevet, qui date de 1151 est superbe, jouant avec la lumière émise par trois fenêtres axiales. La nef est vaste : elle mesure 44 mètres de long, 14,50 mètres de large et 17 mètres de haut. La pureté de ses lignes et la majesté de son plan valent à elles seules la visite. Le reste de la visite comprend le cloître, la sacristie, la salle capitulaire, le scriptorium et le logis abbatial. Tous les dimanches et jours de fête, une messe est célébrée à 11h (le 15 août à 10h).

LES ORGUES. Centre de création musicale et d'un festival international de musique sacrée dirigés par Michel Wolkowitsky, Sylvanès souhaitait disposer d'un orgue au service d'un large répertoire ouvert sur la musique symphonique et contemporaine. C'est pourquoi André Gouze a confié au facteur Daniel Birouste, né à Sète, la réalisation de cet instrument monumental, parfaitement intégré à l'architecture cistercienne, vivifier le renouveau liturgique initié à Sylvanès et susciter la création d'œuvres contemporaines.

Le couvert

BAR-RESTAURANT DE SYLVANES Le Bourg ✆ **05 65 49 56 56.** *Ouvert toute l'année (fermé lundi, mardi, mercredi d'octobre à avril). Menus 13 €, 16 €.* Pratiquement en face de l'abbaye, ce bel établissement a été construit de toutes pièces par Christophe Sénégas. Il en résulte une belle bâtisse, d'esprit terroir, composée de 2 grandes salles et d'une belle terrasse. A l'intérieur, le patron, grand amateur de rugby, annonce la couleur : les affiches du challenge Armand Vacquerin qui se passe dans la région et dont certaines équipes étrangères sont venues disputer la finale tout à côté, à Camarès. Intarissable sur le sujet et généreux dans ses assiettes, Christophe propose une cuisine simple, copieuse et 100 % maison, même le coulis des pizzas est fait sur place. Côté terroir, les papilles s'excitent à la vue des ris d'agneau et de la gratinée aux choux, ou du jambon cuit à la broche ; les viandes sortant du grill ne sont pas en reste et une petite flaune s'impose pour terminer et savourer un instant de plus la gentillesse des patrons.

Le gîte

LA BOUYSSIERE DE BLANC Peux et Couffouleux ✆ **05 65 49 55 17.** *Site Internet : www.labouyssiere.com. Ouvert toute l'année. Gîte d'étapes de séjour, 15,50 € la nuit pour un adulte en haute saison ; avec petit déjeuner 19,50 € ; demi-pension 31,50 €. Gîte rural de 500 € à 1 400 € la semaine selon la saison.* Le hameau de Blanc s'appuie sur les contreforts des monts de Lacaune. Les murs d'une ancienne ferme ont été reconvertis en un véritable petit centre de vacances. Les nouveaux propriétaires, Andrew et Tracy Stimson souhaitent améliorer le confort et l'accueil, et aussi la sécurité car ils veulent développer les activités pour les enfants. Il se compose d'un gîte d'étape et de séjour pou 17 personnes, réparti en quatre chambres, claires et confortables, décorées avec goût. La salle commune dispose d'une grande cheminée, deux grandes terrasses permettent de faire des barbecues le soir. A côté, une maison indépendante abrite un gîte rural très bien équipé pour 6 personnes : cuisine américaine, terrasse privée, grand salon... Les hôtes partagent la piscine et les jeux avec les occupants de l'aire naturelle de camping voisine du gîte (18 emplacements, branchements, sanitaires, machine à laver). Enclos pour les chevaux, aire de jeux, bar, salle pour activité à louer.

Chambres d'hôtes

LA GRINE ✆ **05 65 99 52 82.** *Ouvert de fin mars à mi-novembre, toute l'année pour les groupes (8 personnes) sur réservation. Chambre et petit déjeuner pour une personne 40 €, pour deux 45 €, pour trois 55 €, pour quatre 65 €. Table d'hôte 16 €, sauf le dimanche soir et mardi hors saison.* La famille Arvieu a eu la bonne idée de transformer une ancienne bergerie en lieu d'accueil. Se partageant une salle à manger commune, quatre chambres pour deux personnes et une pour quatre personnes profitent du soleil qui inonde la cour. Chacune d'elle dispose de ses propres installations sanitaires.

Dans les environs

LA CHAPELLE ORTHODOXE Ce bâtiment tout en bois raconte, pièce par pièce, une histoire extraordinaire. A la suite d'une sorte d'échange culturel et spirituel, une église russe a été démontée et chaque élément soigneusement numéroté. Le tout a été chargé dans plusieurs wagons de train et expédié dans ce coin d'Aveyron. L'ensemble, grâce à des hommes du village d'origine, a été remonté patiemment dans cette clairière tranquille. Il en résulte une église de bois blond, composée de plusieurs salles vastes, dépouillées et surmontées d'une coupole et d'un clocher. Après s'être garé dans la forêt, on doit continuer la montée à pied quelques minutes. Mais ce n'est qu'au dernier moment que l'on aperçoit enfin l'église orthodoxe. Un détour à faire absolument.

Fayet

Cette terre riche en minerai, provenant sans doute de l'éruption du pic de Roste, a été exploitée depuis l'Antiquité et l'on trouve encore sur ce site les puits correspondant à l'exploitation des mines. Cette activité a pu se développer grâce à la présence de forêts de hêtre que rappelle l'étymologie de Fayet : ce nom provient en droite ligne du latin « fagus », qui signifie hêtre. En plus des charbonniers, la forêt a fait vivre des tonneliers, des bûcherons au Moyen Age. L'activité s'est transformée à l'époque moderne et centrée sur les manufactures de drap. De cette relative prospérité témoignent encore des maisons Renaissance avec portes et fenêtres travaillées. A la même époque, le château du village fut grandement remanié au point d'être aujourd'hui encore un exemple parlant de l'architecture Renaissance.

CHATEAU DE FAYET © 05 65 49 59 15. *Ouverture variable en fonction des saisons. Visite guidée 5,50 € (en groupe 4 €) ; tarifs enfant.* Ce château à quatre tours d'angle et une centrale a été construit après que celui de Brusque fut démoli. De plusieurs propriétaires au XVIe siècle, il tire sa silhouette élégante, ses fenêtres à meneaux. Parmi les éléments remarquables se trouve le puits de sa cour d'honneur dont la margelle semble faite pour supporter une marmite. A la fin du XVIe siècle, Jean V d'Arpajon en a fait une maison d'agrément et apposé ses armoiries sur le balcon du château. Ce château est aujourd'hui la propriété de Pierre et Sophie Dussert de Rougemont qui l'ouvrent au public. Les visites qu'ils commentent passent par une enfilade de salons aux plafonds peints et sont l'occasion d'évoquer les anciennes coutumes, les traditions culinaires, la décoration et l'héraldique. Ils relatent mille détails et souvenirs et organisent même, à la demande, un accueil particulier pour les groupes.

LES PIGEONNEAUX DE MONBIOURE Fayet © 05 65 49 51 95. Richard Vilaplana pratique l'élevage de pigeons de chair élevés aux grains dans la tradition et le savoir-faire fermier de l'Aveyron. Au final, un produit garanti de qualité supérieure, savoureux et que l'on trouve encore difficilement dans les grandes villes. Vente en gros, demi-gros, détail. Abattoir agréé.

Gissac

Riche d'un passé qui remonte à l'époque gallo-romaine, cette petite commune conserve de nombreux vestiges comprenant des sarcophages et l'autel de saint Etienne. Son sous-sol étant riche en cuivre et plomb, il a longtemps fait l'objet d'exploitation. Dans le hameau d'Andabre, se trouve une eau riche en minéraux, recommandée pour les maladies des reins et du foie. Les Romains, qui affectionnaient les thermes, exploitèrent dès cette époque cette source située près de la voie romaine. Un bâtiment à colonnes s'y trouve encore.

CHATEAU DE MONTAIGUT © 05 65 99 81 50. *Adulte 4,60 €. Groupes 3 €. Gratuit jusqu'à 12 ans. Ouvert de Pâques à Toussaint de 10h à 12h et de 14h30 à 18h30 ; en juillet et août de 10h à 18h30.* Imposant château féodal, construit sur un éperon rocheux, il est admirablement bien conservé et restauré par les jeunes bénévoles de l'Association des Amis du château. D'origine très ancienne (sans doute le Xe siècle), il a joué un rôle important pendant les époques troublées du Moyen Age et durant les guerres de Religion. Il a gardé son plan médiéval originel, modifié et embelli aux XVe et XVIIe siècles. Aujourd'hui, il se présente sous l'aspect d'un haut logis rectangulaire entouré par une muraille, qui doit son aspect retrouvé à un chantier de restauration très bien mené depuis trente ans. La visite permet de découvrir les sépultures du haut Moyen Age qu'il possède encore, de très belles salles romanes voûtées, un escalier à vis en saillie… Un plancher vitré, installé dans les mâchicoulis donne un point de vue vertigineux, dont on se remet dans les cuisines remises en état de marche. Car le but de l'association est de faire vivre ce château tout au long de l'année. Aussi organise-t-elle des animations dans les cuisines, des jeux pour enfant et des ateliers créatifs (taille de pierre, cuisine, iconographie, musique médiévale, etc.) et a-t-elle aménagé des sentiers de découverte alentours. On peut également visiter l'exposition archéologique, les expositions temporaires, se renseigner au centre de documentation ou voir, dans le village, le musée du Plâtre et la Maison rurale. Cette association dynamique propose des programmes de visite complets, modulables selon les centres d'intérêt de chacun et organise chaque année un festival au début du mois d'août. La visite est instructive et divertissante, elle replonge quelques siècles en arrière les amateurs et les curieux. Et si le charme médiéval agit, on pourra même s'installer dans Le gîte de séjour du village. (Renseignement auprès de Nicolas Wohrel, animateur culturel du site).

ANNE-MARIE ET GILBERT BOSC Saint-Etienne ✆ **05 65 99 59 27.** *Ouvert toute l'année. Chambre et petit déjeuner pour une personne 42 €, pour deux 52 €, pour trois 67 €. Table d'hôte 18 €.* Un peu en retrait, cette maison de maître toute carrée donne sur une cour pavée. Quatre chambres sont réservées aux hôtes au deuxième étage et accueillent de deux à quatre personnes. Vastes, blanchies à la chaux et meublées sobrement, elles donnent une impression de sérénité. Chacune est équipée de salle d'eau et wc, toutes se partagent une salle commune avec cheminée et un salon, avec télévision et bibliothèque. Mais dès les premiers beaux jours on investit la cour et le jardin. Plus loin, isolé, un ancien bâtiment a été transformé en gîte de séjour.

Abbaye de Sylvanès
© Abbaye de Sylvanès

RESIDENCE DU CHATEAU DE GISSAC*** ✆ **05 65 98 14 60.** *Site Internet : www.chateau.gissac.com. Ouvert de mars à novembre. Chambre une personne de 42,50 € à 65 € ; deux personnes de 49,50 € à 75 € Petit déjeuner 8 €.* Une très belle maison de maître, petit château fermé sur sa cour centrale, est aujourd'hui une résidence hôtelière de qualité. Le cadre a été préservé et l'on accède ainsi aux trente-deux chambres trois étoiles par un escalier monumental. Superbement décorées, les tons pastel des murs et de la literie, magnifient la lumière qui traverse les fenêtres à meneaux, Certaines donnent sur le parc et sur un magnifique jardin à la française ; d'autres ont été aménagées dans l'orangeraie. Outre ses installations de détente (piscine chauffée, bar, salon de télévision), le château a prévu les séjours studieux et dispose d'une salle spacieuse pour les réunions (ou les banquets, selon l'occasion). La proximité de l'abbaye de Sylvanès, la beauté et la sérénité du lieu, les prestations proposées et les prix particulièrement étudiés font de cet établissement un lieu de séjour incontournable dans ce coin de l'Aveyron.

Villefranche-de-Panat

L'ancienne bastide appartenait aux comtes de Rodez qui en firent don aux barons de Peyrebrune, qui lui donnèrent rapidement ses franchises. Le château de ces nobles, datant du XVe siècle est toujours debout. Il n'en est pas de même pour le château des comtes de Rodez, qui se situait à La Besse et qui fut pris par les protestants. La commune possède également de nombreux dolmens, parmi lesquels celui situé près du ruisseau de Béteille considéré comme l'un des plus grands du Languedoc.

SYNDICAT D'INITIATIVE ✆ **05 65 46 52 04.** *Site Internet : http://monsite.wanadoo.fr/villefranchedepanat - E-mail : si.villefranchedepanat@wanadoo.fr. De septembre à juin du mardi au samedi de 9h à 12h et de 14h à 18h, en juillet-août du lundi au vendredi de 9h à 12h30 et de 15h30 à 19h, le samedi de 15h30 à 19h et le dimanche de 9h à 12h30.*

Le gîte

Hôtels-restaurants

AUBERGE DU LAC 4, avenue de Rodez ✆ **05 65 46 48 38.** *Ouvert de mars à novembre. Menus 13 €, 16 € et 22 €. Chambres de 35,10 € à 42,70 €. Petit déjeuner 6 €.* Sur les bords du lac, avant d'entrer dans la bourgade, l'hôtel est une maison au charme rustique qui cache un intérieur cossu. Bois ciré, grande cheminée et vue sur le lac font très bon ménage et entourent une cuisine régionale de bonne facture. A l'étage, les chambres donnent côté route (la circulation est peu abondante et les paysages bien verts au-delà) ou côté lac, ce qui leur confèrent une ambiance particulièrement reposante. Très bien tenues, elles se doublent d'une grande salle de bains. Elles invitent à la paresse, mais on se laisse parfois tenter, en été, par des soirées organisées là, une balade en vélo ou une partie de ping-pong.

HOTEL-RESTAURANT TERRAL-COSTES **Saint-Martin-des-Faux** ✆ **05 65 46 35 09.** *Ouvert toute l'année. Chambres de 25 € à 30 €. Petit déjeuner 4 €. Menus à partir de 12,50 €.* A s'éloigner de la berge du grand lac, on gagne en tranquillité, encore que les deux établissements, côte à côte, fassent le plein tout l'été. Les amateurs de nature en font un départ de randonnée, un rendez-vous de chasse ou de pêche et apprécient grandement l'accueil et la cuisine familiale. Martine et Gilles reçoivent les habitués au bar (le restaurant sert des repas ouvriers plus que corrects) où l'on taille un petit bout de causette avant de s'installer dans la salle claire et conviviale. Les spécialités régionales sont toutes au rendez-vous et les menus du jour font alterner des plats simples mais frais, copieux et bien préparés. On lézarde sur la terrasse ensoleillée, on prend pension dans des chambres simples (douche ou bain, wc, télévision).

Camping

CAMPING LES CANTARELLES*** **Alrance** ✆ **05 65 46 40 35.** *Ouvert du 1er mai au 30 septembre. Emplacement 15,70 €. Location de mobil-homes et caravanes de 290 € à 480 € la semaine.* A l'extrémité du lac, les 165 emplacements de ce camping s'abritent sous les arbres ou s'offrent au soleil estival. De nombreuses activités permettent de se rafraîchir et de profiter de la plage tout au long de la journée. Le soir venu, le camping retrouve le calme.

Gîtes

LES CHALETS DE L'OPHRIS ✆ **05 65 67 41 82.** *Ouvert de Pâques à la Toussaint. 149 € la semaine en basse saison ; 460 € en haute saison.* Installés au bord du lac depuis début 2003, 22 chalets s'étendent le long de la berge ; chacun est équipé de tout le confort, sanitaire, cuisine etc., et dispose d'une terrasse et d'un petit bout de jardin. Terrain de jeu, piscine et beaux espaces verts rendent le lieu idéal pour un séjour familial, les pieds dans l'eau. Possibilité de location pour deux ou trois nuits.

FERME DE LA CENTAUREE **Mas Bertrand - Route des Lacs** ✆ **05 65 46 43 11.** *Site Internet : www.lacentauree.com.* Agnès et Patrick Perron d'Arc vous accueillent dans leur ferme de la Centaurée (chambres d'hôtes, gîte équestre). Patrick est non seulement un amoureux du pays mais il est aussi un guide de pêche confirmé qui se double d'un cuisinier hors pair. Il suffit de le voir travailler les produits régionaux dans sa cuisine pour tomber sous le charme. Les recettes, il les tient de sa grand-mère, et se fait un point d'honneur à transmettre la saveur. Agnès, sa compagne est quant à elle une accompagnatrice d'équitation confirmée et il suffit de pousser la porte de l'écurie pour se rendre compte quelle ne badine pas avec le soin apporté aux chevaux. Leur gîte est situé dans une ancienne ferme superbement restaurée, à mi-chemin entre Villefranche-de-Panat et Salle-Curan. Les chambres sont particulièrement soignées avec le souci du détail apportant un plus en matière de confort. Un havre de paix en plein cœur du Lévézou.

Loisirs

Balade

LES SENTIERS DE LA DECOUVERTE **1, rue Raspes -** ✆ **05 65 46 58 11.** *Site : www.sentiersdecouverte.com. Nuit simple de 12 € à 15 € par personne. Demi-pension de 32 € à 38 €. Pension complète de 39 € à 45 €. Tarifs préférentiels pour les groupes.* Ce gîte d'étape est installé dans une belle bâtisse, anciennement un couvent, sur un vaste terrain qui comprend une mini-ferme et une piscine. Un grand choix de formules est proposé aux visiteurs de l'accueil en groupe ou en individuel. Les Sentiers de la Découverte sont un endroit rêvé pour les randonneurs pédestres, les cavaliers ou les vététistes.

COURSE D'ORIENTATION **Alrance** ✆ **05 65 29 53 88.** Cette année, le comité départemental de la course d'orientation a mis en place avec les acteurs locaux plusieurs circuits dans les environs de la tour de Peyrebrune. Leur originalité est d'être conçus comme une initiation à la course d'orientation ; il suffit pour cela de se munir de cartes spéciales et de rejoindre les balises qui jalonnent les parcours. Le plus long s'étire sur 1,5 kilomètre, ce qui les rend accessibles à tous. Cartes sur demande au comité départemental de la course d'orientation, à la mairie de Villefranche et d'Alrance, au syndicat d'initiative d'Alrance et à l'Office de tourisme Pareloup-Lévézou de Pont-de-Salars.

Sports nautiques

BASE NAUTIQUE ADALPA ✆ **05 65 46 43 93.** *Base ouverte en saison.* Le lac de Villefranche, comme celui de Pareloup, est suffisamment vaste pour se prêter à la fantaisie de chacun. Pour les amateurs de sports nautiques comme pour ceux qui veulent les découvrir, la base de l'Adalpa fournit plusieurs sortes d'embarcation : canoë, planche à voile, catamaran, optimist, dériveur. Leur évolution sur le plan d'eau est surveillée et la sécurité garantie. Plusieurs formules de location sont possibles et les cours assurés par des moniteurs compétents. Des stages sont également organisés pour ces activités, excepté le catamaran. L'Adalpa est aussi présente à Arvieu (base à Notre-Dame d'Aures) et à Salles-Curan (base aux Vernhes). **Autres adresses : Pareloup-Arvieu 05 65 46 03 90 • Les Vernhes 05 65 46 33 33.**

Emplettes

LA FERME AUX CHENES ROUGES Fijaguet ✆ **05 65 46 46 64/06 74 84 91 40.** *E-mail : lilalex@free.fr. Visite gratuite le jeudi matin sur réservation du 1er juin au 31 août de 10h30 à 12h.* Alexandra Bousquet fait de l'élevage de canards gras et de volailles biologiques. Au programme : démonstration de gavage, visite des élevages et poussinières, échanges sur les pratiques de l'agriculture biologique, dégustation et vente de canards transformés.

Dans les environs

Alrance

Commune essentiellement rurale, Alrance possède une église gothique du XVe siècle. Le bourg se trouve à l'autre bout de la retenue du lac de Villefranche. Le meilleur point de vue est sans doute celui que l'on a depuis la tour de Peyrebrune. Cette tour, seul vestige d'un château féodal, a été restaurée à partir de son rachat en 1898 par un abbé qui plaça au sommet une statue de la Vierge. Cet édifice rectangulaire du XIVe siècle se compose de cinq étages voûtés et occupe une position dominante sur un sommet granitique. Elle a suscité une singulière passion chez deux personnages du lieu qui ont créé une confrérie de cavaliers, l'Ordre des chevaliers de Peyrebrune ; depuis 1968, ces chevaliers se réunissent une fois par an et procèdent à l'intronisation de grands cavaliers de tout le pays.

Ayssènes

Le village est construit sur le roc Saint-Jean qui domine le Tarn. Les ruines d'un château où la légende dit que Charles VII y séjourna, se visitent et réservent bien des surprises mêlant histoire, art et humour. Non loin de là au moulin de la Vabrette Georges Merlin réalise des arcs. Il fait partie en France de la petite poignée de facteurs d'arc ayant acquis les secrets des maîtres-archers. Ses réalisations sont connues dans le monde entier. Personnage captivant et incontournable pour se plonger dans un autre monde. Un musée de l'Archerie est présent sur le lieu au 05 65 46 02 67.

Villefranche-de-Rouergue

Sa fondation est l'œuvre d'Alphonse de Poitiers, frère de saint Louis, en 1252. Important carrefour commercial, la ville s'est développée suivant le plan caractéristique des bastides, autour de la collégiale Notre-Dame. Ainsi, en 1276, les couverts de la place autour de l'église sont-ils créés. Cinquante ans plus tard, le pont des consuls permet de franchir l'Aveyron. La ville est fortifiée en 1343. Elle est longtemps restée la seule ville du Rouergue, accueillant le siège de la sénéchaussée. Elle a su admirablement conjuguer la beauté de son architecture avec les contraintes du monde moderne. Une balade au cœur de cette bastide saura vous en convaincre.

OFFICE DE TOURISME Promenade de Guiraudet © 05 65 45 13 18. *Fax : 05 65 45 55 58. Site Internet : www.villefranche.com - E-mail : infos@villefranche.com.*

Points d'intérêt

CHARTREUSE SAINT-SAUVEUR. *Ouvert du 1er juillet au 30 septembre, tous les jours de 10h à 12h et de 14h à 18h.* Un peu excentrée, avenue Vézian-Vélette, la chartreuse Saint-Sauveur, du XVe siècle possède deux cloîtres entourant un immense jardin. L'un est petit mais richement sculpté et l'autre est l'un des plus grands de France. La chapelle à nef unique est de style gothique.

CHAPELLE DES PENITENTS NOIRS. *Ouvert du 1er juillet au 30 septembre, tous les jours de 10h à 12h et de 14h à 18h.* Situé à l'ouest de la ville, l'édifice date du XIIe siècle. Construit en forme de croix grecque, la chapelle cache de véritables trésors dont le retable baroque doré à l'or fin. Peintures et mobiliers méritent le détour.

COLLEGIALE NOTRE-DAME. *Ouvert tous les jours de 9h à 12h et de 14h à 18h.* C'est au XVe siècle que la construction de la collégiale s'est achevée. Sauf le clocher qui n'a jamais été terminé ! On remarquera la série de stalles sculptées de la fin du XVe ainsi que les vitraux. L'édifice est construit dans un style gothique languedocien. On peut également visiter le clocher (de 10h à 12h et de 15h à 18h) d'où la vue s'étend sur la place Notre-Dame et la Bastide.

MUSEE URBAIN CABROL Place de la Fontaine © 05 65 45 44 37. *Ouvert toute l'année, du lundi au vendredi de 8h30 à 12h et de 14h à 18h. Le vendredi fermeture à 17h. En saison, ouvert du lundi après-midi au samedi.* Ce musée est installé dans un hôtel particulier du XVIIIe siècle. Il est consacré à l'histoire locale. Au rez-de-chaussée, se trouve une belle collection d'armes anciennes. Le premier étage est consacré à la préhistoire et aux pièces dégagées lors des fouilles archéologiques, notamment des monnaies. S'y trouve également un grand nombre de minéraux. L'art religieux avec de belles pièces occupe le deuxième étage. Le troisième étage est consacré aux arts et traditions populaires, mais pas uniquement locales, puisque l'on y trouve des pièces égyptiennes. Enfin, le sous-sol est consacré aux pierres tombales, sarcophages, vases funéraires et quelques pièces de céramique.

Vue aérienne de Villefranche-sur-Rouergue

VISITE DE LA VILLE. Cette balade à travers la ville permet de parcourir le centre ancien de Villefranche. De la place de Notre-Dame à la Collégiale en passant par les ruelles médiévales, cette visite se fait du lundi au vendredi à 11h et 15h, devant l'Office de tourisme (uniquement en été).

Le couvert

L'ASSIETTE GOURMANDE Place André-Lescure © 05 65 45 25 95. *Ouvert à l'année sauf le mardi et le samedi soir hors saison. Menus de 14,50 € à 33 €.* Outre le plaisir du palais que promet cet établissement, il procure dès l'entrée celui des yeux. La salle de restaurant a pris place, derrière une porte du XIIIe siècle, dans une salle médiévale toute en pierre dont le plafond a conservé ses poutres d'origine. Des tables bien mises et une décoration qui donnent déjà faim (sont affichées les cartes de grands restaurants français) introduisent des menus remplis des gourmandises locales. Parmi ses grandes réussites, le chef annonce un foie gras poêlé aux pommes fraîches et les classiques, mais savoureux, aligot et tripoux. Les menus offrent toujours le choix entre viande et poisson, ce qui permet de varier les plaisirs. On les apprécie à leur juste valeur car ils sont servis dans les règles de l'art et le repas se déroule dans une ambiance feutrée qui permet de se concentrer sur les plaisirs des sens.

CAFE BRASSERIE PMU LE GLOBE 1, place de la République ✆ 05 65 45 23 19. *Menus 10 €, 18 € et 20 €.* A l'ombre des tilleuls et des marronniers, cette grande terrasse bordant l'Aveyron invite à une pause gourmande. Le lieu se prête bien également à la dégustation d'un plat du jour, vite fait sur le pouce, comme le font bon nombre d'habitués séduits par l'ambiance. Sur la carte, omelette aux cèpes, foie gras entier, confit de canard sauce morilles, feuilletés au ris d'agneau et bien d'autres. Tous les vendredis soir en été, des concerts sont organisés. Bref, une adresse sûre et sans chichis, dotée d'un service à la fois efficace et sympathique.

LA MESTICA Crêperie - 12, rue Prestat ✆ 05 65 45 68 20. *Fermé dimanche et lundi midi. Fermé annuelle en janvier. Formule 8,50 €. Menu 11 €, menu enfant 5 € et carte.* Des notes de samba, en plein cœur de Villefranche, pas de doute, vous êtes chez Hélène et Gilles. Déjà bien accueillis vous vous laisserez peut-être tenter par une Caipirinha (cachaca, sucre, citron vert) le temps de faire votre choix dans cette belle carte de galettes, crêpes, salades et grillades. Notre préférée : la Mestica : galette au confit de canard effilé, excellente et généreuse, et en dessert, difficile aussi de choisir mais l'Ipanema ou ananas, chocolat chaud et rhum finit par vous convaincre. Le tout servi avec le sourire, et l'on a même pensé aux enfants, qui peuvent développer leur esprit créatif avec les feuilles et crayons mis à leur disposition. Une adresse haute en couleurs et en sourires et surtout un très bon rapport qualité/prix.

LE SUD Place André-Lescure ✆ 05 65 45 68 16. *Menu à 11,50 € le midi. Carte.* Nouvellement pris en main par Philippe, le Sud à conserver un peu de son style méridional. Dès l'entrée deux grandes ardoises annoncent les plats du jour qui nous mettent l'eau à la bouche. A l'intérieur la salle, pleine de charme, est emplie d'objets du sol au plafond. Dans les assiettes, on trouve des produits du terroir bien sûr ! Le repas commence par une soupe froide ou chaude ou une copieuse salade composée selon les produits du marché, pour se poursuivre par la très classique -mais très réussie- tête de veau ravigote, une tourte aux cèpes et aux girolles ou une inattendue tarte Tatin de magret et de foie gras. Le service est attentionné et le rapport qualité prix bien tenu. Les week-ends en saison le Sud organise des repas chantants et des soirées théâtre vraiment conviviales.

Le gîte

Hôtels-restaurants

AUBERGE DE LA POSTE* 45, rue du Général-Prestat ✆ 05 65 45 13 91. *Ouvert toute l'année. Chambres de 37 € à 42 €. Petit déjeuner 6 €. Menus de 12 € à 24 €. Menu enfant 8 €.* L'auberge respire la simplicité familiale, le bon accueil et la cuisine plantureuse. Les vingt-trois chambres de l'hôtel font le plein à la belle saison, aussi faut-il s'empresser de réserver celles avec bain ou douche et wc (les plus nombreuses) si l'on tient à ce confort ; sinon, on fera des économies, car vraiment le logis n'est pas cher. La salle de restaurant a la même apparence campagnarde et l'on croirait presque que notre repas a mijoté dans ces casseroles en cuivre qui brillent au mur. Même si ces ustensiles de grand-mère n'ont pas servi, le chef a au moins prêté l'oreille aux recettes qu'ils racontent et sert aujourd'hui des menus bien ancrés dans leur terroir. Ici, la volaille est fermière ou n'est pas, les légumes sont tout aussi frais en salade ou en accompagnement. Les spécialités sont du genre poule farcie ou confit de canard et le tout a un goût dont on prendrait vite l'habitude, si on s'écoutait…

HOTEL DE L'UNIVERS 2, place de la République © 05 65 45 15 63. *E-mail : Univershotelbourdy@wanadoo.fr. Ouvert toute l'année. Restaurant fermé le vendredi et samedi en basse saison. Chambres de 39 à 59 €. Petit déjeuner 7,50 €. Menus de 15,50 à 49 €. Menu enfant 9,50 €.* Au bord de l'Aveyron, en face de l'hôtel de ville, cet établissement deux étoiles dresse sa haute façade en surplomb de la rivière. Christiane Bourdy a repris un établissement installé dans la ville depuis 1947. Fidèle à sa tradition bourgeoise, dans ce qu'elle a de meilleur, l'hôtel montre un décor cossu à l'image du salon de lecture meublé de sièges à haut dossier, où le bois se marie à des tons rouges. Les trente chambres ont eu droit à des tentures et des tissus moirés, ainsi qu'à des installations de bon confort. Pour rejoindre la salle de restaurant, on traverse une réception pour se retrouver, au premier étage, dans une salle rustique et élégante, où la moquette amortit le bruit des pas pour laisser mieux entendre la rivière sur laquelle ouvrent les portes fenêtres. Poutres de bois, ventilateur à pales, éclairage discret, dans un tel cadre on s'apprête à prendre un repas tranquille. Il sera composé de bons produits du terroir, dont un foie gras de canard frais aux câpres ou une omelette aux truffes qui font la réputation de l'établissement. Une nouvelle salle jouxtant l'établissement offre des formules et des menus du jour 9,50 € à 13,50 €.

RELAIS DE FARROU* Route de Figeac - FARROU © 05 65 45 18 11.** *Site Internet : www.relaidefarrou.com. Fermé la dernière semaine d'octobre, la semaine de Noël et les vacances de février. Chambres doubles de 51 € à 82 €. Petit déjeuner 8,50 €. Menus 15,50 € à midi et de 21,50 € à 41 € le soir. Menu enfant 13,50 €.* Ce relais de poste fondé en 1792 est une étape gastronomique, depuis de nombreuses années, doublé d'un hôtel 3 étoiles bénéficiant de tout le confort. Dans un grand bâtiment et ses dépendances, on y trouve vingt-six chambres de grand confort et une salle à manger décorée dans les tons roses. L'une des salles regarde une immense cheminée, l'autre donne sur le patio et ouvre en été sur la terrasse et le jardin. Chaises hautes ou petits fauteuils enveloppants, la position est parfaite pour apprécier les menus de Bernard Bouillard. Les préparations sont à la fois gourmandes et originales. On aura relevé, et apprécié, un filet de perche au miel à l'encre de seiche, une fricassée de lapereau aux épices douces, un marbré aux deux chocolats et sauce griotte. Le service met en valeur cette belle cuisine. Les mêmes exigences de qualité sont requises pour l'hôtel. Pour une nuit, Christine Bouillard conseille les premiers prix, côté route (elles sont insonorisées), pour un séjour elle installe ses clients dans les plus vastes, climatisées, qui donnent sur la piscine et la rivière. Hormis ces différences, les équipements sont identiques et inhérents à un « trois étoiles » ; seule la couleur dominante change. L'hôtel agrémente le séjour d'une piscine, d'un court de tennis, d'un mini-golf en extérieur, d'une salle de relaxation, d'un hammam et d'un bain californien en intérieur. Outre son parking privé, le Farrou dispose même d'un héliport…

Chambres d'hôtes

LE CLAUX DE LA BASTIDE 8, rue Sainte Emilie de Rodat © 05 65 81 58 01. *Ouvert à l'année. Chambres à partir de 55 € pour 2 personnes. Petit déjeuner : 5 €. Formule express midi : 15 €.* D'une belle bâtisse datant de la fin du XVIIe siècle, située au cœur du village, Patrice Veyrac a donné naissance à de confortables chambres et tables d'hôtes. Tout y est aménagé avec goût, sans fioritures superflues. Les chambres spacieuses occupent les deux étages de la maison, donnant sur le jardin dans lequel on attend le repas. La table du Claux de la Bastide est ouverte à tous, que l'on soit résident de l'établissement ou pas. Et c'est tant mieux car Patrice Veyrac concocte de petites merveilles de saveurs. Il utilise beaucoup de produits du terroir mais ne se limite pas à ces derniers. On se régale de plats raffinés tels qu'un duo de queues de gambas et Saint-Jacques sur julienne de poireaux et d'une souris d'agneau confite aux oignons et ail en chemise. Pour le dessert, les gourmands apprécieront sans aucun doute un délicieux nougat glacé aux framboises, noix de coco, pignons grillés et sa soupe aux fruits frais. Le Claux de la Bastide est l'une des meilleures tables de Villefranche-en-Rouergue.

Loisirs

Cinéma

CHIAPPINI 17, chemin Sainte-Adèle © 05 65 81 16 29.

CINEMAVOX 16, boulevard du Général-de-Gaulle © 05 65 45 38 02.

Emplettes

MARCHES TRADITIONNELS DE VILLEFRANCHE. *Grand marché tous les jeudis matin • Petit marché le samedi et le dimanche matin • Foire le 4e jeudi du mois • Marché nocturne le 12 juin, le 17 juillet et le 18 août • Foire exposition du 1er au 9 septembre.*

Chartreuse de Villefranche-de-Rouergue

© Maison du tourisme de Villefranche-de-Rouergue

Produits gourmands

LA MAISON DU VIN 32, rue du Sénéchal. *Ouvert tous les jours sauf dimanche et lundi après midi.* Philipe Lafon sélectionne depuis plus de 25 ans pas moins de 750 références. Tous les meilleurs vins du Sud-Ouest sont représentés et vendus au prix propriétaire. Les vins aveyronnais sont bien représentés (Marcillac, Entraygues, Estaing et Millau) sans oublier les Cahors, Gaillac, Fronton.

AU ROYAUME DES SPECIALITES Arcade du Consulat ✆ 05 65 45 01 60. Si la caverne d'Ali-Baba des produits aveyronnais existe, elle est ici, sans aucun doute. En traversant cette boutique située sous les arcades, vous pourrez faire le plein de saucisses sèches, de confitures, de vins et spiritueux, de charcuteries du pays… Bref, tout ce qu'il faut pour se constituer un bon petit panier pour les randonnées pédestres ou tout simplement de quoi déguster encore un peu l'Aveyron une fois rentré chez soi. Pour accommoder le saucisson, il y a aussi le pain de M. Moly, un bon pain de campagne que l'on trouve sous différentes formes.

LE PAVILLON DU CAUSSE FONTALABT MAZARS Allées Aristide-Briand ✆ 05 65 81 25 11. *Du lundi au samedi de 8h30 à 12h30 et de 14h30 à 19h30.* A être dans cette région on ne pouvait omettre cette institution. Dans ce beau magasin les vitrines foisonnent de beaux produits : saucissons, magret de canard, jambon, friton, foie gras, jambonneau, cou farci de canard, confits et autres tripous, mais aussi toute une batterie de plats cuisinés aussi alléchants les vins que les autres, et un beau rayon boucherie. Leurs productions, comme le service, sont irréprochables. Les salaisons et les conserves de Fontalbat Mazars peuvent vous être expédiées dans toutes la France. Mais si vous vous rendez à Villefranche de Rouergue ne manquez surtout pas cette belle adresse ou mieux aller visiter l'unité de production à une vingtaine de kilomètres de là par M. Mazars lui-même. **Autre adresse : Montsalès - VILLENEUVE D'AVEYRON 05 65 81 63 54.**

► Dans les environs

Martiel

10 kilomètres à l'ouest de Villefranche-de-Rouergue sur la D911.

Ce village possède sur sa commune un grand nombre de dolmens, dont certains sont particulièrement remarquables. Ainsi, au bois de Galtier se trouve une ancienne cabane de pierres sèches, construite juste devant un dolmen. Selon toute vraisemblance, cette dernière a été érigée volontairement à cet emplacement afin que le dolmen puisse servir d'abri. On en trouve également un superbe dans le bois de Rey. Ces dolmens sont principalement constitués de deux pierres latérales, d'un chevet et recouverts d'une table. L'intérieur est parfois pavé et un tumulus entoure la chambre sépulcrale. Les fouilles ont permis de déterminer que ces dolmens servaient de sépultures collectives.

L'ABBAYE DE LOC DIEU © **05 65 29 51 17.** *Ouvert du 1er juillet au 10 septembre de 10h à 12h et de 14h à 18h30, tous les jours, sauf mardi. Hors saison sur demande.* L'origine du lieu remonte au XIIe siècle, période durant laquelle saint Bernard relance le principe de vie édicté par saint Benoît. L'histoire raconte que douze moines et un prieur partirent de l'abbaye limousine de Dalon à la recherche d'un terrain favorable à l'implantation d'une abbaye. Le lieu qu'ils choisirent n'avait rien de religieux, bien au contraire. La tradition orale prête à ce lieu des pratiques païennes sur la base de sacrifices humains. L'abbaye est vite construite, en 30 ans, et les marécages alentour deviendront un étang poissonneux, dans lequel les moines viennent pêcher. L'abbaye est construite autour d'un cloître central, elle est fortifiée, de sorte qu'extérieurement elle ressemble plus à un château qu'à un édifice religieux. La pureté des lignes de son église, ou des autres dépendances, est admirable et lui confère un charme particulier. L'abbaye a subi de nombreuses attaques et certaines pièces furent reconstruites dans des styles différents. La Révolution sonna le glas de l'abbaye qui fut restaurée en 1870. Le visiteur pourra y admirer un superbe retable ou y écouter l'un des nombreux concerts qui ont lieu chaque été. Pendant la guerre de 1939-1945 elle a abrité une grande partie des trésors du Louvre.

La Rouquette

10 kilomètres au sud-ouest de Villefranche-de-Rouergue sur la D89.

Le château, datant du XIIIe siècle, est devenu aujourd'hui un hospice. Mais il ne reste qu'une tour. L'église du XVIIIe siècle possède un majestueux clocher à peigne et un porche dont les colonnes ont été sculptées. A l'intérieur, on peut admirer un retable du XVIIIe siècle.

Villeneuve-d'Aveyron

Ce magnifique petit village compose l'une des quatre bastides répertoriées dans l'Aveyron. Une bastide fondée par Ozil de Morlhon, dont la pièce maîtresse, l'église - sa construction a débuté en 1230 - doit sa forme à la croix grecque afin de rappeler l'église du Saint-Sépulcre de Jérusalem. A l'intérieur de l'église, on peut voir des peintures murales en bon état de conservation. Au XIIe siècle, les remparts sont dressés. La visite de Villeneuve permet de bien appréhender l'architecture des bastides avec ses rues régulièrement tracées autour d'une place centrale. A voir sur la place des Conques, les maisons moyenâgeuses et Renaissance, la maison des Consuls (XVIe siècle).

Ici, pas moins de 55 maisons datent du XVe siècle. Il faut prendre le temps de s'enfoncer au cœur du village, par l'une des quatre portes dont deux subsistent. On découvrira l'harmonie et l'atmosphère que dégagent ces maisons aux fenêtres à meneaux, les petites rues étroites desquelles on pourrait facilement imaginer un chevalier en armure jaillissant pour délivrer sa belle. Un autre joyau de la ville est la place des Conques. Paisible, elle est bordée d'arcades en ogives sur un côté. En arrivant par la porte haute, dite de Soubirane, qui servit de prison, on passe devant l'ancien hôpital qui conserve, au-dessus de sa porte, une pierre sur laquelle une croix et l'inscription suivante ont été gravées : « Raymond, comte, donna ce lieu à Dieu et aux pauvres ». Cette épitaphe rappelle le geste du comte Raymond VII qui restaura la ville et lui donna ses « libertés ». Juste après, se trouvait l'ancien château qui a laissé place à la mairie. L'architecture spéciale du village, d'abord développé autour de son église puis organisé sur le plan modèle des bastides, raconte les deux phases de sa construction. La fondation de Villeneuve remonte à 1053, date à laquelle le seigneur Odile de Morlhon après un pèlerinage à Jérusalem, fonde Villeneuve sur l'emplacement d'un monastère. Après avoir fait construire une église suivant le modèle du Saint-Sépulcre de la ville sainte, il crée la sauveté, qu'il place sous l'autorité de Pierre Béranger, évêque de Rodez. La ville est confiée au prieur Déodat, qui met en valeur ses terres et fait édifier les murs d'enceinte. Deux portes sont construites au XIIe siècle, Echorenque et Manhanenque. La vie allait paisible, lorsque Simon de Montfort, parti en croisade contre le catharisme confisque la ville pour la remettre dans le giron de l'évêque de Rodez. Raymond VII, alors comte de Toulouse, se bat pour reconquérir la ville. Il y arrive en 1231 et octroie des franchises aux habitants, transformant Villeneuve en bastide. Lorsqu'il meurt en 1249, Alphonse de Poitiers, frère de saint Louis, prend possession de Villeneuve, qui deviendra bastide royale 23 ans plus tard. Durant la guerre de Cent Ans, pour se protéger des Anglais et des Routiers, les habitants érigent la tour Cardaillac ; elle seule subsiste avec la Porte haute, à trois étages, dont on a conservé la herse.

A ne pas manquer non plus, Toulongergues et son église préromane du Xe siècle.

OFFICE DE TOURISME Place de Conques ✆ 05 65 81 79 61.

Points d'intérêt

L'EGLISE. Son aspect extérieur surprend, avec un grand clocher octogonal et deux tours à l'avant, une carrée et une ronde, avec au sommet un clocheton ; elle est le résultat de l'adjonction d'une construction gothique sur un édifice roman. Lorsqu'on entre, juste à droite, il convient d'admirer les quelques pièces du trésor. On peut y voir un encensoir en bronze laiton du XVIe, quelques plats en étain et les restes du gisant de Galhard de Saumade. L'église, quant à elle, est constituée d'une nef centrale avec des chapelles de part et d'autre. Dans l'une d'elles, dite du Saint-Sépulcre, se trouvent d'admirables fresques, de 1306, représentant le Christ en majesté et des pèlerins peints entre les colonnes, sur la partie basse. Ces fresques ont été mises à jour en 1964, elles ont été préservées par un enduit qui les recouvrait.

VISITES GUIDEES DE LA VILLE ✆ 05 65 81 79 61. *Du 15 juin au 15 septembre, visites guidées le mardi et le vendredi ; départ depuis le syndicat d'initiative, place des Conques. Hors saison, visites sur rendez-vous.*

Le couvert

A L'OREE DU BOIS Sepfonds ✆ 05 65 81 65 77. *Ouvert toute l'année. Menus de 10,50 € (en semaine). Menu le dimanche 18 €. Fermé le dimanche soir.* Ce petit resto, genre routier, dit tout dans son nom et se situe en pleine campagne. Les « amis de la route » (ceux qui s'y trouvent pour leur travail comme ceux qui s'y promènent) y sont accueillis avec gentillesse. L'ambiance est conviviale, tout comme la cuisine généreuse que l'on y sert. Rien de très sophistiqué, mais tout ce qui fait la tradition culinaire aveyronnaise.

AUBERGE DE LA BASTIDE Place de Morlhon ✆ 05 65 81 54 22. *Ouvert toute l'année, fermé dimanche soir et lundi. Menus de 15 € à 27 €.* Dans une des jolies maisons du village dont une vigne vierge empanache la façade, cette auberge se veut chaleureuse et conviviale. C'est l'esprit que lui insuffle Monsieur, qui est aussi aux fourneaux, et Mme Van Wesemael, les nouveaux propriétaires. A goûter avec délice, le pot-au-feu de sandre, sabayon glacé à l'ananas, foie gras mi-cuit maison. Cuisine semi-gastronomique, produit frais, à prix très accessibles.

Le gîte

Hôtels-restaurants

RESTAURANT AUSSET Sainte-Croix ✆ 05 65 81 65 58. *Ouvert tous les jours. Menus de 10 € à 20 €.* Maison familiale avant tout, le restaurant de ce petit village est aux mains de Mme Ausset et de son fils qui officie en cuisine. Bien instruit des traditions familiales, il sert à sa table une bonne cuisine aveyronnaise. Dans ce bout de pays, on sert le fameux stockfisch, une salade au foie gras copieuse et une poule farcie de grande renommée. L'ambiance est celle d'une auberge de campagne accueillante où l'on peut organiser un repas familial, un banquet, une soirée dansante ou tout simplement prendre son temps en terrasse.

LE MAS DE JOUAS Saint-Rémy ✆ 05 65 81 64 72. *Chambres et table d'hôtes. Fermé en janvier et février. Chambre et petit déjeuner pour deux personnes de 64 € à 68 €. Repas à 22 €, pas de service le samedi en été.* Christel et Guy Taillet ont recréé autour d'une ancienne bergerie un bout de nature entre la fraîcheur du Rouergue et le soleil d'une rocaille méditerranéenne, dont on se délecte au bord de la piscine paysagée (avec cascade) ou de la mare aux cygnes. Les six chambres qui ont été aménagées offrent des prestations de belle qualité. Celles du premier étage donnent sur une terrasse, celles sous le toit pentu ont la chaleur du lambris et une mignonne fenêtre en chien-assis. Comme dans la salle à manger du rez-de-chaussée, le décor est soigné ; le style rustique et les tissus fleuris s'accordent aux poutres et à la pierre brossée.

Camping

AIRE NATURELLE DE CAMPING LA COUSTOUNE ✆ 05 65 81 60 38. *Ouvert en juillet et août. 7 € la journée. Bungalow de 138 € à 275 €.* L'avantage d'une aire naturelle de camping est qu'elle est constituée d'emplacements très vastes. A part ça, c'est une forme de camping très libre ; les dix emplacements, mi-ombragés, se partagent un bloc sanitaire et puis chacun fait ce qui lui plaît. Pas d'animation, mais le calme !

Emplettes

MARCHES DE VILLENEUVE D'AVEYRON. *De juin à septembre, marché de producteurs tous les dimanches. Toute l'année, foire et marché aux bestiaux le premier lundi du mois.*

Artisanat

LES ETAINS DU ROUERGUE ✆ **05 65 81 64 03.** A l'orée de la ville, l'atelier se targue d'être le seul en Aveyron à transformer des lingots de métal brut en de superbes objets. L'histoire de cette épopée de l'étain remonte au grand-père, forgeron épris de belles choses, qui, il y a plus de 40 ans, décide de monter une fonderie. Aujourd'hui, Gaëtan Guilhem perpétue toujours les gestes anciens. Le métal arrive donc à l'atelier sous la forme de lingots ; ce métal est ensuite fondu à la forge et on y ajoute du cuivre, de l'antimoine et du bismuth. L'alliage ainsi obtenu possède de meilleures qualités. Il reste cependant composé d'étain à 95 %. De même, pour des raisons de santé, il n'y a pas un gramme de plomb, les pièces sont donc garanties « hygiène alimentaire ». Le métal en fusion est coulé dans des moules nés d'une idée de forme ou d'objet et dont on sort un prototype qui est soumis à une vingtaine de personnes pour avis. La pièce qui sort ainsi « brute de fonderie » a un bel aspect argenté. Si besoin, elle sera soudée à d'autres pièces afin de composer un objet. Ensuite, c'est la main de l'homme qui entre en jeu. L'objet est lissé sur un tour, puis on va lui donner deux aspects. Le premier est l'aspect poli-brillant d'apparence précieuse ; le second consiste en un vieillissement artificiel qui donne une pièce patinée, voire carrément « mâchée ». Et voilà notre objet prêt à rejoindre les 500 autres modèles en stock. Ces objets peuvent être décoratifs ou utilitaires comme ces services de couteaux ou ces carafes élégantes. L'étain peut être associé à d'autres matériaux, comme le verre ; les formes rappellent des objets anciens, d'autres sont des créations contemporaines. Le plus original est le cadran solaire portatif, équipé d'une boussole, qui se referme un peu comme la montre de grand-père.

AU FIL DE LA LAINE Salles-Courbatiers ✆ **05 65 81 63 65.** Cette boutique de décoration ouverte en 1997 est la vitrine d'une entreprise vieille de plus d'un siècle. Elle utilise de toutes les façons possibles la laine des brebis du Causse. On y voit des pulls irlandais, des chaussons en peau lainée, des matelas comme chez nos grands-mères ou des futons à la mode japonaise (mélange laine et coton ou tout coton), des couvertures matelassées et des couettes chaudes dans lesquelles on rêve de se pelotonner. Tous ces articles sont réalisés à partir d'une laine vierge de qualité, qui garantit un résultat parfait. Et pour que l'ensemble soit complet, l'entreprise fabrique même de façon artisanale des sommiers à lattes. Ainsi paré pour la nuit, on n'aura pas besoin de compter les moutons pour s'endormir…

► Dans les environs

Ambeyrac

13 kilomètres au nord-ouest de Villeneuve-d'Aeyron sur D48.

Bâti en plein Causse, le petit village d'Ambeyrac jouit d'une activité importante grâce au monde de la mode. En effet c'est ici que depuis plusieurs années, Maryse Cépière, connue dans le monde de la couture pour ses réalisations de vêtements en matières naturelles, a installé ses ateliers. Il n'est pas rare de voir des hommes d'affaires de la haute couture, venir « se perdre » en plein causse pour découvrir l'univers de Maryse Cépière. Une boutique d'usine est ouverte toute l'année, tous les après-midi.

Ols et Rinhodes

Les vestiges préhistoriques découverts dans les environs témoignent de l'occupation passée du site. Au Puech-d'Ols se trouve un dolmen qui évoque étrangement l'aspect des sépultures contemporaines (pierre à la tête du mort en chevet et les contours du corps symbolisés par des pierres). D'autres sépultures sont constituées d'une chambre dolménique entourée d'un tumulus. Bien des années plus tard, le village aurait abrité un château. L'église date du XIXe siècle.

Peyrusse-le-Roc

Au détour d'un virage, apparaît perçant la verdure de cette vallée de l'Audierne, un ensemble de ruines, se dressant fièrement sur un piton rocheux ; le nom du village, dans lequel apparaissent deux termes relatifs à la roche (« peyre » a donné la pierre), n'a pas besoin d'autre explication. Séduit par la jolie place fleurie, près de laquelle un parking a été aménagé, on part donc, à pied, à la conquête du village. Après avoir franchi les vestiges d'un mur d'enceinte, on se retrouve sur une petite place, avec une église à sa droite. Aménagée au XVIIe siècle dans une dépendance du château, cette église renferme une Vierge à l'Enfant en bois doré du XVIIIe, un autel en bois massif, œuvre d'Hervé Vernhes, un artiste installé sur la commune, un retable finement décoré et de très belles peintures sur toile. Mais la visite du village ne s'arrête pas là. Il faut encore découvrir le site des ruines de Peyrusse.

La cité a de tout temps été la clé de ce pays. Lors de sa conquête de l'Aquitaine, Pépin le Bref dut, dès 767, assiéger la ville. Au Moyen Age, ce sont les Anglais qui la prennent, mais l'attachement de sa population à la couronne de France lui permettra d'obtenir de nombreux privilèges. Elle prospéra au XIIIe siècle, devenant le chef-lieu d'un important bailliage. Administrée par quatre consuls, elle devint rapidement un haut lieu de commerce. Malheureusement, en 1719, la ville perd son bailliage, et par la même occasion se vide de ses nobles. Pour admirer ce prestigieux passé du site médiéval (datant des XIIe et XIIIe siècles) dont il subsiste encore quelques vestiges, on peut choisir d'en faire le tour dans le sens inverse des aiguilles d'une montre. Pour cela, il faut partir du bas du village actuel. En descendant une petite ruelle pavée, à côté du gîte rural, on aperçoit rapidement le toit de l'ancien marché couvert, quelque peu caché par les herbes envahissantes. Mais on peut encore accéder au lieu. Le chemin continue ensuite à serpenter pour arriver à une petite plate-forme où sont installés quelques modèles de catapultes. Plus bas, le beffroi, puis le tombeau du roy, découvert en 1957. On arrive alors dans l'antre de l'église Notre-Dame-de-Laval dont il ne reste que quelques arcs. On imagine alors facilement la grandeur de l'édifice. De là, deux possibilités, soit continuer le chemin de croix qui mène en contrebas à la synagogue et à l'hôpital, soit remonter directement. On arrive alors aux deux tours haut perchées sur un piton rocheux. On y accède par d'étroits escaliers en fer scellés dans la roche. Une escalade qui peut être impressionnante pour certains. Mais le point de vue est saisissant. En posant le regard sur le reste de la cité, on imagine aisément le domaine que cela représentait au Moyen Age. Pour terminer la visite, on retourne au village par un petit chemin qui remonte vers la place. On s'arrêtera d'abord un instant au jardin médiéval sur la gauche. Compter une heure.

Saint-Igest

6 kilomètres à l'est de Villeneuve-d'Aveyron sur la D248.

Le château date du XIVe siècle, mais a été remanié au XVIIIe. Dans un petit parc près de l'église, une grotte avec une statue de la Vierge a été reconstituée, à l'image de la grotte de Lourdes. Le château passe pour avoir été le lieu de naissance d'une petite Virginie qui, partie avec son père à l'île de France (l'île Maurice), y rencontra un certain Bernardin de Saint-Pierre…

Salles-Courbaties

6 kilomètres à l'est de Villeneuve-d'Aveyron sur la D40.

Ce beau petit village est placé sous le signe de l'eau. On peut y voir des cygnes se baigner tranquillement dans l'étang qui traverse la commune. Qui dit eau, dit moulins, et en ce domaine, la commune n'en possédait pas moins de trois au Moyen Age. Outre les étangs, on croise et on passe sous de nombreux ponts de chemin de fer tout au long de la D558.

L'Aveyron
pratique

Burons dans l'Aubrac

© OT de Condom et Saint-Chely-d'Aubrac

Se rendre en Aveyron

© Office de Tourisme du Canton de Laissac

TRANSPORTS

Par la route

En provenance de Paris : A71 ou N7 jusqu'à Clermont-Ferrand puis A75 direction Rodez

En provenance de Lyon : A47 ou N88 par Saint-Etienne, Le Puy-en-Velay, Mende, puis A75 direction Rodez.

En provenance du Sud-Est : suivre Marseille, Montpellier par la N109 ou A9 puis A75 direction Rodez ou N9 par Lodève, Millau ou Séverac.

En provenance du Sud-Ouest : N20 par Montauban jusqu'à Caussade puis D926 par Caylus jusqu'à Villefranche-de-Rouergue ou A68 puis N88 par Albi, Carmaux et Rodez.

Distances et routes depuis Rodez

Paris : 660 km (A10-A71-A75-N88)

Lyon : 336 km (A7-A47-A75-N88)

Nîmes : 248 km (A9-A75-N88)

Clermont-Ferrand : 246 km (A75-N88)

Montpellier : 194 km (N109-A75-N88)

Cahors : 112 km (D911-D1-D994)

Millau : 83 km (N9-A75-N88)

CENTRE D'INFORMATION DES AUTOROUTES ✆ **01 47 05 90 01/08 92 68 10 77 et via la radio sur 107.7.** *Sites Internet : www.mappy.fr - www.viamichelin.com - www.asf.fr - www.autoroute.fr.* Pour établir un budget de voyage, ou éviter les détours inutiles, tous ces services vous permettent de définir un itinéraire et de calculer son coût : itinéraire direct, sans péage, par étape et selon votre véhicule. Enfin, ils donnent des informations sur le trafic, utiles pour les week-ends chargés.

BISON FUTE ✆ **08 36 68 20 00.** *Site Internet : www.bison-fute.equipement.gouv.fr.* Ce service donne des informations routières 24h/24 sur les conditions nationales, régionales, départementales de circulation mais aussi des informations saisonnières.

Centrales de réservation des principaux loueurs de voitures

ADA ✆ **08 36 68 40 02.** *Site Internet : www.ada-location.com.*

AUTOESCAPE ✆ **04 90 09 28 28.** *Site Internet : www.autoescape.com.*

AVIS ✆ **0 802 05 05 05.** *Site Internet : www.avis.fr.*

EUROPECAR FRANCE ✆ **0 803 352 352.** *Site Internet : www.europcar.fr.*

NATIONAL CITER ✆ **0 800 20 21 21.** *Site Internet : www.national.fr.*

RENT A CAR ✆ **08 36 69 46 95.** *Site Internet : www.rentacar.fr*

Covoiturage ou auto-stop

ALLOSTOP ✆ **0 825 803 666.** *Site Internet : www.allostop.net.*

COVOITURAGE ✆ **01 44 79 99 29.** *Site Internet : www.covoiturage.com.*

ECOTRAJET. *Site Internet : www.ecotrajet.com.*

Par le train

Plusieurs liaisons journalières Paris/Rodez, Paris/Villefranche, Paris/Millau et Toulouse/Rodez.

Renseignements et réservations SNCF ✆ **36 35.**

En avion

AEROPORT RODEZ-MARCILLAC Route de Decazeville ✆ **05 65 76 02 00.** *Vols quotidiens Paris/Rodez. Vols quotidiens du lundi au vendredi Lyon/Rodez. Vols quotidiens Rodez/Londres.*

Gorges du Tarn

© Iconotec.com / Tom Pepeira

Circuler en Aveyron

Randonnée pédestre

© CDT Aveyron / G. Tordjeman

PAR LA ROUTE

Pour aller à Millau de Rodez, il y a 85 kilomètres en prenant par la N88 puis l'autoroute A75 et pour se rendre à Villefranche-de-Rouergue (61 kilomètres), il faut prendre la D911.

PAR LE TRAIN

Le département n'est pas très bien desservi par le rail, il y a beaucoup de correspondances qui sont souvent longues pour peu de chemin parcouru… Mieux vaut emprunter la voiture ou les autocars qui circulent quotidiennement.

GARE ROUTIERE DE RODEZ Place du Foirail ✆ 05 65 68 11 13. *Le lundi de 8h15 à 12h et de 14h à 18h, du mardi au vendredi de 9h à 12h et de 14h à 18h sauf mercredi à 17h45. Fermé samedi, dimanche et férié.*

GARE SNCF DE RODEZ - Avenue du Maréchal Joffre - GARE de MILLAU - GARE de CAPDENAC-GARE

Château de Najac

© Iconotec.com / Alamer

Organiser son séjour

Tympan de l'église Sainte-Foy à Conques

© Iconotec.com / Alamer

NUMEROS UTILES

COMITE DEPARTEMENTAL DU TOURISME   Rodez ✆ 05 65 75 55 75. *Site Internet : www.tourisme-aveyron.com - E-mail : aveyron-tourisme-cdt@wanadoo. fr.*

COMMUNAUTE D'AGGLOMERATION DU GRAND RODEZ   1, place Adrien Rozier - RODEZ ✆ 05 65 73 83 00.

LOISIRS ACCUEIL AVEYRON - AVEYRON RESERVATION TOURISME   Rodez ✆ 05 65 75 55 50. *E-mail : sla.aveyron @wanadoo.fr.*

MAISON DE L'AVEYRON   46, rue Berger - PARIS ✆ 01 42 36 84 63. *Site Internet : www.maison-aveyron.org - E-mail : maisonaveyron@free.fr. Ouvert du lundi au vendredi de 9h30 à 18h30 et le samedi de 12h à 18h. En juillet et août, du lundi au vendredi de 10h à 18h. Fermé le samedi.* La maison de l'Aveyron offre la possibilité de bien se documenter sur le département en proposant des brochures touristiques, mais aussi sur la vie économique et culturelle du coin. Il est également possible de réserver sur place des séjours, et de trouver des idées cadeaux, notamment de nombreux ouvrages sur le département.

Par pays

L'Aveyron ruthénois et le vallon de Marcillac

BOZOULS   Office de tourisme - Place de la Mairie ✆ 05 65 48 50 52. *Ouvert toute l'année.*

LAISSAC   Office de tourisme du Laissagais ✆ 05 65 70 71 30

MARCILLAC   Syndicat d'initiative du canton - Mairie ✆ 05 65 71 13 18.

RODEZ   Office du tourisme du Grand Rodez - Place Foch ✆ 05 65 75 76 77. *Ouvert toute l'année.*

La montagne et le pays d'Olt

CONQUES   Office du tourisme - Rue du Chanoine-Bénazech ✆ 05 65 72 85 00.

CANTON D'ESPALION   Office de tourisme - 2, rue Saint-Antoine - ESPALION ✆ 05 65 44 10 63.

ENTRAYGUES-SUR-TRUYERE   Syndicat d'initiative - 30, tour de Ville ✆ 05 65 44 56 10

ESTAING   Syndicat d'initiative - Rue François-d'Estaing ✆ 05 65 44 03 22.

LAGUIOLE   Office de tourisme - Place de l'Ancien-Foirail ✆ 05 65 44 35 94.

SAINT-GENIEZ-D'OLT - CAMPAGNAC   Office de tourisme inter-cantontal - 4, rue Cours-Saint-Geniez ✆ 05 65 70 43 42.

Le Villefranchois

BELCASTEL   Office de tourisme ✆ 05 65 64 46 11.

CAPDENAC-GARE   Office de tourisme - Place du 14-Juillet ✆ 05 65 64 74 87.

CRANSAC Office du tourisme - 1, place Jean-Jaurès ✆ 05 65 63 06 80.

DECAZEVILLE Office du tourisme - Square Jean-Segalat ✆ 05 65 43 18 36.

NAJAC Office du tourisme - Place du Faubourg ✆ 05 65 29 72 05.

RIGNAC Office du tourisme du Pays rignacois - Place du Portail-Haut ✆ 05 65 80 26 04.

VILLEFRANCHE-DE-ROUERGUE Maison du tourisme - Promenade Guiraudet ✆ 05 65 45 13 18.

VILLENEUVE-D'AVEYRON Office de tourisme - Place des Conques ✆ 05 65 81 79 61

Ségala, Lagast et Lévézou

BARAQUEVILLE Syndicat d'initiative - Place du Marché ✆ 05 65 69 10 78. *Ouvert en juillet et août.*

NAUCELLE Office de tourisme - Mairie - Place Saint-Martin ✆ 05 65 47 04 32. *Ouvert toute l'année.*

PONT-DE-SALARS Office de tourisme Pareloup-Lévézou ✆ 05 65 46 89 90. *Ouvert toute l'année du lundi au samedi matin et après-midi.*

SYNDICAT D'INITIATIVE ✆ 05 65 46 82 46. *Ouvert en juin et septembre du mardi au samedi matin et après-midi, en juillet et août du lundi au samedi matin et après-midi, et dimanche matin.*

REQUISTA Syndicat d'initiative - Place du Général-de-Gaulle ✆ 05 65 46 11 79. *Ouvert en juillet et août.*

RIEUPEYROUX Syndicat d'initiative - 3, place Gitat ✆ 05 65 65 60 00.

SAINT-LEONS Syndicat d'initiative des Monts du Lévézou ✆ 05 65 61 80 52. *Ouvert en juillet et août du lundi au samedi matin et après-midi.*

SALLES-CURAN Office de tourisme de Salles-Curan-Pareloup ✆ 05 65 46 31 73. *Ouvert du lundi au samedi, hors saison le matin, en été matin et fin d'après-midi.*

SALMIECH Syndicat d'initiative ✆ 05 65 46 72 39. *Point d'information à la mairie et au musée.*

SAUVETERRE-DU-ROUERGUE Office de tourisme - Place des Arcades ✆ 05 65 72 02 52. *Ouvert d'avril à octobre.*

VILLEFRANCHE-DE-PANAT Syndicat d'initiative - 1 bis, route du Ségala ✆ 05 65 46 52 04. *Ouvert en juillet et août du lundi au samedi matin et après-midi et dimanche matin.*

Le Tarn, Grands Causses, et pays de Roquefort

CAMARES Syndicat d'initiative - 29, Grand-Rue ✆ 05 65 49 53 76. *Ouvert toute l'année.*

COUPIAC Syndicat d'initiative du Pays vert des 7 Vallons - Château de Coupiac ✆ 05 65 99 78 82. *Ouvert toute l'année.*

MILLAU Office de tourisme - Place du Beffroi ✆ 05 65 60 02 42. *Ouvert toute l'année.*

NANT Syndicat d'initiative - Place de l'Eglise ✆ 05 65 62 25 12.

REQUISTA Office du tourisme - Place du Général-de-Gaulle ✆ 05 65 46 11 79.

RIVIERE-SUR-TARN Office de tourisme des gorges du Tarn/Causse/Dourbie - Route des Gorges ✆ 05 65 59 74 28. *Ouvert en juillet et août.*

ROQUEFORT Office de tourisme du pays de Roquefort - Avenue de Lauras ✆ 05 65 58 56 00. *Ouvert toute l'année.*

SAINT-AFFRIQUE Office de tourisme du pays de Roquefort - Boulevard de Verdun ✆ 05 65 98 12 40. *Ouvert toute l'année.*

SAINT-JEAN-DU-BRUEL Office de tourisme - 32, Grand-Rue ✆ 05 65 62 23 64. *Ouvert en juillet et août et renseignements téléphoniques toute l'année.*

SAINT-ROME-DU-TARN Syndicat d'initiative - Place Terral ✆ 05 65 62 50 89. *Ouvert en juillet et août.*

SAINT-SERNIN-SUR-RANCE Syndicat d'initiative Au pays de l'enfant sauvage - Maison des Vallons du Rance ✆ 05 65 97 60 19. *Ouvert toute l'année.*

SEVERAC-LE-CHATEAU Office de tourisme - 5, rue des Douves ✆ 05 65 47 67 31. *Ouvert toute l'année.*

Office du tourisme : un seul numéro le 3265

3265 : en composant ce seul numéro de téléphone vous êtes relié à la destination française de votre choix. Il vous suffit d'annoncer la destination touristique pour laquelle vous souhaitez une information et vous serez automatiquement transféré vers le site touristique concerné. Ce numéro est disponible dans un premier temps uniquement pour les appels provenant de France métropolitaine. Il est cependant redirigé en métropole ou dans les DOM.

3265 : ce numéro renvoie l'utilisateur vers les 3 600 Offices du tourisme et Syndicats d'initiative, les 100 comités départementaux du tourisme, les 26 comités régionaux et 200 sites touristiques à ce jour (Marineland, Mémorial de Caen, Futuroscope...).

3265 : le coût de l'appel est légèrement plus élevé que le coût d'un appel national ? soit 0,34 €/ minute. Il pourra progressivement donner accès à des services interactifs.

Enfin vous pouvez toujours consulter le site de la Fédération nationale des Offices du tourisme et Syndicats d'initiative : www.tourisme.fr.

Les centres culturels

LE VIEUX PALAIS Rue Saint-Joseph -ESPALION ✆ 05 65 51 11 50.

MAIRIE SERVICE ANIMATION 17, avenue de la République - MILLAU ✆ 05 65 59 50 32.

ACA 26, boulevard des Capucines - ONET-LE-CHATEAU ✆ 05 65 77 16 00.

AMPHITHEATRE Boulevard du 122e Régiment-d'Infanterie - RODEZ ✆ 05 65 73 37 60.

MAISON DES JEUNES ET DE LA CULTURE 1, rue Saint-Cyrice - BP515 - RODEZ ✆ 05 65 67 01 13.

THEATRE MUNICIPAL Quai Sénéchaussée - VILLEFRANCHE-DE-ROUERGUE ✆ 05 65 45 21 28.

HEBERGEMENT

Villages-vacances

CLUB VERT Montagnol ✆ 05 65 97 55 45. Au coeur du Larzac, à Montagnol, sur un domaine de 122 ha dans le Parc des Grands Causses, village vacances en chambre ou suite familiale. Sur place, piscine 12 x 4 et jardin fleuri. Activités à la carte. Programme spécial enfants. Prix national de tourisme en 2002.

VILLAGE VACANCES GITE CLAIR « LE LEVEZOU » Route de Granouillac - VILLEFRANCHE DE PANAT ✆ 05 65 46 58 31. Multiples activités pour ce village situé au coeur de l'Aveyron. Parc, ping-pong, soirée animations, salle de jeux, plan d'eau, randonnée, piscine... Location d'appartements pour 8 personnes et de studios pour 2 personnes.

Gîte de France

GITES DE FRANCE 17, rue Aristide Briand - BP831 - 12008 RODEZ CEDEX ✆ 05 65 75 55 60.

Auberges de Jeunesse

AUBERGE DE JEUNESSE. Site Internet de la Fédération Unie des Auberges de Jeunesse : www.fuaj.org.

Campings

N'hésitez pas à prendre des informations sur Internet. Voici l'adresse de sites très complets. www.abccamping.com et www.les-campings.com.

FEDERATION FRANCAISE DE CAMPING - CARAVANING 78, rue de Rivoli - 75004 PARIS ✆ 01 42 72 84 08.

CAMPING AGUESSAC Aguessac ✆ 05 65 59 84 67. Au porte des Gorges du Tarn et à 5 min de Millau, le camping Aguessac offre une belle situation. Beaucoup d'animation sont organisées sur un terrain de 3 hectares: baignade, tournois de ping-pong, beach volley... La région offre également de multiples activités et visites à découvrir. Dans un mobile home, une caravane ou sous la tente : tous les hébergements sont possible.

LA GRANGE DE MONTEILLAC Séverac-l'Eglise ✆ 05 65 70 21 00. Camping quatre étoiles pour un séjour sur mesure. VTT, randonnées pédestres mais aussi rafting ou initiation à la pêche font partis des multiples activités possible. Un club enfant et un club ado sont mis à disposition.

Louer

PIERRE ET VACANCES ET MAEVA LOCATION L'Artois - Espace Pont-des-Flandres - 11, rue de Cambrai - 75019 PARIS ✆ 0 825 04 06 08. *E-mail : contact@pierreetvacances.com ou réservation Maëva au 0 825 08 40 00. E-mail : resa@maeva.fr.*

INTERHOME 15, avenue Jean-Aicard - 75011 PARIS ✆ 0 826 306 000. *E-mail : info@interhome.fr.* Location d'appartements et de maisons de vacances, en France, les pays d'Europe et aux Etats-Unis.

FRANCEVILLAS. *Site Internet : www.FRANCEVILLAS.com.* Le n° 1 de la location de villas en France présente sur son site plus de 500 villas avec 10 000 photos, un moteur de recherche par région avec disponibilités et possibilité de réserver en ligne ! Cette société créée en 1994 est réputée pour son sérieux et offre le plus grand choix : de 50 à 1 000 m² habitables, de 400 à plus de 10 000 par semaine dans les régions de Bretagne, Aquitaine, Midi-Pyrénées, Languedoc-Roussillon, Provence, Var, Côte d'Azur, Corse…

JOBS SAISONNIERS

ANPE Rue de Bruxelles - RODEZ ✆ 05 65 75 52 70. *Fax : 05 65 75 52 89.* Pour tous renseignements sur les jobs saisonniers et consulter les offres, il existe aussi « Cet été, un job » à Rodez (au mois d'avril), journée mise en place pour faciliter la recherche de jobs saisonniers en Aveyron. Les offres sont consultables à la Mairie de Rodez pendant une semaine après la journée. Après, elles sont disponibles à l'ANPE. Pour plus de renseignement rendez-vous sur les sites Internet : www.cidj.com et www.info-jeune.net.

© OT de Saint-Geniez-d'Olt

S'informer sur l'Aveyron

© Iconotec.com / Alamer

MEDIAS

Presse

Quotidiens

CENTRE PRESSE Avenue de la Peyrinie - RODEZ ✆ 05 65 77 78 79. Premier quotidien de l'Aveyron de par sa diffusion, sa principale zone d'influence est située autour de Rodez et au nord de l'Aveyron.

LA DEPECHE DU MIDI 6, rue Louis-Blanc - RODEZ ✆ 05 65 68 15 71. Le journal de Toulouse et du grand Sud-ouest est le seul « grand » quotidien publié en Aveyron venu de Midi-Pyrénées, région dont fait partie ce département. Il est largement diffusé à l'ouest du département, vers Villefranche-de-Rouergue et Decazeville.

LE MIDI LIBRE 3, rue Béteille - RODEZ ✆ 05 65 68 42 10. Le plus "sudiste" des deux, son édition aveyronnaise complète ses parutions en Languedoc-Roussillon. Il est beaucoup lu dans le sud du département, vers Millau et Saint-Affrique.

Hebdomadaires

L'AVEYRONNAIS Avenue de la Peyrinie - RODEZ ✆ 05 65 77 78 79. Cet hebdo départemental reprend les informations de Centre Presse. Il est par excellence le journal d'information des Aveyronnais de Paris et de tous les « expatriés ».

L'HEBDO 16, avenue Gambetta - MILLAU ✆ 05 65 61 67 88. Son nom sibyllin est connu dans tout le département. Huit pages d'information sur l'Aveyron. A la lecture, on rencontre des articles courts et directs, percutants même. Depuis plus de dix ans, l'Hebdo est un journal politique, économique, polémique, voire irrévérencieux.

LE ROUERGAT 12, rue Abbé-Bessou - RODEZ ✆ 05 65 68 24 16. Ancien hebdomadaire catholique aveyronnais, il a rejoint le groupe La Croix du Midi. Il délivre des infos départementales.

LA VOLONTE PAYSANNE 5, boulevard du 12e-R.I. - RODEZ ✆ 05 65 73 77 98. Hebdomadaire d'informations agricoles, rurales et syndicales, ce journal est l'organe officiel de la FDSEA.

Trimestriel

AVEYRON MAGAZINE ✆ 05 65 58 92 92. Ce magazine consacre ses 80 pages à « un pays et des gens ». Le contrat est rempli : sous une belle présentation, l'équilibre entre photos et texte le rend aisément lisible. Six fois par an, il construit des reportages de trois à huit pages sur un lieu, un thème, un personnage et finit sur le cahier de l'Aveyron, un ensemble de brèves classées dans les rubriques courrier, association, terroir, musique… La formule convient aux Aveyronnais d'ici, d'ailleurs, comme aux gens de passage. Des chroniqueurs animent des rubriques régulières allant de l'histoire à l'économie locale.

AVEYRON ECONOMIQUE 17, rue Aristide Briand - RODEZ ✆ 05 65 77 77 00. Le magazine économique de l'Aveyron, en collaboration avec les CCI de Rodez et Millau.

GRAND A Hôtel du département - RODEZ ✆ 05 65 75 80 70. Le bulletin mensuel d'information du Conseil Général de l'Aveyron.

LE BIPEDE 9, rue Grandet - RODEZ ✆ 05 65 42 87 38. *Fax : 05 65 78 12 16.* Le guide annuel de la course à pied en France.

VO2 - RUN IN LIVE Impasse Rajol - MILLAU ✆ 05 65 61 15 08. *Fax : 05 65 61 31 94.* Le grand magazine français de la course à pied.

Journaux locaux

Dans ce département, chaque ville de grande ou moyenne importance a son propre organe de presse qui détaille la vie des cantons et fait le lien avec l'actualité départementale.

LE BULLETIN D'ESPALION 9, boulevard Guizard - ESPALION ✆ 05 65 44 01 93. Informations locales du Nord-Aveyron et de la vallée du Lot, de Saint-Geniez-d'Olt à Entraygues.

LE JOURNAL DE MILLAU 8, place Mandarous - MILLAU ✆ 05 65 60 42 33. Sa zone d'influence concerne l'arrondissement de Millau, où il est le relais de l'information locale.

LE PROGRES DE SAINT-AFFRIQUE 4, rue Michelet - SAINT-AFFRIQUE ✆ 05 65 99 03 11. Décidément la région est riche ! ce Progrès chasse sur les mêmes terres que le titre précédent.

LE SAINT-AFFRICAIN 29, boulevard Emile-Borel - SAINT-AFFRIQUE ✆ 05 65 49 25 64. Voisin du précédent, il remplit le même office en Sud-Aveyron, aux alentours de Saint-Affrique.

LE VILLEFRANCHOIS Côte Mas de Bonnet - VILLEFRANCHE-DE-ROUERGUE ✆ 05 65 45 04 24. Il regroupe les informations locales de l'arrondissement de Villefranche et de Figeac, dans le Lot.

Radios

TOTEM - 102.2 • Rodez - 88.1 • Millau - 93.5 • Villefranche-de-Rouergue - 101.3 • Espalion - 103.6 • Sud-Aveyron - 102.7. Journalistes et animateurs passent la région au crible et rassemblent ainsi plus de 60 000 auditeurs par jour. Entre les plages musicales, les journaux d'infos locales et nationales, les conseils pratiques, les idées de sorties, les émissions people (que ce soit les vedettes du coin ou les stars mondiales) et même les émissions en occitan, il y en a pour tous les goûts. Une vingtaine de fréquences permet de garder le tempo aux quatre coins de la région.

BIBLIOGRAPHIE

Aveyron, Gruat Philippe, Bernard Christine, Béteille Roger, Delmas Jean, Editions Christine Bonneton, 2005. Tradition et modernité de l'Aveyron. Le voyageur sera charmé par les contrastes qui forment le paysage aveyronnais. Des gorges aux causses pierreux, les symphonies de couleurs ne manquent pas ici et là. Brunes ou dorées, les pierres qui animent ce paysage ne manqueront pas de vous surprendre. Eglises romanes, fermes fortifiées ou châteaux endiablés : les pierres forgent le caractère et la ferveur de l'Aveyron. Au fil des pages, découvrez un département riche en couleurs et en reliefs pittoresques.

Histoire

L'Aveyron secret, Jean-Michel Cosson, J.P Savignoni, Editions Tisserand Gerard, 2005.

Dans les Gorges du Tarn, Alain Godon, Ed Libris, 2006.

L'Aveyron : le Rouergue et les Gorges du Tarn, Jean-Luc Aubardier, Michel Binet, Jean-Pierre Bouchard, Editions Ouest France, 1994.

Aveyron, Colette Gouvion, Brigitte Julien, Ed Rouergue Editions Du, 2002.

Gastronomie

Table mise en Aveyron, Jacques Rouré, Michel Descossy, Editions Equinoxe, 1997.

Recettes paysannes en Aveyron, Philippe Galmiche, Marc Béziat, Ed Du Curieux Editions Photogénie, 1997.

Du Roquefort d'abord, Jacques Rouré, Editions Equinoxe, 2000.

LE DEPARTEMENT SUR LE NET

www.aveyron.com. Simple à retenir, il suffisait d'y penser. Pour tout savoir sur le département en quelques clics. Un site complet et facile d'accès. On retrouve bien sûr une partie histoire et géographie qui est toujours utile pour découvrir rapidement un coin. Mais on peut surtout se balader à travers les richesses du département : les sports à pratiquer, les saveurs à goûter, les parcs à visiter… A noter qu'un coin est spécialement réservé aux jeunes et aux juniors, et que le site permet de rencontrer des Aveyronnais des quatre coins du globe.

Index

N N N

O O O

P P P

Q Q Q

R R R

S S S

T T T

LE PETIT FUTE

Aveyron 2006-2007

7e édition

Dépôt légal : 2e trimestre 2006
Le Petit Futé a été fondé par Dominique Auzias.
Il est édité par les
Nouvelles Editions de l'Université,
18, rue des Volontaires 75015 Paris
✆ 01 53 69 70 00 Fax 01 42 73 15 24
SARL au capital de 600 000 €
RC Paris B 309769966

EDITION
Responsable d'édition : Tristan Cuche
Attaché commercial : Serge Kihm
Auteurs : Jean-Claude Vidal, Aurelien Delbouis, Nicolas Mazet avec Sarah Finger, Alain Martinez, Donato Pelayo, Dominique Auzias, Jean-Paul Labourdette, Madeleine Racat, Valérie Bouvet.

ADMINISTRATION
Gérant : Jean-Paul Labourdette
Directeur Administratif et Financier : Gérard Brodin
Directrice des Ressources Humaines :
Dina Bourdeau assistée de Sandrine Delée
Responsable Comptabilité : Isabelle Bafourd assistée de Bérénice Baumont et Angélique Helmlinger
Recouvrement : Fabien Bonnan, Sandra Brijlall
Secrétariat : Sandra Morais

PUBLICITE / COMMUNICATION
Directeur commercial : Luc Régnard, assisté d'Alain Ruiz et Michel Granseigne
Assistante : Sylvie Frey
Régie publicitaire nationale
Direction : Serge Touka
Chefs de publicité : Perrine de Carné Marcein, Caroline de Yrigoyen, Stéphane Bouby, Caroline Gentelet, Yamina Sahraoui, Faustine Boullinier, Cécile Engelen
Régie publicitaire internationale :
Karine Virot, Katja Romisch assistées d'Audrey Levrier

DIFFUSION ET PROMOTION
Direction : Quentin Dupraz
assisté de Carla de Sousa et Maud Ghisolfi
Délégué ventes hors réseaux : Jean-Pierre Ghez
Responsable Commerciale : Bénédicte Moulet
Responsable Relations Presse- Partenariats :
Jean-Mary Marchal
Magasinier : Youri Egret
Gestion clientèle :
Nathalie Thénaud assistée d'Isabelle Rebière
Responsable informatique : Pascal Le Goff

FABRICATION/MAQUETTE
Studio : Jacky Lagrave
Production maquettes : Nathalie Thénaud
Création maquettes et montage :
Antoine Graugnard, Patrick Javelle

Responsable qualité / Editeur Délégué :
Virginie Pierson de Galzain
Responsables collection :
Claire Delbos, Romain David, Vanessa Besnard
Photothèque : Henri Berlemont

SITE INTERNET
Stéphan Szeremeta, Alexandre Heyman

IMPRESSION
Corlé, Condet-sur-Noireau